Der Jansenismus im deutschsprachigen Raum, 1670–1789

# Frühe Neuzeit

―

Studien und Dokumente zur deutschen Literatur
und Kultur im europäischen Kontext

Herausgegeben von
Achim Aurnhammer, Joachim Hamm,
Martin Mulsow, Bernd Roling und
Friedrich Vollhardt

**Band 250**

# Der Jansenismus im deutschsprachigen Raum, 1670–1789

Bücher, Bilder, Bibliotheken

Herausgegeben von
Christoph Schmitt-Maaß

DE GRUYTER

Gefördert durch die Deutsche Forschungsgemeinschaft (DFG) – Projektnummer 416363506.

ISBN 978-3-11-162759-5
e-ISBN (PDF) 978-3-11-098665-5
e-ISBN (EPUB) 978-3-11-098679-2
ISSN 0934-5531

**Library of Congress Control Number: 2022952371**

**Bibliografische Information der Deutschen Nationalbibliothek**
Die Deutsche Nationalbibliothek verzeichnet diese Publikation in der Deutschen Nationalbibliografie;
detaillierte bibliografische Daten sind im Internet über http://dnb.dnb.de abrufbar.

© 2024 Walter de Gruyter GmbH, Berlin/Boston
Dieser Band ist text- und seitenidentisch mit der 2023 erschienenen gebundenen Ausgabe.
Satz: Integra Software Services Pvt. Ltd.

www.degruyter.com

# Zum Geleit

Die Herausgeber der Reihe „Frühe Neuzeit"

Zum Erscheinen des 250. Bandes der „Frühen Neuzeit" ist eine knappe Rückschau auf die Buchreihe angebracht. Begründet wurde sie 1987, damals noch in Verbindung mit der Forschungsstelle „Literatur der Frühen Neuzeit" an der Universität Osnabrück und der Herzog August Bibliothek Wolfenbüttel. Die Gründungsväter waren Jörg Jochen Berns, Gotthardt Frühsorge, Klaus Garber, Wilhelm Kühlmann und Jan-Dirk Müller. Die Reihe hatte zum erklärten Ziel, das Profil des seinerzeit noch relativ neuen Epochenbegriffs zu schärfen und war in kulturgeschichtlich-komparatistischer Perspektive auf Grundlagenforschung ausgerichtet. Die programmatische Ausrichtung bestimmt bis heute die Reihe; sie umfasst: Editionen, autorzentrierte und formspezifische Abhandlungen, Bände zum literarischen Leben in urbanen Zentren und in Regionen des alten deutschen Sprachraums, Rezeptionsstudien sowie komparatistische und interdisziplinäre Arbeiten. Auch wenn dem 17. Jahrhundert in der Großepoche wie in der Buchreihe eine Achsenfunktion zukommt, reicht der Untersuchungszeitraum vom 16. Jahrhundert bis zur Aufklärung, dem letzten Jahrhundert, das die sozialen und geistigen Strukturen der traditionalen Ordnung Europas noch vollständig repräsentierte. Bei aller methodologischen Vielfalt ist die Reihe historisch ausgerichtet, und die Bilanz von 250 Bänden berechtigt zu einem gewissen Stolz: Die sozial-, traditions-, wissens-, form- und rezeptionsgeschichtlichen Studien haben unsere Kenntnis der Großepoche „Frühe Neuzeit" wesentlich bereichert. Die ‚Jubiläumstitel' bezeugen exemplarisch die thematische Breite und Vielfalt sowie die Kontinuität des kulturgeschichtlichen Forschungsprogramms:

Bd. 1: Nation und Literatur im Europa der Frühen Neuzeit. Akten des I. Internationalen Osnabrücker Kongresses zur Kulturgeschichte der Frühen Neuzeit, hrsg. von Klaus Garber (Frühe Neuzeit 1), Tübingen: Max Niemeyer Verlag 1989.

Bd. 50: Renaissancekultur und antike Mythologie, hrsg. von Bodo Guthmüller und Wilhelm Kühlmann (Frühe Neuzeit 50), Tübingen: Niemeyer 1999.

Bd. 100: Werner Braun, Thöne und Melodeyen, Arien und Canzonetten. Zur Musik des deutschen Barockliedes (Frühe Neuzeit 100), Tübingen: Niemeyer 2004.

Bd. 150: Lutz-Henning Pietsch, Topik der Kritik. Die Auseinandersetzung um die Kantische Philosophie (1781–1788) und ihre Metaphern (Frühe Neuzeit 150), Berlin/New York: De Gruyter 2010.

Bd. 200: Die drei Ringe. Entstehung, Wandel und Wirkung der Ringparabel in der europäischen Literatur und Kultur, hrsg. von Achim Aurnhammer, Giulia Cantarutti und Friedrich Vollhardt (Frühe Neuzeit 200), Berlin/Boston: De Gruyter 2016.

Bd. 250: Der Jansenismus im deutschsprachigen Raum, 1670–1789. Bücher, Bilder, Bibliotheken, hrsg. von Christoph Schmitt-Maaß (Frühe Neuzeit 250), Berlin/Boston: De Gruyter 2023.

In den 35 Jahren – solange besteht die Reihe – gab es eine große Veränderung, nämlich den Wechsel vom Niemeyer Verlag in Tübingen zum De Gruyter-Verlag nach Berlin. Doch abgesehen von der äußerlichen typographischen Gestaltung, bedeutete er ebenso wenig eine inhaltliche Zäsur wie die Wechsel im Herausgebergremium, das jeweils die für den großen Untersuchungszeitraum spezifischen Expertisen bündelte. Nachdem im Jahr 2020 mit Jan-Dirk Müller und 2022 mit Wilhelm Kühlmann die letzten ‚Gründungsväter' der Reihe ausgeschieden sind, ist es den jetzigen Herausgebern ein Bedürfnis, ihnen allen an dieser Stelle herzlich zu danken. Sie haben die Reihe zu einem angesehenen Forschungsforum gemacht, wie zahlreiche internationale Publikationsanfragen bezeugen. Wir fühlen uns den hohen Qualitätsstandards, dem strengen Begutachtungsverfahren und der kollegialen Offenheit weiterhin verpflichtet.

Berlin, Freiburg, Gotha, München und Würzburg, im März 2023

Achim Aurnhammer
Joachim Hamm
Martin Mulsow
Bernd Roling
Friedrich Vollhardt

# Inhaltsverzeichnis

Zum Geleit —— V

Christoph Schmitt-Maaß
**Einleitung: Bücher, Bilder, Bibliotheken. Der Jansenismus im deutschsprachigen Raum, 1670–1789** —— 1

Harm Klueting
**Der bekannte Unbekannte: Der Jansenismus in der deutschsprachigen Forschung** —— 11

Volker Kapp
**Die Darstellung des Jansenismus in deutsch- und französischsprachigen Enzyklopädien des 18. Jahrhunderts** —— 41

Christoph Schmitt-Maaß
**‚Glaubensbrüder' einer ‚Religion des Herzens'? Die pietistische Rezeption des Jansenismus durch Spener, Arnold, Francke und Zinzendorff, 1671–1723** —— 61

Corinne Bayerl
**Vom Jansenismus zum Pietismus: Kritik am und im Theater um 1700** —— 81

Mona Garloff
**Nürnberger Verlagsnetzwerke um Franz Anton Graf von Sporck und die Verbreitung jansenistischen Schrifttums in Böhmen** —— 103

Mathis Leibetseder
**Am Grab des *diacre* François de Pâris. Die Wahrnehmung des ‚jansenistischen' Paris im Reisetagebuch der pietistischen Grafen Reuß und Lynar (1731/1732)** —— 129

Silvia Schmitt-Maaß
**Elisabeth Christine von Braunschweig-Wolfenbüttel, Philippe de Champaigne und der sogenannte ‚jansenistische Kruzifixus'** —— 157

Juliette Guilbaud
**Die *Wiener Kirchenzeitung* im Spiegel der *Nouvelles Ecclésiastiques* (1784–1789) —— 185**

Shaun L. Blanchard
**Reform vom Arno bis zum Rhein. Die jansenistische Synode von Pistoia und die deutschsprachigen Länder —— 203**

**Autor*innenverzeichnis —— 225**

**Abbildungsnachweise —— 227**

**Index —— 229**

Christoph Schmitt-Maaß
# Einleitung: Bücher, Bilder, Bibliotheken. Der Jansenismus im deutschsprachigen Raum, 1670–1789

Das Problem von göttlicher Gnade einerseits und menschlicher Freiheit andererseits hat seit der Kontroverse des Heiligen Augustinus mit dem Asketen Pelagius im fünften Jahrhundert immer wieder Anlass zu heftigen theologischen Kontroversen gegeben. In der Mitte des siebzehnten Jahrhunderts rückte ins Zentrum des damaligen nachreformatorischen Gnadenstreites bezeichnenderweise ein dreibändiges Werk mit dem Titel *Augustinus*. Dessen Verfasser, der Löwener Theologe und spätere Bischof von Ypern, Cornelius Jansenius, wurde zum Namensgeber einer katholischen Reformbewegung, die nicht nur theologische, sondern auch enorme (kirchen-)politische Brisanz barg. Im Anschluss an die Positionen von Jansenius formierten sich in zwei Wellen in der Mitte des siebzehnten und nochmals am Beginn des achtzehnten Jahrhunderts seine Anhänger, die in polemischer Absicht als ‚Jansenisten' bezeichnet und der Häresie bezichtigt wurden.

Das von der Äbtissin Angélique Arnauld geleitete Kloster Port-Royal des Champs nahe Versailles wurde zum Mittelpunkt der zweiten Generation der Jansenisten (Antoine Arnauld, Pasquier Quesnel, Pierre Nicole, im weiteren Sinne auch Jean Racine, Blaise Pascal oder François de La Rochefoucauld). Infolge der – angeblich durch die Jesuiten gesteuerten – antijansenistischen Politik Ludwigs XIV., die in der Schleifung des Klosters 1710 gipfelte und zeitlich zusammenfiel mit der päpstlichen Verdammung der jansenistischen Lehre durch die Bulle *Unigenitus* (1713), erlangte der Jansenismusstreit europaweit Aufmerksamkeit. Die Anhänger des Jansenius waren zwar selbst bereits nach ihrer Vertreibung aus Flandern nach Frankreich und weiter in die Niederlande selbst mit den Notwendigkeiten eines ‚Kulturtransfers' (*avant la lettre*) konfrontiert. Doch die Erforschung dieses Transfers ist erst in Ansätzen erfolgt. Einige der genannten Aspekte wurden im Rahmen einer Arbeitstagung, die von 19. bis 21. Oktober 2018 an der Ludwig-Maximilians-Universität München abgehalten wurde und deren Ergebnisse hiermit präsentiert werden, erarbeitet.

# 1 Forschungsstand

Der Einfluss des Jansenismus auf Frankreich ist seit Längerem gut erforscht, aber seit der Jahrtausendwende – v. a. unter der Fragestellung, wie der Jansenismus der Französischen Revolution zugearbeitet hat – hat die Forschung noch einmal Aufschwung gewonnen.[1] Für Spanien[2] und Italien[3] ist die Forschungslage ähnlich ergiebig. Jüngst wurde der Einfluss des Jansenismus auf England[4] und Irland[5] aufgearbeitet.

Für den deutschsprachigen Raum hingegen fehlt bislang eine umfassende Darstellung,[6] wenn man von Deinhardts polemischer Darstellung absieht.[7] Zu berücksichtigen sind die starke Wirkung der päpstlichen Zensur sowie die kulturtransferellen Vermittlungsprozesse (Flandern – Niederrhein – Pfalz – Bayern auf der einen, Italien – Habsburgerreich auf der anderen Seite). Der von Dominik Burkard und Tanja Thanner herausgegebene Beitragsband nimmt eine theologische Perspektive ein und streift die spezifisch deutschsprachige Situation nur randständig.[8] An diese Ergebnisse und Erkenntnisse schließen wir an, jedoch unter einer verstärkten Fokussierung auf den deutschsprachigen Raum (wobei die in Betracht kommenden Quellen natürlich auch in lateinischer oder französischer Sprache gehalten sein können). Die Spezifika einer deutschsprachigen Jan-

---

[1] Vgl. Monique Cottret: Jansénismes et Lumières. Pour un autre XVIIIe siècle. Paris 1998; Marie-José Michel: Jansénisme et Paris. Paris 2000; Dale K. Van Kley: Les Origines religieuses de la Révolution française 1560–1791. Paris 2002; Rodney J. Dean: L'Abbé Grégoire et l'Église constitutionnelle après la Terreur 1794–1797. Paris 2008; Philippe Bourdin: L'Europe des „patriotes", des années 1770 à la Révolution française. Paris 2010.
[2] Manuel Fraile Miguélez: Jansenismo y regalismo en España. Estudio preliminar de Rafael Lazcano. Guadarrama 2010.
[3] Pietro Stella: Il giansenismo in Italia. 3 Bde. Rom 2006; Mario Rosa: Il giansenismo nell'Italia del Settecento: dalla riforma della Chiesa alla democrazia rivoluzionaria. Rom 2014; mit Bezug auf die Bedeutung des Jansenismus für die Literatur des Risorgimento Francesco Margiotta Broglio: Sul giansenismo del Manzoni. Rom 1970.
[4] Thomas Palmer: Jansenism and England. Moral Rigorism across the Confessions. Oxford 2018.
[5] Thomas O'Connor: Irish Jansenists, 1600–70: Religion and Politics in Flanders, France, Ireland and Rome. Dublin 2008 (Irish in Europe Monographs 2).
[6] Vgl. dazu auch den Beitrag von Harm Klueting in diesem Band.
[7] Wilhelm Deinardt: Der Jansenismus in deutschen Landen. Beitrag zur Kirchengeschichte des 18. Jahrhunderts. München 1929.
[8] Der Jansenismus – eine „katholische Häresie"? Das Ringen um Gnade, Rechtfertigung und die Autorität Augustins in der frühen Neuzeit. Hg. von Dominik Burkard, Tanja Thanner. Münster 2014 (Reformationsgeschichtliche Studien und Texte 159). Ein zweiter Band ist angekündigt, jedoch bislang nicht publiziert. Er wird vermutlich deutlich in verstärktem Maße kulturtransferelle Prozesse konturieren. Unserer Einladung zur Mitwirkung am vorliegenden Band haben die beiden Herausgebenden nicht entsprochen.

senismus-Rezeption wurden bislang nur in einzelnen Ansätzen konturiert.[9] Häufig beschränkt sich die Forschung auf die Parallelführung von ‚französischem' Jansenismus und ‚deutschen' Pietismus.[10] Intensiver ist hingegen der Einfluss des Jansenismus auf das Habsburgerreich herausgearbeitet.[11] Umstritten ist jedoch die Wirkung des Jansenismus: während einerseits für das Habsburgerreich konstatiert wird, dass das Herrscherhaus frühzeitig den Jansenismus unterstützt habe,[12] wird die Wirkung außerhalb der Erblande andererseits zwiespältig beurteilt: für Bayern etwa wird einerseits ein nicht erkennbarer Einfluss konstatiert,[13] andererseits eine verdeckte Breitenwirkung.[14] Unstrittig scheint, dass der Jansenismus – ähnlich dem Pietismus – den Individualismus im achtzehnten Jahrhundert vorbereitet.[15] Erst in jüngster Zeit rückt der Jansenismus auch in den Fokus der buchgeschichtlichen Forschung und der Zensurforschung.[16]

---

**9** Volker Kapp: Le jansénisme – un concept de controverse et controversé dans les encyclopédies allemandes et italiennes. In: Le jansénisme et l'Europe. Hg. von Raymond Baustert. Tübingen 2010, S. 111–124.
**10** Vgl. Ernst Hinrichs: Jansenismus und Pietismus. Versuch eines Strukturvergleichs. In: Jansenismus, Quietismus, Pietismus. Hg. von Hartmut Lehmann, Ernst Schilling, Hans-Jürgen Schrader. Göttingen 2002 (Arbeiten zur Geschichte des Pietismus 42), S. 136–156 sowie weitere Beiträge in diesem Band.
**11** Vgl. die bei Klueting (Harm Klueting: „Der Genius der Zeit hat sie unbrauchbar gemacht". Zum Thema ‚Katholische Aufklärung' – Oder: Aufklärung und Katholizismus im Deutschland des 18. Jahrhunderts. Eine Einführung. In: Katholische Aufklärung – Aufklärung im katholischen Deutschland. Hg. von Harm Klueting. Hamburg 1993 (Studien zum 18. Jahrhundert 15), S. 1–35, hier S. 11 und Harm Klueting: The Catholic Enlightenment in Austria or the Habsburg Lands. In: A Companion to the Catholic Enlightenment in Europe. Hg. von Ulrich L. Lehner, Michael Printy. Leiden 2010, S. 127–164, hier S. 131–135) genannte Literatur.
**12** Peter Hersche: Der Spätjansenismus in Österreich. Wien 1977 (Veröffentlichungen der Kommission für die Geschichte Österreichs 7), S. 378–380.
**13** Wilhelm Haefs: „Praktisches Christentum". Reformkatholizismus in den Schriften des altbayerischen Aufklärers Lorenz Westenrieder. In: Katholische Aufklärung – Aufklärung im katholischen Deutschland. Hg. von Harm Klueting. Hamburg 1993 (Studien zum Achtzehnten Jahrhundert 15), S. 271–301, hier S. 300.
**14** Deinhardt: Jansenismus (Anm. 7).
**15** Klueting: Der Genius der Zeit (Anm. 11), S. 10.
**16** Vgl. den Forschungsüberblick bei Christine Haug: „Literatur aus dem Giftschrank" – Kontexte und Mythen Buchmarkt- und zensurpolitische Strategien im literarischen Untergrund im Zeitalter der Aufklärung. Ein Forschungsbericht. In: Archiv für Geschichte des Buchwesens 71 (2017), S. 185–226, hier S. 190, 198.

## 2 Forschungsprofil

In den vergangenen Jahren ist der Jansenismus wiederholt in den Interessenfokus der Forschung gerückt, motiviert v. a. durch die Erforschung frömmigkeitlicher Praktiken. Während die Forschungslage für Flandern, Frankreich und Italien seit Beginn der konfessionsgeschichtlichen Forschung vergleichsweise gut ist, wird der Jansenismus im deutschsprachigen Raum erst seit den 1970er Jahren intensiver erforscht, doch hat sich erst in jüngster Zeit die theologische Forschung intensiviert. Dabei ist aus dem Blick geraten, dass der Jansenismus auch im deutschsprachigen Raum zahlreiche Fürsprecher und Förderer hatte. Im Sinne der materialitätsgeschichtlich fundierten Netzwerk- und Kommunikationsforschung fragen die Beiträge des vorliegenden Bandes nach den Akteuren, die den Jansenismus im Alten Reich förderten – sei es im Sinne der adligen Patronage (Mäzenatentum), sei es durch Übersetzung oder durch Druck und Vertrieb jansenistischen Schrifttums. Sichtbar werden soll durch einen solchen Zugang das konkrete Interesse am Jansenismus, aber auch die Instrumentalisierung des Jansenismus für unterschiedliche – durchaus divergierende – Zwecke. Auf der einen Seite stehen Ansätze der neueren Studien zur Materiellen Kultur, auf der anderen die klassische Buch- und Lesergeschichte, Sozietätsgeschichte, Netzwerk- und Rezeptionsforschung.

## 3 Methoden

Im Rahmen der Tagung wurde nach der Aufnahme des Jansenismus im deutschsprachigen Raum bzw. nach dem Einfluss oder der Wirkung auf die Kirchen-, Ideen- und Literaturgeschichte gefragt. Ausgangspunkt bilden also nicht die kirchengeschichtlichen Fragestellungen und Methoden, die die katholische und evangelische Theologie diesbezüglich entwickelt hat. Im Fokus steht vielmehr die materialitätsgeschichtlich fundierten Netzwerk- und Kommunikationsforschung[17] und damit die Frage nach den Akteuren, die den Jansenismus im Alten Reich förderten – sei es im Sinne der adligen Patronage (Mäzenatentum), sei es durch Übersetzung oder durch Druck und Vertrieb jansenistischen Schrifttums. Sichtbar werden soll durch einen solchen Zugang die konkreten Interessen am Jansenismus, aber auch die Instrumentalisierung des Jansenismus für unterschiedliche – durchaus divergierende – Zwecke. Methodologisch kommen auf der einen Seite

---

17 Martin Mulsow: Zum Methodenprofil der Konstellationsforschung. In: Konstellationsforschung. Hg. von Martin Mulsow, Marcelo Stamm. Frankfurt a. M. 2005, S. 74–97.

Ansätze der neueren Studien zur Materiellen Kultur,[18] auf der anderen die klassische Buch- und Lesendengeschichte,[19] Sozietätsgeschichte,[20] Netzwerkforschung[21] und Rezeptionsforschung[22] zu Anwendung. Als – im weiteren Sinne – einigendes Band erschienen uns Analyse- und Darstellungverfahren, die von der Kulturtansferforschung bzw. der Entangled History geprägt sind.[23] Durch Verklammerung und plurimethodischen Zugang soll die dynamische, expansive und grenzüberschreitende ‚jansenistische Praxis' der transnationalen Netzwerkbildung sichtbar gemacht werden: erst sie stiftet eine Community der Gläubigen, deren Kommunikationssystem regionale, nationale, soziale und z. T. auch konfessionelle Grenzen überschreitet.

## 4 Fragestellungen

Unsere Tagung zielte vornehmlich darauf, nicht-theologische Perspektiven auf die deutschsprachige Rezeption des Jansenismus zu entwickeln. Folgende mögliche Fragestellungen wurden im Rahmen der Tagung entwickelt:
1. Welches sind die ‚Träger' der Jansenismus-Rezeption (Adel, Patriziat, Theologen), welchen – auch konfessionellen – Milieus entstammen sie?
2. Welche Interessen verbinden die Rezipienten? Lassen sich überhaupt gemeinsame Interessen ausmachen?
3. Lässt sich eine Netzwerkbildung beobachten, die u. a. über Briefwechsel, Patronage und Buchproduktion hergestellt wird?
    a. Davon ausgehend: Wer sind die (teilweise unbekannten) Übersetzer, wer sind die Verleger und Mäzene, welche Interessen verfolgen sie, in welche Netzwerke sind sie eingesponnen, welche Medien nutzen sie, wie lässt sich diese Mediennutzung im Sinne der Material Culture analysieren?

---

**18** Richard Grassby: Material Culture and Cultural History. In: The Journal of Interdisciplinary History 35.4 (2005), S. 591–603.
**19** David Finkelstein: An Introduction to Book History. New York 2005.
**20** Holger Zaunstöck: Zur Einleitung: Neue Wege in der Sozietätsgeschichte. In: Sozietäten, Netzwerke, Kommunikation. Neue Forschungen zur Vergesellschaftung im Jahrhundert der Aufklärung. Hg. von Holger Zaunstöck, Markus Meumann. Berlin, New York 2003, S. 1–12.
**21** Mark E.J. Newman: Networks. An Introduction. Oxford 2010.
**22** Stefanie Arend: Rezeption, Rezeptionsforschung. In: Lexikon der Geisteswissenschaften. Sachbegriffe – Disziplinen – Personen. Hg. von Helmut Reinalter, Peter J. Brenner. Wien u. a. 2011, S. 697–705.
**23** Gisèle Sapiro: Comparativism, Transfers, Entangled History: Sociological Perspectives on Literature. In: A Companion to Comparative Literature. Hg. von Ali Behdad, Dominic Thomas. Malden (Mass.) 2011, S. 225–236.

     b. Lassen sich Berührungspunkte zu anderen Netzwerken feststellen, etwa zu pietistischen Netzwerken?
4. Welche Funktion nimmt die Rezeption des Jansenismus jeweils ein (Antijesuitismus, Antipapismus etc.)?
5. Welchen Anteil hat die Rezeption an der Herausbildung des Subjektbegriffs im achtzehnten Jahrhundert, lässt sich – ähnlich wie für den Pietismus – die Wirkung des Jansenismus mit der Herausbildung eines modernen Subjektbegriffs in Zusammenhang bringen?
6. Hat der Jansenismus an der Herausbildung einer spezifischen katholischen schöngeistigen deutschsprachigen Literatur einen ähnlichen Anteil wie in Frankreich? Lässt sich gar eine ähnliche Bedeutung konstatieren wie sie der Pietismus für die Herausbildung der Weimarer Klassik hatte?
7. Wie verhält sich diese Rezeption zum Prozess der Aufklärung: begleitet sie ihn (wie für Frankreich konstatiert), gestaltet sie ihn mit, oder stellt sie im Gegenteil (ähnlich dem Pietismus) eine Alternative zwischen Aufklärung und Gegenaufklärung dar, einen spezifischen ‚dritten Weg' katholischer Aufklärung?

## 5 Ergebnisse

Bedauerlicherweise fanden vier Tagungsvorträge – von Angela Berlis (*Charles le Maistre und seine Beobachtungen zu katholischer Frömmigkeitspraxis in deutschen Landen*), Maja Eilhammer (*Der Jansenismus als Phänomen in den Gelehrten Journalen des achtzehnten Jahrhunderts*), Thomas Wallnig (*Anti-Jansenismus in Oberdeutschland. Albin Michel und seine Schriften gegen Quesnels „Expostulatio" im Kontext der zeitgenössischen deutschen Gelehrsamkeit*) und Florian Bock (*Barockscholastik vs. ‚Jansenismus'. Katholische Prediger, Übersetzer, Verleger und ihre pastoralen Strategien*) – keinen Eingang in die Publikation, was nicht zuletzt den erschwerten Recherche-Bedingungen in der Corona-Krise geschuldet ist. Hingegen ergänzt der Beitrag von Corinne Bayerl zur jansenistischen Theaterkritik dankenswerter Weise vorliegenden Band.

    Zwei rekapitulierende Aufsätze leiten den Band ein: Mit einem Rückblick auf über 100 Jahre Forschungsgeschichte setzt der Beitrag von HARM KLUETING ein. Kontrastierend konturiert Klueting die katholische, die protestantische und die philologisch-philosophische Jansenismus-Forschung des deutschsprachigen Raumes seit etwa 1900. Während aus Sicht der katholischen Kirchengeschichte die Frage nach dem häretischen Charakter des Jansenismus häufig zu Leitfrage wurde, konnte die Forschung in den Zwischenkriegsjahren durch soziologische und philologische Studien zunächst andere Akzente setzen, woran auch die protestantische Kirchengeschichtsschreibung anzuschließen vermochte. Die Tendenzen der kirchenhistorischen Öffnung wurden von der Geschichtsforschung aufgegriffen, die den politischen Gesamtzusammenhang avisierte und das Verhältnis von Aufklärung und Jansenismus fokussierte. In jüngerer Zeit rückten dann Fragen nach den ‚frommen Frauen' und kulturtransferelle Fragestellungen in den Mittelpunkt.

Ergänzend zu diesem forschungsgeschichtlichen Aufriss entwickelt VOLKER KAPP die Darstellung des Jansenismus in den deutsch- und französischsprachigen Enzyklopädien des achtzehnten Jahrhunderts. Die Durchsicht der einschlägigen Enzyklopädien des achtzehnten Jahrhunderts – darunter natürlich jene von Diderot und D'Alembert sowie das *Dictionnaire historique et critique* von Bayle – erfolgt häufig über Seitenwege, da in Ermangelung eines eigenen ‚Jansenismus'-Lemmas Artikel zur ‚Gnade', zu ‚Unigenitus', zu ‚Cornelius Jansenius' oder zu ‚Antoine Arnauld' Auskunft über das zeitgenössische Wissen um den Jansenismus bereitstellen. Kapp weist nach, dass die Artikel von Auflage zu Auflage redigiert wurden und den jeweiligen Stand des Jansenismus-Streits wiedergeben, wobei die (katholischen) Autoren seit Erscheinen von Bayles *Dictionnaire* die (protestantische) Positiv-Wertung übernehmen. Buddeus in seinem *Allgemeinen Historischen Lexicon* spitzt diese Wertung noch einmal durch Betonungen der Jesuitenfeinschaft der Jansenisten zu, kritisiert jedoch die freidenkerischen Perspektiven Bayles und markiert eine protestantische Lesart. Die italienischen Enzyklopädien schließlich stützen sich auf ihre französischen Vorbilder, positionieren sich jedoch zu den vatikanischen Streitigkeiten ihrer Zeit.

Inwiefern die Jansenisten als ‚Glaubensbrüder' einer ‚Religion des Herzens' durch die Pietisten angeeignet wurden, untersucht CHRISTOPH SCHMITT-MAAß anhand der Privatbibliothek der pietistischen Gründerväter Spener und Francke (sowie der Halleschen Waisenhausbibliothek), flankiert durch deren weitere Jansenismus-Rezeption in Briefen und Druckschriften sowie durch die Schriften Arnolds und Zinzendorffs. Die pietistischen Personennetzwerke sorgten dafür, dass die Jansenistica ‚wanderten' und durch zahlreiche Hände gingen. Vor allem nach der Eskalation des Jansenismus-Streit infolge der Publikation der Bulle *Unigenitus* (1713) intensivierte sich das Interesse der Pietisten für die vermeintlichen ‚Glaubensbrüder'. Als innerpietistische Richtungskämpfe jedoch ab den 1730er Jahren dominierten, ebbte das Interesse wieder ab. Am Ende des achtzehnten Jahrhunderts schließlich war der konfessionelle Bezug bei der pietistischen Buchproduktion von Jansenistica nicht weiter kommentierungsbedürftig.

CORINNE BAYERL geht der Frage nach, wie durch spezifische Übersetzungsleistungen Ähnlichkeiten zwischen Jansenismus und Pietismus betont wurden, und zwar sowohl in der Eigenwahrnehmung radikaler Pietisten als auch später in der Fremdwahrnehmung der Pietisten durch ihre Gegner. Um 1700 übersetzt der Gothaer Schulrektor Gottfried Vockerodt Pierre Nicoles theaterkritischen Traktat *De la comédie* von 1667 als Kampfmittel im Streit um sogenannte ‚Mitteldinge' (*Adiaphora*). Anschließend beleuchtet der Beitrag kurz die satirischen Antworten auf die pietistische Theaterkritik im gesamteuropäischen Kontext. Abschließend wird diese theoretische Diskussion anhand der Übersetzung von Bougeants antijansenistischer Satire *La Femme docteur* (1731) und deren Übersetzung durch Luise Adelgunde Victorie Gottsched (*Die Pietistery im Fischbeinrocke*, 1736) detailliert bezüglich der (vermeintlichen) Parallelen zwischen jansenistischem und pietistischem Sprachgebrauch in der komödiantischen Pietismus-Kritik untersucht und dabei die vermittelnde Rolle des Quietismus betont.

Jansenistisches Schrifttum wurde im Böhmen des frühen achtzehnten Jahrhunderts maßgeblich über Nürnberger Verlagsnetzwerke verbreitet, die Graf Sporck initiierte, wie MONA GARLOFF in ihrem Beitrag darstellt. Auf der Grundlage bislang unedierter Archivalia und von Zensurakten lässt sich zeigen, dass nicht nur für die Publikation verschiedener kleinerer Publikationen, sondern auch für die zentrale Publikation des *Christlichen Jahres* (1716), eine Übersetzung des Werks *L'Année Chrétienne* (1686) von Nicolas Le Tourneux, die Verlagsbeziehungen Sporcks von entscheidender Bedeutung sind, da eine Publikation anders nicht möglich gewesen wäre.

Im Rahmen ihrer *grand tour* besuchten zwei Söhne der pietistische geprägten Häuser Reuß und Lynar 1731/32 zusammen mit ihren Hofmeistern auch das Grab des jansenistischen *diacre* de Pâris, an dem sich Heilungs-Wunder ereignet haben sollen. Die vielfältigen und oft unerwarteten Eindrücke hielten die Prinzen in ihren obligatorischen Reisetagebüchern fest, die MATHIS LEIBETSEDER für seinen Beitrag ausgewertet hat. Die pietistische Beobachtungs- und Selbstbeobachtungs-Praxis prägt die Wahrnehmung und Darstellung des jansenistischen Heiligen-Wunders, wobei unterschiedliche Rezeptionsmodi – ‚Sehen und Teilnehmen', ‚Erzählen und Hören' sowie ‚Lesen und Schreiben' – die Wahrnehmung leiten. Dem Anekdotischen kommt als Mittel der Komplexitätsreduktion dabei eine entscheidende narrative und sinnkonstituierende Funktion zu.

Dem von der Kunstgeschichte konstatierten Typus des ‚jansenistische Kruzifix' geht SILVIA SCHMITT-MAAß in ihrem Beitrag nach. Es handelt sich dabei um ein zumeist elfenbeinernes Kruzifix, bei dem die Arme des Gekreuzigten nicht seitlich (rechts und links) angebracht sind, sondern oberhalb seines Kopfes. Diese Haltung soll symbolisieren, dass Erlösung nur wenigen Auserwählten zuteilwerden kann. Während elfenbeinerne jansenistische Kruzifixe in Port-Royal nicht explizit nachgewiesen werden können, überliefert die Bildtradition durch Philippe de Champaigne diesen Kreuztyp für das jansenistische Nonnenkloster. Die mittels jansenistischer Schriften 1707 zum Katholizismus bekehrte spätere Kaiserin Elisabeth Christine von Braunschweig-Wolfenbüttel scheint bezüglich ihrer Frömmigkeitspraxis an diese Bildtradition angeschlossen zu haben; zumindest wurden diese kostbaren Objekte im engen Kreis im Rahmen elitärer Frömmigkeitspraxis verehrt. Als Beleg fungiert auch ein 1735 erschienenes und der Kaiserin gewidmetes Stundenbuch, das im Frontispiz mit der bildlichen Darstellung eines ‚Jansenisten-Kruzifix' aufwartet.

Die *Wiener Kirchenzeitungen* (1784–1789) analysiert JULIETTE GUILBAUD in ihrem Beitrag bezüglich der möglichen Verbindungen zu den französischen *Nouvelles Ecclésiastiques*, und zwar unter Auswertung quantitativer, topographischer sowie qualitativer Merkmale. Es bestand eine komplexe Beziehung zwischen beiden Periodika, die im Austausch von Korrespondenzen und dem wechselseitigen Abdruck von Artikeln ihren sichtbarsten Ausdruck findet. Da sich in Frankreich und im Habsburgerreich der Umgang mit ‚häretischen' Jansenisten unterschiedlich gestaltete und folglich in beiden Ländern völlig unterschiedliche Zensurpraktiken existierten, genossen die *Wiener Kirchenzeitungen* eine größere Freiheit, die mit den Zensurreformen unter Joseph II. im Einklang steht. So wurde etwa über lokale Ereignisse berichtet, um die Stärke der sogenannten jansenistischen beziehungsweise reformerischen Ideen zu belegen. Das Periodikum erwies sich damit als Forum für josephinische Vorstellung von der Beziehung zwischen Staat und Kirche.

Die Synode von Pistoia – ein 1786 durchgeführtes Diözesankonzil, das letztmalig die Frage des Jansenismus verhandelte – sammelte, wie SHAUN L. BLANCHARD in seinem Beitrag darstellt, auch deutsche Stimmen. Der toskanische Großherzog Peter Leopold trieb in Übereinstimmung mit seinem Bruder, dem regierenden Kaiser Joseph II., die in Pistoia verhandelten (philo-jansenistischen) Reformbestrebungen voran, um den Einfluss des Vatikans zurückzudrängen. Durch eine gezielte Veröffentlichungspolitik (etwa durch Übertragung der italienischen jansenistische Polemiken ins Deutsche, aber auch durch Publikation jansenistischer Hirtenbriefe) wurden die Ergebnisse der Synode in den deutschsprachigen Raum vermittelt, wo sie eine weitere Rezeption erfuhren. In katholischen Kreisen kam es teilweise zur direkten Übernahme von Beschlüssen, die in Pistoia gefällt worden waren (Mainz, Würzburg, Emser Punktuation). In den protestantischen Reichteilen erfolgte die Rezeption vernehmlich unter der Fragestellung einer Kirchenunion.

# 6 Dank

Ich danke der Alexander von Humboldt-Stiftung für die Bereitstellung von Mitteln zur Durchführung unserer Arbeitstagung sowie der Deutschen Forschungsgemeinschaft für die Gewährung eines Druckkostenzuschusses. Die Tagung wurde dankenswerter Weise vom Lehrstuhlteam des Instituts für Deutsche Philologie der Ludwig Maximilians-Universität München unterstützt, zuvörderst und v. a. in intellektueller und ideeller Hinsicht von Friedrich Vollhardt, in organisatorischer Hinsicht von Julia Röthinger, Michael Schwingenschlögl, Iris Carle und Julius Thelen.

Harm Klueting
# Der bekannte Unbekannte: Der Jansenismus in der deutschsprachigen Forschung

Der 2014 im Alter von knapp 91 Jahren gestorbene Historiker Karl Otmar Freiherr von Aretin bemerkte 1967 über die österreichischen Bischöfe des achtzehnten Jahrhunderts, unter ihnen sei „der jansenistische Einfluß, insbesondere italienischer Prägung" nicht zu übersehen, jedoch habe sich „in den theologischen Vorstellungen des österreichischen Episkopats der Jansenismus mit anderen geistigen Strömungen so verbunden, daß vom Jansenismus kaum mehr übrig blieb als ein radikaler, von staatskirchlichen Vorstellungen bestimmter Reformkatholizismus".[1] Was Aretin hier ansprach, beschrieb der Schweizer Historiker Peter Hersche zehn Jahre später als österreichischen Spätjansenismus.[2] In den außerösterreichischen Teilen des katholischen Deutschland[3] und, folgt man Wilhelm Haefs, insbesondere in Kurbayern sind „nachhaltige Einflüsse des Jansenismus" jedoch eher nicht zu erkennen,[4] was manche aber anders sehen.[5]

---

1 Karl Otmar von Aretin: Heiliges Römisches Reich 1776–1806. Reichsverfassung und Staatssouveränität. 2 Bde. Wiesbaden 1967 (Veröffentlichungen des Instituts für Europäische Geschichte Mainz. Abteilung Universalgeschichte 38), Bd. 1, S. 138.
2 Peter Hersche: Der Spätjansenismus in Österreich. Wien 1977 (Österreichische Akademie der Wissenschaften. Veröffentlichungen der Kommission für Geschichte Österreichs 7).
3 Deutschland im politischen Sinne existierte im achtzehnten Jahrhundert nicht, sondern das Heilige Römische Reich deutscher Nation mit seinen zahlreichen Territorialstaaten, darunter die österreichischen Erbländer mit dem überwiegend im heutigen Baden-Württemberg gelegenen Vorderösterreich und mit den Grafschaften Gradisca und Görz, dem Küstenland und der Stadt Triest an der Adria und das Königreich Böhmen mit der Markgrafschaft Mähren; formal gehörten ihm auch das Hochstift Lüttich und die österreichischen Niederlande, heute Belgien und Luxemburg, sowie bis 1735 auch die Herzogtümer Lothringen und Bar (Bar-le-Duc) sowie bis 1801 das Herzogtum Savoyen an.
4 Wilhelm Haefs: „Praktisches Christentum". Reformkatholizismus in den Schriften des altbayerischen Aufklärers Lorenz Westenrieder. In: Katholische Aufklärung – Aufklärung im katholischen Deutschland. Hg. von Harm Klueting. Hamburg 1993 (Studien zum achtzehnten Jahrhundert 15), S. 271–301, Zitat S. 300. Siehe auch Wilhelm Haefs: Aufklärung in Altbayern. Leben, Werk und Wirkung Lorenz Westenrieders. Neuwied 1998.
5 Z.B. Heribert Raab: Die Bekämpfung des Jansenismus im Bereich der Kölner Nuntiatur 1720–1732. In: Römische Kurie, kirchliche Finanzen, Vatikanisches Archiv. Studien zu Ehren von Hermann Hoberg. Hg. von Erwin Gatz. 2 Tl.-Bde. Rom 1979 (Miscellanea historiae pontificae 46), Tl.-Bd. 2, S. 701–725; Marcel Albert OSB: Jansenismus als diplomatisches Problem. Fabio Chigi und die Bekämpfung des Jansenismus in der Kölner Nuntiatur 1640–1651. In: Der Jansenismus – eine

Hier möchte dieser Beitrag anknüpfen, der nach dem Jansenismus in der deutschsprachigen Forschung – also nicht nur in der deutschen, sondern auch in der österreichischen und in der deutschschweizerischen Forschung – fragen soll. Dabei sind nichtdeutschsprachige Abhandlungen deutschsprachiger Autoren[6] ebenso einzubeziehen wie deutschsprachige Beiträge nichtdeutschsprachiger Verfasser oder Verfasserinnen in ganz oder überwiegend deutschen bzw. deutschsprachigen Handbüchern oder Lexika.[7] Am Anfang muss der Jansenismus in der Sicht katholischer Theologen und Kirchenhistoriker stehen.

# 1 Der Jansenismus in der Sicht katholischer Theologen und Kirchenhistoriker

Die Beurteilung des Jansenismus im Binnenraum der katholischen Theologie und Kirchengeschichtswissenschaft sowie bei kirchlich engagierten katholischen Laien – Laie hier im Sinne von Nicht-Priester – stand lange im Zeichen seiner bis heute niemals revidierten päpstlichen Verurteilung. Diese begann, nach dem päpstlichen Druckverbot für das 1640 erschienene *Augustinus*-Werk des Cornelius Jansenius d. J. von 1640 und der gegen dieses Buch gerichteten Bulle *In eminenti* Innozenz' X. von 1642, mit der Bulle *Cum occasione* Innozenz' X. von 1653,[8] die Alexander VII. 1656 mit der Bulle *Ad sacram* bestätigte,[9] nachdem die Sorbonne 1656 ihren Professor Antoine Arnauld, die zweite Gründergestalt des Jansenismus nach Cornelius Jansenius, verurteilt hatte und bevor Ludwig XIV. 1661 von den Jansenisten die Unterschrift unter eine Unterwerfungserklärung gegenüber diesen Entscheidungen von

---

„katholische Häresie"? Das Ringen um Gnade, Rechtfertigung und die Autorität Augustins in der frühen Neuzeit. Hg. von Dominik Burkard, Tanja Thanner. Münster 2014 (Reformationsgeschichtliche Studien und Texte 159), S. 193–239.

6 Z.B. Peter Hersche: Il Muratori e il Giansenismo Austriaco. In: La Fortuna di L. A. Muratori. Atti del Convegno Internazionale di Studi Muratoriani (Modena 1972). Florenz 1975 (Biblioteca dell'edizione nazionale del carteggio di L. A. Muratori 3), S. 265–269.

7 Z.B. der amerikanische Professor Charles H. O'Brien mit seinem Artikel in der „Theologischen Realenzyklopädie" (Charles H. O'Brien: Jansen / Jansenismus. In: Theologische Realenzyklopädie 16 [1987], S. 502–509) oder die französische Historikerin Françoise Hildesheimer mit ihrem Beitrag zur 3. Aufl. des „Lexikons für Theologie und Kirche" (Françoise Hildesheimer: Jansenismus. In: Lexikon für Theologie und Kirche 3. Aufl. 5 [1996], Sp. 739–744).

8 Enchiridion symbolorum, definitionum et declarationum de rebus fidei et morum. Hg. von Heinrich Denzinger, Peter Hünermann. 39. Aufl. Freiburg 2001, Rand-Nr. 2001–2007.

9 Denzinger, Hünermann: Enchiridion symbolorum (Anm. 8), Rand-Nr. 2010–2012.

1653 und 1656 verlangte,[10] wogegen sich in Teilen des französischen Klerus ein Sturm der Entrüstung erhob. 1705 folgte die Bulle *Vineam Domini Sabaoth* Clemens' XI.,[11] bevor der König das am Jansenismus festhaltende Frauenkloster Port-Royal-des-Champs 1710 dem Erdboden gleichmachen ließ und bevor 1713 die Bulle *Unigenitus Dei Filius* Clemens' XI. folgte.[12] Zwar richtete sich *Unigenitus* formal nur gegen Pasquier Quesnel, nach dem Tod Antoine Arnaulds 1694 Haupt der französischen Jansenisten, und sein Werk *Abrégé de la morale de l'Évangile, ou Pensées chrétiennes sur le texte des quatre Évangélistes* von 1671, doch bestätigte dieses Verbot die früheren päpstlichen Entscheidungen gegen den Jansenismus.[13]

Kein Theologe und kein Priester war der 1908 durch Kaiser Franz Joseph nobilitierte und 1916 ebenfalls noch von Franz Joseph in dessen letztem Lebensjahr als Freiherr Pastor von Camperfelden in den erblichen Freiherrenstand erhobene katholische Historiker Ludwig Freiherr von Pastor, der, 1854 in Aachen geboren, nach Studien im belgischen Löwen sowie in Bonn, Berlin und Wien, Promotion in Graz und Habilitation in Innsbruck Professor für Geschichte in Innsbruck, 1901 Direktor des Österreichischen Historischen Instituts in Rom und nach dem Ende der Monarchie 1920 Gesandter der Republik Österreich beim Heiligen Stuhl wurde.[14] In seiner monumentalen, 22 Bände umfassenden *Geschichte der Päpste seit dem Ausgang des Mittelalters*[15] geht Pastor ausführlich auf den Jansenismus ein. Im ersten Teilband des 14. Bandes, den seine Witwe Constanze „Seiner Eminenz Kardinal Merry de

---

**10** Das Unterwerfungsformular Denzinger, Hünermann: Enchiridion symbolorum (Anm. 8), Rand-Nr. 2020.
**11** Denzinger, Hünermann: Enchiridion symbolorum (Anm. 8), Rand-Nr. 2390.
**12** Denzinger, Hünermann: Enchiridion symbolorum (Anm. 8), Rand-Nr. 2400 –2505.
**13** Clemens XI. hatte den *Abrégé de la morale de l'Évangile* schon 1708 mit dem Breve *Universi dominici gregis* gemeinsam mit Quesnels *Abrégé de la morale des Actes, des Épîtres canoniques, de l'Apocalypse* von 1687 verboten, doch blieb dieses Verbot im französischen Jansenismus unbeachtet, woraufhin Clemens XI. auf Verlangen Ludwigs XIV. in *Unigenitus* 101 Sätze aus Quesnels Schriften verurteilte.
**14** Biographische Angaben hier nach Ludwig von Pastor: Tagebücher – Briefe – Erinnerungen. Hg. von Wilhelm Wühr. Heidelberg 1950. Siehe auch Auguste Pelzer: L'historien Louis von Pastor d'après ses journaux, sa correspondance et ses souvenirs. In: Revue d'histoire ecclésiastique 46 (1951), S. 624–680; Raoul Manselli: Ludwig von Pastor – der Historiker der Päpste. In: Römische historische Mitteilungen 21 (1979), S. 111–126; Thomas Brechenmacher: Ludwig von Pastor. In: Biographisch-bibliographisches Kirchenlexikon 6 (1993), Sp. 1588–1594; Alfred A. Strnad: Pastor, Ludwig. In: Theologische Realenzyklopädie 26 (1996), S. 46–50; Alfred A. Strnad: Pastor, Ludwig von. In: Neue deutsche Biographie 20 (2001), S. 94–96; Ludwig von Pastor (1854–1928). Universitätsprofessor, Historiker der Päpste, Direktor des Österreichischen Historischen Instituts in Rom und Diplomat. Hg. von Andreas Sohn, Jacques Verger. Regensburg 2019.
**15** Ludwig von Pastor: Geschichte der Päpste seit dem Ausgang des Mittelalters. 16 Bde. in 22 Tl.-Bde. Freiburg 1886–1933, teilweise verschiedene Auflagen.

Val, dem letzten römischen Besucher am Sterbebett meines geliebten Gatten in Verehrung" – Kardinal Raffaele Merry del Val war als Kardinalstaatssekretär unter Pius X. der entschiedenste Protagonist der Bekämpfung des Modernismus und von großer Bedeutung für den Antimodernismus, der wie die Modernismuskrise[16] jener Zeit im Hintergrund von Pastors Sicht des Jansenismus zu sehen ist – widmete, behandelt Pastor für das Pontifikat Innozenz' X. (1644–1655) den „Jansenismus in Frankreich und den Niederlanden"[17] und das Zustandekommen sowie den Inhalt der Bulle *Cum occasione*, die fünf Sätze aus dem *Augustinus* des Jansenius als häretisch verurteilte.[18] Pastors Urteil ist eindeutig:

> Es ist das eigenste Verdienst Innozenz' X., daß diese Konstitution endlich zustande gekommen war. Als er der Jansenistenfrage nähertrat, überzeugte er sich bald von der tief einschneidenden Bedeutung einer Bewegung, die an den innersten Kern des Christentums rührte und Calvins Gedanken in wenig verfeinerter Form auf katholischen Boden zu verpflanzen strebte.[19]

Gemeint war Jean Calvins Lehre von der *Praedestinatio duplex* aus dessen Werk *Institutio Religionis Christianae* von 1536 bzw. aus dessen französischer Fassung von 1559.[20] Im Abschnitt über das Pontifikat Alexanders VII. (1655–1667) findet sich das Kapitel *Die jansenistischen Wirren in Frankreich und den Niederlanden*[21] mit Pastors Darlegungen zur Bulle *Ad sacram* (442–448), wie Pastor auch in den Abschnitten über die Pontifikate Clemens' IX. (1667–1669) (553–593) und Clemens X. (1670–1676) den Jansenismus in Frankreich und in den damals noch spanischen

---

16 Otto Weiß: Der Modernismus in Deutschland. Ein Beitrag zur Theologiegeschichte. Regensburg 1995; Otto Weiß: Modernismus und Antimodernismus im Dominikanerorden. Zugleich ein Beitrag zum *Sodalitium Pianum*. Regensburg 1998 (Quellen und Studien zur neueren Theologiegeschichte 2); Otto Weiß: Der Katholische Modernismus. Begriff – Selbstverständnis – Ausprägungen – Weiterwirken. In: Antimodernismus und Modernismus in der katholischen Kirche. Beiträge zum theologiegeschichtlichen Vorfeld des II. Vatikanums. Hg. von Hubert Wolf. Paderborn 1998 (Programm und Wirkungsgeschichte des II. Vatikanums 2), S. 107–239; Claus Arnold: Kleine Geschichte des Modernismus. Freiburg 2007.
17 Ludwig von Pastor: Geschichte der Päpste im Zeitalter des fürstlichen Absolutismus von der Wahl Innozenz' X. bis zum Tode Innozenz' XII. (1644–1700). Abt. 1: Innozenz X., Alexander VII., Klemens IX. und X. (1644–1676). Freiburg 1929 (Geschichte der Päpste seit dem Ausgang des Mittelalters 14,1), S. 161–256.
18 Pastor: Geschichte der Päpste, Bd. 14,1 (Anm. 17), S. 197–207.
19 Pastor: Geschichte der Päpste, Bd. 14,1 (Anm. 17), S. 206.
20 Dazu Harm Klueting: Das Konfessionelle Zeitalter. Europa zwischen Mittelalter und Moderne. Kirchengeschichte und Allgemeine Geschichte. [Bd. 1]. Darmstadt 2007, S. 220–222, dazu ausführliche Literaturhinweise bei Harm Klueting: Das Konfessionelle Zeitalter. Bd. 2: Anmerkungen – Literatur. Berlin 2009 (Historia profana et ecclesiastica 17) Berlin 2009, S. 366–369, Anm. 2585–2599.
21 Pastor: Geschichte der Päpste, Bd. 14,1 (Anm. 17), S. 423–493. Mit Seitenzahl im Text zitiert.

Niederlanden berücksichtigt (647–652). Abschließend für das Pontifikat Clemens X. merkt er an:

> Lagen also in Frankreich die religiösen Verhältnisse nicht gut, so waren sie im eigentlichen Vaterland der neuen Sekte um nichts besser. Das jansenistische, in Rom verurteilte Rituale von Alet[22] war in Flandern in aller Händen, die jansenistisch gefärbte Übersetzung des Neuen Testaments von Mons[23] wurde öffentlich verkauft, der ‚Augustinus' des Jansenius ohne Bedenken gelesen, die Schrift des Kölner Advokaten Widenfeldt[24] gegen die Muttergottesverehrung hartnäckig verteidigt. Dazu kamen andere Irrtümer: über Bilder- und Heiligenverehrung, über die Verwaltung des Bußsakramentes; einige lehrten, die bischöfliche Gewalt sei unmittelbar von Christus,[25] und schloßen daraus, daß der Papst sie nicht einschränken könne. Es befestigt sich die Abneigung gegen die Bettelorden, weil sie die Scholastik und die päpstliche Gewalt hochhalten.[26]

Während Pastor im zweiten Teilband des 14. Bandes für das Pontifikat Innozenz XI. (1676–1689) nur knapp auf „die Sektenbewegung in Frankreich und Flandern",[27] etwas ausführlicher auf Antoine Arnauld (970–973) und für die Pontifikate Alexanders VIII. (1689–1691) und Innozenz XII. (1691–1700) nicht weniger

---

22 Zuerst 1667; Rituel Romain. À L'Usage Du Diocèse D'Alet. 3. Aufl. Paris 1677. Dazu James F. White: Roman Catholic Worship. Trent to Today. 2. Aufl. Collegeville, Minn. 2003, S. 31. Das Bistum Alet-les-Bains, Suffraganbistum von Narbonne, lag in Südfrankreich.
23 La version du nouveau Testament dite de Mons. 1667 (Mons im Hennegau in den Spanischen Niederlanden, heute belgische Provinz Hainaut); Émile Hublard: Le Nouveau Testament de Mons. Histoire d'un livre. Mons 1914; Jacques Le Brun: Le Grand Siècle de la spiritualité française et ses lendemains. In: Histoire spirituelle de la France. Spiritualité du Catholicisme en France et dans les pays de langue française des origines à 1914. Paris 1964 (Bibliothèque de spiritualité 1), S. 227–285, hier S. 228.
24 Johann Widenfeldt (Weidenfeld) war Ratsherr und Verleger in Köln mit katholischer theologischer Literatur im Verlagsprogramm, sein Bruder Adam Dr. iur. utr., sein Bruder Christian lic. iur. utr. Zu ihm vgl. Johann Jakob Schnorrenberg: Weidenfeld, Johann. In: Allgemeine deutsche Biographie 41 (1896), S. 445–447. Adam Widenfeldt war Verfasser der Schriften *Epistola apologetica quam author libelli cui titulus Monita salutaria B. V. Mariae ad cultores suos indiscretos scripsit ad ejusdem censorem* (Mecheln: Gisbert Lintsius 1674); *Monita salutaria B. V. Mariae ad cultores suos indiscretes* (Löwen: Adrian de Witte 1675); *Avis salutaires de la bien-heureuse vierge Marie à ses devots indiscrets* (aus dem Lateinischen ins Französische übersetzt von François Wantié aus Lille. Gent: Jean van Krasset 1674); *Avertissemens salutaires de la bien-heureuse Vierge à ses dévots indicrets* (2. Aufl. Gent: François d'Erckel 1674).
25 Das war die Position des Episkopalismus.
26 Pastor zitiert Hugo Laemmer: Meletematum Romanorum mantissa. Regensburg 1875. Der Konvertit Laemmer lehrte Kirchengeschichte und Kirchenrecht zuerst in Braunsberg und seit 1864 in Breslau.
27 Ludwig von Pastor: Geschichte der Päpste im Zeitalter des fürstlichen Absolutismus von der Wahl Innozenz' X. bis zum Tode Innozenz' XII. (1644–1700). Abt. 2: Innozenz XI., Alexander VIII., Innozenz XII. (1676–1700). Freiburg 1930 (Geschichte der Päpste seit dem Ausgang des Mittelalters 14,2), S. 970. Mit Seitenzahl im Text zitiert.

knapp auf den Jansenismus in Belgien bzw. in den Spanischen Niederlanden (1103–1106) und in Holland bzw. in der Republik der Vereinigten Niederlande (1138–1139) einging, spielte der Jansenismus im 15. Band wieder, den historischen Fakten entsprechend, eine herausragende Rolle.[28] Das gilt vor allem für seine Darstellung des Zustandekommens und der Bedeutung der Bulle *Unigenitus Dei Filius* von 1713, für die von ihm deutlich gemachte Rolle des Erzbischofs von Cambrai, François de Salignac de La Mothe-Fénelon, für das von ihm herausgearbeitete Spannungsverhältnis von Antijansenismus und Gallikanismus und für die Haltung des Königs zwischen diesen beiden Positionen.[29] Pastor schreibt zu Ludwig XIV.:

> Er war ein entschiedener Gegner des Jansenismus gewesen von Jugend auf. Indem er jedoch mit der einen Hand zum Schlag gegen ihn ausholte, öffnete er ihm mit der andern in seinem Gallikanismus immer wieder eine Zuflucht, in der die Sekte getrost des Papstes wie des Königs spotten konnte. Am Ende seiner Regierung war der Jansenismus zur furchtbaren Macht angewachsen; Noailles,[30] sein damaliges Haupt, konnte kurz nach dem Tode des gewaltigen Herrschers vom Regenten[31] des Reiches ‚das Idol Frankreichs' genannt werden.[32]

Das Jansenismusverständnis des Historikers Pastor entspricht dem der Kirchenhistoriker der katholisch-theologischen Fakultäten jener Zeit. Der 1831 geborene und 1903 gestorbene Priester und Professor für Kirchengeschichte in Mainz – seit 1900 Bischof von Mainz – Heinrich Brück[33] schreibt 1874 in seinem *Lehrbuch der Kirchengeschichte*[34] über Cornelius Jansenius d. J. und den Jansenismus:

> Zwanzig Jahre lang arbeitete Jansenius an seinem Werke, das erst nach seinem Tode 1640 unter dem Titel *Augustinus* erschien, aber nicht, wie der Verfasser angibt, die Lehren des Bischofs von Hippo,[35] sondern die Irrthümer Calvins reproducirt, indem Jansenius mit gänzlicher Verkennung des Natürlichen und des Uebernatürlichen und damit des Zustandes vor und nach dem Sündenfalle dem Menschen im Zustande der gefallenen Natur den freien Willen (liberum arbitrium) abspricht.[36]

---

28 Ludwig von Pastor: Geschichte der Päpste im Zeitalter des fürstlichen Absolutismus von der Wahl Klemens' XI. bis zum Tod Klemens' XII. (1700–1740). Freiburg 1930 (Geschichte der Päpste seit dem Ausgang des Mittelalters 15).
29 Pastor: Geschichte der Päpste, Bd. 15 (Anm. 28), S. 158–185.
30 Kardinal Louis Antoine de Noailles, Erzbischof von Paris.
31 Philipp duc d'Orléans.
32 Pastor: Geschichte der Päpste, Bd. 15 (Anm. 28), S. 185.
33 Anton Brück: Brück, Heinrich (1831–1903). In: Die Bischöfe der deutschsprachigen Länder. 1785/1803 bis 1945. Ein biographisches Lexikon. Hg. von Erwin Gatz. Berlin 1983, S. 75f.
34 Heinrich Brück: Lehrbuch der Kirchengeschichte für academische Vorlesungen und zum Selbststudium. Mainz 1874.
35 Aurelius Augustinus, Bischof von Hippo Regius von 395 bis 430.
36 Brück: Lehrbuch (Anm. 34), S. 694.

Die Beurteilung des Jansenismus als Häresie und der Jansenisten als Sektierer beherrscht Brücks Darstellung, der auch den Jansenismus nach der Bulle *Unigenitus* und somit nach 1713 und nach dem Tod Ludwigs XIV. 1715 in den Blick nimmt,[37] wenn auch mit absolut negativer Konnotation:

> Unter der Regentschaft des lüderlichen Herzogs von Orleans fand in den tonangebenden Kreisen ein Umschwung zu Gunsten der Jansenisten statt, indem die kirchenfeindlichen Parteien die Sectirer in ihrer Opposition gegen den apostolischen Stuhl kräftig unterstützten. Auch der französische Klerus wurde in diese Kämpfe, die jetzt schon einen recht widerlichen Charakter annahmen, hineingezogen und spaltete sich in zwei Parteien, Acceptanten und Appellanten, d. h. in solche Geistliche, welche die Bulle Unigenitus annahmen, und in solche, welche von der Entscheidung des apostolischen Stuhles an ein allgemeines Concil appelirten. Unter diesen Verhältnissen mußte die Verwirrung in Frankreich einen immer höheren Grad erreichen [...]. Die eigentlichen Jansenisten aber, welche die heftigsten Schmähungen gegen die päpstliche Bulle und den apostolischen Stuhl ausstießen, setzten ihren Widerstand fort [...]. Vergebens bemühte sich Papst Benedict XIV. durch das Breve *Ex omnibus* 1756 der argbedrängten Kirche Frankreichs, welche durch die Jansenisten furchtbar zerrüttet und verwüstet wurde, den Frieden zu geben. Erst die französische Revolution machte dieser verderblichen Häresie, aber nicht all ihren irrigen Grundsätzen, ein Ende.[38]

Brück verfasste sein Werk während des Kulturkampfes in Preußen und im neuen Deutschen Reich, unter dem Pontifikat Pius IX., des Papstes des *Syllabus* von 1864 gegen die *80 Irrtümer unserer Zeit*, und kurz nach dem Ersten Vatikanischen Konzil von 1869/70, was mit zu bedenken ist. Dennoch blieb die Verurteilung des Jansenismus als verderbliche Häresie lange gleichsam der *Cantus firmus* der akademischen katholischen Kirchenhistoriker, was auch an den katholischen kirchlichen oder kirchennahen Lexika jener Zeit ablesbar ist. In dem von dem späteren Regensburger Bischof Michael Buchberger[39] herausgegebenen *Kirchlichen Handlexikon*[40] charakterisiert der Stiftsbibliothekar von Einsiedeln in der Schweiz Gabriel Meier OSB, 1845 geboren, 1924 verstorben, den Jansenismus entsprechend:

---

37 Zum Jansenismus in Frankreich nach der Schleifung des Klosters Port-Royal-des-Champs 1710 und nach *Unigenitus* 1713 und zu der jansenistischen Untergrundzeitschrift *Nouvelles ecclésistiques ou Mémoires pour servir à l'histoire de la Constitution Unigenitus* aus der deutschsprachigen Forschung jetzt Christine Vogel: Der Untergang der Gesellschaft Jesu als europäisches Medienereignis (1758–1773). Publizistische Debatten im Spannungsfeld von Aufklärung und Gegenaufklärung. Mainz 2006 (Veröffentlichungen des Instituts für Europäische Geschichte Mainz. Abteilung Universalgeschichte 127).
38 Brück: Lehrbuch (Anm. 34), S. 697f.
39 Paul Mai: Buchberger, Michael (1874–1961). In: Gatz: Bischöfe der deutschsprachigen Länder (Anm. 33), S. 77–80.
40 Kirchliches Handlexikon. Hg. von Michael Buchberger. 2 Bde. Bd. 1: A–H. Freiburg 1907; Bd. 2: I–Z. Freiburg 1912.

> Der Jansenismus mit seiner schroffen hyperaugustinischen Gnadenlehre und seiner rigoristischen Disziplin ist nichts anderes als der von den Niederlanden her in die französische Kirche eingedrungene Calvinismus mit einem starken Einschlag von Antijesuitismus. Er hat der französischen Kirche die schwersten Wunden geschlagen, hat sie über ein Jahrhundert innerlich entzweit und zerrissen, hat die Geister verwirrt, den Jesuitenorden mit Spott übergossen, dessen Wirksamkeit gelähmt, dessen Aufhebung mit herbeigeführt, hat namentlich durch seinen Rigorismus in Moral und Sakramentenspendung die französische Männerwelt den Sakramenten und damit der Kirche entfremdet und mit dem Gallikanismus, der Revolution und anderen Ursachen die religiösen Verhältnisse Frankreichs in der unglücklichsten Weise beeinflußt; seine schlimmen Wirkungen dauern fort bis in die Gegenwart.[41]

Ähnlich ablehnend fiel auch das Urteil über den Jansenismus in der zweiten, neubearbeiteten Auflage des *Kirchlichen Handlexikons*, der ersten Auflage des *Lexikons für Theologie und Kirche* aus den Jahren 1930 bis 1938, aus, das nach den Worten des Herausgebers Bischof Michael Buchberger im Vorwort zum ersten Band „in allem bewußt und bestimmt den Standpunkt des katholischen Dogmas vertreten"[42] sollte. Der Verfasser des Jansenismusartikels war Wilhelm Deinhardt, der uns noch beschäftigen wird. Er referiert die antijansenistischen päpstlichen Entscheidungen, enthält sich zumindest hier aber der Bezeichnung des Jansenismus als einer häretischen oder sektiererischen Bewegung und kommt dennoch zu dem insgesamt negativen Ergebnis:

> Die jansenistische Bewegung hat bedeutende Geister in ihren Bann gezogen und mit religiösem Enthusiasmus erfüllt, durch ihre schroffe Gnadenlehre aber und ihren Rigorismus in Moral und Aszese Scharen von Gläubigen der Kirche und dem Christentum entfremdet. [...] Damit hat der Jansenismus faktisch der antireligiösen Aufklärung vorgearbeitet.[43]

Dennoch bahnte sich lange vor dem Zweiten Vatikanischen Konzil der Jahre 1962 bis 1965 auch in der katholischen theologischen Kirchengeschichtswissenschaft eine moderate und vom Häresievorwurf freie Sicht des Jansenismus an. Ein Beispiel bietet der Österreicher Karl Eder, der, 1889 geboren und 1961 gestorben, katholischer Priester und Theologe war, aber nach einer theologischen Habilitation für Kirchengeschichte seit 1948 einen Lehrstuhl für allgemeine Geschichte der Neuzeit in Graz innehatte. In dem von ihm als dritten Band des von dem 1941 gestorbenen Kirchenhistoriker Johann Peter Kirsch, dem ersten Leiter des Römischen Instituts der Görres-Gesellschaft während der Jahre 1888 bis 1890, begründeten Handbuchs *Kirchengeschichte* verfassten Band von 1949 findet sich das Kapitel *Kor-*

---

41 Gabriel Meier: Jansenismus. In: Buchberger: Kirchliches Handlexikon (Anm. 40), Bd. 2, Sp. 22–24, Zitat Sp. 23f.
42 Lexikon für Theologie und Kirche. Hg. von Michael Buchberger. 1. Aufl. Freiburg 1930, Bd. 1, S. VI.
43 Wilhelm Deinhardt: Jansenismus. In: Buchberger: Lexikon für Theologie und Kirche (Anm. 42), Bd. 5, Sp. 275–277, Zitat Sp. 277.

*nelius Jansenius d. J. und die Anfänge des Jansenismus.*⁴⁴ Eder spricht darin mit Anerkennung von dem „Kreis von geistig bedeutenden Männern" (261) um das Kloster Port-Royal und lässt es für den *Augustinus* des Jansenius dahingestellt sein, „ob eine unmittelbare Beeinflussung durch den Calvinismus anzunehmen ist. Die Ähnlichkeit ist jedenfalls überraschend" (261), um dann festzustellen:

> Der Jansenismus kann als Gewächs des französischen Kulturkreises nur innerhalb des französischen Katholizismus seiner Zeit richtig erfaßt werden. Er bildete neben der von zahlreichen Heiligen getragenen Erneuerung im Geiste des Trienter Konzils und neben dem Calvinismus die dritte mächtige Strömung, die um die Vorherrschaft in Frankreich rang. In wichtigen Stücken war er eine Gegenwirkung gegen Erscheinungen der nachtridentinischen Theologie und des französischen Humanismus. Die Züge der Härte und des Fanatismus trug er gemeinsam mit dem Calvinismus. (262 f.)

Doch hatte vor Karl Eder schon der 1879 geborene und 1939 gestorbene katholische Priester und Freiburger Kirchenhistoriker Ludwig Andreas Veit⁴⁵ in dem vor Eders Band erschienenen vierten Band zu einer sachlichen Darstellung des Jansenismus gefunden, in der besonders das Beziehungsnetz zwischen König, Gallikanismus und Jansenismus deutlich wird;⁴⁶ Veit sprach davon, der Gallikanismus sei zur Stütze des Jansenismus geworden.⁴⁷

Während des Zweiten Vatikanischen Konzils erschienen 1962 und 1964 die beiden Bände der *Geschichte der Kirche* des 1887 in Luxemburg geborenen und dort 1975 auch gestorbenen Priesters und Kirchenhistorikers Joseph Lortz,⁴⁸ der in jener Zeit der Abteilung Abendländische Religionsgeschichte des Mainzer Instituts für Europäische Geschichte vorstand.⁴⁹ Lortz stellt die „Frage nach Gnade

---

44 Kirchengeschichte, Bd. 3,2: Karl Eder: Die Kirche im Zeitalter des konfessionellen Absolutismus (1555–1648). Hg. von Johann Peter Kirsch. Freiburg 1949, S. 260–263. Mit Seitenzahl im Text zitiert.
45 Zu Ludwig Andreas Veits Beitrag zum Verständnis der katholischen Aufklärung Harm Klueting: „L'Aufklärung catholique" contre „les lumières". Aporemata der Forschung zur katholischen Aufklärung von 1969 bis 2017. In: Katholische Aufklärung in Europa und Nordamerika. Hg. von Jürgen Overhoff, Andreas Oberdorf. Göttingen 2019 (Das achtzehnte Jahrhundert. Supplementa 25), S. 23–51, hier S. 35.
46 Kirchengeschichte. Hg. von Johann Peter Kirsch. Bd. 4,1: Ludwig Andreas Veit: Die Kirche im Zeitalter des Individualismus. 1648 bis zur Gegenwart. 1. Hälfte: Im Zeichen des vordringenden Individualismus 1648–1800. Freiburg 1931, S. 67–70 u. 90–96.
47 Veit: Kirche im Zeitalter des Individualismus (Anm. 46), S. 96.
48 Joseph Lortz: Geschichte der Kirche in ideengeschichtlicher Betrachtung. 2 Bde. Münster 1962–1965.
49 Zum Gedenken an Joseph Lortz (1887–1975). Beiträge zur Reformationsgeschichte und Ökumene. Hg. von Rolf Decot, Rainer Vinke. Stuttgart 1989 (Veröffentlichungen des Instituts für Europäische Geschichte Mainz, Abteilung Religionsgeschichte. Beiheft 30).

und Wille" als das entscheidende theologisch-religiöse Problem des sechzehnten und siebzehnten Jahrhunderts heraus, das

> zuerst durch Luther in seiner Rechtfertigung allein aus Glauben mit ungeheurer Wucht zum Zentrum der Verkündigung gemacht, [...] in Frankreich eine besonders lastende Schwere durch den Calvinismus, also durch dessen rigoristische, ja fanatische Prädestinationslehre [erhielt, so dass man] weder die ungeheure, breite Schichten der Bevölkerung aufwühlende Aktualität noch das Woher und Warum und den Inhalt der Gnadenstreitigkeiten einerseits, noch den Augustinismus und Rigorismus des Jansenismus, noch den Quietismus, noch Franz von Sales verstehen [kann], ohne die zentrale Stellung des Gnade-Wille-Problems in jener Zeit erkannt zu haben.[50]

Der darüber ausbrechende innertheologische Kampf sei „durch gegenseitige Verketzerung vergiftet [und] zu einer Angelegenheit des großen geistigen Lebens der Zeit" geworden, wobei „der Jansenismus (auch Pascal) die Lage aus[nützte]: gegenüber den unfruchtbaren theologischen Spekulationen lehrte er bei der Behandlung der Frage mit besonderem Nachdruck das unaufhebbare Mysterium als konstitutiv, leider nicht, ohne seinerseits der Gefahr eines religiösen Rigorismus zu verfallen" (235). Den Jansenismus versteht er als

> eine religiöse und eine theologische Reformbewegung und dies in rigoristischer Ausprägung. Verschiedene päpstliche Verurteilungen trieben ihn (teilweise) an die Seite des Gallikanismus (auch des Josephinismus und Febronianismus) und gaben ihm so auch politische Tragweite (Eintreten für das königliche Plazet!). Seinem Ursprung und seinen Tendenzen entsprechend ist er von Haus aus der erklärte Gegner der [...] religiös-seelsorgerlichen Ansichten und Bestrebungen der Jesuiten und also der geborene Feind dieses Ordens, [...] wobei der Jansenismus (gegen den kirchlichen Zentralismus) sich besonders der Verteidigung der bischöflichen (auch der pfarramtlichen) Autorität angelegen sein läßt. (236)

Lortz führt aus, dass „weder der Kampf, den Ludwig XIV. aus politischen Gründen seit 1660 gegen den Jansenismus führte, noch die Interdizierung von Port Royal (1664 und 1707), auch nicht eine zwiespältige Versöhnungspolitik von Clemens IX. und einigen französischen Bischöfen (1669), und nicht die Aufhebung (durch die Regierung mit Zustimmung des Papstes 1709) und Zerstörung von Port Royal 1710–12 [...] den Konflikt beenden" konnte, bevor der Streit „trotz seiner zweimaligen Verurteilung durch Clemens XI., insbesondere (auf den Wunsch Ludwigs XIV.) in der berühmten Konstitution *Unigenitus* (1713) [...] die gefährlichsten und verhängnisvollsten Formen an[nahm]" (238 f.). Er sieht „wertvolle Elemente" (240) im Jansenismus, der mit seinem ernsten und strengen Geist „gegenüber der kaum überwundenen Verdiesseitigung der Renaissance, gegenüber ihrer Wiederauferstehung

---

50 Lortz: Geschichte der Kirche (Anm. 48), Bd. 2, S. 234, zum Jansenismus dort S. 234–242. Mit Seitenzahl im Text zitiert.

(oder ihrem Weiterleben) in der sich wieder lockend herandrängenden Weltlichkeit im Leben des Adels und der hohen Geistlichkeit, gegenüber einer in der Praxis wie sogar in der Moraltheologie der Jesuiten vorstoßenden weniger strengen Haltung" (240) als eine Stütze der Kirche im Allgemeinen und auch gegenüber dem Gallikanismus habe erscheinen können. Er moniert in der päpstlichen Reaktion „manchen Schönheitsfehler: eine unnötige Heftigkeit [und] Verquickung mit der Politik" (240), kritisiert aber vor allem „die sektiererische Rechthaberei und den Separatismus des Jansenismus, seine rücksichtslose Bekämpfung der Jesuiten und später auch Roms" (240), was „den Spott der Zeitgenossen heraus[gefordert] und […] dem Skeptizismus Vorschub" (239) geleistet habe.

Die Verurteilung des Jansenismus als verderbliche Häresie wandelte sich zur Sympathie mit dem Jansenismus in dem 1970 erschienenen fünften Band des von dem Bonner Kirchenhistoriker Hubert Jedin herausgegebenen *Handbuchs der Kirchengeschichte*. Trotz einiger nichtdeutschsprachiger Autoren, die mit ins Deutsche übersetzten Beiträgen daran beteiligt waren, gehört dieses große Werk in den Kontext der deutschsprachigen Forschung. Ein solcher war der französische, 1917 geborene und 1970 gestorbene Priester, Professor am *Institut Catholique de Paris* und Jansenismusforscher[51] Louis Cognet, der u. a. den Abschnitt *Das kirchliche Leben in Frankreich* mit den Kapiteln *Ursprung und Entwicklung des Jansenismus bis 1653* und *Der jansenistische Konflikt* bis 1713[52] sowie in dem gemeinsam mit Heribert Raab und Oskar Köhler verfassten Abschnitt *Das kirchliche Leben unter dem Einfluß des Staatskirchentums und der Aufklärung* das Kapitel *Der Jansenismus im Frankreich des 18. Jahrhunderts* (409–461) beitrug. Zum *Augustinus* des Jansenius bemerkt er:

> Dieses umfangreiche Buch, das Werk eines ganzen Lebens, war in der Tat eine in sich bemerkenswerte Synthese der augustinischen Auffassung über Gnade und Prädestination, bei der Jansenius aber von den härtesten Positionen, die Augustinus im Kampf gegen die Pelagianer vertreten hatte, ausging, ohne ihre lange Entwicklungsgeschichte zu berücksichtigen. (30)

Cognet arbeitet die hinter der Jansenismusfeindlichkeit schon des *Principal Ministre* Kardinal Jules Mazarin und danach Ludwigs XIV. stehende politische Zielsetzung sowie die Rolle der jesuitischen Beichtväter des Königs heraus:

---

[51] Louis Cognet: Claude Lancelot, solitaire de Port-Royal. Paris 1950; Louis Cognet: La Mère Angélique et Saint François de Sales 1618–1626. Paris 1951 (La Mère Angélique et son temps 2); Louis Cognet: Le Jansénisme. Paris 1961 (Que sais-je? 960).
[52] Handbuch der Kirchengeschichte. Hg. von Hubert Jedin. Bd. 5: Louis Cognet u. a.: Die Kirche im Zeitalter des Absolutismus und der Aufklärung. Freiburg 1970, S. 26–45 bzw. 45–64. Mit Seitenzahl im Text zitiert.

> Der Antijansenismus war für Mazarin tatsächlich in erster Linie ein Argument gewesen, das ihm die Neutralität des Heiligen Stuhles im Kampf gegen Spanien sichern sollte. [...] Nach dem Tod des Ministers (9.3.1661) übernahm jedoch Ludwig XIV. persönlich den Kampf. [...] Andererseits war der wenig intelligente und in religiösen Dingen sehr unwissende König in diesem Punkt völlig in den Händen seiner jesuitischen Beichtväter (52).

Ludwig XIV. habe in den Jansenisten und im Kreis um das Kloster Port-Royal „einen Herd des Widerstands gegen seinen Absolutismus" (56) gesehen. Für das Frankreich nach dem Tod Ludwigs XIV. unterscheidet Cognet zwischen dem religiösen Jansenismus des 17. und dem politischen Jansenismus des achtzehnten Jahrhunderts (443), hebt hervor, dass „die jansenistische Gruppe" im Frankreich des *Siècle des lumières* „der einzige Kreis ist, in dem das religiöse Denken tatsächlich aktiv bleibt" (451), und geht auch auf den 1727 gestorbenen jansenistischen Diakon François de Pâris und die zu einer Massenhysterie infolge aufsehenerregender Heilungen Kranker an seinem Grab auf dem Pariser Friedhof Saint-Médard gewordenen Vorgänge um die Konvulsionisten in den Jahren 1730 bis 1733 ein, was er damit kommentiert, dass „auch das jansenistische Milieu die Faszination des Wunderbaren und des Irrationalen" (454) kannte. Zum Jansenismus außerhalb Frankreichs und der spanischen bzw. seit 1713/14 österreichischen Niederlande und in der Republik der Vereinigten Niederlande meint er feststellen zu können, dass „die jansenistischen Infiltrationen in Irland, England, Deutschland, Österreich und Spanien [...] nur von geringer Bedeutung [sind], nicht so jedoch in Italien" (445), womit sich der Kreis zu den eingangs erwähnten Annahmen oder Erkenntnissen von Aretin, Hersche und Haefs schließt.

Keine Theologin, keine Kirchenhistorikerin und auch nicht der deutschsprachigen *Scientific Community* angehörig ist die 1949 in Nizza geborene französische Historikerin, hervorragende Jansenismusforscherin[53] und inzwischen pensionierte Archivarin an den Archives nationales in Paris und Professorin an der Université Paris 1 – Panthéon-Sorbonne, Françoise Hildesheimer, die mit ihrem Jansenismusartikel in der federführend von Walter Kasper, Professor für Dogmatik und damals Bischof von Rottenburg-Stuttgart – später Kurienkardinal in Rom – herausgegebenen dritten Auflage des *Lexikons für Theologie und Kirche* aber dennoch hierher gehört. Hier lesen wir:

> Zwar bleibt die gängige Definition des Jansenismus durch den moralischen Rigorismus bestimmt, der in den Augen der Nachwelt den lehrhaften Kernbestand des Jansenismus darstellt; hierüber sollte man allerdings seine innovatorischen Aspekte nicht vergessen: die Stellung, die v. a. der Richerismus den Laien in der Leitung der Kirche zubilligt, eine für alle verständliche Liturgie, die Aufwertung der Frauen (v. a. derjenigen im klösterlichen Be-

---

53 Françoise Hildesheimer: Le jansénisme en France aux XVIIe et XVIIIe siècles. Paris 1991.

reich), den unmittelbaren Zugang zur Bibel in der Volkssprache (Bibelübersetzung von Antoine und Isaac Le Maistre de Sacy) und schließlich seine Pädagogik, die dem Kind ein neues Maß an Beachtung entgegenbringt (Petites Écoles de Port-Royal).[54]

Die französische Intellektuelle und bestens ausgewiesene Sachkennerin liefert hier ein nachkonziliares, modernes und dem Denken des späten zwanzigsten Jahrhunderts verbundenes Verständnis des Jansenismus, veröffentlicht in einem aus deutschem Gelehrtenkontext erwachsenen enzyklopädischen Nachschlagewerk katholischer Tradition.

## 2 Der Jansenismus in der Sicht von Romanisten und Philosophiehistorikern

Romanisten, Philosophen, Philosophiehistoriker oder Soziologen begegneten dem Jansenismus von Anfang an ohne konfessionelle Vorbehalte und ohne Rücksichtnahme auf seine päpstliche Verurteilung. Dabei richtete sich das Interesse der Romanisten kaum auf den Jansenismus als theologisch-religiöse Bewegung, sondern auf einzelne jansenistische Gelehrte aus dem Kreis der *Solitaires* von Port-Royal, einzelne ihrer – vor allem auch nichttheologischen – Werke oder auf das Kloster Port-Royal.

Zu nennen ist die romanistische Dissertation der 1890 in Köln geborenen Elisabeth Winkel über die *Grammaire générale et raisonné de Port-Royal*[55] der französischen Sprache, die Claude Lancelot 1660, Überlegungen Antoine Arnaulds – ihn nennt sie geradezu den „Urheber"[56] im Sinne eines Ideengebers – und Pierre Nicoles aufnehmend, veröffentlichte. Winkel[57] zeigt in ihrer bei dem seit 1915 in Bonn lehrenden Schweizer Romanisten und Linguisten Wilhelm Meyer-Lübke[58] entstandenen Dissertation, die wie sehr viele Doktorarbeiten der Zeit kurz nach dem Ers-

---

54 Françoise Hildesheimer: Jansenismus. In: Lexikon für Theologie und Kirche. Hg. von Walter Kasper, 3. Aufl., Bd. 5. Freiburg 1993, Sp. 739–744, Zitat Sp. 743f.
55 Elisabeth Winkel: La Grammaire Générale et Raisonnée de Port-Royal. Phil. Diss. Bonn 1921. Zweibrücken 1921.
56 Winkel: La Grammaire (Anm. 55), S. 3.
57 Elisabeth Winkel, später als Elisabeth Dick Ehefrau eines Gymnasiallehrers in Solingen und Mutter mehrerer Kinder, darunter der spätere Kölner Weihbischof Dr. Klaus Dick, war wie alle intellektuellen Frauen dieser ersten Frauengeneration, denen ein reguläres Universitätsstudium möglich war, nach der Eheschließung an einer Berufstätigkeit etwa als Gymnasiallehrerin oder gar an einer weitergehenden akademischen Karriere gehindert.
58 Wilhelm Meyer-Lübke: Grammatik der romanischen Sprachen. 4 Bde. Leipzig 1890–1902, Repr. Darmstadt 1972.

ten Weltkrieg aus wirtschaftlichen Gründen nur in einem Auszug zum Druck gelangte, die Bedeutung dieser alles mechanische früherer Grammatiken hinter sich lassenden und Sprache rational entwickelnden und logisch begründenden – „jeder grammatische Begriff [läßt sich] aus der Vernunft erklären. Denn Grammatik ist nicht Willkür, sondern logisch aufgebautes Gesetz, entstanden aus dem Streben des Menschen nach klarem Ausdruck seiner Gedanken"[59] – Grammatik als eine der Grundlagen der späteren vergleichenden Sprachwissenschaft.

Saint-Cyran – Jean Duvergier de Hauranne, als Kommendatarabt des Klosters Saint-Cyran-en-Brenne in Berry Saint-Cyran genannt –, neben und vor Antoine Arnauld die führende Gestalt der ersten Generation des Jansenismus in Frankreich und Beichtvater der Nonnen von Port-Royal, ist Gegenstand der 1932 an der Friedrich-Wilhelms-Universität zu Berlin approbierten, von dem Romanisten Eduard Wechssler angeregten Dissertation des 1906 geborenen Pius Schneider, die ebenfalls zunächst nur als Teildruck erscheinen konnte,[60] dann vollständig publiziert und 1967 nachgedruckt wurde.[61] Ebenfalls auf eine romanistische Dissertation – 1936 bei dem Romanisten Karl Voretzsch in Halle (Saale) – ging die umfangreiche Studie über das Kloster Port-Royal von Max Krüger[62] zurück. Krüger, der sich einer gemäßigten, nur beim Satzanfang, bei Eigennamen und bei wichtigen Begriffen an der Großschreibung des ersten Buchstabens festhaltenden Kleinschreibung bedient, geht vom „tiefstand von sitte, moral und religion"[63] im Frankreich des siebzehnten Jahrhunderts aus und charakterisiert die Anhänger des Jansenismus vor diesem Hintergrund:

> Sie erstreben eine erneuerung der kirche im geiste der ersten jahrhunderte des Christentums, fordern eine strenge kirchenzucht und moral, vertreten einen asketischen standpunkt und sind von einem augustinischen pessimismus erfüllt. Das konzil halten sie für die höchste instanz der kirche, den gallikanismus verteidigen sie, weil sie wirkliches religiöses leben fördern wollen und die politischen machtansprüche des papstes als unberechtigt ablehnen. Ferner halten Sie die lektüre der Bibel für unentbehrlich. Sie bekämpfen die gnadenlehre des Molina, den laxismus, modernismus, die kasuistik der Jesuiten und verwerfen die scholastische methode. Sie sind gegner des ultramontanismus ebenso wie des internationalismus der kirche und leugnen die unfehlbarkeit des papstes.[64]

---

59 Winkel: La Grammaire (Anm. 55), S. 4.
60 Pius Schneider: Saint-Cyran und Augustinus im Kulturkreis von Port-Royal. Phil. Diss. Berlin 1932 (59 S.).
61 Pius Schneider: Saint-Cyran und Augustinus im Kulturkreis von Port-Royal. Berlin 1932 (Romanische Studien 29 = Zeitschrift „Denkform und Jugendreihe" 6 [1932]), Repr. Nendeln 1967.
62 Max Krüger: Die Entwicklung und Bedeutung des Nonnenklosters Port Royal im 17. Jahrhundert (1609–1709). Ein Beitrag zur Geschichte des französischen Geistes. Halle (Saale) 1936 (Romanistische Arbeiten 26).
63 Krüger: Die Entwicklung und Bedeutung (Anm. 62), S. 2.
64 Krüger: Die Entwicklung und Bedeutung (Anm. 62), S. 109.

Zugleich kommt er zu dem Urteil:

> Der Jansenismus hat sicherlich sehr zur belebung der theologischen diskussion über die religiösen wahrheiten beigetragen [...]. Dadurch sind der katholischen kirche neue kraftsröme zugeflossen, die ihr geholfen haben, dem vordringenden unglauben und der sich verbreitenden sittenlosigkeit einen starken damm entgegenzusetzen. Aber die neue bewegung hat auch wiederum zur abkehr von der christlichen religion beigetragen. [...] Da [...] die jansenistischen geistlichen durch die beichte einen bedeutenden einfluß auf das volk gewannen, das durch sie zu einem strengeren sittlichen maßstab erzogen wurde, als der hof und der adel vorlebte und beiden angenehm war, wurden sie bald als eine große gefahr für staat und kirche betrachtet.[65]

In den Jahren 1927 und 1930 erschien in zwei Bänden das Werk *Die Entstehung der bürgerlichen Welt- und Lebensanschauung in Frankreich*[66] des 1880 in Berlin geborenen und 1946 in Luxemburg gestorbenen Philosophiehistorikers Bernhard Groethuysen,[67] eine im Ursprung auf dessen Berliner Habilitationsschrift – bei Wilhelm Dilthey – von 1907 zurückgehende Studie, die auch den Jansenismus in den Blick nimmt, und zwar gemeinsam mit den Jesuiten unter der Überschrift *Die Theologen als Erzieher des Bürgertums*.[68] Anhand mehrerer jansenistischer Autoren und insbesondere anhand von Pierre Nicoles *Essais de morale* aus den Jahren 1671 bis 1678 und ihrer teilweise erst posthum erschienenen *Continuation des Essais de morale* entwickelt Groethuysen das Ideal einer jansenistischen Lebenshaltung des steten Fragens nach Gottes Willen und nach den Grundsätzen des Evangeliums, der Selbstbeherrschung und Selbstbeobachtung, des Sich-nicht-Verlierens an die Welt und der inneren Sammlung, der Gemessenheit und des Misstrauens gegen eigene Schwächen, des Wissens um die eigene Endlichkeit, des Ernstes und der Zurückhaltung, der Pflichttreue und der Demut, der Hochschätzung von Beruf und Arbeitsamkeit, christlicher Ehe und Familie, Rechtschaffenheit und Selbstgenügsamkeit und des Desinteresses an großem Reichtum sowie an hohen Ämtern und Würden. Er spricht von einem „jansenistischen Bürgertypus", dem

---

65 Krüger: Die Entwicklung und Bedeutung (Anm. 62), S. 121 f.
66 Bernhard Groethuysen: Die Entstehung der bürgerlichen Welt- und Lebensauffassung in Frankreich. 2 Bde. Halle (Saale) 1927–1930 (Philosophie und Geisteswissenschaften 4), Repr. Hildesheim 1973, weiterer Repr. Frankfurt a. Main 1978 (Suhrkamp-Taschenbuch Wissenschaft 256). Bd. 1: Das Bürgertum und die katholische Weltanschauung, Bd. 2: Die Sozialllehren der katholischen Kirche und das Bürgertum.
67 Eberhard Schmitt: Bernhard Groethuysen. In: Deutsche Historiker. Bd. VI. Hg. von Hans-Ulrich Wehler. Göttingen 1980 (Kleine Vandenhoeck-Reihe 1461), S. 89–102; Klaus Große Kracht: Zwischen Berlin und Paris. Bernhard Groethuysen (1880–1946). Eine intellektuelle Biographie. Tübingen 2002 (Studien und Texte zur Sozialgeschichte der Literatur 91).
68 Groethuysen: Entstehung (Anm. 66), Bd. 2, S. 43–54. Mit Seitenzahl im Text zitiert.

> alle solche Unterschiede, die im sozialen Leben eine so wichtige Rolle spielen, bedeutungslos [erscheinen], wenn er sich auf den einen großen Unterschied besinnt, kraft dessen die Menschen in zwei Gruppen zerfallen, die der Erwählten und die der Verworfenen. (52)

Groethuysen geht auch auf das Verhältnis des Jansenismus und der Jansenisten zur Armut und zu den Armen – „Er [der Jansenist] weiß wohl, daß in den Armen sich die christliche Idee verkörpert. Wird er aber nun seinerseits so weit gehen, sich seines Besitzes zu entäußern, um fortan in christlicher Armut zu leben?" (50) – ein und gelangt zu dem Ergebnis:

> Der Arme verkörpert in sich Christus; seiner ganzen Existenz nach ist er ein Sinnbild des katholischen Christentums. Aber diese Würde ist ihm sozusagen verliehen, ohne daß er sie sich selbst erworben hätte. [...] Der Bürger aber wäre nun der bewußte Christ, der Mensch, der sich als Aufgabe stellt, die christlichen Werte innerhalb des weltlichen Lebens in seiner Person zur Darstellung zu bringen. (53)

Groethuysens Analyse des Jansenismus erinnert an Max Webers Verständnis des Puritanismus in seiner zuerst 1904/05 erschienenen Studie *Die protestantische Ethik und der Geist des Kapitalismus*.[69]

## 3 Wilhelm Deinhardts *Der Jansenismus in deutschen Landen*

Eine gewisse Zäsur der deutschsprachigen Forschung zum Jansenismus stellte die bei Georg Pfeilschrifter[70] an der Katholisch-Theologischen Fakultät der Ludwig-Maximilians-Universität München entstandene, 1929 im Druck erschienene theologische Dissertation des 1904 geborenen, 1926 zum Priester geweihten Wilhelm Deinhardt – er starb sehr jung 1938 als eben dorthin berufener Professor der Kirchengeschichte in Würzburg – über den *Jansenismus in deutschen Landen*[71] dar, obwohl er darin, anders als in seinem erwähnten Lexikonartikel von 1933, an dem kirchenamtlichen Häresievorwurf gegen den Jansenismus festhielt. Ob der Verzicht darauf in dem Lexikonartikel womöglich nur seiner Kürze und seinen

---

[69] Max Weber: Die protestantische Ethik und der Geist des Kapitalismus. In: Archiv für Sozialwissenschaft 20 (1904) u. 21 (1905), wieder in: Max Weber: Gesammelte Aufsätze zur Religionssoziologie. Hg. von Marianne Weber. Bd. 1. Tübingen 1988 (UTB 1488), S. 17–206.
[70] Von ihm Georg Pfeilschifter: Die St. Blasianische Germania Sacra. Ein Beitrag zur Historiographie des 18. Jahrhunderts. Kempten 1921 (Münchener Studien zur historischen Theologie 1).
[71] Wilhelm Deinhardt: Der Jansenismus in deutschen Landen. Ein Beitrag zur Kirchengeschichte des 18. Jahrhunderts. München 1929 (Münchener Studien zur historischen Theologie 8). Mit Seitenzahl im Text zitiert.

Gattungsbesonderheiten geschuldet war, kann hier nicht entschieden werden. In der Druckfassung der Dissertation heißt es:

> Vor dem Erscheinen der vielbewegenden Bulle Unigenitus v. J. 1713 hatte das katholische Deutschland von der jansenistischen Bewegung kaum recht Notiz genommen. Im Volke scheint die jansenistische Irrlehre größtenteils nicht einmal dem Namen nach bekannt gewesen zu sein [...]. Nur im Hörsaal wird gelegentlich kurz auf die französische Irrlehre hingewiesen worden sein. Mag man nun die Erklärung für diese Inaktivität in anderweitiger Beanspruchung der wissenschaftlichen Kräfte zu suchen haben oder vielleicht in der Sorge, daß eine Bekämpfung die Häresie in Deutschland bekannt machen müsse, so war es jedenfalls ein Segen für die deutsche Kirche, daß sie von der jansenistischen Bewegung unberührt geblieben war. Die bischöflichen Ordinariate Deutschlands [...] sahen sich bis 1713, wie es scheint, nirgends veranlaßt, einen nennenswerten Schritt gegen die landfremde Irrlehre zu unternehmen. (28)

Wichtig ist aber doch, dass Deinhardt den Blick auf jansenistische Einflüsse im Reich einschließlich der österreichischen Länder lenkt, wobei sein Buch auf weite Strecken den theologischen Gegnern des Jansenismus im katholischen Deutschland – Autoren wie Gregor Gengell SJ, Christoph Leopold SJ, Jakob Spreng SJ, Ludwig Babenstuber OSB, Weichard Lewenberg SJ, Crecentius Krisper OFMCap oder Eusebius Amort CanA – gilt. Aus der zweiten Hälfte des achtzehnten Jahrhunderts beschäftigen ihn aber auch Theologen wie Engelbert Klüpfel OESA, den er in einer Übergangssituation sieht, in der „der Jansenismus eine etwas andere Rolle im Geistesleben des katholischen Deutschlands zu spielen begonnen hatte" (65), und jansenistische oder jansenistisch beeinflusste Theologen und Nichttheologen vorwiegend aus Österreich – Gerard van Swieten, Ambrosius Simon von Stock, Joseph Philipp Franz Graf Spaur, von 1763 bis 1780 Bischof des salzburgischen Eigenbistums Seckau in der Steiermark, der Propst des Stiftes St. Dorothea in Wien Ignaz Müller (bei Deinhardt: Ignaz Miller), Mark (Marcus, Marx, Max) Anton Wittola, Melchior Blarer oder Leopold Ernst von Firmian, Bischof von Passau von 1763 bis 1783 –, aber auch unter den Benediktinern von Banz in Oberfranken. Deinhardt fragt auch nach Übersetzungen jansenistischer Literatur ins Deutsche und ihrer Verbreitung im Reich und fügt seinem Werk eine Liste der Übersetzungen von Werken jansenistischer Autoren bei (110–112), die er mit der Bemerkung kommentiert, die Zusammenstellung lehre, „wie reichhaltig die jansenistische Literatur auf dem deutschen Büchermarkt vertreten war" (112). Doch scheint Deinhardt die Präsenz jansenistischer Literatur im Reich noch zu unterschätzen, weil er nicht immer die ältesten Ausgaben in deutscher Sprache verzeichnet. So erschienen die *Provinzialbriefe* Blaise Pascals nicht erst 1792 im böhmischen Brünn (112), sondern schon fast zwei Jahrzehnte früher auf protestantischem Boden, im Verlag der Meyerschen Buchhandlung in Lemgo in der Grafschaft Lippe.[72] Wichtig in Deinhardts Dissertation ist auch das Kapitel *Der deutsche Protestantismus und die jansenistischen Streitigkeiten*,[73] in dem es vor allem um protestantische Kommentare zur Bulle *Unigenitus* und um die Quesnel-Rezeption im protestantischen Deutschland – u. a. eine ungekürzte deutsche Ausgabe von Pasquier Quesnels *Le Nouveau Testament* 1718 – ging. In seinem schon erwähnten Lexikonartikel von 1933 fasste Deinhardt das zusammen: „Im 18. Jahrhundert suchten deutsche Protestanten eine Verbindung mit den Appellanten aufzunehmen".[74]

## 4 Der Jansenismus in protestantischer Perspektive

Eine betont protestantische Deutung des Jansenismus bietet der 1882 geborene und 1940 gestorbene evangelische Breslauer Theologieprofessor Karl Bornhausen, Verfasser einer Dissertation über die Ethik Pascals,[75] in seinem Jansenismusartikel in der zweiten Auflage von *Die Religion in Geschichte und Gegenwart*.[76] Bornhausen sieht die Grundlagen des Jansenismus im modernen Individualismus, in der neuen Philosophie und im freien Gemeinschaftsgedanken:

> Der Individualismus kommt aus der italienischen Renaissance in das nachreformatorische Frankreich und bewirkt dort schnell die völlige Verweltlichung der Persönlichkeitskultur, des *parfait homme*. Die neue Philosophie gewinnt ihren genialen Begründer in Descartes, dessen Selbstbewußtseinsphilosophie in Inhalt und Methodik die Losreißung des menschlichen Denkens von kirchlicher Bevormundung und eine Sicherung der Wissenschaft als Eigengröße mit sich bringt. Der freie Gemeinschaftsgedanke ist in der prinzipiellen Ueberwindung der mittelalterlich-kirchlichen Gesellschaftsidee zu finden. [...] Das moderne Gemeinschaftswesen endlich findet seinen allgemein-kirchlichen Ausdruck in Frankreich auf dem Boden der Politik im Gallikanismus; antikatholisch wirkt er als Calvinismus im Bunde der Hugenotten. [...] Der Jansenismus ist der Versuch, eine nationale, modern-geistige und religiöskirchliche Kultur in den Grenzen des Katholizismus darzustellen (24 f.).

---

72 Blaise Pascal: Provinzialbriefe über die Sittenlehre und Politik der Jesuiten. 3 Bde. Lemgo 1773–1775.
73 Deinhardt: Jansenismus in deutschen Landen (Anm. 71), S. 8–27.
74 Deinhardt: Jansenismus (Anm. 43), Sp. 276 f.
75 Karl Bornhausen: Die Ethik Pascals (1907). ND Boston 2019.
76 Karl Bornhausen: Jansenismus. In: Die Religion in Geschichte und Gegenwart. Handwörterbuch für Theologie und Religionswissenschaft. Bd. 3. Hg. von Hermann Gunkel u. a. 2. Aufl. Tübingen 1929, Sp. 24–29. Mit Spaltenzahl im Text zitiert.

Zum Individualismus als individueller Frömmigkeit schreibt er:

> Trotz aller Priestervermittlung ist in der jansenistischen Individualmystik der unmittelbare Verkehr des Christen mit Gott, trotz aller katholischen, das Individuum in der Mystik auflösenden Formgebung, der uralte evangelische Glaubensbegriff der restlosen persönlichen Gefühlshingabe an Gott wieder aufgenommen. [...] Die katholisch-jesuitische Glaubensauffassung stützt dagegen mit ihrer Betonung der Willensfreiheit und der semipelagianischen Schätzung der guten Werke zwar scheinbar die Menschenwürde rational, in der Tat schädigt sie sie [...] auf das schwerste (26).

Das Urteil über die kulturelle Bedeutung und Nachwirkung des Jansenismus, das Bornhausen entfaltet, könnte nicht glänzender sein:

> Als Bildungs- und Kulturbewegung hat der Jansenismus in Frankreichs geistigem Leben eine bedeutsame Spur hinterlassen, die der Vernichtungskampf der Jesuiten nicht zerstören konnte. [...] Die gesamte Bildungswelt Frankreichs, ob sie nun weltlich gerichtet war wie bei Mme. de Sévigné, oder rationalistisch wie bei Boileau, oder selbst so kirchlich-traditionalistisch wie bei Bossuet, kam in irgendeinen Zusammenhang mit der jansenistischen Individualkultur. [...] Der französische Reformkatholizismus, die französische Gegenwartsbildung greift in ihren sympathischsten Vertretern immer wieder auf diese religiös-philosophischen Gedanken zurück, wie sie innerhalb des Jansenismus entstanden sind. [...] Noch reger aber blieb der jansenistische Begriff kirchlicher Freiheit. Der Gegensatz gegen Kurie und Papismus drang durch den Jansenismus in die französische Allgemeinbildung. Er wirkte in der groben, populären Unkirchlichkeit der Französischen Revolution; er endigte in der Trennung von Kirche und Staat, wie sie Frankreich 1905 vollzogen hat. (28 f.)

Vom Pietismus ist in Bornhausens Jansenismusartikel keine Rede, wohl aber im Jansenismusartikel des 1885 in Deutschland geborenen, 1933 als Sohn einer Französin zunächst nach Paris, später nach Panama und zuletzt in die USA emigrierten und dort 1963 gestorbenen Paul Honigsheim.[77] Honigsheim, der 1914 in Heidelberg mit einer bei Max Weber entstandenen Dissertation über die Staats- und Soziallehren des Jansenismus promoviert worden war,[78] merkt an, dass „reformierte Pietisten wie Tersteegen und [Charles Hector de] Marsay [...] jansenistische Schriften [schätzten], doch ohne nachhaltige Wirkungen".[79] Wichtiger ist ihm:

> Die Hauptwirkungen des Jansenismus liegen aber auf einem anderen Gebiet: Seine Schriften, besonders Pascal, erschütterten das Ansehen der Jesuiten, halfen mit zu ihrer Aufhebung (1773) und – fernab vom ursprünglichen Jansenismus – zum Eindringen der Aufklärung in

---

77 Paul Honigsheim: Jansenismus. In: Gunkel: Religion in Geschichte und Gegenwart (Anm. 76), 3. Aufl. (1959), Bd. 3, Sp. 531–535.
78 Paul Honigsheim: Die Staats- und Sozial-Lehren der französischen Jansenisten im 17. Jahrhundert. Phil. Diss. Heidelberg 1914. Repr. Darmstadt 1969.
79 Honigsheim: Jansenismus (Anm. 77), Sp. 534.

den Katholizismus. Zudem bedeutete der Jansenismus dadurch, daß er in Frankreich, ohne päpstlich zu sein, die Selbständigkeit der Religion dem Staate gegenüber betonte, die erste Bresche, die eine Gruppe in das staatlich-kirchliche Einheitsgefüge des Ludovizianischen Frankreich schlug. Diese Mentalität vererbte er auf die Amtsaristokratie der höchsten Gerichtshöfe, die mit ihrer Opposition gegen den Absolutismus eine Vorläuferin der französischen Revolution ist. Diese aber hat ebenso wie der aufgeklärte Katholizismus dem Liberalismus des 19. Jahrhunderts den Weg gebahnt.[80]

Im Jahre 2002 erschien der von Hartmut Lehmann, Hans-Jürgen Schrader und Heinz Schilling herausgegebene Aufsatzband *Jansenismus, Quietismus, Pietismus*.[81] Der 1936 im württembergischen Reutlingen geborene Hartmut Lehmann, Professor für Geschichte der Frühen Neuzeit in Kiel seit 1969, Direktor des Deutschen Historischen Instituts in Washington während der Jahre 1987 bis 1993, Co-Direktor des damaligen Max-Planck-Instituts für Geschichte in Göttingen seit 1992 und seit seiner bei Adam Wandruszka in Köln entstandenen Habilitationsschrift[82] bekannter Pietismusforscher, wies schon in einem Aufsatz von 1972[83] auf positive Stellungnahmen deutscher Pietisten des späteren siebzehnten und des achtzehnten Jahrhunderts – Gottfried Arnold in seiner *Unparteyischen Kirchen- und Ketzerhistorie* von 1699 / 1700, Johann Heinrich Reitz 1717, Johann Christoph Oetinger 1753 – zu Jansenius,[84] Pascal oder Quesnel sowie zu Port-Royal und auf den Besuch des Grafen Nikolaus Ludwig von Zinzendorf bei dem projansenistischen Pariser Erzbischof und Kardinal Louis-Antoine de Noailles 1719 hin,[85] betonte aber zugleich,

> die Forschungen [sollten sich] nicht allein darauf beschränken, die persönlichen *Beziehungen* zwischen Vertretern der verschiedenen Bewegungen aufzuzeigen sowie die Urteile von Vertretern der einen Richtung über die andere zu sammeln und zu interpretieren. Es käme vielmehr darauf an, Ursachen, Erscheinungsformen und Auswirkungen des Puritanismus,

---

80 Honigsheim: Jansenismus (Anm. 77), Sp. 534f.
81 Jansenismus, Quietismus, Pietismus. Hg. von Hartmut Lehmann, Hans-Jürgen Schrader, Heinz Schilling. Göttingen 2002 (Arbeiten zur Geschichte des Pietismus 42).
82 Hartmut Lehmann: Pietismus und weltliche Ordnung in Württemberg vom 17. bis zum 20. Jahrhundert. Stuttgart 1969.
83 Hartmut Lehmann: Der Pietismus im Alten Reich. In: Historische Zeitschrift 214 (1972), S. 58–95.
84 Bei Arnold freilich mit der einschränkenden Bemerkung, dass Jansenius „noch sehr tieff in vielem Papistischen sauerteig gestecket, und das warhafftige evangelium von Jesu Christo noch lange nicht erreichet und gefas[s]t gehabt", Gottfried Arnold: Unparteyische Kirchen- und Ketzer-Historie (1729). ND Hildesheim 1999, Tl. II, Buch XVII, Kap. XIV, dort S. 1048–1052 zum Jansenismus, Zitat S. 1052 bei Nr. 18. Dasselbe Zitat nach der Ausgabe Schaffhausen 1740 bei Lehmann: Pietismus im Alten Reich (Anm. 83), S. 92.
85 Lehmann: Pietismus im Alten Reich (Anm. 83), S. 92.

Jansenismus und Pietismus mit der Absicht zu analysieren, die strukturellen Gemeinsamkeiten und Verschiedenheiten herauszuarbeiten.[86]

Eben das versucht der Aufsatzband von 2002, für deren Herausgeber Lehmann beklagt, dass „in der deutschen Pietismusforschung die französische Jansenismusforschung viel zu wenig bekannt war und nur zum kleineren Teil rezipiert worden ist", um zugleich den Quietismus als „eine Brücke zwischen dem Jansenismus und dem Pietismus" einzubeziehen.[87] Dabei unternimmt der 1937 geborene und 2009 gestorbene Frühneuzeithistoriker Ernst Hinrichs, ein ausgewiesener Kenner der Geschichte Frankreichs vom sechzehnten bis zum achtzehnten Jahrhundert,[88] in diesem Band einen Strukturvergleich von Jansenismus und Pietismus.[89] Als Profan- bzw. als Politik- und Sozialhistoriker befasst er sich nicht mit den theologiegeschichtlichen Fragen, sondern legt den Schwerpunkt auf den Beitrag beider Bewegungen auf die, wie er das nennt, „mächtegeschichtlichen Prozesse"[90] in Frankreich und in Preußen, wobei seine Überlegungen für den Pietismus in Preußen an das von ihm auch zitierte Werk seines Namensvetters Carl Hinrichs[91] erinnern, und stellt fest, dass sich „Entstehung und Ausbreitung des Pietismus in Deutschland [...] unter ganz anderen Bedingungen und in ganz anderen Formen als die des Jansenismus in Frankreich"[92] vollzogen:

> Der Jansenismus wandelte sich von einer innergallikanischen Frömmigkeitsbewegung mit deutlicher Abkehrtendenz von der Welt zu einer politisch organisierten kirchlichen Protestbewegung gegen das bestehende ludovizianische Staatskirchentum mit deutlicher Tendenz zu einer Überschreitung seiner innerkirchlichen Beziehungswelt hinein in den politischen Raum. – Der Pietismus in Brandenburg-Preußen wandelte sich von einer lutherischen Frömmigkeitsbewegung ohne primären Bezug zur staatlich-politischen Welt in ein Erzie-

---

86 Lehmann: Pietismus im Alten Reich (Anm. 83), S. 93.
87 Beide Zitate Hartmut Lehmann: Einführung. In: Lehmann, Schrader, Schilling: Jansenismus (Anm. 81), S. 7–8, hier S. 8.
88 Ernst Hinrichs: Fürstenlehre und politisches Handeln im Frankreich Heinrichs IV. Untersuchungen über die politischen Denk- und Handlungsformen im Späthumanismus. Göttingen 1969 (Veröffentlichungen des Max-Planck-Instituts für Geschichte 21); Ernst Hinrichs: Ancien Régime und Revolution. Studien zur Verfassungsgeschichte Frankreichs zwischen 1589 und 1789. Frankfurt am Main 1989 (Suhrkamp Taschenbuch Wissenschaft 758); Geschichte Frankreichs. Hg. von Ernst Hinrichs. Stuttgart 2002.
89 Ernst Hinrichs: Jansenismus und Pietismus – Versuch eines Strukturvergleichs. In: Lehmann, Schrader, Schilling: Jansenismus (Anm. 81), S. 136–158.
90 Hinrichs: Jansenismus und Pietismus (Anm. 89), S. 139.
91 Carl Hinrichs: Preußentum und Pietismus. Der Pietismus in Brandenburg-Preußen als religiös-soziale Reformbewegung. Göttingen 1971.
92 Hinrichs: Jansenismus und Pietismus (Anm. 89), S. 151.

hungs- und Modernisierungsinstrument des Königtums und in eine Art ‚Staatsideologie', die wesentlich am Staatsbildungsprozeß Preußens im 18. Jahrhundert beteiligt war.[93]

Hatte Martin Brecht, der 1932 geborene und 2021 gestorbene evangelische Kirchenhistoriker und bedeutende Luther- und Pietismusforscher, 1993 im ersten Band der von ihm (mit-)herausgegebenen *Geschichte des Pietismus* noch davon gesprochen, dass „das annähernd parallele Auftreten des Jansenismus im katholischen Frankreich, des spanischen Quietismus und des jüdischen Chassidismus [zeige], daß es unter ähnlichen äußeren Konstellationen auch außerhalb des Protestantismus zu [dem Pietismus] entsprechenden religiösen Erscheinungen kommen konnte, ohne daß sich sofort eine wirkliche Verwandtschaft konstatieren läßt",[94] so macht Hartmut Lehmann, der auch auf Ernst Troeltsch und seine Hervorhebung von Gemeinsamkeiten zwischen Puritanismus, Pietismus und Jansenismus in seinen *Soziallehren der christlichen Kirchen und Gruppen* von 1912[95] hinweist, ein gutes Jahrzehnt später doch auch Einschränkungen:

> Weder kann der Pietismus ganz in den Puritanismus eingegliedert werden, noch sollte der Puritanismus zum Teil des Pietismus gemacht werden, wie das etwa Ernest F. Stoeffler getan hat,[96] um von einer möglichen Eingliederung des Jansenismus und des Quietismus ganz zu schweigen.[97]

---

[93] Hinrichs: Jansenismus und Pietismus (Anm. 89), S. 156.
[94] Martin Brecht: Einleitung. In: Der Pietismus vom siebzehnten bis zum frühen achtzehnten Jahrhundert. Hg. von Martin Brecht. Göttingen 1993 (Geschichte des Pietismus 1), S. 1–10, Zitat S. 4.
[95] Ernst Troeltsch: Die Soziallehren der christlichen Kirchen und Gruppen. Tübingen 1912 (Gesammelte Schriften 1).
[96] Anmerkung Lehmann: Ernest F. Stoeffler: German Pietism During the Eighteenth Century. Leiden 1973.
[97] Hartmut Lehmann: Einleitung. In: Glaubenswelt und Lebenswelten. Hg. von Hartmut Lehmann. Göttingen 2004 (Geschichte des Pietismus 4), S. 1–18, Zitat S. 11.

## 5 Der Jansenismus im Rahmen der Forschungen zur Reichsgeschichte und zur katholischen Aufklärung

1967 erschien das zweibändige Werk *Heiliges Römisches Reich 1776–1806* von Karl Otmar Freiherr von Aretin,[98] das Ausgangspunkt der wesentlich mit seinem Namen verbundenen, das Alte Reich und mit ihm auch die katholische Reichskirche neu und nicht mehr im Stil der kleindeutsch-protestantisch-borussischen Historiker des neunzehnten Jahrhunderts und der in ihrer Tradition stehenden Fachvertreter des zwanzigsten Jahrhunderts in den Blick nehmenden bundesdeutschen Reichsgeschichtsforschung zum siebzehnten und zum achtzehnten Jahrhundert wurde.[99] 1969 folgte der Aufsatz *Recherches sur ‚l'Aufklärung catholique' en Europe occidentale* des 1931 geborenen französischen Priesters, Gelehrten und Professors am *Institut Catholique de Paris* Bernard Plongeron,[100] der Ausgangspunkt des neuen

---

[98] Aretin: Heiliges Römisches Reich (Anm. 1). Siehe auch das schon ein Jahr zuvor erschienene Werk von Friedrich Wilhelm Schubert: Die deutschen Reichstage in der Staatslehre der frühen Neuzeit. Göttingen 1966 (Schriftenreihe der Historischen Kommission bei der Bayerischen Akademie der Wissenschaften 7).

[99] Hier neben Peter Moraw, Volker Press: Probleme der Sozial- und Verfassungsgeschichte des Heiligen Römischen Reiches im späten Mittelalter und in der frühen Neuzeit (13.–19. Jahrhundert). Zu einem Forschungsschwerpunkt. In: Zeitschrift für historische Forschung 2 (1975), S. 95–107 nur der Hinweis auf drei Buchreihen: 1. die historische Reihe *Beiträge zur Sozial- und Verfassungsgeschichte des Alten Reiches*, eine Unterreihe der *Veröffentlichungen des Instituts für Europäische Geschichte Mainz*, beginnend als Bd. 1 mit Heinz Duchhardt: Protestantisches Kaisertum und Altes Reich. Die Diskussion um die Konfession des Kaisers in Politik, Publizistik und Staatsrecht. Wiesbaden 1977; 2. die rechtshistorische Reihe *Quellen und Forschungen zur höchsten Gerichtsbarkeit im Alten Reich*, beginnend als Bd. 1 mit Hans Wohlgemuth: Das Urkundenwesen des deutschen Reichshofgerichts 1273–1378. Eine kanzleigeschichtliche Studie. Köln, Wien 1973; als erster Band zur Frühen Neuzeit Bd. 3: Die Reichskammergerichtsordnung von 1555. Hg. von Adolf Laufs. Köln, Wien 1976; 3. die schon auf die zweite Hälfte der 1950er Jahre zurückgehende kirchenhistorische Reihe *Beiträge zur Geschichte der Reichskirche in der Neuzeit*, beginnend als Bd. 1 mit Heribert Raab: Die Concordata Nationis germanicae in der kanonistischen Diskussion des 17. bis 19. Jahrhunderts. Ein Beitrag zur Geschichte der episkopalistischen Theorie in Deutschland. Wiesbaden 1956.

[100] Bernard Plongeron: Recherches sur ‚l'Aufklärung catholique' en Europe occidentale (1770–1830). In: Revue d'histoire moderne et contemporaine 16 (1969), S. 555–605.

Interesses[101] der deutschsprachigen Forschung[102] an der katholischen Aufklärung[103] wurde.[104]

Aretin – neben dem u. a. Richard van Dülmen,[105] Eberhard Weis,[106] Heribert Raab,[107] Peter Hersche[108] oder der Kirchenhistoriker Rudolf Reinhard[109] zu nennen sind – steuerte 1985 und 1986 vor allem zwei wichtige Aufsätze bei, in deren Titel das Lemma Jansenismus jedoch nicht vorkommt.[110] In dem ersten diesen beiden

---

**101** Aus der älteren Forschung seit Sebastian Merkle: Die katholische Beurteilung des Aufklärungszeitalters. Berlin 1909. Dasselbe wieder in: Sebastian Merkle: Ausgewählte Reden und Aufsätze. Anläßlich seines 100. Geburtstags hg. von Theobald Freudenberger. Würzburg 1965, S. 361–413 (dazu Harm Klueting: Catholic Enlightenment – Self-Secularization, Strategy Of Defense, or ‚Aggiornamento'? Some Reflections One Hundred Years After Sebastian Merkle. New York Lecture in Remembrance of a Change in Understanding. In: Zeitschrift für Kirchengeschichte 121 [2010], S. 1–10) u. a. Veit: Kirche im Zeitalter des Individualismus (Anm. 46); Max Braubach: Die kirchliche Aufklärung im katholischen Deutschland im Spiegel des „Journal von und für Deutschland" (1784–1792). In: Historisches Jahrbuch 54 (1934), S. 1–63 u. 178–220. Dasselbe wieder in: Max Braubach: Diplomatie und geistiges Leben im 17. und 18. Jahrhundert. Gesammelte Abhandlungen. Bonn 1969, S. 563–659.

**102** Aus den 1970er Jahren u. a. Heribert Raab: Der reichskirchliche Episkopalismus von der Mitte des 17. bis zum Ende des 18. Jahrhunderts. Staatskirchentum und Aufklärung in den weltlichen Territorien des Reiches – Theresianismus und Josephinismus. In: Handbuch der Kirchengeschichte 5 (1970), S. 477–507 u. 508–530; Philipp Schäfer: Kirche und Vernunft. Die Kirche in der katholischen Theologie der Aufklärungszeit. München 1974 (Münchener theologische Studien. II. Systematische Abteilung 42); Notker Hammerstein: Aufklärung und katholisches Reich. Untersuchungen zur Universitätsreform und -politik katholischer Territorien des Heiligen Römischen Reiches deutscher Nation im 18. Jahrhundert. Berlin 1977 (Historische Forschungen 12).

**103** Katholische Aufklärung und Josephinismus. Hg. von Elisabeth Kovács. Wien 1979; Klueting: Katholische Aufklärung – Aufklärung im katholischen Deutschland (Anm. 4); Overhoff, Oberdorf: Katholische Aufklärung in Europa und Nordamerika (Anm. 45).

**104** Klueting: L'Aufklärung catholique (Anm. 45), S. 29– 32 u. 42– 44.

**105** Richard van Dülmen: Antijesuitismus und Aufklärung in Deutschland. In: Historisches Jahrbuch 89 (1969), S. 52–80.

**106** Eberhard Weis: Jansenismus und Gesellschaft in Frankreich. In: Historische Zeitschrift 214 (1972), S. 42–57.

**107** Raab: Bekämpfung des Jansenismus (Anm. 5).

**108** Peter Hersche: Jansenistische Sympathien in der deutschen Reichskirche im letzten Drittel des 18. Jahrhunderts. In: Deutschland und Europa in der Neuzeit. FS Karl Otmar von Aretin. Hg. von Ralph Melville u. a. 2 Bde. Stuttgart 1988 (Veröffentlichungen des Instituts für Europäische Geschichte Mainz. Abteilung Universalgeschichte 134), Bd. 1, S. 395–418.

**109** Rudolf Reinhardt: Der Jansenismus. In: Rottenburger Jahrbuch für Kirchengeschichte 13 (1994), S. 190–198.

**110** Karl Otmar von Aretin: Der Josephinismus und das Problem des katholischen Aufgeklärten Absolutismus. In: Österreich im Europa der Aufklärung. Kontinuität und Zäsur in Europa in der Zeit Maria Theresias und Josephs II. 2 Bde. Wien 1985, Bd. 1, S. 509–524; Karl Otmar von Aretin: Katholische Aufklärung im Heiligen Römischen Reich. In: Karl Otmar von Aretin: Das Reich. Frie-

Ausätze analysiert Aretin den Zusammenhang von Jansenismus und aufgeklärtem Absolutismus[111] in den katholischen Staaten, in denen von aufgeklärtem Absolutismus – in der Österreichischen Monarchie in Gestalt des Josephinismus – die Rede sein kann, aber auch die Bedeutung des Jansenismus für den Katholizismus generell im Jahrhundert der Aufklärung und damit für die katholische Aufklärung:

> Der am Ende des 16. Jahrhunderts entstandene Jansenismus erfüllte [...] mehrere Bedingungen, die dem aufgeklärten Absolutismus entgegenkamen. Er vertrat ein vom Staat geprägtes Staatskirchentum. Sein strenger Rigorismus lehnte alle Äußerlichkeiten des Barockkatholizismus ab und erstrebte eine verinnerlichte Kirche. Er näherte sich dem Purismus der Aufklärung und wollte das Reformprogramm des Trienter Konzils durchführen und weiter ausgestalten. Er war ein scharfer Gegner der Jesuiten, die auch allen Aufklärern verhaßt waren. Wenn überhaupt, dann schien der Jansenismus von allen Formen katholischer Kirchlichkeit geeignet, im Zeitalter der Aufklärung bestehen zu können.[112]

In dem zweiten Aufsatz spricht er von den Reform- und Modernisierungsbestrebungen der Herrschaftseliten – Fürsten, Minister, hohe Beamte – der katholischen Staaten im aufgeklärten Absolutismus und ihren Vorbildern und Anknüpfungsmöglichkeiten:

> Hierbei waren die protestantischen Länder Vorbild, deren Effizienz und Effektivität man zu erreichen suchte. Die jansenistischen Ideen, die Reform der Kirche innerhalb der Staaten durchzuführen, kam diesen Bestrebungen entgegen. Nur wollte der Staat den Staat reformieren und griff nur insofern in das Gefüge der Kirche ein, als er die Kirche dem Staat eingliedern und die Seelsorge durch eine Reorganisation der Bistümer[113] und Pfarrgrenzen besser organisieren wollte. Als Aufklärer war man gleichzeitig bestrebt, die Kirche von ‚Aberglauben', wie Wallfahrten, Wunderglauben und dergleichen zu reinigen. Damit befand man sich in einer Linie mit den Jansenisten, mit deren theologischem Reformprogramm die Herrscher des katholischen Aufgeklärten Absolutismus, wie Maria Theresia, ihre Söhne Joseph II. und Leopold von Toskana oder Karl III. von Spanien nur teilweise übereinstimmten. Die Vertreter der katholischen Aufklärung sahen aber in der von ihnen im jansenistischen Geist propagierten Unterwerfung der Kirche unter den Staat die Chance, zu einer theologis-

---

densgarantie und europäisches Gleichgewicht 1648–1806. Stuttgart 1986, S. 403–433. Siehe auch schon Karl Otmar von Aretin: Die Unionsbewegungen des 18. Jahrhunderts unter dem Einfluss von katholischer Aufklärung, deutschem Protestantismus und Jansenismus. In: Kovács: Katholische Aufklärung (Anm. 103), S. 197–208.
111 Dazu die Aufsätze in Der Aufgeklärte Absolutismus. Hg. von Karl Otmar von Aretin. Köln 1974 (Neue Wissenschaftliche Bibliothek 67); Karl Otmar von Aretin: Europa im Spannungsfeld zwischen Aufklärung und Absolutismus. In: Der aufgeklärte Absolutismus im europäischen Vergleich. Hg. von Helmut Reinalter, Harm Klueting. Wien, Köln, Weimar 2002, S. 21–32.
112 Aretin: Josephinismus (Anm. 110), S. 512.
113 Dazu Harm Klueting: Die Diözesanregulierung unter Kaiser Joseph II. in der österreichischen Monarchie. In: Bistümer und Bistumsgrenzen vom frühen Mittelalter bis zur Gegenwart. Hg. von Edeltraud Klueting, Harm Klueting, Hans-Joachim Schmidt. Rom, Freiburg, Wien 2006 (Römische Quartalschrift für christliche Archäologie und Kirchengeschichte, Suppl. 58), S. 170–194.

chen Reform zu kommen. Hier folgten ihnen [...] die katholischen Herrscher nicht, die ja keine Jansenisten im eigentlichen Sinn waren, sondern sich nur jansenistischer Ideen bedienten.[114]

Aretin kommt zu dem Schluss:

> Hier gerieten die katholischen Aufklärer zwischen zwei Feuer. Auf der einen Seite das starr alle Reformen, sowohl im Staat-Kirche-Verhältnis wie in theologischen Fragen, ablehnende Papsttum. Auf der anderen Seite der Staat, dem die Theologie im Grunde gleichgültig war und der das Verhältnis zur Kirche immer deutlicher von Nützlichkeitserwägungen bestimmen ließ. Hier war insbesondere der Konflikt mit den Jansenisten angelegt, die in vielem eine viel rigorosere Seelsorgepraxis vertraten und nicht gewillt waren, ihre Reformvorstellungen hinter die Nützlichkeitserwägungen des Staates zurückzustellen. Für die Jansenisten war der die theologischen Fragen ausklammernde Staat wie das josephinische Österreich uninteressant. Die josephinischen Theologen näherten sich daher in ihrer Theologie in vielen Punkten neben jansenistischen Gedanken auch der protestantischen Theologie.[115]

So konnte Aretin in dem ersten der beiden Aufsätze von der Nichtidentität von (österreichischem) Spätjansenismus[116] und Josephinismus und davon sprechen, dass „der Spätjansenismus [je mehr er sich] der Aufklärung anpaßte, desto fragwürdiger wurde".[117]

## 6 Peter Hersche und der österreichische Spätjansenismus

Die entscheidende Forschungsleistung zum österreichischen Spätjansenismus legte 1977 der 1941 geborene Schweizer Historiker Peter Hersche vor,[118] der später durch seine große Untersuchung über die Domkapitel im Alten Reich[119] und vor allem durch seine magistrale Darstellung des Barockkatholizismus in Europa[120]

---

114 Aretin: Katholische Aufklärung (Anm. 110), S. 404.
115 Aretin: Katholische Aufklärung (Anm. 110), S. 424.
116 Aretin: Josephinismus (Anm. 110), S. 519.
117 Aretin: Josephinismus (Anm. 110), S. 522.
118 Peter Hersche: Der Spätjansenismus in Österreich. Wien 1977 (Veröffentlichungen der Kommission für Geschichte Österreichs 7).
119 Peter Hersche: Die deutschen Domkapitel im 17. und 18. Jahrhundert. 3 Bde. Bern 1984.
120 Peter Hersche: Muße und Verschwendung. Europäische Gesellschaft und Kultur im Barockzeitalter. 2 Bde. Freiburg 2006. Perspektivisch leitend für dieses Werk war der Aufsatz von Peter Hersche: „Klassizistischer" Katholizismus. Der konfessionsgeschichtliche Sonderfall Frankreich. In: Historische Zeitschrift 252 (1996), S. 357–389.

bekannt wurde.¹²¹ Dabei waren der Jansenismus und seine Verbreitung in Österreich seit den Tagen des 1711 gestorbenen Kaisers Joseph I., der sich „weitgehend von den religiösen Grundsätzen [seiner] Ahnen gelöst, den Geist der Jesuiten und der Gegenreformation abgelehnt und die aufgeklärte Toleranz bereits vorweggenommen hatte",¹²² und Vertreter jansenistischer Ideen in den österreichischen Ländern und am Wiener Kaiserhof¹²³ wie Graf Franz Anton von Sporck, Fürst Karl Theodor Otto von Salm, *Ajo* und Oberhofmeisters des Erzherzogs und späteren Kaisers Joseph I. und dessen vom Fürsten Salm dazu bestimmter Erzieher, der Weltpriester Franz Ferdinand von Rummel,¹²⁴ österreichische Reformbischöfe wie Leopold Anton Graf Firmian, Joseph Maria Graf Thun, Ferdinand Graf Hallweil, der Wiener Kardinal Johann Joseph Graf Trautson oder sein Nachfolger Christoph Anton Graf Migazzi,¹²⁵ Persönlichkeiten wie Melchior Blarer oder Mark Anton Wittola¹²⁶ und nicht zuletzt der Einfluss Ludovico (Lodovico) Antonio Muratoris auf Österreich¹²⁷ auch vor Hersche schon bekannt und fanden in der For-

---

**121** Zum österreichischen Spätjansenismus von ihm auch Peter Hersche: Erzbischof Migazzi und die jansenistische Bewegung in Wien. In: Mitteilungen des Österreichischen Staatsarchivs 24 (1971), S. 280–309; Hersche: Il Muratori (Anm. 6); Peter Hersche: Melchior Blarer und das Problem des jansenistischen Einflusses auf Franz Stephan Rautenstrauch. In: Pastoraltheologie. Ein entscheidender Teil der josephinischen Studienreform 1777–1977. Hg. von Ferdinand Klostermann, Josef Müller. Freiburg 1979, S. 157–172; Peter Hersche: Der österreichische Spätjansenismus. Neue Thesen und Fragestellungen. In: Kovács: Katholische Aufklärung (Anm. 103), S. 180–193. Siehe auch die wichtige Quellensammlung Der aufgeklärte Reformkatholizismus in Österreich. Hg. von Peter Hersche. Bern 1976 (Quellen zur neueren Geschichte 33).
**122** Anna Coreth: Pietas Austriaca. Österreichische Frömmigkeit im Barock. 2. Aufl. München 1982 (Österreich Archiv), S. 62.
**123** Elisabeth Kovács: Kirchliches Zeremoniell am Wiener Hof des 18. Jahrhunderts im Wandel von Mentalität und Gesellschaft. In: Mitteilungen des Österreichischen Staatsarchivs 32 (1979), S. 109–142.
**124** Friedrich von Rummel: Franz Ferdinand von Rummel. Lehrer Kaiser Josephs I. und Fürstbischof von Wien. München 1980 (Österreich Archiv).
**125** Cölestin Wolfsgruber: Christoph Anton Kardinal Migazzi. Fürsterzbischof von Wien. Eine Monographie und zugleich ein Beitrag zur Geschichte des Josephinismus. 8 Lieferungen. Saulgau 1890–1891, 2. Aufl. Ravensburg 1897; Dieter Breuer: Kardinal Migazzi, Förderer und Gegner des kulturellen Wandels im theresianischen Zeitalter. In: Strukturwandel und kulturelle Praxis. Beiträge zu einer kulturwissenschaftlichen Sicht des theresianischen Zeitalters. Hg. von Franz M. Eybl. Wien 2002 (Das Achtzehnte Jahrhundert und Österreich. Jahrbuch der Österreichischen Gesellschaft zur Erforschung des 18. Jahrhunderts 17), S. 219–231.
**126** Manfred Brandl: Marx Anton Wittola. Seine Bedeutung für den Jansenismus in deutschen Landen. Steyr 1974 (Forschungen zur Geschichte der katholischen Aufklärung 1).
**127** Eleonore Zlabinger: Lodovico Antonio Muratori und Österreich. Innsbruck 1970 (Veröffentlichungen der Universität Innsbruck 53 = Studien zur Rechts-, Wirtschafts- und Kulturgeschichte 6); Adam Wandruszka: Die katholische Aufklärung Italiens und ihr Einfluß auf Österreich. In: Kovács: Katholische Aufklärung (Anm. 103), S. 62–69.

schung vor und neben Hersche Beachtung.[128] Dasselbe gilt für im engeren Sinne theologische Impulse des Jansenismus.[129] Doch gelang Hersche die große Synthese, die den österreichischen Spätjansenismus in seiner Genese, in seinen Widersprüchen und in seinem Scheitern deutlich werden ließ:

> Dieser Spätjansenismus wurzelt zwar selbstverständlich in Vorstellungen des 17. Jahrhunderts, hat aber durch Aufnahme ihm ursprünglich fremder Ideen, namentlich antikurialer kirchenrechtlicher Theorien sowie Gedanken der Aufklärung, ein neues Gesicht bekommen.[130] [...] Der österreichische Jansenismus ist nicht in erster Linie durch die Aktivität seiner äußeren Gegner, etwa der Exjesuiten oder der römischen Kurie, zugrunde gegangen. Entscheidendes Moment war vielmehr seine innere Zerrissenheit, in die ihn sein Anschluß an die Aufklärung brachte. [...] Unter diesen Faktoren, die einen wesentlichen Anteil an der langsamen Auszehrung des Jansenismus hatten, kommt sicher der von Norddeutschland her einströmenden protestantischen Theologie [...] eine besondere Bedeutung zu.[131] Wer um 1790 in Wien und anderswo in Österreich theologisch auf der Höhe sein wollte, mußte die deutschen Neologen kennen. Die Aufklärung, in deren Rahmen auch die Neologie gesehen werden muß, hat den Jansenismus nicht bekämpft, sondern schlicht überflüssig gemacht.[132]

# 7 Einzelne Jansenisten, Frauen im Jansenismus und neue Synthesen

Zu erwähnen sind neben dem erwähnten Jansenismusartikel von Charles H. O'Brien in der *Theologischen Realenzyklopädie* von 1987, dem der Jansenismusartikel von Peter Hersche in der vierten Auflage von *Religion in Geschichte und Gegenwart* von 2001 an die Seite zu stellen ist,[133] biographische Abrisse über einzelne Jansenisten

---

**128** Franz Wehrl: Der „Neue Geist". Eine Untersuchung der Geistesrichtungen des Klerus in Wien von 1750–1790. In: Mitteilungen des Österreichischen Staatsarchivs 20 (1967), S. 36–114; Adam Wandruszka: Der Reformkatholizismus in Italien und in Österreich. In: FS Hermann Wiesflecker. Hg. von Alexander Novotny, Othmar Pickl. Graz 1973, S. 231–240.
**129** Adam Seigfried: Die Dogmatik im 18. Jahrhundert unter dem Einfluss von Aufklärung und Jansenismus. In: Kovács: Katholische Aufklärung (Anm. 103), S. 241–265; Andreas Laun: Die Moraltheologie im 18. Jahrhundert unter dem Einfluss von Jansenismus und Aufklärung, ebd., S. 266–294.
**130** Hersche: Der österreichische Spätjansenismus (Anm. 121), S. 180.
**131** Hersche: Der österreichische Spätjansenismus (Anm. 121), S. 191.
**132** Hersche: Der österreichische Spätjansenismus (Anm. 121), S. 191 f.
**133** Peter Hersche: Jansenismus. In: Religion in Geschichte und Gegenwart 4. Aufl. 4 (2001), Sp. 369–372.

wie Cornelius Jansenius d. J.,[134] darunter ein Aufsatz des Mainzer katholischen Theologieprofessors Leonhard Hell von 2003,[135] aber auch über Antoine Arnauld[136] oder Pasquier Quesnel,[137] sowie die Dokumentensammlung des 2005 gestorbenen promovierten Historikers und ehemaligen Feuilletonchefs der *Neuen Zürcher Zeitung* Hanno Helbling über Port-Royal.[138] Beides, biographisch und auf das Kloster Port-Royal bezogen, ist der Beitrag des Berichterstatters, der auch in seinen Arbeiten zur katholischen Aufklärung allgemein[139] ebenso wie zu den liturgischen Reformdiskussionen der Zeit[140] immer wieder den Jansenismus als eine der Wurzeln der katholischen Aufklärung herausgestellt hat, über *Die gelehrten Jansenistinnen von Port-Royal* von 2010.[141] Im Mittelpunkt stehen dabei die Pädagogin und Theologin Jacqueline Pascal, die Schwester des Philosophen Blaise Pascal, und die Historikerin Françoise-Marguerite de Joncoux mit ihren Schriften.

Eine Art kollektiver Synthese versucht der auf eine Tagung im Mai 2011 zurückgehende, von dem Würzburger Kirchenhistoriker Dominik Burkard und seiner Mitarbeiterin Tanja Thanner herausgegebene Aufsatzband *Der Jansenismus – eine*

---

134 Karin Groll: Cornelius Jansen(ius) d. J. In: Biographisch-bibliographisches Kirchenlexikon 2 (1990), Sp. 1551 f.; Leonhard Hell, Françoise Hildesheimer: Cornelius Jansenius d. J. In: Lexikon für Theologie und Kirche 3. Aufl., Bd. 5 (1996), Sp. 744 f.
135 Leonard Hell: Cornelius Jansenius. Konservativer Augustinismus zwischen den Fronten. In: Theologen des 17. und 18. Jahrhunderts. Konfessionelles Zeitalter, Pietismus, Aufklärung. Hg. von Peter Walter. Darmstadt 2003, S. 70–87.
136 Friedrich Wilhelm Bautz: Antoine Arnauld. In: Biographisch-bibliographisches Kirchenlexikon 1 (1990), Sp. 222 f.
137 Irmgard Wilhelm-Schaffer: Pasquier Quesnel. In: Biographisch-bibliographisches Kirchenlexikon 7 (1994), Sp. 1106 f.; Leonhard Hell: Pasquier Quesnel. In: Lexikon für Theologie und Kirche 3. Aufl. 8 (1999), Sp. 768 f.
138 Port-Royal. Zeugnisse einer Tragödie. Hg. von Hanno Helbling. Zürich 2004.
139 Vor allem Harm Klueting: „Der Genius der Zeit hat sie unbrauchbar gemacht". Zum Thema ‚Katholische Aufklärung' – Oder: Aufklärung und Katholizismus im Deutschland des 18. Jahrhunderts. Eine Einleitung. In: Klueting: Katholische Aufklärung – Aufklärung im katholischen Deutschland (Anm. 4), S. 1–35, hier S. 10–12; Harm Klueting: The Catholic Enlightenment in Austria or the Habsburg Lands. In: A Companion to the Catholic Enlightenment in Europe. Hg. von Ulrich L. Lehner, Michael Printy. Leiden, Boston 2010 (Brill's Companions to the Christian Tradition 20), S. 127–164, hier S. 131–135 u. 137 f.
140 Harm Klueting: Vorwehen einer neuen Zeit. Liturgische Reformvorstellungen in der Katholischen Aufklärung und im Josephinismus. In: Operation am lebenden Objekt. Roms Liturgiereformen von Trient bis zum Vaticanum II. Hg. von Stefan Heid. Berlin 2014, S. 167–181, hier S. 169–175.
141 Harm Klueting: Die gelehrten Jansenistinnen von Port-Royal. In: Fromme Frauen als gelehrte Frauen. Bildung, Wissenschaft und Kunst im weiblichen Religiosentum des Mittelalters und der Neuzeit. Hg. von Edeltraud Klueting, Harm Klueting. Köln 2010 (Libelli Rhenani 37), S. 253–272.

‚*katholische Häresie'?* von 2014[142] zu geben. Von den 18 Beiträgen sollen hier wenigstens genannt werden: Karlheinz Ruhstorfer, *Der Gnadenstreit ‚de auxiliis' im Kontext* (57–69), Diana Stanciu, ‚*Haereticorum patriarchae philosophi': Jansenius' Concepts of Habit and Habitual Grace and His Criticism of Aristotle and the ‚Aristotelian Pelagians'* (99–115), Wim François, *Efficacious Grace and Predestination in the Bible Commentaries of Estius, Jansenius and Fromondus* (117–143), Marcel Albert OSB, *Jansenismus als diplomatisches Problem. Fabio Chigi und die Bekämpfung des Jansenismus in der Kölner Nuntiatur 1640–1651* (193–239), Catherine Maire, *Die Bulle ‚Unigenitus': Ein Staats- und Kirchengesetz* (373–387), Jan Roegiers, *Komplotte, Allianzen, Parteien. Jansenismus und Antijansenismus als politische Realitäten* (389–405) und Volker Reinhardt, *Der Jansenismus und das barocke Papsttum – Thesen zu einer Abstoßung* (443–449). Burkard und Thanner haben 2014 eine weitere Tagung zum Jansenismus veranstaltet, die den Titel *Jansenismus im Wandel – Geschichtsbilder, Rezeption, Transformationen* trug. Ein Tagungsband mit den Beiträgen dieser Tagung ist bisher nicht erschienen.[143]

---

142 Burkard, Thanner: Jansenismus – eine „katholische Häresie"? (Anm. 5).
143 Sollte er noch erscheinen, so wird man darin finden: Harm Klueting: Die Mauriner – benediktinische ‚Jansenisten'?.

Volker Kapp
# Die Darstellung des Jansenismus in deutsch- und französischsprachigen Enzyklopädien des 18. Jahrhunderts

Die Forschungsliteratur zum Jansenismus ist so umfangreich, dass man sie kaum überblicken kann. Es scheint aber niemand auf den Gedanken gekommen zu sein, sich mit der hier ins Auge gefassten Thematik zu beschäftigen. Das kann man leicht verstehen, sobald einem die verbreitete Fokussierung des Interesses auf die *Encyclopédie* von Denis Diderot und Jean le Rond D'Alembert oder auf den *Dictionnaire philosophique* von Voltaire bewusst wird, die den Jansenismus ablehnend bewerten. Voltaire mokiert sich im Artikel ‚Grâce' über die Gnadenlehre und beendet den Artikel ‚Théologien' mit der Anekdote, dass ein ihm bekannter Theologe am Ende seines Lebens gestanden habe, sein Leben sinnlos vergeudet zu haben. Würde Voltaires *Le Siècle de Louis XIV* zu meinem Textkorpus gehören, dann müsste ich ihm mehr Raum widmen, werde aber vom Echo dieses Werkes in einem Lexikonartikel doch noch zu sprechen haben. D'Alemberts Vorrede zur *Encyclopédie* räumt zwar ein, dass die Natur des Menschen für dessen Vernunft ein undurchdringliches Geheimnis bleibt, so dass eine geoffenbarte Religion eine Ergänzung liefern könne, deren Beitrag sich aber auf einige wenige Glaubenswahrheiten und moralische Vorschriften reduzieren lasse.[1] Ich werde zum Schluss meiner Ausführungen auf die Thematisierung von Jansenismus in der *Encyclopédie* zu sprechen kommen, doch müssen wir andere Enzyklopädien[2] in den Fokus nehmen, um zu ermessen,

---

[1] „La nature de l'homme [...] est un mystère impénétrable à l'homme même [...]. Rien ne nous est donc plus nécessaire qu'une Religion révélée qui nous instruise sur tant de divers objets. [...] Quelques vérités à croire, un petit nombre de préceptes à pratiquer, voilà à quoi la religion révélée se réduit" (Jean Le Rond d'Alembert, Denis Diderot: Encyclopédie ou dictionnaire raisonné des sciences, des arts et des métiers. Hg. von Alain Pons. 2 Bde. Paris 1986 (Garnier–Flammarion 426), hier Bd. I, S. 92–93. In dieser Auswahlausgabe mit einer vollständigen Fassung des *Discours préliminaire* fehlen die den Jansenismus betreffenden Artikel).

[2] Ich habe nicht den in der damaligen Zeit geläufigen Begriff des „Lexikons" übernommen. Im Titel wie in der Vorrede zum *Allgemeinen Historischen Lexicon* (Leipzig 1709) verwendet ihn Johann Franz Buddeus, doch sucht er dann sein Werk so von anders gearteten Unternehmungen abzugrenzen und so zu präzisieren, dass er sich dem heutigen Begriff der Enzyklopädie annähert, der hier zur Eingrenzung der Materialbasis dient. Die Biographien der Jansenisten muß ich ausblenden: Pierre Barral: Appelants célèbres ou Abrégé de la vie des personnes les plus recommandables entre ceux qui ont pris part à l'Appel interjeté contre la bulle Unigenitus. s. l. 1753; Pierre-François Labelle: Nécrologe des appelants et opposants à la bulle Unigenitus de l'un et

wie sich das achtzehnte Jahrhundert mit dieser Erscheinung auseinandersetzt. Allerdings hat eine solche Untersuchung das Paradox in Kauf zu nehmen, sehr zentrale Informationen aus Werken ermitteln zu müssen, die erstmals im siebzehnten Jahrhundert erschienen sind. Einen Kristallisationspunkt bildet ein um die Jahrhundertwende erschienenes Werk: 1696 kam die erste und 1702 die zweite, um ein Drittel vermehrte Ausgabe des *Dictionnaire historique et critique*[3] von Pierre Bayle heraus, der zu Recht in fast allen Bibliographien der deutsch- und französischsprachigen Enzyklopädien des achtzehnten Jahrhunderts verzeichnet wird. Dessen Artikel ‚*Jansénius (Corneille)*' wird, wie wir sehen werden, vielfach ausgewertet.

Bayles Aktivitäten und die meisten seiner Schriften, die in der ersten Hälfte des achtzehnten Jahrhunderts laufend, der *Dictionnaire historique et critique* sogar bis ins neunzehnte Jahrhundert neu aufgelegt worden sind, knüpfen an Diskussionen des siebzehnten Jahrhunderts an. Sie sind letztlich für die Aufklärung bedeutsamer als für die Entwicklung des Jansenismus. Seine Theorien, die wie seine Äußerungen zum Jansenismus in den Kontext philosophischer Beschäftigung mit Religion gehören,[4] deutet die Forschung ganz gegensätzlich. Doch besteht wenigstens darin Einigkeit, dass sein *Dictionnaire historique et critique* von dessen zahlreichen Benutzern im achtzehnten Jahrhundert meistens anders verstanden wurde, als er ursprünglich gemeint war.[5] Er wird zunächst im Kampf gegen den christlichen Glauben, dann in der Diskussion über die Naturreligion eingesetzt.[6] Für die vorliegende Fragestellung ist diese Facette seiner Wirkungsge-

---

l'autre sexe. s. l. 1755; René Cerveau: Nécrologe des plus célèbres défenseurs et confesseurs de la vérité, des dix-septième et dix-huitième siècles. s. l. 1760–1778, 7 Bde.

**3** Ich zitiere Bayles *Dictionnaire historique et critique* nach der Ausgabe Paris 1820–1824, die Slatkine (Genf 1969) in 16 Bänden nachgedruckt hat. Über die für die vorliegende Thematik unerheblichen Unterschiede zwischen den verschiedenen Fassungen berichtet Christiane Berkvens-Stevelinck: Les éditions du *Dictionnaire historique et critique* de Pierre Bayle jusqu'en 1740, avec ses éditions pirates. In: Critique, savoir et érudition à la veille des Lumières. Le *Dictionnaire historique et critique* de Pierre Bayle (1647–1706). Hg. von Hans Bots. Amsterdam, Maarssen 1998 (Studies of the Institute Pierre Bayle 28), S. 17–25.

**4** Masako Tanigawa hat am 17. März 2017 an der Sorbonne eine leider noch nicht veröffentlichte Thèse *Bayle et Port-Royal: la tolérance et la morale* verteidigt, die entscheidende Informationen zu dieser Auseinandersetzung enthält, aber offenbar nur an Rande auf den *Dictionnaire historique et critique* eingeht.

**5** „In the eighteenth century, such passages were interpreted in ways that Bayle had not intended" (Paul Burbell: Pierre Bayle's *Dictionnaire historique et critique*. In: Notable Encyclopedias in the Seventeenth and Eighteenth Centuries: Nine Predecessors of the Encyclopédie. Hg. von Frank A. Kafker. Oxford 1981, S. 83–107, hier S. 100).

**6** „ [...] autour du *Dictionnaire*, devenu un des enjeux capitaux du combat, s'affrontent les incrédules et les croyants. [...] Mais il n'en allait plus de même lorsqu'elle ébranlait les fondements de la religion naturelle: la ligne de clivage risquait alors de passer à l'intérieur de la philosophie,

schichte allerdings gegenüber der Tatsache zweitrangig, dass Bayles *Projet et Fragmens d'un Dictionnaire critique* (1692) einen siebzehnseitigen Artikel über Antoine Arnauld enthält, den sein *Dictionnaire* übernimmt. Er regt damit eine Flut von ausführlichen Lemmata in Enzyklopädien an, die besonders Arnaulds verstreute und vielfach ohne seinen Namen erschienene Schriften zu identifizieren suchen. Arnauld steigt damit zu einer Art Spitzenreiter unter den Theologen auf.[7] Dies dürfte nicht Bayles Ziel gewesen sein, der sich auf Bio-bibliographisches konzentriert und Fehlaussagen über Port-Royal und den Jansenismus in der Optik der Kontroverstheologie mit Hohn über die Jesuiten beantwortet und sich gegen die Kritik an Protestanten wehrt.[8] Hingegen verliert er kein Wort über die *Logique de Port-Royal,* die er sehr schätzte, aber vielleicht nicht eindeutig mit Arnauld in Verbindung bringen konnte.[9]

Wie Bayles *Projet* ist sein *Dictionnaire* aus der kritischen Beschäftigung mit der ersten französischen, alphabetisch strukturierten Enzyklopädie *Le Grand Dictionnaire historique ou le mélange curieux de l'Histoire sainte et profane* von Louis Moréri hervorgegangen, die 1674 in Lyon bei Jean Girin und Barthélémy Rivière in einem Folio-Band erschienen ist.[10] Bis in die sechziger Jahre des achtzehnten Jahrhunderts ist die französische Fassung dann in verschiedenen Bearbeitungen in den Niederlan-

---

Bayle y devenait un signe de division" (Pierre Rétat: Le Dictionnaire de Bayle et la lutte philosophique au XVIIIe siècle. Lyon 1971 (Bibliothèque de la Faculté des Lettres de Lyon 28), S. 12).

7 Laurent-Josse Le Clerc kritisiert diese Tatsache: „[...] l'article seul de M. Arnauld, est plus long que ceux des quatre Docteurs de l'Eglise Latine" (Laurent-Josse Le Clerc: Remarques sur differens articles du premier volume du Dictionnaire de Moreri, de l'Edition de 1718. s. l. 1718, S. XXXIV).

8 Gegen die Katholiken kehren sich Verhöhnungen wie: „Ceux qui ont placé Mr. Arnauld à la tête des Vaudois luy ont fait sans doute plus de plaisir, que ceux qui l'ont representé comme l'Ecuyer du Goliath Mr. Jurieu" (Pierre Bayle: Projet et Fragmens d'un Dictionnaire critique (Rotterdam 1692). Genève 1970, S. 51). Gegen den Biographen von Arnaulds Gegenspieler Claude im Streit um Arnaulds *Perpétuité de la Foi* zielt die Forderung nach einer genauen zeitlichen Fixierung der Auseinandersetzung (vgl. ebd. S. 57), denn durch dessen Nachlässigkeit „les savans hommes qui font le Journal de Leipsic, avec beaucoup d'avantage pour la Republique des lettres, & avec beaucoup de gloire pour leur ville, qu'on peut à bon droit apeller l'Athenes de l'Allemagne, se sont trompez sur le premier Ecrit de cet habile Ministre" (ebd., S. 58).

9 An Jean Brugière de Naudis schreibt er am 7. 11. 1695: „J'ap[p]rouve extrement que vous leur [i. e. mes chers cousins, VK] aiez fait lire pendant les vacances *L'art de penser*. C'est un livre incomparable" (Correspondance de Pierre Bayle. 15 Bde. Hg. von Elisabeth Labrousse et al. Oxford 1999–2017, hier Bd. IX, S. 495). Elisabeth Labrousse bemerkt: „l'*Art de penser* est en effet l'un des livres qu'il cite le plus souvent et invariablement avec éloge" (Elisabeth Labrousse: Pierre Bayle. Bd. II: Hétérodoxie et rigorisme. Den Haag 1964 (Archives internationales d'histoire des idées 6), S. 48. In der ‚Remarque E' des Artikels „Nicolle" (sic) des *Dictionnaire historique et critique* zählt er „l'Art de penser" unter den „livres à l'usage de la jeunesse" auf (Bd. 11, S. 148).

10 J. Carreyre schreibt beschönigend, dass die erste Ausgabe von Moréri „renfermait de nombreuses lacunes et quelques erreurs. C'est pour le compléter, et le rectifier que Bayle, reconnaissant par ail-

den, in Frankreich und der Schweiz herausgekommen, die der Artikel „Moréri' in der inzwischen auf zehn Bände angewachsenen Ausgabe von 1759 chronologisch auflistet.[11] Bayles Artikel über Arnauld wirkt in diesen überarbeiteten Neuauflagen als Anstoß zur Thematisierung des französischen Jansenismus. Wir müssen uns mit diesem Hinweis begnügen und werden im Folgenden nur Saint-Cyran und Quesnel einbeziehen, um den Rahmen dieser Ausführung nicht zu sprengen.

Werfen wir zunächst einen Blick auf den Artikel über Jansenius bei Moréri. Die Erstausgabe von 1674 enthält nur eine kurze Notiz über Cornelius Jansenius den Älteren (1510–1576), 1561 Professor für Exegese in Löwen, 1563 Teilnehmer am Konzil von Trient, dessen Dekrete er publizierte, 1565 Bischof von Gent. Während Bayles *Dictionnaire* diesen Jansenius übergeht, fehlt in der Erstausgabe von Moréri der jüngere Cornelius Jansenius (1585–1638), der 1630 in Löwen ebenfalls Professor für Exegese und 1636 Bischof von Ypern wurde. Die überarbeitete Fassung in zwei Folio-Bänden seines *Grand Dictionnaire historique* (Lyon 1681), von der Moréri nur noch den Druck des ersten überwachen konnte, bevor sein Leben ein frühes Ende nahm, erweitert den Artikel über Jansenius den Älteren und bringt erstmals einen noch umfangreicheren Artikel über Jansenius den Jüngeren. Einige Besonderheiten dieses Artikels fallen vor der Folie der zeitgenössischen Polemiken und der späteren Fassungen dieser Enzyklopädie ins Auge, in denen dieser jedoch teilweise erstaunlich lange nachwirkt.

Der erste Teil kehrt in den knappen biographischen Angaben das Bemühen des Bischofs von Ypern um eine religiöse Erneuerung seiner Diözese heraus, macht ihn somit zu einem Vertreter der mit dem Konzil von Trient einsetzenden katholischen Reform. Diesen Aspekt wiederholt noch die sechste, in den Niederlanden 1692 veröffentlichte Auflage, auf deren Titelblatt Jean Le Clerc als Überarbeiter genannt[12] und als „Docteur & Professeur en Théologie" betitelt wird. Le Clerc musste wegen seiner Bibelexegese und seiner Distanz zum Calvinismus Genf verlassen, hat sich aber keineswegs dem Katholizismus angenähert. Die Fassung des Textes von 1681 bleibt in den von ihm besorgten Ausgaben bis 1702, die Bayle nicht berücksichtigen. Sogar 1714 halten noch die Ergänzungen zur Ausgabe von 1712 an dieser

---

leurs les grands mérites de Moréri, entreprit la publication de son *Dictionnaire*" (Dictionnaire de théologie catholique. 30 Bde. Hg. von Jean Carreyre. Paris 1899–1950, hier Bd. 10, S. 2485).

11 Laut Titelblatt sind in diese Ausgabe von Etienne-François Drouet die *Suppléments* von Abbé Goujet eingearbeitet worden.

12 Annie Barnes bemerkt lakonisch: „Il rendit à la République des Lettres des services signalés en donnant de nouvelles éditions du Dictionnaire historique de Moréri" (Annie Barnes: Jean Le Clerc (1657–1736) et la République des Lettres. Paris 1938, S. 149) und ergänzt in einer Fußnote: „Le Clerc revit aussi les éditions de 1694, 1698 et 1702" (ebd.). Sie übersieht die Ausgabe von 1716, in deren Vorwort Le Clerc auf die Querelen zwischen den Herausgebern von Paris und den Niederlanden eingeht.

Sicht fest.[13] Louis-Ellies Du Pin, dessen Gallikanismus dem Jansenismus nahesteht, hat sie in einem Band zusammengestellt.[14] Ein gewisser Vaultier, dessen geistige Lebhaftigkeit Bayle lobt,[15] der aber selbst über das biographische Register der Bibliothèque Nationale in Paris nicht zu identifizieren ist,[16] hat 1701 ein *Projet pour la correction du Dictionnaire historique* veröffentlicht. Die Ankündigung des *Projet* ist im *Mercure galant* mit dem Aufruf versehen, den Verlegern in Paris Korrektur- und Erweiterungsvorschläge einzureichen,[17] bei denen bestimmt kaum mit Hinweisen zum Jansenismus als solchen gerechnet wird. Das *Journal des savants* kehrt bei dieser Überarbeitung die Revision historischer und geographischer Fakten und die Berücksichtigung neuerer „Helden", mit anderen Worten die Berichtigung von historischen und geographischen Fehlinformationen und die Erweiterung des Spektrums der Persönlichkeiten, heraus. Claude-Pierre Goujet, der an der Ausgabe von

---

13 „Les commencemens de son Episcopat furent emploïés à la reforme de son Diocèse; mais il ne put pas achever tous les projets qu'il avoit fait pour remplir les devoirs d'un saint Evêque, parce qu'il mourut de la peste le 6. Jour de Mai l'an 1638" (Supplement aux anciennes éditions du Dictionnaire historique de Moréri. Hg. von Louis-Ellies Du Pin. Paris 1714, S. 568).

14 Jacques Yves Gayer konstatiert: „[...] il est impossible de retrouver les articles qu'il a pu rédiger pour les éditions de 1712 et 1718 du *Grand Dictionnaire historique*" (Jacques Yves Gayer: Un théologien gallican témoin de son temps: Ellies Du Pin. In: Revue d'histoire de l'Eglise de France 188 (1986), S. 118).

15 Bayle beginnt seine Vorbemerkung zum Nachdruck der 1706 anonym erschienenen *Remarques Critiques sur la Nouvelle Edition du Dictionnaire Historique de Moréri* mit der Bemerkung: „Il y a peu de livres d'une utilité aussi générale qu'un Dictionnaire Historique" und dem Hinweis auf die Fehler von Moréri, die eine Korrektur benötigen. Die 1699 und 1704 von Vaultier besorgten Ausgaben seien „sans doute beaucoup meilleures que les précedentes; car outre que Mr. Vaultier est très-habile, la grande vivacité de son esprit ne l'empêche pas d'être fort laborieux & capable d'une très-longue & très-profonde aplication" (Pierre Bayle: Œuvres diverses. Hg. von Elisabeth Labrousse. 5 Bde. ND Hildesheim 1964–1982, hier Bd. IV, S. 193).

16 Laurent-Josse Le Clerc moniert: „On a même poussé si loin la négligence en cecy, qu'il n'est pas possible de deviner en ne lisant que les deux dernieres editions, qu'il y ait un M. Vaultier au monde, & beaucoup moins qu'il se soit donné beaucoup de peine à revoir, à corriger & à perfectionner le Dictionnaire. La moindre chose que l'on devoit à ce laborieux éditeur, étoit de nous le faire connoître" (Le Clerc: Remarques sur differens articles (Anm. 7), S. XXXVI).

17 „Il n'y a personne qui ne sçache l'utilité du Dictionnaire Historique de Morerey [sic]. Les Libraires de Paris qui ont debité en tres peu de temps la derniere édition qu'ils avoient faite, travaillent actuellement a en donner une nouvelle. Pour ne rien omettre qui la peut rendre plus parfaite, Mr Vautier [sic], qui s'est chargé de la revoir, qui avoit déja pris soin de la precedente, vient de publier un projet qu'il soumet au jugement du public. Ceux qui voudront luy faire part de leurs lumieres pour la correction & l'augmentation de ce Livre, ou qui auront quelques memoires à luy fournir sur les Genealogies qui y sont contenuës, & sur celles qu'on y pourroit ajouter, sont priez de les addresser aux Sieurs Herissant, Coignard & Mariette Libraires à Paris, chez qui le Projet se distribue gratis" (Mercure galant, April 1701, Bd. 5, S. 255–256).

1732 mitwirkte, hat weitere drei *Suppléments*[18] beigesteuert. Er ist ein kompromissloser Jansenist, der sich aber nicht nur für seine Mitstreiter, sondern auch für Gegner wie den Karmeliten Honoré de Sainte Marie interessiert hat.[19] Alle diese Bearbeiter von Moréri verbinden ihre Aussagen zum Jansenismus mit Polemik gegen die Jesuiten und folgen damit der Fixierung der Jansenisten auf diesen großen Gegner, dessen Vertreibung aus Frankreich zwischen 1761 und 1764 und schließlich dessen Verbot durch Clemens XIV. 1773 für sie eine Identitätskrise nach sich zog.[20]

In Moréris ursprünglicher Publikationsliste fehlt der *Mars Gallicus*, während die von Vaultier 1707 besorgte Ausgabe konstatiert, dieses Pamphlet sei „eine der entscheidenden Ursachen für seine Erhebung zum Bischof gewesen".[21] Vaultiers Bemerkung verdient auch deshalb erwähnt zu werden, weil der *Mars Gallicus* 1689 im *Supplément* zum *Dictionnaire* von Moréri, das einem Abbé de Saint-Ussan zugeschrieben wird,[22] im Artikel über Hubertus, Bischof von Maastricht und Liège vorkommt, der durch die Legende als Wunderheiler berühmt wurde. Gegen diese Legende spielt dieser Artikel die Vorstellung vom französischen König als Wunderheiler (*roi thaumaturge*) aus, die selbst Ausländer für wahr halten. Als Beleg wird ein *Mars Gallicus* betiteltes Werk angeführt, in dem ein Untertan des spanischen Königs über Frankreich herziehe.[23] 1698 übernimmt die achte Auflage von Moréri (Amsterdam), die sich der Einarbeitung von Bayles Korrekturen

---

18 Sie erschienen 1735, 1739 und 1750; die darin enthaltenen Genealogien stammen nicht von ihm.
19 Unter dessen kritisch aufgezählten Schriften zum Jansenismus nennt er: Observations dogmatiques, historiques, critiques sur les Ouvrages, la Doctrine & la Conduite de Jansenius, de l'abbé de saint Cyran, de Mr. Arnauld, du Père Quesnel, de Mr. Petit Pié & leurs Disciples. Avec des notes et une dissertation preliminaire. Ypres 1724 ([Anonym]: [Art.] Honoré de Sainte Marie. In: Louis Moréri: Grand dictionnaire historique [...]. Nouvelle edition [...]. Supplémens de M. le abbé Goujet Hg. von Etienne-François Drouet. Vol. VI. Paris 1759, S. 66–67, hier S. 67). Bei Michaud heißt es im Artikel über den Karmeliten: „Les autres écrits du P. Honoré sont relatifs au jansénisme et à la bulle *Unigenitus*, et par conséquent n'offrent presque aucun intérêt aujourd'hui" (Louis-Gabriel Michaud: Biographie universelle ancienne et moderne. Nouvelle édition. 45 Bde. Paris 1854–1865, hier Bd. XIX, S. 588).
20 „La disparition de leur grand adversaire les prive de leur propre raison d'être. Ils n'auront survécu que fantomatiquement à leur triomphe. À compter de 1764, ils s'effacent irrésistiblement du débat public" (Catherine Maire: De la cause de Dieu à la cause de la Nation. Le jansénisme au XVIII$^e$ siècle. Paris 1998 (Bibliothèques des histoires), S. 516).
21 „Une des principales causes de son elevation, fut le *Mars Gallicus* qu'il publia contre la France" (Louis Moréri: Le Grand dictionnaire historique, [...]. Hg. von M. Vaultier. 4 Bde. Paris 1707, hier Bd. 3, S. 290).
22 Dieser Abbé wird im biographischen Register der *Bibliothèque nationale de France* auch Pierre de Saint-Glas genannt.
23 „L'Auteur du Livre intitulé *Mars Gallicus*, qui est tres-injurieux à la France, n'est pas disconvenu de cette verité, tout Ennemy qu'il étoit, & Sujet du Roi d'Espagne" (Louis Moréri: Supplement ou troisième volume du Grand Dictionnaire Historique [...]. Paris 1689, S. 689).

rühmt, diese Aussage im Artikel über Hubertus. Sie nennt nun Jansenius als Verfasser des Pamphlets,[24] bleibt aber Moréris Fassung des Artikels über Jansenius treu, ohne Bayle auszuwerten, demzufolge dieses Pamphlet ihm sehr für die Berufung zum Bischof genützt hat.[25] Es lässt sich kaum entscheiden, ob diese Ausgabe auf Bayle oder auf dessen Quelle für diese Aussage zurückgreift.

Bayles lange „Remarque F" rühmt die Qualitäten des *Mars Gallicus*, der Frankreichs Paktieren mit den Protestanten scharf verurteile,[26] und beruft sich dabei auf eine Studie über Jansenius des calvinistischen Theologen Melchior Leydecker[27] und Äußerungen von Gelehrten,[28] die dessen Genese vergegenwärtigen und Fehlinformationen korrigieren, die der Jesuit Moïse Dubourg in seiner Geschichte des Jansenismus[29] verbreitet habe. Zwei herausragende Jansenisten haben sofort entschieden

---

24 Louis Moréri: Le Grand dictionaire historique, [...]. Huitiéme Edition où l'on a [...] corrigé les fautes censurées dans le Dictionnaire Critique de Mr. Bayle, [...]. 4 Bde. Amsterdam 1698, hier Bd. 3, S. 178.

25 „Le roi son maître l'établit professeur aux saintes lettres, l'an 1630, dans l'académie de Louvain; et cinq ans après il l'éleva à l'évêché d'Ipres. Un ouvrage que Jansénius publia contre la France, contribua puissamment à lui faire avoir cette prélature" (Bayle: Dictionnaire historique et critique (Anm. 3), Bd. 8, S. 317).

26 „C'est un ouvrage d'une grande force. [...] On y crie contre la manière du monde la plus maligne et la plus odieuse, contre les services continuels que rendait la France aux protestans de Hollande et d'Allemagne, au préjudice de la catholicité" (Bayle: Dictionnaire historique et critique (Anm. 3), Bd. 8, S. 320).

27 Leydecker bemerkt: „Et verò cum isthoc Opere aeternas Gallia Aulae iras in se suosque concitauerit, atque ex aduerso a Rege Hispaniarum Yprensen Episcopatum impetrauit & obtinuerit" (Melchior Lydecker: De Historia Jansenismi libri VI: quibus de Cornelii Jansenii Vita et Morte, nec non de ipsius & sequacium Dogmatibus disseritur. Trier 1695, S. 77). Am 18.8.1695 schreibt Bayle: „Mr. Leideker professeur en theologie à Utrecht vient de publier un livre latin qu'on peut appeler l'histoire du jansénisme: il y donne la vie de Jansenius et l'histoire de son *Augustinus* à quoi il mêle beaucoup d'observations de controverse, cela vaut la peine d'être lû" (Bayle: Correspondance (Anm. 9), Bd. 9, S. 470). Er wiederholt dieselbe Aussage in einem anderen Brief vom selben Tag (ebd., S. 475).

28 Er spottet dabei über „la vicissitude des choses humaines. Jansénius fut récompensé d'une mitre, pour avoir confondu la France sur ce qu'elle se liguait avec les états protestants; et aujourd'hui [eine Fußnote präzisiert „l'an 1685"] la cour d'Espagne donnerait sans doute une bonne prélature à un docteur de Louvain qui ferait un livre aussi fort pour la justifier d'une telle ligue, que celui de Jansénius était fort contre la France" (Bayle : Dictionnaire historique et critique (Anm. 3), Bd. 8, S. 321). Diese Anmerkung bestätigt das Urteil von Pierre Rétat: „Les remarques, libres propos, mélanges d'une extraordinaire richesse, font du *Dictionnaire* une grande boîte à surprises" (Pierre Rétat: La remarque baylienne. In: Bots: Critique, savoir et érudition (Anm. 3), S. 27–40, hier S. 38).

29 Moïse Dubourg: Le Jansénisme foudroyé par la bulle du pape Innocent X., et histoire du jansénisme, contenant sa conception, sa naissance, son accroissement, et son agonie le tout divisé en deux parties. Bordeaux 1658.

gegen Leydeckers Darstellung des Jansenismus protestiert: Gabriel Gerberon[30] und Pasquier Quesnel, dessen erste Schrift unter dem Pseudonym Germain 1696 in Liège, deren zweite 1704 unter seinem Namen in Paris erschienen ist.[31] Beide Autoren, deren gegen Leydecker gerichtete Veröffentlichungen von den Enzyklopädien bis zum neuesten *Dictionnaire de Port-Royal* ignoriert werden, setzen sich nicht vom ersten Teil mit der Biographie des Verfassers des *Augustinus*, sondern vom zweiten mit Angriff auf den Papst ab. Nach Gerberon ist der Jansenismus für den Theologen aus Utrecht nur ein Vorwand, um gegen die katholische Kirche zu polemisieren.[32] Quesnel entdeckt bei Leydecker monarchomachische Theorien, die im frühen siebzehnten Jahrhundert wesentlicher Bestandteil der Debatte über den Richerismus waren und im Jansenismus der zweiten Hälfte des achtzehnten Jahrhundert wieder aufleben.[33] Mögliche Äußerungen zum Richerismus in Enzyklopädien können hier nicht unter-

---

**30** Gabriel Gerberon: Adumbrata Ecclesiae Romanae, catholicaeque veritatis de gratia adversus Joannis Leydeckeri in sua Historia Jansenismi hallucinaciones injustasque criminationes defensio. s. l. 1696.
**31** Germain [i. e. Pasquier Quesnel]: Défense de l'Eglise Romaine et des Souverains Pontifes, contre Melchior Leydecker Théologien d'Utrecht. Avec un Ecrit de M. Arnauld. & un Recoueil [sic] des plusieurs Ecrits curieux & importans pour l'Histoire & la Paix de l'Eglise, sur les Questions du tems: qui peut servir de IV. Tome à la Tradition de l'Eglise Romaine sur la grace. Seconde Edition revûe & augementée de plusieurs Pieces. Lüttich 1697, wo er u. a. Texte von Arnauld als Anhang publiziert. Das Vorwort rechtfertigt die französische Antwort auf eine lateinische Schrift damit „qu'ayant heureusement recouvré deux Ecrits de feu M. Arnauld, qui m'ont paru tres-propres à réfuter ce que les Protestans imputent aux Papes si injustement" (ebd., Préface, S. XXXI) Pasquier Quesnel: La souveraineté des rois défendue contre l'histoire latine de Melchior Leydecker, par lui appelé Histoire du Jansenisme. Paris 1704, ²1712. Bayle schreibt am 6.8.1705, er kenne dieses Werk nur aus dem Auszug, den das *Journal de Trévoux* (Januar 1705) veröffentlicht habe (Bayle: Correspondance (Anm. 9), Bd. 13, S. 313). Basnage de Beauval mokiert sich in seiner Besprechung über die *Defense de l'Eglise Romaine* mit dem Hinweis: „[...] comme la condamnation de Jansenius est un fait notoire, & que ceux qu'on appelle Jansenistes pretendent qu'il n'a enseigné que la doctrine de St. Augustin, il a fallu que nôtre Auteur s'appliquât d'une façon particuliere à parer ce coup-là" (Henri Basnage de Beauval: Histoire des ouvrages des sçavans 13 (Februar 1697), S. 252). Das *Supplément* zu Moréri, das 1735 anlässlich der Neuauflage (1732) des *Grand Dictionnaire* erschienen ist, ignoriert in seiner umfangreichen Bibliographie der Schriften von Quesnel (S. 146–147) die polemischen Veröffentlichungen gegen Leydecker.
**32** „Tibi videris in hac Jansenii Historia, demonstraste Romanam Ecclesiam priscam de Gratia fidem ab Apostolo & Augustino traditam ejurasse; sic in Pelagianam haeresim esse prolapsam, ut Pelagianismus jam sit Papatus fides, [...] nihil horum ostendisti in tota hac tua Historia" (Gerberon: Adumbrata Ecclesiae Romanae (Anm. 30), S. 49). Nur in einem auch von Bayle aufgegriffenen Punkt gibt er ihm recht, dass er katholischer Abstammung ist und somit die von den Jesuiten verbreitete Behauptung, seine Eltern seien Protestanten gewesen, falsch ist (ebd., S. 21).
**33** Louis-Adrien Le Paige und Jean-Baptiste François Durey de Menières veröffentlichen 1753 anonym: Tradition des faits qui manifestent le système d'indépendance [...] aux principes invariables de la justice souveraine des rois, „où Richer est retenu [...] pour son opposition aux Jésuites

sucht werden, ohne den Rahmen dieser Ausführung zu sprengen. Doch sei wenigstens auf Bayles Vorbemerkung zum Nachdruck seiner *Remarques Critiques* 1704 hingewiesen, die maliziös auf Edmond Richer anspielt.[34]

Wenn ich richtig sehe, leitet Bayles ‚Remarque F' eine Wende in der enzyklopädischen Darstellung des Bischofs von Ypern ein, denn Leydeckers Buch wird seither in den meisten späteren Auflagen von Moréri und in der Bibliographie fast aller Enzyklopädien, nicht jedoch im Artikel ‚Jansénisme' der *Encyclopédie* von Diderot und D'Alembert, angeführt und somit eine protestantische Sicht des Jansenismus befürwortet. Wir können uns mit einem Blick auf den Artikel ‚Jansenius' in Johann Heinrich Zedlers *Grosses vollständiges Universal-Lexikon aller Wissenschaften und Künste* (1732–1750) begnügen. Dort heißt es ganz im Sinne von Bayle: Jansenius soll das Bistum Ypern

> durch das Buch, *Mars Gallicus* genennet, verdient haben, welches er unter dem Namen Alexandri Patricii Armachani ausgehen lassen, und darinnen er die Bündnisse, welche der König in Franckreich Ludovicus XIII. da Mahls mit denen Protestierender unterhielt, und alle Hülfe, welche er selbigen in denen damahligen Kriegen leistete, überaus stark durch die Hechel zog.[35]

Zedler ist in der Bibliographie ein Lapsus unterlaufen, wenn er Bayle eine „*Histoire generale du Iansenisme*" zuschreibt, die in den *Acta Eruditorum* von 1696 erschienen sein soll.[36] In Wirklichkeit handelt es sich um eine Besprechung von Leydeckers Geschichte des Jansenismus. Diese Fehlinformation ist kennzeichnend für Bayles Wirkung im achtzehnten Jahrhundert.

Allerdings sorgt diese „*Geschichte des Jansenismus*" wohl dafür, dass nun eine solche, für die kein Verfassername genannt wird, die aber von Gabriel Gerberon[37] stammt, in die künftigen Bibliographien eingeht. Sie legt Richelieu wegen des *Mars*

---

et sa défense de la Couronne contre les thèses de Bellarmin" (Maire: De la cause de Dieu (Anm. 20), S. 496).
34 Vgl. Bayle: Œuvres diverses (Anm. 15), Bd. IV, S. 194.
35 Johann Heinrich Zedler: Grosses vollständiges Universal-Lexikon [...]. 68 Bde. Leipzig 1732–1754, hier ND Graz 1999, Bd. 14/1, Sp. 209.
36 Zedler: Universal-Lexikon (Anm. 35), Bd. 14/1, Sp. 210.
37 Gabriel Gerberon: Histoire générale du jansénisme. 2 Bde. Amsterdam 1700, ohne Verfassername. Diese Geschichte wird bis heute sehr geschätzt: „Il reste que le titre de gloire de Gerberon est son irremplaçable *Histoire générale du jansénisme*, contenant ce qui s'est passé en France, en Espagne, en Italie, dans les Pays-Bas etc. au sujet du livre intitulé *Augustinus* [...]. Cet écrit [...] est un abrégé des annales latines manuscrites conservées aux Archives de l'archevêché de Maline; que Gerberon composa à partir du Grand Recueil, et qui forment une source inappréciable de renseignements" (Anonym: [Art.] Gerberon. In: Dictionnaire de Port-Royal. Hg. von Jean Lesaulnier und Antony McKenna. Paris 2004, S. 447).

*Gallicus* einen Hass auf Jansenius zu,[38] erwähnt aber Leydecker nirgendwo. In der Bibliographie des Artikels der *Neu-vermehrtes Historisch- und Geographisches Allgemeines Lexicon* betitelten Ausgabe von Moréri (Basel 1726–1727) von Jacob Christoph Iselin wird Gerberon durch die antikatholische Geschichte der Päpste von Johann Heinrich Heidegger und Gottfried Arnolds *Unparteiische Kirchen- und Ketzerhistorie* ersetzt, die den Jansenismus aus protestantischer Sicht sehr kritisch behandeln.[39]

Kehren wir zu Moréris ursprünglichem Artikel über Jansenius zurück. Dort wird kommentarlos ein längerer Frankreichaufenthalt erwähnt, der damals bereits in den Auseinandersetzungen mit seiner Freundschaft zum Abbé von Saint-Cyran, Jean du Vergier de Hauranne, verknüpft wird, der zu einer Zentralfigur des französischen Jansenismus avanciert war.[40] Im Gegensatz zu Jansenius wird Saint-Cyran in der Erstauflage von Moréri unter ‚*Verger*' als Kritiker des Calvinismus und als Verfasser von *De hierarchia* (1635) aufgeführt, das unter dem Pseudonym Petrus Aurelius auf Kosten des französischen Klerus veröffentlicht wurde.[41] Von Jansenismus ist dort nicht die Rede, und die Zweitauflage übernimmt den früheren Text unverändert. Bayles Artikel ‚*Saint-Cyran*' berichtet hingegen, dass Jansenius in Paris Saint-Cyran getroffen hat, mit dem er bereits früher in Löwen

---

[38] „Le Cardinal de Richelieu premier Ministre de Sa Majesté Très-Chrêtienne, qui n'avoit pas oublié, que Jansenius étoit l'Auteur du *Mars François*, dont le secours que son Eminence fournissoit aux Protestans d'Hollande contre le Roi Catholique son maître étoit le sujet principal, ce Cardinal [...] ne put soufrir qu'on eût en France tant d'estime & de respect pour un Docteur qui avoit écrit contre son Gouvernement, ni qu'on y fit profession de suivre ses sentimens & de les defendre" (Gerberon: Histoire générale du jansénisme (Anm. 37), Bd. 1, S. 63).

[39] Arnold verbindet „jesuitenfeindliche" mit antipäpstlicher Haltung (vgl. Hanspeter Marti: Jesuiten im Blickfeld des radikalen Pietisten Gottfried Arnold. Konfessionalistische Abgrenzung und mystisch-spirituelle Solidarität. In: Gottfried Arnold radikaler Pietist und Gelehrter. FS Dietrich Blaufuß und Hanspeter Marti. Hg. von Antje Missfeld. Weimar 2011, S. 106–129, hier S. 116), wozu die Meinung gehört, „daß Jansenius mit seinem anhang zum kätzer gemacht wurde, absonderlich weil diese den Päpsten eine gute gelegenheit gab, ihre infallibilität und gewalt auch ausser und ohne die concilia zu erweisen" (Gottfried Arnold: Unpartheyische Kirchen- und Ketzer-Historie (1729). 4 Bde. ND Hildesheim 1999, hier Bd. II, S. 1049). Hier verweist Arnold auf Johann Heinrich Heidegger (Historia Papatus. Amsterdam 1684, S. 383).

[40] Zedlers Artikel ‚Vergier de Hauranne' erwähnt, er habe mit Jansenius „eine beständige Freundschaft unterhalten [...]: gleichwie denn auch des Jansenius Anhänger etwas ausserordentliches aus ihm gemachet haben" (Zedler: Universal-Lexikon (Anm. 35), Bd. 47, Sp. 682).

[41] „Il rendit encore d'autres services à l'Eglise, & sur tout en defendant sa sacrée Hierarchie sous le nom de Petrus Aurelius. C'est ce fameux Ouvrage qui a été si souvent imprimé par ordre & aux frais du Clergé de France; & qui porte à sa tête l'éloge magnifique dont il a reconnu le zele & la doctrine de son Auteur, qui par modestie ne se voulut jamais faire connoître, comme tout le monde le sait" ([Anon]: Art. Verger ou Du Verger de Hauranne (Jean) abbé de Saint Cyran. In: Louis Moréri: Le Grand Dictionnaire historique [...]. Lyon 1674, S. 1320).

Freundschaft geschlossen habe, und dass er zusammen mit ihm in Bayonne fünf bis sechs Jahre lang intensiv Augustinus studiert hat.[42] Während Moréri Saint-Cyrans Weigerung, sich zum Pseudonym Petrus Aurelius zu bekennen, als Zeichen von Bescheidenheit hinstellt, deutet sie Bayle mit Berufung auf dessen Anhänger als Vorsichtsmaßnahme.[43]

Moréris Artikel weitet die auch von Leydecker und den meisten Enzyklopädien erwähnte Tatsache, dass Jansenius in seinem Testament sein noch nicht publiziertes dreibändiges Werk *Augustinus* dem Heiligen Stuhl unterworfen hat, auf alle Veröffentlichungen aus[44] und unterstreicht damit dessen Treue zur römischen Kirche. Dieser *Augustinus* habe viel Wirbel und in Frankreich Wirren gebracht, die nun „glücklicherweise durch das Wirken von Papst Clemens IX. und unseres unbesiegbaren Herrschers Ludwig den Großen befriedigt"[45] wurden. Moréri will damit eine um 1669/1670 politisch korrekte Sicht von Jansenius liefern, deren Echo sich im Artikel *Jansénisme'* der *Encyclopédie* von Diderot und D'Alembert bei der Erwähnung von „ce qu'on appelle la paix de Clement IX"[46] findet,

---

[42] Die ‚Anmerkung C' zitiert hierzu das „Factum pour les parens de Jansénius" (Bayle: Dictionnaire historique et critique (Anm. 3), Bd. 2, S. 410).

[43] Bayle verbindet diese Information mit der ebenfalls ohne Verfassername veröffentlichten Polemik gegen die Jesuiten, die ihn als „fort savant homme" ausweise: „cela paraît par son ouvrage contre la Somme théologique du père Garasse, et par les livres qu'il fit contre les jésuites, et dont le clergé de France fit paraître l'éloge, l'an 1646. L'auteur n'y mit pas son nom; il se déguisa dans les derniers sous celui de *Petrus Aurelius*, pour les raisons que ses amis ont rapportées" (Bayle: Dictionnaire historique et critique (Anm. 3), Bd. 13, S. 34). Eine Fußnote führt den Dialogue de deux Paroissiens de Saint Hilaire du Mont an. Zedlers Artikel über Saint-Cyran übernimmt diese Aussage, übersetzt aber Bayles Text nicht.

[44] „Il donna au public des Commentaires sur les cinq Livres de Moïse, & sur les quatre Evangelistes, avec plusieurs autres Ouvrages, qu'il soumit, par son Testament, au saint Siege" (Moréri: Le Grand Dictionnaire historique (Anm. 41), S. 229). Gabriel Gerberon schreibt hingegen: „Quand Jansenius eut achevé son Augustin, sa première pensée fut de le dédier à Urbain VIII. qui gouvernait pour lors l'Eglise: & il écrivit même une très-belle lettre, au jugement de laquelle il se soumettait lui et son Ouvrage, avec un très profond respect & une parfait obéissance. Cette lettre ne fut point envoyée, ni mise à la tête de son Ouvrage: je n'en saurois deviner la cause" (Gerberon: Histoire générale du jansénisme (Anm. 37), Bd. 1, S. 6).

[45] „Son livre de la Grace intitulé *Augustinus*, est celuy qui a fait plus de bruit, & qui avoit causé dans l'Eglise de France des troubles, qui ont été heureusement apaisez, par les soins du Pape Clement IX. & de nôtre invincible Monarque, Louis le Grand" (Louis Moréri: Le Grand Dictionnaire historique [...] Seconce edition. 2 Bde. Lyon 1681–1689, hier Bd. 1, S. 229).

[46] Jean Le Rond d'Alembert, Denis Diderot: Encyclopédie ou Dictionnaire raisonné des sciences des arts et des métiers. 17 Bde. Neufchastel [i. e. Paris] 1765, hier Bd. 8, S. 449. Catherine Maire beschreibt die Auseinandersetzungen von 1668, in denen vier französische Bischöfe zum Widerstand gegen den Papst aufriefen, und in denen man im Sommer Clemens IX. den Kompromiss vorschlug, „de demander aux quatre évêques la signature du Formulaire sans exiger la rétracta-

ohne dass sich der Autor damit identifiziert. Die Bearbeiter von Moréri haben im siebzehnten Jahrhundert auf diese Passage praktisch gar nicht reagiert. Die Ausgabe von 1698 streicht zwar alle lobenden Attribute von Ludwig XIV., während die von Vaultier besorgten Ausgaben Paris 1699 und 1704 noch den Titel „Louis le Grand" beibehalten. Wenn die für die deutschen Übersetzungen verantwortlich zeichnenden reformierten Theologen Moréris Eifer bzw. den der Bearbeiter seines *Grand Dictionnaire* für den Katholizismus kritisieren, könnten sie solche Äußerungen im Auge haben, auch wenn sie nicht auf den Jansenismus eingehen.

Johann Franz Buddeus moniert in der Vorrede zum *Allgemeinen Historischen Lexicon*: Moréri habe „zu grossen eyfer vor die katholische religion sehen lassen und dadurch die gräntzen der moderation, die von einem historico erfordert wird / öfters zu sehr überschritten / wie denn auch dieser eyfer ihn verleitet / daß er die wahrheit in vielen stücken nicht erkandt / so auch in solchen / in welchen sie von seinen eigenen glaubes genossen ist erkandt worden".[47] Dieses Lexikon besteht aus deutschen Übersetzungen von Artikeln der holländischen Ausgabe von 1702 des *Grand Dictionnaire historique* sowie teilweise der englischen, niederländischen und spanischen Ausgaben.[48] Der dortige Artikel *„Jansenius'* unterscheidet sich von der Fassung bei Moréri durch die Einschätzung seiner Beschäftigung mit Augustinus: „Sonderlich aber hat er lange zeit nach römischer gewohnheit in lesung der kirchen = väter zugebracht / und darunter meist den Augustinum hochgehalten".[49] Vielleicht noch stärker als sonst wird der Jansenismus mit der Feindschaft der Jesuiten verknüpft, die „den Jansenium in öffentlichen schrifften [verketzerten] wiewol Jansenii lehre großen anhang bekam".[50] Im Artikel *„Augustinus'* wird Jansenius nicht erwähnt, lediglich darauf hingewiesen, dass er bei den

---

tion de leurs mandements. [...] Le 1$^{er}$ janvier 1669, une médaille est frappée pour célébrer la paix de l'Église enfin retrouvée" (Maire: De la cause de Dieu (Anm. 20), S. 37). Für Moréri ist dies ein positives Signal, der Verfasser des Artikels in der *Encyclopédie* dürfte eher wie Maire denken, dass „la paix repose, en dernière analyse, sur un malentendu" (ebd.).

47 Johann Franz Buddeus: Allgemeines Historisches Lexicon [...] 2 Bde. Leipzig 1709, Vorrede [unpag.]. Er selbst habe sich für die Kirchengeschichte „der neuesten scribenten bedienet /als des Cave, du Pin und anderer / dahero auch dasjenige was Moreri von ihnen hat / in den meisten articuln geändert worden" (ebd.).

48 Vgl. die Bibliographie von Arnold Miller: Louis Moréri's *Grand dictionnaire historique*. In: Kafker: Notable Encyclopedias (Anm. 5), S. 48–51. In der Vorrede heißt es: „Man hat also 1) den Moreri zum grunde geleget / und zwar nach der neuesten holländischen edition, außer daß man zuletzt / auch die neueste Pariser edition darbey conferiret / iedoch also daß man die meisten articul nicht so wohl übersetzet / als öffters ganz gemacht" (Buddeus: Allgemeines Historisches Lexicon (Anm. 47), Bd. 1, Vorrede [unpag.]).

49 Buddeus: Allgemeines Historisches Lexicon (Anm. 47), Bd. 1, Vorrede [unpag.]

50 Buddeus: Allgemeines Historisches Lexicon (Anm. 47), Bd. 2, S. 172.

Nachkommen große Autorität erhalten hat, „sintemahl insonderheit seine lehre von der gnade und natur von unterschiedenen conciliis und Päbsten approbiert worden / daher selbige noch biß auff den heutigen tag für eine regul paßiret / nach welcher sich alle richten müssen".[51] Von Jansenismus ist hier nicht die Rede, es sei denn von der Mauriner-Ausgabe von Augustinus, die aber nicht damit in Verbindung gebracht wird.

Während neuerdings Bayles *Dictionnaire historique et critique* mit dem Bestreben der Jansenisten um ein Zusammengehen mit den Thomisten verbunden wird,[52] wirft ihm Buddeus vor, „dass er bey aller gelegenheit / die er finden können denen Manichäern auch anderen profanen und gottlosen leuten das wort geredet / und ihre argumenta auf das allerbeste wieder die lehren der wahrheit geschärffet / dass er solchen lehr = sätzen zugethan sey".[53] Hier wäre es lohnend, die Diskussion über Bayles *Dictionnaire historique et critique* einzuarbeiten,[54] was jedoch den Rahmen der vorliegenden Ausführungen sprengen würde. Bevor ich in meinem Schlussteil auf die *Encyclopédie* eingehe, muss ich noch eine Art Exkurs über eine italienische Enzyklopädie einschieben.

Der Begriff der deutschsprachigen Enzyklopädien des achtzehnten Jahrhunderts könnte diese Facette insofern ausblenden, als sich offenbar die Österreicher nicht mit einem eigenen enzyklopädischen Unternehmen hervorgetan haben. Doch kann das Habsburgische Reich aus meinen Überlegungen nicht ausgeklammert werden, weil der Josephinismus eng mit dem Jansenismus, besonders mit dessen italienischer Variante, zusammenhängt.[55] Peter Hersche betont, dass Ita-

---

51 Buddeus: Allgemeines Historisches Lexicon (Anm. 47), Bd. 1, S. 238.
52 „En tentant laborieusement de cimenter un front commun antimoliniste entre eux et les disciples de l'École de saint Thomas, les jansénistes ont insidieusement contribués à donner l'impression que la querelle de la grâce partageait la catholicité en deux camps inégaux et farouchement irréconciliables. D'où les propos tenus par Pierre Bayle [...] dans l'article *Jansénius* de son *Dictionnaire historique et critique*" (Sylvio Hermann De Franceschi: Le Thomisme moderne au voisinage compromettant de l'hérésie. L'École de saint Thomas entre calvinisme et jansénisme: parcours d'une inquiétude catholique au XVII$^e$ siècle. In: Der Jansenismus – eine ‚katholische Häresie'? Das Ringen um Gnade, Rechtfertigung und Autorität Augustins in der frühen Neuzeit. Hg. von Dominik Burkhard, Tanja Tanner. Münster 2014 (Reformationsgeschichtliche Studien und Texte 159), S. 163–192, hier S. 165).
53 Buddeus: Allgemeines Historisches Lexicon (Anm. 47), Bd. 1, S. 238.
54 Pierre Rétat analysiert in *Le Dictionnaire de Bayle et la lutte philosophique au XVIII$^e$ siècle* (Paris 1971) den französischen Teil dieser Diskussion.
55 Maria Theresia, die von den Jesuiten erzogen worden war, berief nach ihrer Heirat „mehrheitlich dem Jansenismus nahestehende Beichtväter" und förderte „entschieden die Übersetzung jansenistischer Schriften ins Deutsche" (Christoph Schmitt-Maaß: Fénelons *Télémaque* in der deutschsprachigen Aufklärung (1700–1832). Berlin, Boston 2018 (Frühe Neuzeit 220). Bd. 1,

lien eine „überragende Bedeutung [...] für die Ausbildung des österreichischen Spätjansenismus"[56] zukommt. Große Teile der Apenninenhalbinsel gehören damals zum Herrschaftsgebiet der Habsburger. Doch übergeht Hersche ebenso wie Pietro Stella in seiner vorzüglich dokumentierten Studie über den Jansenismus in Italien die einzige italienische Enzyklopädie des achtzehnten Jahrhunderts, den *Nuovo Dizionario scientifico e curioso, sacro-profano* von Gianfrancesco Pivati,[57] dessen zehn Foliobände in Venedig beim Verlag von Benedetto Milocco von 1746 bis 1751 erschienen sind.[58] Sie wird von weiten Teilen der italienischen Literaturwissenschaft, aber auch von allen mir bekannten Spezialstudien zum Jansenismus ignoriert,[59] obwohl der fünfte Band einen zwölfseitigen Artikel ‚*Giansenista*' (S. 215–227) enthält. Sie darf schon allein deshalb nicht unerwähnt bleiben, weil sie z. B. die Rolle des Dauphin oder von Geld im Jansenismus der Jahrhundertwende anspricht, die alle restlichen Enzyklopädien ausblenden. Man braucht sich nicht beim bekannten Vorwurf Pivatis aufhalten, die Gnadenlehre von Jansenius sei eine Variante von Calvinismus,[60] den die *Encyclopédie* sozusagen als etwas Positives vermerkt. Der Artikel ‚*Giansenista*' skizziert die Geschichte des Jansenis-

---

S. 366). Ludovico Antonio Muratori, der dem italienischen Jansenismus zugeneigt war, profitierte davon besonders.
**56** Peter Hersche: Der Spätjansenismus in Österreich. Wien 1977 (Veröffentlichungen der Kommission für die Geschichte Österreichs 7), S. 97. Er präzisiert dann seine Aussage: „Einfach von einem Einfluß des italienischen auf den österreichischen Jansenismus zu reden, wäre allerdings unangemessen. [...] Es war keineswegs ein ausgebautes System, das die Österreicher von Italien übernahmen, sondern vereinzelte Bruchstücke, letztlich zumeist auf den französischen Jansenismus zurückgehend, aber in Italien verändert und erweitert" (ebd.).
**57** Pietro Stella: Il Giansenismo in Italia I. I Preludi tra seicento e primo settecento; II. Il movimento giansenista e la produzione libraria; III. Crisi finale e transizioni. Rom 2006 (Storia e letteratura 227–229). Der zweite Band blendet Pivati deshalb aus, weil allein pro-jansenistische Veröffentlichungen erfasst werden.
**58** Die zuvor von Vincenzo Maria Coronelli (1650–1718) veröffentlichte *Biblioteca universale sacro-profana, antico-moderna*, an der Pivati mitgewirkt hat, ist zwar die erste italienische alphabetisch gegliederte Enzyklopädie, doch enden die zwischen 1701 und 1706 veröffentlichten fünf Bände mit dem Buchstaben C, gelangen also nicht zum Lemma „giansenismo".
**59** Silvano Garofalo bedauert: „The first complete, illustrated, and alphabetised Italian encyclopedia, the *Nuovo dizionario scientifico e curioso, sacro-profano*, has undeservedly received no critical attention from twentieth-century scholars" (Silvano Garofalo: Gianfrancesco Pivati's *Nuovo dizionario*. In: Kafker: Notable Encyclopedias (Anm. 5), S. 197–218, hier S. 197).
**60** „Il punto principale dunque del libro di Giansenio, e il fondamento del suo sistema si era, che dopo la caduta di Adamo noi siamo sempre invincibilmente necessitati a fare il bene, ed il male, il bene quando la grazia è in noi predominante, il male quando in noi prevale la concupiscenza. Egli è certo, che Calvino medesimo non insegnò cosa più mostruosa, quando spacciò nelle sue istituzioni i falsi dogmi sulla Predestinazione, sulla Grazia, e sul Libero Arbitrio" (Gianfrancesco Pivati: Nuovo Dizionario. 10 Bde. Venedig 1746–1751, hier Bd. 5, S. 215–216).

mus bis einschließlich zur Bulle *Unigenitus* in einer eindeutig pro-römischen Perspektive.[61] Dies ist eine Ausnahme unter den hier erwähnten Enzyklopädien.

Trotz unleugbarer Schwächen hat der *Nuovo Dizionario* das Verdienst, die erste alphabetische strukturierte italienische Enzyklopädie zu sein.[62] Pivati ist ein Polygraph, dessen medizinisch-naturwissenschaftliche Forschungen über den Einsatz von Elektrizität in der Therapie von Krankheiten umstritten waren.[63] Die geringe Originalität seiner umfangreichen Einleitung zum ersten Band haben schon Zeitgenossen bemängelt.[64] Offenbar suchte er theologischen Streitereien aus dem Weg zu gehen, die womöglich seiner Rolle als Wächter über die venezianische Buchproduktion geschadet hätten.[65] Seine Enzyklopädie ist nicht mit Bayles *Dictionnaire historique et critique* auf eine Ebene zu stellen, denn sie wurde nur in geringer Auflage gedruckt und war teuer. 90 Prozent ihrer Subskribenten stammen aus dem Staat von Venedig.[66] Die Vatikanische Bibliothek verzeichnet Pivatis Enzyklopädie in ihrem Katalog nicht, während die Französische Nationalbibliothek sie besitzt und man ein gescanntes Exemplar in der Wiener Nationalbibliothek und in der Bayerischen Staatsbibliothek konsultieren kann. Auf lange Sicht gesehen hat sie somit über das Gebiet von Venezien hinaus Aufmerksamkeit gefunden.

---

**61** Nur durch Ignorieren dieser Enzyklopädie konnte Massimo Leone die These von Carlo Arturo Jemolo (Il Giansenismo in Italia prima della Rivoluzione. Bari 1928) übernehmen, dass dort die Diskussion über jansenistische Vorstellungen von der Gnadenlehre oder über *Unigenitus* völlig nebensächlich war (Massimo Leone: Le jeûne et le chocolat: le rigorisme janséniste en Italie. In: Le jansénisme et l'Europe. Hg. von Raymond Baustert. Tübingen 2010 (Biblio 17, 188), S. 237–250, hier S. 241).

**62** „Il *Nuovo dizionario* era ampio ed era il primo esempio del genere in italiano portato a termine, mentre non esisteva neppure una traduzione di dizionari stranieri analoghi. I difetti presenti sono quindi in parte comprehensibili e giustificabili" (Mario Infelise: Enciclopedie e pubblico a Venezia a metà Settecento: G. F. Pivati e i suoi dizionari. In: Studi settecenteschi 16 (1996), S. 161–190, hier S. 173). Infelise bemerkt zum Artikel „Giansenista": „Lo stesso giansenista è equiparato *tout court* al calvinismo, che, condannato dal Concilio di Trento, si ripresentava nascosto ‚sotto il velo degli errori presenti'. Nessuna valutazione di alcun genere nell'articolo sui Gesuiti" (ebd., S. 174).

**63** Pietro E. Gherardi berichtet darüber in seinem Brief vom 28.10.1747 an Muratori (Ludovico Antonio Muratori: Carteggio con Pietro E. Gherardi. Hg. von Guido Pugliese. Firenze 1982, S. 403).

**64** Gherardi, der keine Gelegenheit zu einer negativen Bemerkung über Pivati ungenutzt lässt, vermutet, Pivati habe Ephraim Chambers *Cyclopedia* nachgeahmt und sich dabei übernommen: „Io non so s'egli abbia voluto dare un saggio di sua erudizione e più tosto fare la scimia del Ciambers inglese nell'invito del di lui dizionario. Ai dotti lascerò io il giudicarne" (Muratori: Carteggio (Anm. 63), S. 31).

**65** „Il Pivati rifiuta la possibilità di conflitti fra le esperienze dinamiche della vita e il patrimonio religioso, fisso nei suoi dogmi" (Silvano Grofalo: L'enciclopedismo italiano: Gianfrancesco Pivati. Ravenna 1980, S. 33).

**66** „Il dizionario del Pivati stentè ad uscire da Venezia e dallo Stato veneto. Oltre l'80% degli associati furono veneziani e quasi 90% veneti" (Infelise: Enciclopedie e pubblico (Anm. 62), S. 180 f).

Der Artikel ‚*Giansenista*' bestätigt den Vorwurf, dass Pivati ausgiebig fremdes Gedankengut kompiliert. Zwei bibliographische Hinweise sind aufschlussreich: auf die italienische Übersetzung des *Dictionnaire des livres jansénistes* von Dominique de Colonia SJ und auf die *Storia della Costituzione Unigenitus* (1742) von einem Lafiteau, deren Originalausgabe *Histoire de la Constitution Unigenitus* (Avignon 1733, 2 Bde.) von Pierre-François Lafitau stammt. Als Lafitau noch Jesuit war, schickte ihn der Régent nach Rom, wo er offenbar so geschickt agierte, dass ihn Papst Benedikt XIV. zum Bischof von Sisteron ernannte. Lafitau trat daraufhin aus dem Orden aus. Wegen seiner polemischen Schriften gegen den Jansenismus und seiner Mitwirkung am Regionalkonzil von Embrun liest man über ihn vorwiegend Kritisches.[67] Stella bescheinigt aber immerhin, dass er gut informiert war.[68] Pivati schlachtet die italienische Übersetzung von Lafitaus *Histoire* in seinem Artikel ‚Giansenista' aus, der aus gut gewählten Zitaten aus Lafitaus Buch[69] ohne Zwischentext zusammengesetzt ist. Solche Übernahmen, die zur gängigen, viel kritisierten Praxis der Kompilatoren von Enzyklopädien gehörten, sind nicht nur negativ als Plagiate zu bewerten, sofern wie hier bewusst ein anerkanntes Werk[70] ausgeschlachtet wird. Pivati hätte die Möglichkeit gehabt, statt Lafitau die mit der fiktiven Verlagsadresse „Concordia" 1717 veröffentlichte Geschichte des Jansenismus des Abtes Pietro Tosini[71] aus Bologna auszuwerten, die Clemens XI. gewidmet und voller Vorschläge zu einem Arrangement mit den Jansenisten ist. Sie kam 1721 auf den Index, doch ist die Neuauflage von Venedig 1758 in vielen Bibliotheken zu finden. Lobegott Lange nutzt in seinem Artikel ‚*Jansenismus*' von Erschs und Grubers *Allgemeinen Enzyklopädie der Wissenschaften und Künste* Tosini als Quelle.[72] Das Werk war folglich noch im neunzehnten Jahrhundert in

---

67 Im *Dictionnaire de biographie française* urteilt T. de Morlembert über ihn: „Ennemi acharné des jansénistes, il lutta toute sa vie contre eux, leur porta de rudes coups mais en reçut de violents aussi" (Paris 2001. Bd. XIX, S. 171).
68 „Pierre-François Lafitau, in quei medesimi anni a Roma come emissario degli accetanti la bolla, era ben informato di tutto e poté riferirne nella storia della costituzione *Unigenitus*" (Stella: Il Giansenismo in Italia (Anm. 57), Bd. I, S. 142). Die italienische Übersetzung seiner *Histoire* besorgte Innocenzo Nuzzi (1690–ca. 1748), der sie Benedikt XIV. widmete, dessen Ehrenkammerherr er war.
69 Das Zitat von Anmerkung 60 findet sich wörtlich auf S. 4 des Buches von Lafitau, und man könnte die Reihe dieser Übernahmen beliebig fortsetzen.
70 Die in Rom erscheinende Zeitschrift *Novelle della repubblica letteraria* von 1743 beendet ihre Besprechung der Übersetzung mit dem Lob: „[...] la traduzione con bei numeri eseguita, e la buona forma della Stampa, rende vieppiù aggradevole la lettura di questo libro" (S. 60).
71 Stella hat den Erscheinungsort Amsterdam identifiziert (Stelle: Il Gansenismo in Italia (Anm. 57), Bd. I, S 142, Anm. 135).
72 Lobegott Lange: [Art.] Jansenismus. In: Allgemeine Encyclopädie der Wissenschaften und Künste [...]. 97 Bde. (1818–1889). Hg. von Johann Samuel Ersch und Johann Gottfried Gruber. ND Graz 1981, hier Teil 14, S. 338.

Deutschland bekannt. Doch dies gehört nicht mehr zu meiner Thematik, weshalb nun zum Schluss der längst fällige Blick auf die *Encyclopédie* zu richten ist.

Die *Encyclopédie* stellt den Jansenismus in zwei Teilen dar, einem ‚*Jansénisme*' und einem ‚*Unigenitus*' betitelten Artikel. Damit kann zwischen den sich vorwiegend im siebzehnten und im ersten Jahrzehnt des achtzehnten Jahrhunderts abspielenden Auseinandersetzungen und denen im restlichen achtzehnten Jahrhundert unterschieden werden, die sich hauptsächlich an den Vorstellungen von Quesnel entzündeten und in der diese verurteilenden Bulle *Unigenitus* ihren Fokus haben. Der Artikel ‚*Jansénisme*' schließt mit der Aussage, dass die sich um den *Augustinus* von Jansenius abspielenden Auseinandersetzungen womöglich ein Ende gefunden hätten, wenn man nicht den Verteidigern von Quesnel und den Anhängern seiner Lehre, die damals durch die Bulle *Unigenitus* verurteilt worden ist, den Namen Jansenisten gegeben hätte.[73] Der Artikel ‚*Unigenitus*', der durch eine abgekürzte Signatur dem Chevalier Louis de Jaucourt zugeschrieben wird, handelt vorwiegend von Quesnel. Diesem wurde 1725 erstmals in der überarbeiteten Fassung des *Grand Dictionnaire historique* von Moréri ein Artikel gewidmet,[74] der danach bis 1759 vielfach modifiziert wird.[75] Auch Zedlers *Grosses vollständiges Universal Lexicon* widmet Quesnel einen umfangreichen Artikel, in dem sogar dessen testamentarisches Bekenntnis zur katholischen Kirche im Wortlaut abgedruckt ist,[76] während es von den verschiedenen Fassungen von Moréri höchstens erwähnt wird. Der Artikel ‚*Unigenitus*' der *Encyclopédie* akzentuiert noch stärker als die übrigen Enzyklopädien den Gegensatz zwischen Quesnel bzw. dessen Befürwortern und dessen Gegnern in einer Schwarz-Weiß-Malerei, deren Opfer vor allem die Jesuiten und in letzter Instanz die Römische Kirche sind. Was bei einer naiven Lektüre als Lobpreis von Quesnel erscheinen

---

73 „Les disputes occasionnées par le livre de Quesnel & par sa condamnation, ayant commencé précisément lorsque celles que l'ouvrage de Jansénius avoit excitées, alloient peut-être s'éteindre, on a donné le nom de *Jansénistes* aux défenseurs de Quesnel, & aux adversaires de la bulle *Unigenitus*" (Diderot, d'Alembert: Encyclopédie (Anm. 1), Bd. 8, S. 450).
74 Louis Moréri: Le Grand Dictionnaire historique [...].Nouvelle et dernière édition revûe, corrigée et augmentée [...]. Hg. von Louis-François-Joseph de La Barre u. a. 6 Bde. Paris 1725, hier Bd. 6, S. 12–14.
75 Louis Moréri: Le Grand Dictionnaire historique [...]. Nouvelle et dernière édition revue, corrigée et augmentée. Hg. von Pierre-Augustin Le Mercier u. a. 6 Bde. Paris 1732, hier Bd. 5, S. 409–410; Louis Moréri: Le Grand Dictionnaire historique [...].Dix-neuviéme et derniére edition revue corrigée & augmentée très considerablement [...]. Hg. von François Pitteri. 8 Bde. Paris, Venedig 1743–1749, hier Bd. 3, S. 1060–1061; Louis Moréri: Le grand dictionnaire historique [...]. Nouvelle édition, dans laquelle on a refondu les Suppléments de M. l'abbé Goujet. [...] Hg. von Etienne François Drouet. 10 Bde. Paris 1759, hier Bd. 8, S. 679–683.
76 Zedler: Universal-Lexikon (Anm. 35), Bd. 30, S. 217.

könnte, entpuppt sich beim Wahrnehmen einer Quellenangabe zu Beginn des Textes als entlarvende Verhöhnung der Auseinandersetzungen über den Jansenismus.

Der Artikel ‚*Unigenitus*' beginnt mit der Erklärung des Titels, der Nennung des verurteilten Werkes von Quesnel, seiner *Réflexions morales sur le nouveau Testament*, und mit dem Hinweis, dass die „Geschichte" dieser Auseinandersetzung, die hier im Fokus stünde, in Anschluss an den Historiker des Zeitalters Ludwigs XIV., somit an Voltaire, dargestellt würde.[77] Die sehr positive Charakterisierung von Quesnel als Freund des berühmten Arnauld ist wörtlich von Voltaire übernommen.[78] Ebenso ist die Aburteilung des Jesuiten Michel Le Tellier wörtlich übernommen, dessen allzu große Macht den Gelübden des Ordens widerspreche, und deren Missbrauch ein Horror sei.[79] Voltaires Lob für Quesnel wertet man am besten im Lichte der ironischen Herausgeberfiktion, mit der er Quesnel sein conte philosophique *L'Ingénu* zuschreibt, um ihn als Einfaltspinsel zu verhöhnen. Eine weitere wörtliche Übernahme konstatiert das Desinteresse in Frankreich am Jansenismus wie an anderen theologischen Debatten.[80] Die Darstellung im Artikel ‚*Jansénisme*' ist distanzierter. Diese Sachlichkeit des Berichts deutet jedoch darauf hin, dass dieser Disput in der katholischen Kirche als ein sich Ergehen in Spitzfindigkeiten hingestellt wird. Dafür spricht das wiederum von Voltaire wörtlich übernommene abschießende Urteil des Artikels ‚*Unigenitus*', dass nämlich ein Blick auf die allgemeine Weltgeschichte über das Unsinnige von solchen Disputen erröten lasse.[81]

---

[77] „Cette bulle commence par le mot *Unigenitus*, d'où lui vient son nom; mais c'est son histoire qui nous intéresse, la voici d'après l'historien du siècle de Louis XIV" (Louis de Jaucourt: [Art]. Unigenitus. In: Diderot, d'Alembert: Encyclopédie (Anm. 1), Bd. 17, S. 381).

[78] Der mit „Le P. Quesnel" beginnende Abschnitt, der mit geringen stilistischen Änderungen von Voltaire übernommen ist (Voltaire: Œuvres historiques. Hg. von René Pomeau. Paris 1957 (Bibliothèque de la Pléiade 128), S. 1075–1076), vergegenwärtigt die Episode, dass Renaudot in Rom Clemens XI. bei der Lektüre von Quesnels Schrift angetroffen habe. Dieser Papst habe sie damals gepriesen, später aber verurteilt (S. 381–382).

[79] „Les esprits étoient surtout revolté contre le jésuite le Tellier. Rien ne nous irrite plus qu'un religieux devenu puissant. Son pouvoir nous paroît une violation de ses vœux; mais s'il abuse de ce pouvoir, il est en horreur" (Jaucourt: [Art.] Unigenitus (Anm. 77), S. 384, vgl. Voltaire: Œuvres historiques (Anm. 78), S. 1082).

[80] „Depuis ce tems, tout ce qu'on appelle en France *jansénisme, quiétisme, bulles, querelles théologiques*, baissa sensiblement" (Jaucourt: [Art.] Unigenitus (Anm. 77), S. 384, vgl. Voltaire: Œuvres historiques (Anm. 78), S. 1085).

[81] „Il seroit très-utile à ceux qui sont entêtés de toutes ces disputes, de jetter les yeux sur l'histoire générale du monde; car en observant tant de nations, tant de mœurs, tant de religions différentes, on voit le peu de figure que font sur la terre un moliniste, & un janséniste. On rougit alors de sa frénésie pour un parti qui se perd dans la foule & dans l'immensité des choses" (Jaucourt: [Art.] Unigenitus (Anm. 77), S. 384, vgl. Voltaire: Œuvres historiques (Anm. 78), S. 1088).

Dieses vernichtende Urteil gehört in den Kontext des Kampfes der französischen Aufklärer gegen das Christentum und besonders gegen den Katholizismus. D'Alembert hat sich nicht mit der Vertreibung der Jesuiten zufriedengegeben, sondern in einer Kampfschrift, die anonym veröffentlicht und im Titel einem „Unbeteiligten" zugeschrieben wurde,[82] dazu aufgerufen, nun endlich alle Parteiung, mit anderen Worten auch den Jansenismus und die Religion zu beseitigen, die der Vernunft widersprechen.

Hier zeichnet sich eine Situation ab, die mit der Französischen Revolution eintreten wird. Die vorwiegend jansenistisch gesinnten und jesuitenfeindlichen Bearbeiter von Moréri haben zwar die Animosität gegen die Gesellschaft Jesu geschürt, sich aber kaum vorstellen können, dass sie letztlich den zum Atheismus tendierenden *Philosophes* Vorschub leisten, so dass letztlich die zunehmende jansenistische Kritik am Unglauben der Aufklärer von diesen mit den Argumenten gegen die Jesuiten ebenfalls untergraben wird. Ein Beweis hierfür liefert die Verhöhnung der Jansenisten durch Voltaire und die *Encyclopédie*, die die antijesuitische Einstellung von Bayles Artikel über Jansenius auf den Jansenismus und den Quietismus überträgt, deren Wahlverwandtschaft Melchior Leydecker konstatiert hat.[83] An der Deutung des Jansenismus durch diesen Theologen aus Utrecht orientieren sich die deutschen Übersetzer und Kompilatoren von Enzyklopädien zwar aus einer Gemeinsamkeit reformatorischer Gesinnung heraus, doch fühlen sie sich genötigt, sich von religionskritischen Tendenzen abzusetzen.

Johann Christoph Gottsched prangert sie in seiner Übersetzung des *Dictionnaire historique* in einer langen Anmerkung zur ‚Remarque G' des Artikels Jansenius von Bayle an. Er beruft sich dort auf den gegen den Aristotelismus gerichteten *Dialog über den freien Willen* (1439) von Lorenzo Valla, um die jansenistische Ablehnung der jesuitischen Schulphilosophie im Sinne des Humanismus der Renaissance zu deuten und gegen Bayles kritisch gemeinte Vorstellung von Freiheit zu kehren, die er als „Chimäre" abtut. Im Gegensatz zu den französischen Jansenisten will er den Kampf gegen heterodoxe Tendenzen in Bayles *Dictionnaire historique* nicht den Jesuiten und ihren Parteigängern überlassen. Deshalb rückt er Jean Le Clerc in die Nähe von Bayle, obwohl

---

[82] Anonym [i. e. Jean Le Rond d'Alembert]: La Destruction des Jésuites en France par un auteur désintéressé. s. l. 1765.
[83] Jean Orcibal machte auf Leydeckers Bemerkung aufmerksam: „Ex Jansenii doctrina ortus est absque dubio Molinosi Quietismus" (Melchior Leydecker: De Historia Jansenismi (1695), S. 165 zit. in: Jean Orcibal: Études d'histoire et de littérature religieuses: XVI$^e$–XVIII$^e$ siècles. Hg. von Jacques Le Brun und Jean Lesaulnier. Paris 1997 (Port-Royal 3), S. 505).

sich beide befehdeten.[84] Bayles Deutung der Rolle von Strafe hält er philosophische Argumente von Platon und Leibniz entgegen.[85] Gottsched widersetzt sich damit freidenkerischen Tendenzen, die, wie wir gesehen haben, auch Buddeus gestört haben. An der Darstellung des Jansenismus in Enzyklopädien bestätigt sich somit die Nähe der deutschen Aufklärung zum Protestantismus.

---

**84** Vgl. zu den Auseinandersetzungen zwischen Bayle und Le Clerc Élisabeth Labrousse: Pierre Bayle. Bd. 1: Du pays de Foix à la cité d'Erasme. Den Haag 1963 (Archives internationales d'histoire des idées 1), S. 259–265. Zur Kritik an Le Clerc vgl. Pierre Bayle: Historisches und Critisches Wörterbuch. Nach der neuesten Auflage von 1740 ins Deutsche übersetzt, auch mit einer Vorrede und verschiedenen Anmerkungen sonderlich bey anstößigen Stellen versehen von Johann Christoph Gottsched [...]. Zweyter Theil, Leipzig 1742, S. 879.

**85** „Herr Bayle geht mir zu weit, in dem er diese Streitigkeiten der Schriftgelehrten zu zweyen ganz unbegreiflichen Geheimnissen machen will. [...] des Menschen Handlungen sind frey: also können sie von Gott nicht vorher gesehen werden. [...] Allein diese Art der Freyheit ist eine Chimäre. [...] Kann nun oft ein guter Freund [...] voher sehen, was derselbe in diesem oder jenem Falle thun oder wählen wird. [...] Die Strafe hat also einen Einfluß in die künftigen Handlungen auch bey solchen Wesen, die keine Freyheit haben" (Bayle: Historisches und Critisches Wörterbuch (Anm. 84), S. 879).

Christoph Schmitt-Maaß

# ‚Glaubensbrüder' einer ‚Religion des Herzens'? Die pietistische Rezeption des Jansenismus durch Spener, Arnold, Francke und Zinzendorff, 1671–1723

1791 veröffentlichte der hessen-darmstädtische Gymnasiallehrer und spätere Tübinger Theologieprofessor David Christoph Seybold seine Satire *Lucian's Neueste Reisen oder wahrhafte Geschichten*. In einem Totengespräch lässt er den ‚Gründer' des Jansenismus, Cornelius Jansenius, den ‚zweiten Gründer des Jansenismus', Pasquier Quesnel, den ‚Gründer' des Pietismus, Philipp Jacob Spener und den ‚lutherischen Mystiker' Johann Arndt zusammentreffen. Letzerer stellt die Gemeinsamkeiten von Pietismus und Jansenismus heraus, indem er Jansenius beipflichtet: „Religion des Herzens ist [...] beßer, als Mechanismus der Religion. [...] Was *Jansenius* und *Quesnell* für ihre Glaubensbrüder waren, sind *Speners* und meine Schriften für die Protestanten."[1] Natürlich handelt es sich hier um Rollenprosa mit satirischer Absicht. Doch ist die Gleichsetzung von Jansenismus und Pietismus von der religions- und kirchengeschichtlichen Forschung relativ unreflektiert übernommen worden, etwa 1839 durch den Basler Kirchenhistoriker Carl Rudolf Hagenbach,[2] aber auch noch von Ernst Troeltsch, der 1912 feststellt, der Katholizismus habe „seine pietistische Erscheinung im Janssenismus [!]" gehabt.[3] Die wiederholt behauptete Verwandtschaft von Jansenismus und Pietismus hat in jüngerer Zeit der Frühneuzeithistoriker Ernst Hinrichs durch die Herausarbeitung struktureller Parallelen zwischen Jansenismus und Pietismus klarer zu konturieren gesucht.[4]

---

1 [David Christoph Seybold:] Lucian's Neueste Reisen oder wahrhafte Geschichten. Alethopel [i.e. Tübingen] 1791, S. 281.
2 Carl Rudolf Hagenbach: Der evangelische Protestantismus in seiner geschichtlichen Entwicklung. 6 Tle. in 3 Bdn. Leipzig 1837, Tl. 2: Vom dreißigjährigen Kriege bis zum Anfange des 18. Jahrhunderts, S. 389.
3 Ernst Troeltsch: Die Soziallehren der christlichen Kirchen und Gruppen: Der Protestantismus. Tübingen 1994, S. 827. Paul Honigsheimer, ein Schüler Max Webers, hat in seiner Dissertation von 1914 diesen Gedanken aufgegriffen und vertieft, vgl. Paul Honigsheim: Die Staats- und Soziallehren der französischen Jansenisten im 17. Jahrhundert. Heidelberg 1914.
4 Ernst Hinrichs: Jansenismus und Pietismus – Versuch eines Strukturvergleichs. In: Jansenismus, Quietismus, Pietismus. Hg. von Hartmut Lehmann; Hans-Jürgen Schrader, Heinz Schilling. Göttingen 2003 (Arbeiten zur Geschichte des Pietismus 42), S. 136–158.

Unbeantwortet bleibt jedoch die Frage, wie sich die Rezeption des Jansenismus im Hallischen Pietismus gestaltete, unter welchen Aspekten, Interessen und Schwerpunkten sie erfolgte. Auffällig ist, dass ab 1704 eines der bedeutendsten Werke des Jansenismus, die *Logique de Port-Royal*, in lateinischer Übersetzung in Halle verlegt wird (mit einer Vorrede des dem Pietismus nahestehenden Theologen Johann Franz Buddeus);[5] ebenso erscheinen die französischen Streitschriften um die Bulle *Unigenitus* (der sog. Appelantenstreit) zunächst mit unbekanntem Druckort in deutscher Übersetzung, dann mit Druckort Halle bei der Neuen Buchhandlung (neu übersetzt von Johann Michael Heineccius).[6] Der Appellantenstreit wird auch von pietistischen Theologen in eigenständigen Publikationen erörtert und durch Übersetzungen nach Deutschland vermittelt.

Der Problemaufriss verdeutlicht, dass die Jansenismus-Rezeption im Pietismus vielschichtig ist. Im Anschluss an methodologische Überlegungen, die ich anderenorts näher ausgeführt habe,[7] werde ich daher diese Rezeption als kulturtransferelle Aneignungsleistung unter drei Aspekten bearbeiten: (1) in Bezug auf die Verlage, (2) in Bezug auf die Bucheinbände und (3) in Bezug auf die Buchsammler. Ausgangspunkt meiner Überlegung und Gliederungsgerüst meines Aufsatzes sind – wie von der quasi-hagiographischen Tradition der protestantisch-pietistischen Kirchengeschichte etabliert – die *Big Names* des Pietismus: Philipp Jacob Spener, August Hermann Francke, Gottfried Arnold und Nikolaus Ludwig von Zinzendorff.[8]

---

**5** Logica sive ars cogitandi in qua præter vvlgares regvlas plura noua habentur ad rationem dirigendam utilia [...].Editio noua, eaque in Germania prima. [...] Hg. von Johann Franz Buddeus. Halle 1704 (2. Aufl. 1718). Die Hallische Edition druckt die lateinische Übersetzung der Londoner Ausgabe von 1674 nach. Beim Übersetzer handelt es sich mutmaßlich um den deutschstämmigen Theologen und ersten Sekretär der Royal Society Henry Oldenburg, vgl. H. Oldenburg an J. Wallis, Br. vom 28.6.1673. In: John Wallis: Correspondence. Hg. von Philip Beeley, Christoph J. Scriba. Vol. IV (1672–April 1675). Oxford 2014, S. 209 [Kommentar]. Buddeus lieferte für die Hallische Ausgabe lediglich eine *Praefatio*. Vgl. auch Johann Franz Buddeus (Praes.), Johann Friedrich Erckenbrecher (Resp.): Pelagianismvm in Ecclesia Romana per Bvllam Anti-Qvesnellianam [...]. Jena [1714]. Unter dem Titel *Commentatio historico-theologica de Pelagianismo in Ecclesia Romana* erschien 1719 eine zweite, 1727 eine dritte Auflage unter Buddeus' Namen.
**6** Louis-Antoine de Noailles: Appellations-Instrument vom 3. April 1717. [...] A. d. Frz. u. hg. von Johann Michael Heinecchius. Halle 1718.
**7** Christoph Schmitt-Maaß: Bücher-Netzwerke. Ein Vorschlag zur Erforschung des Jansenismus und seiner Rezeption. In: Francia 47 (2020), S. 229–239.
**8** Nicht Gegenstand des vorliegenden Aufsatzes ist hingegen die Jansenismus-Rezeption in der lutherischen Orthodoxie, etwa bei Georg Friedrich Schröer, der sich wiederholt mit dem Jansenismus auseinandergesetzt hat (vgl. G. F. Schröer (Praes.), Christian Gottfried Kenzelmann (Resp.): De gratia Adami a Quesnellio et Iansenio asserta et a Clemente XI. condemnata. Wittenberg 1719; G. F. Schröer, Johann Friedrich Caletzki (Resp.): De sententiis qvas de gratia doctrinae tvlervnt Jansenivs, Qvesnellivs et Clemens XI., 1720).

Deren Rezeption des Jansenismus wird als Praxis des Kulturtransfers umrissen, wobei der von Peter Burke etablierte Fragenkatalog (wer liest, was, warum, aus welcher Haltung heraus und zu welchem Zweck) leitend ist.[9]

## 1 Philipp Jacob Spener

Speners Jansenismus-Rezeption vollzieht sich vor dem Hintergrund der ab 1671 vorbereiteten Unionsgespräche. Bereits in seinem Hauptwerk, den *Pia desideria* (1670–1675), deutet Spener die katholische Kirche als ‚apokalyptisches Babel' und ‚Reich des Antichrist', dessen Fall auf ‚bessere Zeiten' hinleite.[10] Speners Ablehnung richtete sich vornehmlich gegen jene katholische Geistlichkeit, die zwar in den Unionsverhandlungen irenisch argumentierte, in der Sache jedoch unnachgiebig polemisierte (etwa den Bischof von Wiener Neustadt, Christoph de Rojas y Spinola).[11] Mit anderen hingegen, etwa mit dem zum katholischen Glauben konvertierten Ernst von Hessen-Rheinfels, korrespondierte Spener intensiv, auch und gerade über Glaubensfragen.[12] Während Spener also – auf Martin Luther zurückgreifend – die katholische Kirche und ihre Vertreter insgesamt verwirft, kann er den individuellen Glauben von Katholiken durchaus würdigen. In diesem Rahmen ist dann auch der Jansenismus für Spener von besonderem Interesse.

In einem Brief an den Altdorfer Promovenden Gottfried Wilhelm Leibniz von 1671 erwähnt Spener erstmals den Jansenisten Antoine Arnauld,[13] setzt sich aber erst im Zusammenhang mit Landgraf Ernsts von Hessen-Rheinfels Konversion (und dessen Schrift *Discret-Catholischer*, 1666) auf Arnaulds Streitschrift *La Perpétuité de la foy de l'église catholique touchant l'eucharistie* (Paris 1664) und der

---

9 Peter Burke: Cultures of Translation in Early Modern Europe. In: Cultural Translation in Early Modern Europa. Hg. von Peter Burke, Ronald Po-chia Hsia. Cambridge 2007, S. 7–38, hier S. 11.
10 Philipp Jakob Spener: Pia Desideria. Frankfurt a. M. 1676, S. 61, 63.
11 Eckard Reichert: Die Rezeption des Reunionsplans im evangelischen Deutschland und die letzte Phase der Reunionsgespräche. In: Die Religionsgespräche im Niedersachsen des 17. Jahrhunderts. Hg. von Hans Otte, Richard Schenk. Göttingen 1999, S. 188–200, hier S. 189–193.
12 Dietrich Blaufuß: Wider „papentzende" Theologie. Ein Gutachten Philipp Jacob Speners im Zusammenhang der Konversion von Elisabeth Christine von Wolfenbüttel. In: Regionaler Kulturraum und intellektuelle Kommunikation vom Humanismus bis ins Zeitalter des Internet. FS Klaus Garber. Hg. von Axel E. Walter. Amsterdam u.a. 2005 (Chloe 36), S. 91–115, hier S. 91ff.
13 Ph. J. Spener an G. W. Leibniz, Br. vom 10.1.1671. In: Philipp Jacob Spener: Briefe aus der Frankfurter Zeit. 6 Bde. Hg. von Johannes Wallmann, Udo Sträter, Markus Matthias. Tübingen 1992ff., hier Bd. 1, S. 356.

darin tangierten Abendmahlfrage auseinander.[14] Im Zusammenhang mit der päpstlichen Damnatio des jesuitischen Laxismus 1679 (Denzinger 2101–2167) verweist Spener auf Blaise Pascals *Lettres provinciales*, die ein anti-jesuitisches Argumentationsarsenal bereitgestellt hätten.[15] Spener bringt das Arsenal gleich selbst zur Anwendung, wenn er etwa den Nordhausener lutherischen Diakon Georg Conrad Dilfeld des Pelagianismus mit denselben Argumenten verdächtig macht, wie es Pascal in den *Provinciales* anhand der Jesuiten vorgeführt hatte.[16] Durch den Reiseprediger des sächsischen Kurprinzen, Paul Anton, erhält Spener zudem direkt Nachrichten aus Paris und zu den dortigen Jansenismus-Streitigkeiten, die ihm aber meistens nur als Stichwort dienen, um den baldigen Niedergang ‚Babels' (der katholischen Kirche) zu belegen.[17] Darüber hinaus zitiert Spener jedoch auch zustimmend (neben anderen ‚Papisten') Jansenius, wenn er die Sündenlehre nach Augustinus begründet.[18]

In dieser Frühphase ist die pietistische Jansenismus-Rezeption also noch wenig signifikant. Dass Spener dem Jansenismus-Streit durchaus Interesse entgegengebracht hat, belegt seine Privatbibliothek, die über den Auktionskatalog rekonstruiert werden kann.[19] Neben einzelnen Schriften – Libert Froidmonts (1587–1653) Verteidung von Jansenius gegen Gisbert Voetius (*Sycophanta*, 1640; 24/106), Pierre Nicoles *L'Hérésie imaginaire* (1667; 142/32) und Pierre Jurieus *L'esprit de M. Arnaud* (1684; 168/414) – findet sich ein Konvolut (60/369) anti-jansenistischer Schriften: Johann Adam Osianders *Specimen Jansenismi* (1666), Philippe Labbés *Elogium divi Augustini* (1655), die *Bulla adversus Cornelii Iansenii* von Papst Innozenz X. (1653) sowie die zugehörigen Gegenschriften der belgischen Theologen sowie von Samuel Desmarets

---

14 Ph. J. Spener an G. W. Leibniz, Br. vom 16.2.1671. In: Spener: Briefe aus der Frankfurter Zeit (Anm. 13), Bd. 1, S. 381 und vom 8.3.1671, ebd., S. 385.
15 Ph. J. Spener an J. Olearius, Br. vom Sept. 1679. In: Spener: Briefe aus der Frankfurter Zeit (Anm. 13), Bd. 4, S. 238.
16 Ph. J. Spener an einen Amtsbruder, Br. vom März 1681. In: Spener: Briefe aus der Frankfurter Zeit (Anm. 13), Bd. 5, S. 145. In der Korrespondenz mit Francke scheint hingegen der Jansenismus keine Rolle gespielt zu haben.
17 Ph. J. Spener an P. Anton, Br. vom 14.9.1688. In: Philipp Jacob Spener: Briefe aus der Dresdner Zeit 1686–1691. Hg. von Johannes Wallmann, Udo Sträter, Klaus vom Orde. 4 Bde. Tübingen 2003–2017, hier Bd. 2, S. 386.
18 Ph. J. Spener an einen Amtsbruder, Br. von 1691. In: Spener: Briefe aus der Dresdner Zeit (Anm. 17), Bd. 4, S. 763. Vgl. a. die Druckfassung in Philipp Jacob Spener: Theologische Bedencken […]. Erster Theil. Halle 1700, S. 21.
19 Philipp Jacob Spener (Sammler): Bibliotheca libros theologico-philosophico-philologico-historico-medico- miscellaneos, eosque tam materiarum editionumque, quam exterioris conditionis ratione selectissimos, continens, In Aedibus Spenerianis prope aedem S. Nicolai […] ad diem 2. Dec. seqq. 1709 […] Praesenti pecunia pluris licitantibus cedet. Berlin 1709. Mit Katalog-Seite und Losnummer im Text zitiert.

(ebd.) und weiteres. Die jansenistische Literatur (bzw. die Kontroversliteratur zum Jansenismus) macht grob geschätzt weniger als ein Prozent des Gesamtbuchbestandes aus.

Hinzu kommt aber noch ein Schriften-Konvolut von und zu Antoinette Bourignon (Pierre Poirets *Lettre à un amy [sur] les escrits de Mademoiselle Anthoinette Bourignon* (1676; 93/139), Bourignons *Lumière du Monde* (1679; 103/237) und ihr *Pierre de touche* (1676; 110/302). Das macht stutzig und lässt sich nur verstehen, wenn man berücksichtigt, dass die Bourignon – auch wenn sie sich zeitlebens dagegen gewehrt hat – von den Zeitgenossen häufig als Jansenistin angesehen wurde. Um nun zu verstehen, welche Relevanz ihre Schriften für die pietistische Jansenismus-Rezeption einnehmen, ist es sinnvoll, einen Blick auf Gottfried Arnold zu werfen.

## 2 Gottfried Arnold

Ein enger Freund und Schüler Speners, legte der Radikalpietist Gottfried Arnold seine *Unparteyische Kirchen- und Ketzer-Historie* (1699/1700) als Verfallsgeschichte der christlichen Kirche an und folgt damit einer Deutung der katholischen Kirche, die sich bei Spener skizziert findet. In seinem Versuch, das Christentum wieder auf die Ursprünge zurückzuführen, trifft Arnold sich mit Ansätzen, wie sie auch von Jansenius und seinen Parteigängern vertreten wurden. Im Kapitel XIV des zweiten Buches seiner *Kirchen- und Ketzerhistorie* (titels *Von denen Römisch-Catholischen im XVIIten seculo, wie auch denen Jansenisten, Arnaldisten und übrigen streitigkeiten*) referiert Arnold auf der Grundlage der gängigen Darstellungen.[20] Arnold stellt den ersten und den zweiten Jansenismus-Streit relativ ausführlich dar, wobei er sich auf die Darstellungen in den Quellentexten (die jansenistischen Streitschriften) ebenso stützt wie auf die Polemik (etwa der *Historia papatus* des reformierten Zürcher Theologen Johann Heinrich Heidegger) und rezensierende Darstellungen (der Leipziger *Acta eruditorum*). Im Zentrum seiner Darstellung stehen zunächst die „Häupter selbiger religion": erst Jansenius (576–578), dann Arnaud (580–582). Auch wenn die „grosse und weitläufftige *controvers* über den *Jansenismo* [...] ein gantzes buch" erfordere und überhaupt gegenwärtig (1699) sehr viel zu diesem Streit publiziert werde, wolle er (Arnold) sich kurz fassen. Daher konzentriert sich Arnold in seiner Darstellung zunächst auf die anti-jesuitischen Tendenzen in Jansenius' *Au-*

---

[20] Gottfried Arnold: Unparteyische Kirchen- und Ketzer-Historie. Von Anfang des Neuen Testaments biß auff das Jahr CHristi 1688. Tl. 1 u. 2. Frankfurt a. M. 1699, hier Tl. 2, S. 574–583. Mit Seitenzahl im Text zitiert.

*gustinus*, zeigt aber auch auf, wie die Gegenseite durch politische Intrigen ‚Ketzermacherei' betreibt. V.a. aber die Bibel-Übersetzungen von Louis-Isaac Lemaistre de Sacy (*Nouveau Testament de Mons*, 1667; vollständige Übersetzung der *Bible de Sacy* bzw. *Bible de Port-Royal* zwischen 1672 und 1696) habe den Zorn des Vatikan entfacht, da nun „die Läyen sich einbildeten/ sie dürfften die heilige Schrifft" lesen (577) – Arnold parallelisiert also *die Bible de Port-Royal* und Luthers Bibelübersetzung in apologetischer Absicht, wobei Arnold Jansenius – in positiver Umdeutung eines Vorwurfs der Jesuiten – als Crypto-Calvinisten deutet (577), da er „in seinen schrifften mit kätzern [i.e. Calvin u. Luther] um sich geworffen [d.h. sie zitiert]" habe (578).[21] Jansenius habe „die lehre von der kräfftigen gnade Christi in dem menschen zum grunde eines wahren geistlichen lebens gelegt/ das *opus operatum* und die heucheley bey der gemeinen beicht/ busse und *communion* verworffen" etc., was Arnold ausdrücklich gutheißt. Doch macht er die Einschränkung:

> Indessen ist nicht zu leugnen/ daß dieser mann [i.e. Jansenius] noch sehr tieff in vielem Papistischen sauerteig gestecket/ und das warhafftige Evangelium von JEsu Christo noch lange nicht erreichet und gefast gehabt/ ja vielmehr so mancher warheit widersprochen/ weil er sie etwan von denen Protestanten/ die er vor irrig gehalten/ behauptet gefunden. (579)

Während also Arnold zunächst die Nähe von Jansenismus und Protestantismus (speziell: Calvinismus) betont, muss er nun eine Distanz aufbauen, um nicht in das Fahrwasser der als ‚Syncretisten' beschuldigten Ireniker und Unionisten zu geraten.

V.a. aber ist Arnolds *Kirchen- und Ketzerhistorie* eine Anti-Kirchenschrift, und das bedeutet, dass römisch-katholischer Kirchenglauben ab- und private Frömmigkeitsformen der ‚unsichtbaren Kirche' erheblich aufgewertet werden. Daher weicht Arnold im dritten Teil seiner *Kirchen- und Ketzerhistorie* von 1700 auf Antoinette Bourignon aus, der er ein eigenes Kapitel widmet. Nachdem er die Schriften der Bourignon referiert hat, betont Arnold den Kontrast zwischen dem Jansenismus-Streit der „Schulgelehrten" und der frommen „Jungfrau".[22] Zwar habe sich die Bourignon in ihrem Traktat *Hohe Schuhle der Gottes-Gelehrten* (1681–1682) vom Jansenismus wie von den Jesuiten abgegrenzt (152), doch berufe sie sich neben der Bibel v.a. auf Augustinus und verwerfe Mönchstum und die katholischen Kirchenhierarchie (159).[23]

---

21 Vgl. Hanspeter Marti: Jesuiten im Blickfeld des radikalen Pietisten Gottfried Arnold. Konfessionalistische Abgrenzung und mystisch-spirituelle Solidarität. In: Ders.: Gottfried Arnold – radikaler Pietist und Gelehrter. FS Dietrich Blaufuß, Hanspeter Marti. Hg. von Antje Mißfeldt. Köln, Weimar, Wien 2011, S. 106–129, hier S. 115.
22 Gottfried Arnold: Unparteyische Kirchen- und Ketzer-Historie vom Anfang des Neuen Testaments biß auff das Jahr Christi 1688. Tl. 3 u. 4. Frankfurt a. M. 1700, hier Tl. 3, S. 153.
23 Die Neuauflage von 1729 bringt den Lebenslauf der Bourignon noch einmal ausführlicher, vgl. Gottfried Arnold: Fortsetzung und Erläuterung Oder Dritter und Vierdter Theil der unpartheyischen Kirchen- und Ketzer-Historie bestehend in Beschreibung der noch übrigen Streitigkei-

Die Suche nach Mitgliedern der ‚unsichtbaren Kirche', wie sie Arnold mit seiner *Kirchen- und Ketzerhistorie* betreibt, motiviert möglicher Weise auch seinen Lehrer Spener, sich mit Antoinette Bourignon zu beschäftigen. Dass der ‚Proto-Pietist' Christian Hoburg zu ihrer Amsterdamer ‚Gemeinde' rechnete und ihr Werk *La Lumière née en tenèbres* (1669) ins Deutsche übertrug (*Das Liecht scheinend in der Finsternüß*, 1679–1681) ebenso wie sie direkt mit Friedrich Breckling und brieflich mit Johann Georg Gichtel Kontakt hielt, spricht durchaus für inhaltliche Berührungspunkte zwischen dem Pietismus und der Bourignon.[24] Seit 1677 – also nahezu zeitgleich zu seiner Beschäftigung mit den französischen Jansenisten – nahm Spener Antoinette Bourignon wahr, mutmaßlich vermittelt über die Frankfurter pietistischen Kolloquien und deren Kontakte nach Amsterdam (62). Während Spener sie anfänglich noch neutral-abwartend beurteilt, verwirft er ihre Inspiration und ihre Prophetie ab dem letzten Viertel des siebzehnten Jahrhunderts als Pelagianismus, da ihr das „evangelische[] Verständnis vom Verdienst Christi" fehle.[25] In einem Gutachten fällt Spener 1701 sein abschließendes Urteil: Im Vergleich mit der evangelisch-lutherischen Lehre – v.a. der Rechtfertigungslehre und der Gnadenlehre – beurteilt er die Bourignon als „Papistin"[26] und folglich als negativ. Zur Begründung identifiziert er die Lehre der Bourignon mit dem Pelegianismus. Das (der breiteren Öffentlichkeit unbekannt gebliebene) Urteil Speners fand jedoch keinen Zuspruch in pietistischen Kreisen. Vielmehr wird die Bourignon zu einer mystischen Referenz, v.a. in den gleichfalls von Spener frequentierten Frankfurter pietistischen Kreisen um Johann Jacob Schütz und Johanna Eleonora Petersen.[27]

---

ten im XVIIden Jahrhundert. Nebst den Supplementis und Emendationibus über alle vier Theile. Frankfurt a. M. 1729, Bd. 4, S. 1065–1071.
24 Vgl. Klaus vom Orde: Antoinette Bourignon und ihre Beurteilung durch Philipp Jakob Spener. In: Pietismus und Neuzeit 26 (2000), S. 50–80, hier S. 57. Vgl. dazu das Gutachten Speners über Bourignon in Spener: Briefe aus der Dresdner Zeit (Anm. 17), Bd. 1, S. 62–64.
25 Vom Orde: Bourignon (Anm. 24), S. 66.
26 Ph. J. Spener, zit. n. Vom Orde: Bourignon (Anm. 24), S. 67.
27 Mirjam de Baar: Internationale und interkonfessionelle Netzwerke. Zur frühen lutherisch-pietistischen Rezeption von Anna Maria van Schurman und Antoinette Bourignon. In: Gendering Tradition. Erinnerungskultur und Geschlecht im Pietismus. Hg. von Ulrike Gleixner. Korb 2007 (Perspektiven in der neueren und neuesten Geschichte: Kultur, Wissen, Geschlecht 1), S. 85–105, hier S. 90f.

## 3 August Hermann Francke

Nikolaus Ludwig von Zinzendorff, der spätere Begründer von Herrenhuth, verkehrte im Rahmen seiner Kavaliertour 1720 am Versailler Hof u.a. mit Kardinal Louis-Antoine de Noailles, der die Fraktion der Appellanten im Jansenismus-Streit um die Bulle *Unigenitus* zunächst unterstützte (s.u.).[28] In einem Brief an Anton Heinrich Walbaum vergleicht Zinzendorff Noailles mit dem Begründer des Hallischen Waisenhauses, August Hermann Francke: auch wenn es Noailles an der „Herzhafftigkeit" Franckes fehle, so sei sein Wesen geprägt von „christliche[r] Gelaßenheit".[29] Walbaum seinerseits wirkte für Francke in Paris, versorgte ihn mit Neuigkeiten zum Jansenismusstreit und tauschte 1727 mit dem Jansenisten-Abbé Ferrus Francke-Schriften aus.[30] Francke war also am Ende seines Lebens gut informiert hinsichtlich der Streitigkeiten, die die Bulle *Unigenitus* verursacht hatte. In einem Brief an den Missionar in Tranquebar, Johann Ernst Gründler, referiert Francke 1719 diesbezüglich, was er mutmaßlich durch Walbaum weiß. Er ermahnt den Missionar (mutmaßlich vor dem Hintergrund von Auseinandersetzungen mit katholischen Missionaren), „die Lehre von der gnade unsers Erlösers Jesu Christi, und von dem allein gerecht- und seligmachenden glauben" zu erinnern, besonders, da gegenwärtig in Frankreich „über den Punct von der gnade Christi, und über einige andere wichtige glaubens-articlen, eine starcke Erregung der gemüther, und verstehet man wol darunter einen Kampf deß Lichts mit der Finterniß."[31] Francke vermutet, dass es sich bei der Bulle um eine Intrige der Jesuiten handele, die den Tod Ludwigs XIV. (1715) zur Durchsetzung ihrer Interessen missbraucht hätten, wogegen sich Kardinal Noailles und andere gewehrt hätten, indem sie die Unfehlbarkeit des Papstes kritisiert hätten.

---

**28** Truus Bouman-Komen: Bruderliebe und Feindeshaß: Eine Untersuchung von frühen Zinzendorftexten (1713–1727) in ihrem kirchengeschichtlichen Kontext. Hildesheim, Zürich, New York 2009, S. 114–126, 360–363.
**29** N. L. v. Zinzendorff an A. H. Walbaum, Br. vom 24.02.1720 (Archiv der Franckeschen Stiftungen [künftig: AFSt. mit Repositoriums-Angabe] H A 138b Bl. 45–46, hier Bl. 45$^r$).
**30** Walbaum stand 1726/27 in Paris in Kontakt mit dem Abbé Ferrus, dem er die Schriften Franckes zukommen ließ und der daraufhin mit Francke in Kontakt zu treten wünschte (vgl. Gustav Kramer: August Hermann Francke. Ein Lebensbild. 2 Bde. Halle 1880–1882, hier Bd. 1, S. 463, mit einem Abdruck des Briefs Franckes an Walbaum und Abbé Ferrus). Zu Ferrus vgl. den Beitrag von Leibetseder in vorliegendem Band. Keine Informationen zu Walbaums Pariser Aufenthalt enthält Christoph Bochinger: Aus Anton Heinrich Walbaums Tagebuch: Beobachtungen zur Religionskultur und weltweiten Kommunikation des Hallenser Pietismus in der zweiten Generation. In: Europa in der frühen Neuzeit. FS Günter Mühlpfordt. Bd. 1: Vormoderne. Hg. von Erich Donnert. Weimar u.a. 1997, S. 522–537.
**31** A. H. Francke an J. E. Gründler u. J. Berlin [?], Br. vom 1719, AFSt/M 1 C 12: 48, B. 1$^v$.

Doch Franckes Bekanntschaft mit dem Jansenismus datiert weiter zurück. In der Waisenhausbibliothek hat sich eine Reihe von Sammelbänden erhalten, die niederländische Streitschriften um Petrus Codde sammeln (sie tragen Titel wie *Pietas romana*).[32] Alle Drucke lassen sich in die Jahre um 1705 datieren. Wie lässt sich das erklären? 1705 war August Hermann Francke in die niederländischen Generalstaaten gereist, um Spendengelder für sein Waisenhaus zu akquirieren.[33] Er berichtet intensiv vom Streit, der sich am niederländischen Generalvikar des Vatikan, Petrus Codde, und dessen Jansenismus-freundlicher Haltung entzündet hatte,[34] u.a. auch in der in Pietistenkreisen zirkulierenden *Halleschen Correspondenz*.[35] Francke zeichnet in der Betrachtung Coddes Parallelen zu seiner eigenen (genuin lutherischen) Haltung, etwa bezüglich der Beichte, der Kirchendisziplin, der volkssprachlichen Bibel (Francke nennt die Übersetzung der *Bible de Sacy*). Besonders bezieht sich Francke jedoch auf Quesnels „schöne[s] Buch" *Réflexions sur le Nouveau Testament* und erinnert die Inhaftierung und den Kirchenprozess gegen den Verfasser.[36] Als historische Quelle nennt Francke sodann Coddes Schrift *Cleri Catholici per Fœderatum Belgium* (1705).[37] Von diesem Buch befindet sich kein Exemplar in der His-

---

**32** Bibliothek der Franckeschen Stiftungen [künftig: BFSt, mit Signatur-Angabe] 183 B 27, 184 A 3, 184 A 4, 184 A 6, 184 A 10.
**33** Der Grundbestand der Waisenhausbibliothek speist sich aus einer Schenkung des Radikalpietisten Friedrich Breckling, der in Den Haag lebte. Allerdings weist der Katalog nicht Breckling als Besitzer der niederländischen Jansenistica aus, vgl. Brigitte Klosterberg, Mirjam-Juliane Pohl und Ole Fischer: Niederländische Buchbestände in der Bibliothek der Franckeschen Stiftungen. In: Goldenes Zeitalter und Jahrhundert der Aufklärung. Kulturtransfer zwischen den Niederlanden und dem mitteldeutschen Raum im 17. und 18. Jahrhundert. Hg. von Erdmut Jost, Holger Zaunstöck. Halle 2012, S. 108–127.
**34** Udo Sträter: Interessierter Beobachter oder Agent in eigener Sache? August Hermann Franckes Hollandreise 1705. In: Jost, Zaunstöck: Kulturtransfer (Anm. 33), S. 62–77, hier S. 66. Der Reisebericht Franckes, den Sträter hier zitiert, ist im AFSt vorhanden (Stab/F 28/3:3 [Microfilm Nr. 19, S. 636–646]) und wird hier zitiert nach der Erstedition bei Kramer: Francke (Anm. 30), Bd. 2, S. 42–51. bes. S. 49f. Mit Seitenzahl im Text zitiert.
**35** *Halleschen Correspondenz* v. Juli 1705 (AFSt/H D 63 a). Freundlicher Hinweis von Nikolas Schröder (Deutsche Akademie der Naturforscher Leopoldina/Nationale Akademie der Wissenschaften).
**36** Vgl. jetzt dazu Christoph Schmitt-Maaß: Das „schöne Buch" des Pasquier Quesnel: Die *Réflexions morales sur le Nouveau Testament* in pietistischer Perspektive. In: Pietismus und Neuzeit 2021 [im Druck].
**37** August Hermann Francke (Sammler): Catalogus libros continens ex vario artium disciplinarumque genere selectos potissimum theologicos quibus B. D. Gotth. Aug. Franckius [...] dum viveret usus est qui d. XXIV. Sept. MDCCLXX in Orphanotropheo Glauchensi plus licitantibus divendentur. Halle 1770, S. 81 [Libri Theologici 8°314]). Der Auktionskatalog ist über die Rekonstruktion zugänglich: https://digital.francke-halle.de/mod7 [5.5.2020]. 1707 empfiehlt Francke explizit die *Concorde des quatre Evangelistes* (1669) von Port-Royal, und zwar in der Übersetzung des Helmstedter Theologen Johann Andreas Schmidt (*Exegetische und moralische Auslegungen der*

torischen Waisenhausbibliothek, jedoch in der Privatbibliothek August Hermann Franckes, die 1770 verauktioniert wurde.[38]

Das führt auf die Frage, welche Jansenistica Francke privat besaß, und warum die Bücher sekretiert und nicht etwa der historischen Waisenhausbibliothek einverleibt worden waren (dazu unten). Unter den sechs- bis achttausend Titeln, die Francke besaß, rechnen etwa 0,11 bis 0,15 bis Prozent zu den Jansenistica. Darunter befinden sich Werke wie die *Nouvelle Méthode de Messieurs de Port Royal* (Paris 1692), die *Logique de Port-Royal* (Amsterdam 1708), Quesnels *Nouveau Testament* (Paris 1702; auch in deutscher Übersetzung: *Das Neue Testament*. Frankfurt a. M. 1718), Pascals *Provinciales* (Köln 1739), Mathieu Feydeaus *Meditations des principales obligations du chrestien* (Delft 1692) und Jacques Joseph Duguets *Explication litteraire de l'ouvrage des six jours* (Brüssel 1733) und dessen *Regles pour l'intelligence des Stes Ecritures* (Paris 1716). Was hingegen völlig fehlt sind die zahlreichen Streitschriften für und wider den Jansenismus. Besessen hat Francke jedoch die Streitschriften, die 1705 um Petrus Codde entstanden sind und von denen Francke berichtet (Petrus Codde: [...] *Vindicata, contra libellum memorialem de statu ac progressu Jansenismi in Hollandia* [...]. Utrecht 1703).

Doch nicht allein in Franckes Privatbibliothek finden sich Jansenistica, die mutmaßliche aus privaten Gründen sekretiert wurden – die historische Waisenhausbibliothek kann mit einer deutlich größeren Zahl von Jansenistica aufwarten, darunter zwei Bücher mit sogenannten Jansenisteneinbänden.[39] Insgesamt lassen sich 168 (teils mehrbändige) Titel identifizieren (Streitschriften und Polemiken mit eingerechnet). Das sind zwar auch nur 0,18 Prozent der vor 1900 erschienenen Titel (insgesamt 93.000 Titel).[40] Der Anteil der Jansenistica am ‚offiziellen' Bibliotheksbestand des Waisenhauses ist also nur unwesentlich höher als an Franckes Privatbibliothek, auf-

---

*vier Evangelisten*, 1706) (A. H. Francke: Gründliche und gewissenhafte Verantwortung gegen Hn. D. Johann Friedrich Mayers [...] harte und unwahrhaffte Beschuldigungen [...]. In: Ders.: Streitschriften. Hg. von Erhard Peschke. Berlin, New York 1981 (Texte zur Geschichte des Pietismus Abt. 2, Bd. 1), S. 265–381, hier S. 324f.). Die Übersetzung stammt nicht von Schmidt selbst (er gibt in der Vorrede mehrere – namentlich nicht genannte – Übersetzer an), ist durch den Verleger Nikolaus Förster motiviert und erlebte 1718 eine zweite Auflage. In der Vorrede verteidigt Schmidt die Übersetzung eher aus lutherischer Sicht (mehrfacher Schriftsinn) als sie pietistisch anzueignen.

38 Christoph Schmitt-Maaß: Die Privatbibliothek von August Hermann und Gotthilf August Francke. In: Pietismus und Neuzeit 40 (2014) S. 214–223.
39 Nur ein Titel ist inhaltlich signifikant: Issac Le Maître de Sacy: L'Office de l'église. Paris 1680.
40 Michael Hübner, Anke Müller, Brigitte Klosterberg: Bibliothek der Franckeschen Stiftungen. In: Handbuch der historischen Buchbestände in Deutschland. Hg. von Bernhard Fabian. Digitalisiert von Günter Kükenshöner. Hildesheim 2003 (https://fabian.sub.uni-goettingen.de/fabian?Franckesche_Stiftungen, [5.5.2020]).

grund seiner Menge (168 gegenüber 9 Titeln) jedoch ungleich signifikanter. So finden sich – wie auch im Falle der Privatbibliothek Franckes – alle Klassiker (die *Bible de Sacy*, die *Logique de Port Royal*, Pascals *Pensées* u.a.), häufig auch deren Übertragungen ins Deutsche. Daneben sind aber auch die Kontroversschriften der lutherischen und pietistischen Theologen versammelt, die sich mit dem Jansenismus auseinandergesetzt haben (etwa Johann Fricks *Inclementia Clementis examinata* oder Johann Franz Buddeus' *Commentatio historico-theologica de pelagianismo in Ecclesia Romana*).[41] Auch wenn es teilweise schwierig ist, die jansenistischen Schriften nur einem Autor zuzuweisen (die *Logique de Port-Royal* etwa ist ein solcher Fall), so rechnet doch Isaac Le Maistre de Sacy zum prominentesten jansenistischen Autor der Waisenhausbibliothek (mit 20 Titeln), gefolgt von Pasquier Quesnel (13 Titel) und Antoine Arnauld (11 Titel). Das spiegelt sich auch in der Verteilung der Sprachen wider: 55 Prozent der Titel liegen in französischer, 33 Prozent in lateinischer, 10 Prozent in deutscher und 2 Prozent in niederländischer Sprache vor. Die zehn wichtigsten Verlagsorte für die im deutschsprachigen Raum erschienenen Übersetzungen und Nachdrucke sind Bamberg und Köln mit jeweils 10 Titeln (wobei Köln auch als fingierter Druckort genannt wird), Frankfurt a. M. und Wien mit 9 Titeln, Hamburg und Prag mit 7, Augsburg mit 6, Nürnberg und Halle mit jeweils 5 sowie Würzburg mit 4 Titeln. Beobachten lässt sich zudem, dass nicht nur Jansenistica aus der ‚klassischen' Phase angeschafft wurden (also die Schriften von Arnauld, Quesnel oder Nicole), sondern auch die Schriften von Jansenius (drei Ausgaben des *Augustinus*, eine des anticalvinistischen *Preservatijf-dranck* und eine des anti-ludwigischen *Mars gallicus*)[42] und seiner frühen Förderer und Unterstützer.[43]

Noch interessanter ist der Buchbesitz, der sich teilweise rekonstruieren lässt. So befanden sich 23 Titel zuvor im Besitz des preußischen Staatsbeamten Carl Hildebrand von Canstein, 20 Titel im Besitz des Hallenser Theologieprofessors Paul Anton, 7 im Besitz des Magdeburger Klosterabts Johann Adam Steinmetz[44] sowie

---

41 BFSt 17 I 9; 65 E 2. Daneben existieren noch sieben Sammelbände mit niederländischen Streitschriften, die 1705 um den Konflikt mit Petrus Codde entstanden sind und die von Francke der Waisenhausbibliothek eingegliedert worden sein dürften: BFSt 49 A 9; 183 B 27; 184 A 3; 184 A 4; 184 A 6; 184 A 10; 184 B 1.
42 BFSt 6 B 3, 14 A 10, 16 A 4; 54 F 3 [8]; 137 H 1.
43 Jacques Boonen: Rationes ob quas illustrissimus Dominus Archiepisc. Mechlin. [...] à promulgatione Bullae quâ proscribitur Liber cui titulus Cornelii Jansenii [...] Augustinus, abstinuit [...]. Brüssel 1694 (BFSt 56 F 10 [3]).
44 Steinmetz berichtet in seiner periodisch erscheinenden *Sammlung auserlesener Materien zum Bau des Reiches Gottes* zwischen 1732 und 1738 wiederholt über den Jansenismusstreit, den er – ganz klassisch – als „Fall Babels" und beginnenden Niedergang des Papsttums deutet, vgl. Gergely Csukás: Topographie des Reiches Gottes. Die *Sammlung auserlesener Materien zum Bau des Reiches Gottes* und ihre Fortsetzungsserien. Göttingen 2020 (Arbeiten zur Geschichte des Pietismus 66), S. 157–161.

jeweils 6 im Besitz der Hallenser Theologen Andreas Achilles und Justus Lüders. Die Anstreichungen und (seltenen) Anmerkungen in Jansenistica-Titeln legen zunächst eine vornehmlich ‚gelehrte' Lektüre nahe, handelt es sich doch häufig um Verweise, etwa auf Erwähnungen oder Rezensionen in den *Acta eruditorum*. Daneben finden sich aber auch Anstreichungen, die für eine persönliche Lektüre sprechen, etwa wenn Canstein, der während seines Armeedienstes an der Amöbenruhr erkrankte und lebenslang mit den Spätfolgen kämpfte, im ersten Band seines Handexemplars von Jansenius' *Augustinus* einen handschriftlicher Vermerk anbringt, der ein Interesse am Zusammenhang von Gnadenlehre und Körper bekundet (die Stelle ist auch im Index markiert).[45] Und Andreas Achilles bringt Blaise Pascals *Lettres provinciales* v.a. insofern ein Interesse entgegen, als dass sie ‚anticatholico' sind, wie es in einer Anmerkung seines Handexemplars heißt.[46] Mit Martha Margarethe von Schönberg, einer Förderin Franckes und Freundin seiner Gattin, tritt auch eine weibliche pietistische Buchbesitzerin in Erscheinung, die eine deutsche Übersetzung von Pierre Nicoles Anti-Theater-Schrift *Deutlicher Erweiß daß Operen und Comoedien spielen und sehen kein Mittel-Ding* (1700) besaß – also der ersten Übersetzung eines jansenistischen Titels (*Traité de la comédie*, 1667) in die deutsche Sprache.[47]

Der jansenistische Buchbestand der Waisenhausbibliothek stellt sich zusammengefasst also wie folgt dar: zunächst kommt es zu Buchschenkungen und Zufallskäufen, ehe mit der Bulle *Unigenitus* 1713 ein breiter publikatorischer Effekt eintritt, der die Produktion genuin pietistischer Jansenistica (Übersetzungen, Kommentare, Streitschriften)[48] motiviert. Ausgelöst durch das starke Interesse des Pie-

---

45 Cornelius Jansenius: [...] Augustinus [...]. Löwen 1640 (Exemplar von Carl Hildebrand von Canstein, BFSt 14 A 10), Bd. III, Lib. III, Cap. XI. Vgl. Index, Stichwort „Liberum arbitrium, Libertas" (Bl. Eee[ᵛ]f.,] I, Lib. III: De corpore primi hominis).
46 Blaise Pascal: Litteræ provinciales, de morali & politica Jesuitarum disciplina [...]. A. d. Frz. von Pierre Nicole. Köln [i.e. Amsterdam] 1658 (BFSt 33 G 8). Achilles löst auf dem Vorsatz die Anonymisate von Verfasser und Übersetzer auf und verweist auf Johann Wolfgang Jägers „Dissert. de Novello Monstro morali sive probabilismo. Tubingae 1684" (gemeint ist wohl: Basis Phil. & Theologiae Moralis Sive Tractatus De Conscientia, & inprimis etiam De Probabili. Tübingen 1688).
47 Vgl. den Beitrag von Corinne Bayerl in diesem Band.
48 Die Bulla Unigenitus [...]. A. d. Frz. von Gottfried Hecking. Hg. von Johann Frick. Ulm 1717 (BFSt 65 C 19); Gottlob Friedrich Jenichen: Historia et examen Bvllae Clementis XI [...]. Leipzig 1714 (BFSt 75 E 5 [2]); Johann Frick: Inclementia Clementis examinata [...]. Ulm 1715 (BFSt 17 I 9); Johann Frick: Dissertationes Historico-Polemicæ Quibus Bulla [...] Augsburg 1717 (BFSt 75 E 5 [3/4]); Acta Publica Constitutionis Unigenitus [...]. Hg. von Christoph Matthäus Pfaff. Tübingen 1721 (BFSt 130 B 10 [10]); Clementis Papae XI Constitutio Unigenitus Cum Praefatione Historica [...]. Hg. von Johann Michael Gasser. Halle [1753] (BFSt 125 C 20 [20]); Johann Franz Buddeaus: Commentatio historico-theologica de Pelagianismo in Ecclesia Romana [...]. Jena 1719 (BFSt 65 E 2).

tismus am Jansenismus um 1713 kommt es zu einer kirchengeschichtlichen Rückkoppelung: nun wird auch den Gründungsdokumenten des Jansenismus – also den Schriften von Cornelius Jansenius und seinem Umfeld – verstärkt Interesse zuteil. Die „Jansenistarum Doctrinae" werden nun, wie ein anonymer Benutzer in den *Genuina Jansenistarum* des flämisch-katholischen Theologen Franciscus Sylvius vermerkt, gesucht; wohl mit dem Ziel, Gemeinsamkeiten und Unterschiede zwischen Pietismus und Jansenismus zu belegen.[49]

## 4 Zinzendorff

Zinzendorff, der später die pietistische Herrnhuter-Gemeinde gründen sollte, unternahm 1719 bis 1720 eine standesgemäße Kavaliertour nach den Niederlanden und Frankreich, deren Verlauf er in seinen Aufzeichnen als *Attici Wahlfahrt* archivierte.[50] In den Niederlanden und v.a. in Frankreich nahm Zinzendorf verstärkt die calvinistische und die katholische Konfession wahr.[51] Im Umfeld des Reformationsjubiläums 1717 interessierte sich Zinzendorf vermehrt für die seinerzeit virulenten Unionsgedanken, die die lutherische Orthodoxie und den Pietismus betrafen; infolge der Kavaliertours bezog er die reformierte und die katholische Konfession in seine Überlegungen mit ein. Begleitet von seinem Hofmeister (Johann Friederich?) Riederer, der bereits seinen Bruder Friedrich Christian von Zinzendorf in die Generalstaaten und nach Frankreich begleitet hatte, begibt sich Zinzendorf auf eigenen Wunsch und zur Überraschung seiner Verwandten während seines Paris-Aufenthaltes (September 1719 bis April 1720) an den französischen Hof nach Versailles.[52] Dort nahm er Kontakt zum Hof auf, besuchte Oper und Schauspiel.[53] In Versailles nahm Zinzen-

---

49 Sylvius Franciscus: Genuina Jansenistarum, [...]. s.l. 1705 (BFSt 64 H 16), Praeloquium, Bl. A3$^r$.
50 Bislang nicht ediert (Unitätsarchiv Herrenhut R 20.A.6), im Folgenden zitiert n. Otto Steinecke: Zinzendorfs Bildungsreise. An der Hand des Reisetagebuches Zinzendorfs. Halle/S. 1900. Vgl. auch Mathis Leibetseder: Attici Vettern in Paris. Pietismus, Jansenismus und das Netz von Bekanntschaften auf der Kavalierstour. In: Grand Tour. Adeliges Reisen und europäische Kultur vom 14. bis zum 18. Jahrhundert [...]. Hg. von Rainer Babel, Werner Paravicini. Ostfildern 2005 (Beihefte der Francia 60), S. 469–484, hier S. 477ff.
51 Gerhard Meyer: Nikolaus Ludwig Reichsgraf von Zinzendorf und der Katholizismus. Eine geistesgeschichtliche Studie zum Problem der religiösen Toleranz. In: Nikolaus Ludwig von Zinzendorf: Ergänzungsbände zu den Hauptschriften. Hg. von Erich Beyreuther, Gerhard Meyer. Bd. 10. Hildesheim 1970, Tl. 1, S. XLVI.
52 Steinecke: Zinzendorfs Bildungsreise (Anm. 50), S. 40.
53 Steinecke: Zinzendorfs Bildungsreise (Anm. 50), S. 61.

dorf – vermittelt über Élisabeth Charlotte d'Orléans (Liselotte von der Pfalz) zudem Kontakt zum Pariser Erzbischof Louis-Antoine de Noailles auf.[54] Noailles hatte gemeinsam mit anderen gallikanischen Bischöfen die Anerkennung der päpstlichen Bulle *Unigenitus* verweigert, in der die *Réflexions morales* über das Neue Testamtent des Jansenisten Pasquier Quesnel (und damit der französische Jansenismus in Gänze) als Häresie verworfen wurde. Diese sogenannten Appellanten erhielten Unterstützung durch den Regenten Philippe d'Orléans, der die Regierungsgeschäfte für den minderjährigen Ludwig XV. führte. Erst als der Papst mit Exkommunikation drohte, lenkten die gallikanischen Bischöfe ein. Vor diesem Hintergrund entfaltet sich Zinzendorfs Korrespondenz mit Noailles,[55] die 1723 in einer französischen Übersetzung von Johann Arndts *Wahren Christenthum* (durch Samuel de Beauval übersetzt)[56] gipfelt,[57] die Zinzendorf Noailles (wohl erfolglos) erfolglos zu dedizieren versucht.[58]

Im Bericht seiner Kavalierstour titels *Attici Wahlfahrt* beschreibt Zinzendorf Noailles zwar als „ein außerordentliches Werckzeug Gottes und ein Feind des allzufinstern Papstthums",[59] doch sind die Einträge von Anziehungen und Abstoßungen gekennzeichnet. Der junge Zinzendorf fürchtet nämlich um sein Seelenheil, sei „An-

---

54 Vgl. Meyer: Zinzendorf und der Katholizismus (Anm. 51), S. LI ff. sowie die hagiographische Darstellung bei August Gottlieb Spangenberg: Leben des Herrn Nicolaus Ludwig Grafen und Herrn von Zinzendorf und Pottendorf. 3 Tle. Barby [1772], Tl. 1, S. 122ff.
55 Vgl. Anne-Louise Salomon: La Catholicité du monde chrétien, d'après la correspondance inédite du comte Louis de Zinzendorff avec le cardinal de Noailles et les évêques appelants (1719–1728) [1929]. In: Zinzendorf: Ergänzungsbände (Anm. 51), Tl. 4. Vgl. auch Zinzendorfs Hymnus *Auf seine Bekanntschaft mit dem Cardinal Noailles in Paris* von 1719 (zu Lebzeiten unveröffentlicht) in Geistliche Gedichte des Grafen von Zinzendorf. Hg. von Albert Knapp. Stuttgart, Tübingen 1845, S. 318.
56 Johann Arndt: Les Quatre livres du vrai christianisme [...]. Traduits de l'Allemand en François par Sam. de Beauval [...]. Exactement revûs [...] par Jean Caspar Haferung [...]. Amsterdam [i.e. Wittenberg] 1723 (2. Aufl. Paris [i.e. Wittenberg] 1725). Beauval war Sprachmeister in Wittenberg, Haferung Theologieprofessor in Wittenberg (jedoch pietistisch geprägt). Vgl. zu diesen Ausgaben Wilhelm Bettermann: Theologie und Sprache bei Zinzendorf. Gotha 1935, S. 216, Anm. 9.
57 Vgl. die Korrespondenz im Unitätsarchiv Herrnhut, R 20.D.3.a.I.1. u. 2.
58 N. L. v. Zinzendorf an L.-A. de Noailles, Br. vom 4.5.1715. In: Salomon: Catholicité (Anm. 55), S. 42). Vgl. dazu Tobias Kaiser: Zinzendorfs Projekt einer französischen Arndt-Ausgabe. In: Frömmigkeit oder Theologie. Johann Arndt und die *Vier Bücher vom wahren Christentum*. Hg. von Hans Otte, Hans Schneider. Göttingen 2007 (Studien zur Kirchengeschichte Niedersachsens 40), S. 337–356. Vgl. Bouman-Komen: Bruderliebe und Feindeshaß (Anm. 28), S. 369ff. Offenbar hat Zinzendorf ein Exemplar (oder mehrere) mit einer persönlichen Widmung an Noailles versehen; die von mir konsultierten gedruckten Ausgaben entbehren jedenfalls eine (gedruckte) Widmung.
59 Zit. n. Kaiser: Zinzendorfs Arndt-Ausgabe (Anm. 58), S. 345.

tonio" (i.e. Noailles) doch ein ebenso „liebreiche[r] als gefährliche[r] Wiedersacher []".[60] Während der deutsche Graf angesichts der Bekehrungsversuche durch Noailles einerseits um sein Seelenheil fürchtete, versuchte er andererseits – unter völliger Verkennung der Machtverhältnisse[61] – den Pariser Erzbischof seinerseits zum Protestantismus zu bekehren. Einig waren sich beide hinsichtlich der christlichen Liebesethik und der Christologie; doch akzeptierte Noailles kein Christentum außerhalb der katholischen Kirche. Zinzendorf hingegen unterschied eine sichtbare (äußerliche) Kirche und die unsichtbare Kirche Jesu Christi, die keine konfessionellen Unterschiede kennt, sondern alle Christen einbezieht; und zu dieser letzteren rechnete er Noailles.[62] Die Arndt-Übersetzung zeugt davon, dass Zinzendorf eine gemeinsame philadelphische Verständigungsbasis mit Noailles suchte.

Nachdem Noailles 1720 seine Zustimmung zur Appellation zurückzog, kündigte Zinzendorf zunächst seine Freundschaft auf, nahm die Korrespondenz jedoch – ins Reich zurückgekehrt – wieder auf.[63] Während Noailles zurückhaltend blieb, zeichnete Zinzendorf enthusiastisch das Bild einer überkonfessionellen Gemeinschaft auf der Grundlage der Liebe und Hingabe zu Jesus.[64] 1727 gab Zinzendorf ein *Christ-Catholisches Singe- und Bet-Büchlein* heraus,[65] das protestantische Glaubens-Choräle[66] und katholische Christushymnen[67] vereinigt. Auch fungiert für die Zinzendorf-Söhne Christian Ernst und Christian Renatus Noailles als Taufpate.[68] In seinen späteren Lebensjahren hat sich Zinzendorf jedoch aus Rücksichtnahme auf die innerprotestantischen Konflikte nicht mehr zum Katholizismus geäußert, also auch nicht zum Jansenismus.[69]

---

60 Zinzendorf, zit. n. Leibetseder: Attici Vettern (Anm. 50), S. 477.
61 Leibetseder: Attici Vettern (Anm. 50), S. 478.
62 Fritz Blanke: Zinzendorf und die Einheit der Kinder Gottes. Basel 1950, S. 5–27, hier S. 10.
63 Vgl. Salomon: Catholicité (Anm. 55).
64 Vgl. N. L. v. Zinzendorf an L.-A. de Noailles, Br. vom 28.6.1722. In: Salomon: Catholicité (Anm. 55), S. 24–26 sowie ders. an dens., Br. vom 5.1.1724 (ebd., 39–40).
65 Nachdruck in Zinzendorf: Ergänzungsband 10 (Anm. 51), Tl. 2. Zur Entstehung vgl. Meyer: Zinzendorf und der Katholizismus (Anm. 51), S. XCII–XCIV.
66 Hauptsächlich dem *Berthelsdorfer Gesangbuch* (1725) entnommen.
67 Hauptsächlich Angelus Silesius' *Heiliger Seelen-Lust* (1657) entnommen. Vgl. Matthias Werner: Lieder Johann Schefflers in Zinzendorfs *Christ-Catholischem Singe- und Betbüchlein* von 1727. In: Jahrbuch für Liturgik und Hymnologie 24 (1980), S. 102–110.
68 Meyer: Zinzendorf und der Katholizismus (Anm. 51), S. CXXIV.
69 Vgl. Meyer: Zinzendorf und der Katholizismus (Anm. 51). CXXIX.

# 5 Ausblick

Zusammenfassend bleibt festzuhalten, dass die wohl fruchtbarsten Jahre der pietistischen Jansenismus-Rezeption ‚um 1700' zu verorten sind. Bis 1789 kommt es kaum noch zu Neuübersetzungen oder -Edition durch Autoren und Verleger, die dem Pietismus nahestehen. Doch werden die älteren ‚pietistischen' Übersetzungen aus der ersten Jahrhunderthälfte bis in die zweite nachgedruckt.[70] Als 1752 der Pariser Erzbischof Christophe de Beaumont erneut gegen die Jansenisten vorgeht (er weist die französischen Priester an, denjenigen die Absolution und eine Beisetzung zu verweigern, die die Bulle *Unigenitus* nicht anerkennen), ist ein erneutes kurzfristiges Aufflammen des pietistischen Interesses am Jansenismus zu beobachten.[71] Während Pierre Nicoles Anti-Theater-Schrift die erste Übertragung eines jansenistischen Autors ins Deutsche darstellt,[72] die zudem von einem dem Pietismus nahestehenden Übersetzer angefertigt wurde, ist Nicole auch der letzte Autor, der kurz vor der Französischen Revolution noch einmal eine intensive Rezeption im deutschsprachigen Raum erfährt. Zentral ist hierbei die Gestalt des Würzburg-Bamberger Verlegers Tobias Göbhardt, der am Ende des achtzehnten Jahrhunderts ein verlegerisches Feuerwerk für Pierre Nicole entfacht: nicht nur wird dessen Biographie in Übersetzung verlegt,[73] sondern es erscheinen auch erstmals zahlreiche Schriften Nicoles in deutscher Übersetzung. Den Anfang macht 1774 der von René Cerveau posthum her-

---

[70] Vgl. Wilhelm Deinhardt: Der Jansenismus in deutschen Landen. Ein Beitrag zur Kirchengeschichte des 18. Jahrhunderts. München 1929 (Münchener Studien zur historischen Theologie, Bd. 8), S. 106ff.

[71] Es manifestiert sich in Neueditionen der Bulle Unigenitus (durch den Studenten und Lehrer am Hallischen Pädagogium und Schulrektor am Lutherischen Gymnasium ebd. Johann Michael Gasser; zunächst auf Latein [Clementis Papae XI constitutio unigenitus cum praefatione historica. Halle 1752, auch Braunschweig 1753], dann auf Deutsch [Des Pabsts Clemens XI. berühmte Bulle, welche von dem Worte Unigenitus, womit sie anfängt die Bulle Unigenitus pflegt genannt zu werden, nebst einer kurzen historischen Einleitung in die Streitigkeiten, welche in Frankreich darüber entstanden sind. Braunschweig 1753], hinzu kommen historisierende Schriften, die möglicherweise gleichfalls von Gasser stammen bzw. übersetzt sind [Historische und politische Betrachtungen über die Constitution Unigenitus, und die dadurch entstandenen Bewegungen. Magdeburg 1753; auch Braunschweig 1753; François Joseph Bourgoing de Villefore: Geheime Nachrichten von der Constitution Unigenitus […]. Magdeburg, 1755–1763), sowie in der Publikation von pro-jansenistischen Streitschriften (Friedrich Christoph Oetinger: Von den Ursprüngen der heutigen Streit-Sache in Franckreich zwischen den Jansenisten und Constitutionisten […]. Stuttgart [1753]). Zu Gasser vgl. Johann Georg Meusel: Lexikon der vom Jahr 1750 bis 1800 verstorbenen teutschen Schriftsteller. Bd. 4. Leipzig 1805, S. 29–30.

[72] Vgl. dazu den Beitrag von Corinne Bayerl in diesem Band.

[73] Claude Pierre Goujet: Leben des Herrn Nikole. Samt der Geschichte aller seiner Schriften. Bamberg, Würzburg 1785.

ausgegebene *Esprit de M. Nicole* (1765);[74] es folgen die *Essais de morale* (1671–1679)[75], das *Traité de la prière* (1702),[76] die *Instructions théologiques et morales sur les sacremens* (1700),[77] die *Instructions théologiques et morales sur l'oraison dominicale ...* (1706)[78] sowie die *Instructions théologiques et morales sur le premier commandement du decalogue* (1709).[79] Was motiviert den Verleger, der bis dato keine Jansenistica im Verlagsprogramm hatte? Tobias Göbhardt machte die Universitätsdruckerei seines Vaters zu einem der erfolgreichsten katholischen Verlage des süddeutschen Raumes, zunächst durch die Publikation von Nach- und Raubdrucken, dann aber auch durch die Konzentration auf Nachdrucke und Übersetzungen französischer Verlagserzeugnisse sowie die Verlegung von reformkatholischen Schrifttum im Umfeld von Karl Theodor Anton Maria von Dalberg, ab 1780 Domscholaster in Würzburg, 1784 bis 1787 Rektor der dortigen Universität, und Friedrich Lothar Joseph Franz von Stadion, ab 1791 Domkapitular zu Würzburg. Dabei ist eine gewisse Doppelstrategie auszumachen: neben etablierten Predigtstellern, Erbauungsschriften und kirchenrechtlichen Abhandlungen steht die Publikation von Schriften der Kirchenreformer und jesuitenkritischen Schriften.[80] Dazu waren Göbhardt seine Verlagsverbindungen hilfreich, die über Frankfurt und Leipzig hinausreichten nach Wien, Basel und Neuchâtel. Mit der Bamberger Obrigkeit (sowohl der weltlichen wie der kirchlichen)

---

74 Pierre Nicole: Der Geist des Herrn Nicole, oder Unterricht in den Religionswahrheiten, der Glaubens- und Sittenlehre, etc. Ein Auszug aus den Werken dieses großen Gottesgelehrten. Hg. von René Cerveau. Bamberg, Würzburg 1774 (2. Aufl. 1786). 1788 erscheint ein Linzer Nach- oder Raubdruck.
75 Pierre Nicole: Moralische Versuche. Aus dem Französischen übersetzt [5 Bde.]. Bamberg 1776 (2. Aufl. 1782, 3. Aufl. 1784). Von Göbhardts Ausgabe erscheinen 1785 und 1787 zwei Wiener Nach- oder Raubdrucke.
76 Pierre Nicole: Theologisch- und sittlicher Unterricht vom Gebethe des Herrn, dem englischen Grusse, der heiligen Messe, und den übrigen Gebethen der Kirche. [...]. Bamberg, Würzburg 1778 (2. Aufl. 1783).
77 Pierre Nicole: Theologischer und moralischer Unterricht vom Glaubensbekenntnisse [2 Bde.]. Bamberg, Würzburg 1782; Pierre Nicole: Theologisch- und sittliche Unterrichte von den Sakramenten [2 Bde.]. Bamberg, Würzburg 1784. Auch in diesem Fall erscheint 1787 ein Wiener Nachdruck.
78 Enthalten in Nicole: Unterricht vom Gebethe (Anm. 75).
79 Pierre Nicole: [...] [T]heologischer und sittlicher Unterrichte über das erste Gebot des Dekalogus worinn von dem Glauben, von der Hofnung und von der Liebe gehandelt wird. Bamberg, Würzburg 1783.
80 Karl Klaus Walther: Wissenstransfer im 18. Jahrhundert – die Firma Göbhardt in Bamberg. In: Kontrolle und Nutzung. Medien in geistlichen Gebieten Europas 1680–1800. Hg. von Ludolf Pelizaeus, Franz Stephan Pelgen. Frankfurt a. M, Berlin, Bern, 2011 (Mainzer Studien zur Neueren Geschichte 28), S. 65–74, hier S. 66f.

kam er mehrfach in Konflikt, die wiederholt seine Lagerbestände beschlagnahmte.[81] Darüber hinaus bewegte sich Göbhardt in jenen Kreisen, die stillschweigend die jansenistischen Tendenzen an der Universität Würzburg (Michael Ignaz Schmidt) und im Umfeld des Fürstbischofs Franz Ludwig von Erthal förderten[82] und band die Benediktinerabtei Banz (Placidus Sprenger, Ildephons Schwarz, Columban Flieger, Beda Ludwig) in seine Nicole-Übersetzung mit ein, hatten die Ordensbrüder doch teilweise selbst bei Göbhardt publiziert.[83]

Die auszugsweise Veröffentlichung der Schriften Nicoles, die 1765 von René Cerveau publiziert worden war und die Göbhardts Übersetzungsreigen (mit Approbation des Bamberger Weihbischofs Heinrich Joseph Nitschke) eröffnet, ist auf Publizität berechnet: nicht allein wird einleitend die Qualität der Nicole-Schriften gepriesen, sondern vielmehr wird das verlegerische Versäumnis von deutschsprachigen Übersetzungen benannt. Göbhardt gibt in der Vorrede einen Überblick über das Gesamtwerk von Nicole und stellt auch in Aussicht, bei entsprechendem Publikumsinteresse dessen Schriften *nach und nach in die deutsche Sprache übersetzen zu lassen.*[84] Die Publikation des – von der Zensur verstümmelten[85] – *Geist des Herrn Nicole* dient also mit dem säuberlichen Zitatnachweis am Ende des Bandes gleichsam als Werbung für die Übersetzung des Gesamtwerks.

Offensichtlich hat die Werbestrategie verfangen, erscheinen doch bis zum Ende der 1780er Jahre die wichtigsten Schriften Nicoles bei Göbhardt in der Übersetzung des (lutherischen) Theologen und Konkretors am Gymnasium Gera, Johann Daniel Heyde,[86] nicht ohne dass auch hier die Würzburger Zensoren eingegriffen

---

81 Mark Häberlin, Johann Staudenmaier: Bamberg. In: Handbuch kultureller Zentren der Frühen Neuzeit: Städte und Residenzen im alten deutschen Sprachraum. Hg. von Wolfgang Adam, Siegrid Westphal. Bd. 1: Augsburg–Gottorf. Berlin 2012, S. 51–87, hier S. 78f.
82 Peter Hersche: Der Spätjansenismus in Österreich. Wien 1977 (Österreichische Akademie der Wissenschaften. Veröffentlichungen der Kommission für Geschichte Österreichs 7), S. 198.
83 Deinhardt: Jansenismus (wie Anm. 70), S. 93. Die Banzer Benediktiner kritisierten die Verstümmelung von Göbhardts Nicole-Ausgabe durch die Würzburger Zensur in ihrer Besprechung im Banzer Periodikum *Litteratur des katholischen Teutschland* 1 (1774), S. 84–99 (zit. bei Karl Klaus Walther: „Eine kleine Druckerei, in welcher manche Sünde geboren wird". Bambergs erster Universitätsbuchhändler. Die Geschichte der Firma Göbhardt, Bamberg 1999 (Bamberger Studien und Quellen zur Kulturgeschichte 1), S. 29).
84 Tobias Göbhart: Erinnerung. In: Nicole: Geist des Herrn Nicole (Anm. 73), S. X.
85 Karl Klaus Walther: Buch und Leser in Bamberg 1750–1850. Zur Geschichte der Verlage, Buchhandlungen, Druckereien, Lesegesellschaften und Leihbibliotheken. Wiesbaden 1999, S. 131.
86 Heyde hatte in Wittenberg Theologie studiert und war in Leipzig bei Gottsched promoviert worden, ehe er für verschiedene Verlage als Übersetzer aus dem Französischen tätig wurde, vgl. Heinrich Wilhelm Rotermund: [Art.] Heyde, Johann Daniel. In: Allgemeine Encyklopädie der Wissenschaften und Künste [...]. Hg. von Johann Samuel Ersch, Johann Gottfried Gruber. Sct. II: H–N,

hatten.[87] Heyde ist es auch, der nicht nur die *Bible de Sacy* neu übersetzt (für andere Verlage),[88] sondern auch Duguets *Institution d'un prince* (1739)[89] 1766 erstübersetzt. Nun ist der Gottsched-Schüler Heyde nicht des Pietismus verdächtig; und unter den von ihm übersetzten Autoren finden sich auch zahlreiche Jesuiten.[90] Wenn also im letzten Viertel des achtzehnten Jahrhunderts keine genuin pietistische Grundierung mehr notwendig ist, um eine Übersetzung oder Edition von Schriften der jansenistischen ‚Glaubensbrüder' zu motivieren, wenn gar ein lutherischer Übersetzer von Benediktiner-Mönchen ob der Zensur seiner – bei einem katholischen Verlag erschienenen – Übersetzung verteidigt wird, wenn darüber hinaus – einerseits gut aufklärerisch, andererseits gut ‚frühkapitalistisch' – übersetzt wird, was Absatz findet: dann erweist sich die allmähliche Ablösung der jansenistischen Buchproduktion von konfessionellen Zuordnungen als Dialektik der Aufklärung und List der Geschichte zugleich.

---

Tl. 7: Herpestes–Hibiscus. Leipzig 1830, S. 362. Übersetzernachweis in Theodor Johann Abraham Schütze: Funus Viri Praeclarissimi Et Doctissimi Joannis Danielis Heydii […]. Gera 1785, S. 8.
87 Walther: Buch und Leser (Anm. 84), S. 131f.
88 Isaac Le Maistre De Sacy: Die Geschichte des Alten und Neuen Testamentes nebst erbaulichen Erklärungen aus den Schriften der heiligen Kirchenväter […] Vom Herrn von Sacy, unter dem Namen des Herrn von Royaumont. A. d. Frz von Johann Daniel Heyde. Wien 1771.
89 Jacques Joseph Duguet: Bildung eines Fürsten zum besten Regenten, oder Abhandlung von den Eigenschaften, Tugenden und Pflichten eines Regenten. A. d. Frz. von Johann Daniel Heyde. Dresden 1766. Übersetzernachweis in Schütze: Funus viri Heydii (Anm. 85), S. 8.
90 Schon gar nicht ist er ein katholischer Theologe, wie von Manfred Brandl (Die deutschen katholischen Theologen der Neuzeit. Ein Repertorium. Bd. 2: Aufklärung, Salzburg 1978, S. 106) suggeriert und von Martin Endlein (Die Würzburger Regeln vom Schreiben, Reden und Versemachen (1772–1800). Studien zu einer deutschen Grammatik des ausgehenden 18. Jahrhunderts. Diss. Würzburg 2005, S. 27) unkritisch übernommen.

Corinne Bayerl
# Vom Jansenismus zum Pietismus: Kritik am und im Theater um 1700

## 1 Einführung

Als Luise Adelgunde Victorie Gottsched 1736 ein anti-jansenistisches Theaterstück aus Frankreich in eine anti-pietistische Komödie umwandelt, merkt sie an, dass Leser, die den Ausgangstext kennen, „nicht ohne Verwunderung wahrnehmen, daß diese Art von Sonderlingen sich in Paris und Deutschland so sehr ähnlich sehen."[1] Aus gutem Grund wurde auf die Ähnlichkeit zwischen Jansenisten und radikalen Pietisten insbesondere im Hinblick auf das Theater hingewiesen: es gab Parallelen sowohl in der Theater-und Kulturkritik beider radikaler Bewegungen als auch in der Darstellung von Jansenisten und Pietisten als theaterfeindliche Frömmlinge durch ihre Gegner. In der bisherigen Forschung sind die Überschneidungen zwischen jansenistischer und pietistischer Theaterkritik zumeist als vergleichbare, aber separate Phänomene dargestellt worden.[2] Im Gegensatz dazu möchte ich hier die konkreten Verknüpfungen zwischen Jansenismus und Pietismus darstellen,[3] und damit zugleich den entscheidenden Beitrag erörtern, den pietistische Übersetzungen bei der Verbreitung jansenistischer Ideen außerhalb Frankreichs leisteten.

Meine Studie geht der Frage nach, wie durch spezifische Übersetzungsleistungen Ähnlichkeiten zwischen Jansenismus und Pietismus betont wurden, und zwar sowohl in der Eigenwahrnehmung radikaler Pietisten als auch später in der Fremdwahrnehmung der Pietisten durch ihre Gegner. Der erste Teil legt dar, wie radikale Pietisten um 1700 die Übersetzung eines jansenistischen Traktats über das Theater als Kampfmittel im Streit um sogenannte ‚Mitteldinge' einsetzen. Der zweite Teil

---

**1** Luise Adelgunde Victorie Gottsched: Die Pietisterey im Fischbein-Rocke oder die Doctormäßige Frau [1736]. Hg. von Wolfgang Martens. Stuttgart 2000, S. 9.
**2** Vgl. Hellmut Thomke: Die Kritik am Theaterspiel im Pietismus, Jansenismus und Quietismus. In: Jansenismus, Quietismus, Pietismus. Hg. von Hartmut Lehmann, Hans-Jürgen Schrader und Heinz Schilling. Göttingen 2002, S. 159–171; vgl. auch François Lecercle und Clotilde Thouret: Introduction. In: La Haine du théâtre. Controverses européennes sur le spectacle. Hg. von dens. 2 Bde. Toulouse 2019. Bd. 1, S. 5–12, insbes. S. 10: „La théâtrophobie n'est pas une épidémie qui aurait progressivement gagné toute l'Europe: c'est une suite de crises ponctuelles, liées à des contextes particuliers."
**3** Vgl. auch den Beitrag von Christoph Schmitt-Maaß in diesem Band sowie ders.: Das „schöne Buch" des Pasquier Quesnel: Die *Réflexions morales sur le Nouveau Testament* in pietistischer Perspektive. In: Pietismus und Neuzeit 47 (2021) [im Druck].

https://doi.org/10.1515/9783110986655-005

beleuchtet kurz die satirischen Antworten auf die pietistische Theaterkritik im gesamteuropäischen Kontext. Der Schlussteil beschäftigt sich dann detailliert mit den (vermeintlichen) Parallelen zwischen jansenistischem und pietistischem Sprachgebrauch in der komödiantischen Pietismus-Kritik und betont dabei die vermittelnde Rolle des Quietismus.[4]

## 2 Theaterfeindschaft: Vom Jansenismus zum Pietismus

### 2.1 Pierre Nicoles *De la comédie* als Schlüsseltext der frühneuzeitlichen Theaterfeindschaft

Es ist kein Zufall, dass ausgerechnet ein jansenistischer Text aus Frankreich einen größeren Bekanntheitsgrad im deutschen Sprachraum fand als theaterkritische Schriften aus anderen europäischen Ländern, die in Europa zirkulierten. Es handelt sich dabei um den Traktat *De la comédie* von Pierre Nicole.[5] 1667 als Teil einer polemischen Streitschrift erstmals publiziert, wurde der Text vor allem in seiner zweiten, überarbeiteten Fassung rezipiert und übersetzt. Ab 1675 ein fester Bestandteil von Nicoles *Essais de morale*, gilt *De la comédie* als Hauptstück der jansenistischen Theaterkritik und – zusammen mit Pascals *Lettres Provinciales* (1656–1657) und *Pensées* (1670) – als typisches Zeugnis der Spiritualität Port-Royals. Im Gegensatz zur Mehrzahl religiös motivierter Theatergegner – wie etwa dem englischen Puritaner William Prynne, dem niederländischen Calvinisten Gisbert Voetius oder dem Hamburger Lutheraner Anton Reiser – verzichtete Nicole bewusst darauf, seiner Argumentation durch eine ermüdende Kompilation von Bibelstellen und Kirchenväter-Zitaten Autorität zu verleihen. Diese Entscheidung war derart ungewöhnlich, dass Nicole in einem kurzen Nachwort rechtfertigend darauf verwies, dass seine Leserschaft mit den biblischen und patristischen Einwänden gegen das Theater durch vorangegangene Lektüren bereits vertraut war. Wie Pascal verstand es Nicole, an die Urteilskraft seiner Leser zu appellieren und religiöse Reflexionen in einem leicht zugänglichen, einprägsamen Stil zu formu-

---

4 Die Forschungsarbeiten zur vorliegenden Studie wurden durch ein Stipendium der Herzog August Bibliothek Wolfenbüttel ermöglicht.
5 Pierre Nicole: De la comédie. In: Ders.: Traité de la comédie et autres pièces d'un procès du théâtre. Hg. von Laurent Thirouin. Paris 1998, S. 32–111. Der Begriff „comédie" bezog sich im französischen Sprachgebrauch des siebzehnten Jahrhunderts auf alle theatralischen Gattungen; in diesem Sinne wäre *De la comédie* heute am besten mit *Über das Theater* zu übersetzen.

lieren. Dies erleichterte eine Rezeption seines kurzen Traktats über die Grenzen Frankreichs hinaus.

Nicoles häufiger Bezug auf die Theaterstücke von Pierre Corneille ist ein weiterer Grund dafür, dass *De la comédie* in jenen Regionen Europas Anklang fand, in denen das französische Theater des siebzehnten Jahrhunderts entweder Vorbildfunktion hatte oder einen wichtigen Bezugspunkt in der Entwicklung einer eigenständigen nationalen Theaterkultur darstellte. Von besonderem Interesse in diesem Zusammenhang war Nicoles kritische Betrachtung der möglichen Exemplarität eines sittlich geläuterten Theaters. Sein Traktat widerlegt die gängige These, dass die unter Richelieu begonnene Reformierung des französischen Theaters tatsächlich zu einer neuen ‚Reinheit' (*pureté*) des Theaters geführt habe, wie von Dramatikern wie Corneille und Theoretikern wie dem Abbé d'Aubignac, François Hédelin, behauptet. So lieferte Nicole Theatergegnern jenseits der Grenzen Frankreichs starke Argumente, um sowohl die Vorbildfunktion der französischen Stücke und Schauspielkunst als auch die Möglichkeit eines moralisch wirkenden Theaters überhaupt radikal in Frage zu stellen.

Die Verbindung zwischen Theater und christlicher Erziehung – die (Un)Möglichkeit nämlich, das eine zum Mittel des anderen zu machen – ist eine grundlegende Frage für den erfahrenen Pädagogen Nicole in seiner Theaterkritik. Als Lateinlehrer an den *petites écoles* von Port-Royal war er für die Durchsetzung eines Curriculums verantwortlich, das in bewusster Absetzung von jesuitischen Erziehungsmethoden sowohl rhetorische Wettbewerbe als auch die dramatische Darstellung von Texten verbot.[6] Nicoles Beurteilung des Theaters als Erziehungsinstrument war von unmittelbarem Interesse für andere christliche Reformbewegungen, die ebenfalls eine Erziehung auf neuen Grundlagen zu schaffen suchten. So mussten etwa die führenden Pädagogen an den Schulen des Halleschen Waisenhauses ihre ablehnende Haltung gegenüber der Tradition des protestantischen Schultheaters ebenso grundlegend rechtfertigen wie Port-Royals Lehrer ihre Verurteilung des Schultheaters nach jesuitischem Muster. Für die Rezeption von Nicoles *De la comédie* außerhalb Frankreichs war also auch ausschlaggebend, dass im Text der auf Tertullian zurückgehende Begriff von Schauspielen als *officina diaboli* nicht als bloßer Allgemeinplatz der frühneuzeitlichen christlichen Kulturkritik erscheint.[7] Nicoles Überlegungen zur (ver)bildenden Wirkung des Theaters

---

6 Zur Pädagogik Port-Royals, siehe Frédéric Delforge: Les petites écoles de Port-Royal. 1637–1660. Paris 1985; Nicolas Hammond: Fragmentary Voices. Memory and Education at Port-Royal. Tübingen 2004 (Biblio 17).
7 Die Bezeichnung war insbesondere unter den englischen Puritanern verbreitet. Vgl. Stephen Gosson: The Shoole of Abuse: Conteining a Pleasunt Inuectiue against Poets, Pipers, Plaiers, Iesters, and such like Caterpillers of a Comonwealth […]. London 1579. Für den späteren Gebrauch

zeigen, dass die Idee des Theaters als *école de vice* gezielt eingesetzt wurde, um jansenistische Erziehungskonzepte über konfessionelle und sprachliche Grenzen hinweg in Umlauf zu bringen.

In einer für die Spiritualität Port-Royals typischen Haltung gilt Pierre Nicoles Interesse am Theater vor allem der Langzeitwirkung von unbewussten psychischen Vorgängen. Wie andere jansenistische Denker unterstreicht Nicole dabei die Eignung des theatralischen Spiels dafür, ein verborgenes Innenleben darzustellen. Dass Nicole die Schlüsselfunktion des Theaters darin sieht, latent vorhandene psychische Tendenzen auszudrücken, zum Beispiel wenn es Dramatikern gelingt, den inneren Hochmut der Menschen unverstellt zu zeigen, geht aus vielen Passagen in *De la comédie* hervor. Ein tiefes Interesse an der Langzeitwirkung von Sinneseindrücken, Erlebnissen, Lektüren und eingeübten Verhaltensmustern liegt allen Schriften von Pierre Nicole zugrunde, die durch seine langjährige pädagogische Erfahrung geprägt sind. Laut Nicole ist der Selbstbetrug der Zuschauer über die tatsächliche Wirkung von Theaterbesuchen überhaupt erst deshalb möglich, weil sich die Wirkungskraft des Theaters, das Leidenschaften darstellt, langsam und unmerklich entfaltet: „Les chutes de l'âme sont longues; elles ont des préparations et des progrès, et il arrive souvent qu'on ne succombe à des tentations que parce qu'on s'est affaibli dans des occasions de peu d'importance."[8] Nicoles Kritik an der Annahme, es gebe unwichtige Momente im Leben, die für das Seelenheil nicht entscheidend seien, wird insbesondere unter deutschsprachigen Protestanten ein Echo finden.

## 2.2 Pietistische Übersetzungsstrategien: Vom Nutzen eines jansenistischen Traktats im Streit über die ‚Mitteldinge'

Als deutsche Pietisten am Ende des siebzehnten Jahrhunderts gegen die Auffassung der lutherischen Orthodoxie über erlaubte Zeitvertreibe anschreiben, entdecken sie eine unerwartete Geistesverwandtschaft im französischen Jansenismus. Im Vergleich mit dem Einfluss anderer französischsprachiger Autoren – insbesondere dem von François Fénelon, Madame de Guyon und Pierre Poiret – erscheint die Wirkung jansenistischer Autoren auf die pietistische Glaubenswelt auf den ersten Blick wie ein Randphänomen. Wenn es auch zwischen dem französischen Quietis-

---

des Begriffs *officina diaboli* unter deutschen Pietisten, vgl. Wolfgang Martens: Officina Diaboli. Das Theater im Visier des Halleschen Pietismus. In: Ders.: Literatur und Frömmigkeit in der Zeit der frühen Aufklärung. Tübingen 1989 (Studien und Texte zur Sozialgeschichte der Literatur 25), S. 24–49.

8 Nicole: De la comédie (Anm. 5), S. 47f.

mus und dem deutschen Pietismus ungleich mehr Überschneidungen gab, war der Jansenismus ein strategisch gewählter Verbündeter in der Auseinandersetzung über erlaubte Zeitvertreibe.

Während sich die Debatte um Adiaphora – also ‚Mitteldinge' – ursprünglich um die Frage drehte, ob es in der Kirche Zeremonien und Riten geben könne, die für das christliche Heil unerheblich seien, so hatte sich der Schwerpunkt der Debatte bis 1700 verschoben. Orthodoxe Lutheraner und radikale Pietisten entzweiten sich an der Frage, ob es Tätigkeiten gebe, die als moralisch indifferent aufgefasst werden dürften, weil sie von der Bibel weder geboten noch verboten werden. Orthodoxe Lutheraner plädierten für Toleranz gegenüber solchen Handlungen, da diese an sich weder moralisch gut noch schlecht seien, sondern sich erst im konkreten Gebrauch als solche erwiesen. Zu diesen Tätigkeiten zählten die Verteidiger der Adiaphora-Lehre die Ausübung und den Genuss von Kunst und verwiesen dabei auf Luthers ausdrückliche Toleranz gegenüber Musik und Schauspiel in seinen Tischreden.[9]

Angesichts der Tatsache, dass es im Gegensatz zu Frankreich in deutschen Landen um 1700 noch kein staatlich institutionalisiertes Theater gab, wurden Schauspiele in der Adiaphora-Debatte als nur eines unter zahlreichen anderen Divertissements des Adels dargestellt, neben Hofmusik, Opern, Tänzen, Würfelspielen etc. Daraus erklärt sich, dass das Theater nicht – wie bei den französischen Jansenisten – zum Hauptziel der pietistischen Kulturkritik wurde, sondern sich einige wichtige Beiträge im Streit um die Mitteldinge, zum Beispiel August Herrmann Franckes Bemerkungen über das Tanzen, mit anderen Phänomenen beschäftigen als mit dem Theater.[10] Aufgrund der zentralen Stellung der Musik im deutschen Protestantismus behandeln pietistische Texte, die sich mit Schauspielen beschäftigen, häufig auch die Rolle von Hofmusik und Opern. Im Kontrast dazu wurde in Frankreich wegen der vom absolutistischen Hof geförderten starken institutionellen Stellung des Theaters dieses als das paradigmatische Beispiel für Zeitvertreibe schlechthin dargestellt. Eine der Herausforderungen, die sich dadurch bei der Rezeption der jansenistischen Theaterkritik ergab, war die Aus-

---

9 Für eine ideengeschichtliche Darstellung der Adiaphora-Debatte vom Mittelalter bis ins achtzehnte Jahrhundert, vgl. Reimund B. Sdzuj: Adiaphorie und Kunst. Studien zur Genealogie ästhetischen Denkens. Tübingen 2005 (Frühe Neuzeit 107).
10 Vgl. Franckes programmatische Vorreden zu zwei Traktaten über das Tanzen: Johann Konrad Kesler: Gründ- und ausführliche Erklärung Der Frage: Was von dem Weltüblichen Tantzen zu halten sey?: In zwey Tractätlein verfasset: Deren das erste einer von dieser Sache zu Langensaltza 1696. heraus gegebenen Schrifft entgegen gesetzet. Mit einer Vorrede M. August Herrmann Franckens. Halle 1697 (Vorrede o.S.); Christoph Matthäus Seidel: Christliches und erbauliches Gespräch Von Zechen/ Schwelgen/ Spielen und Tantzen [...]. Halle 1698. (Vorrede o. S.).

weitung der jansenistischen Argumente gegen das Theater auf den Bereich der nicht-darstellenden Kunstform der Musik.

Eine entscheidende Rolle in der Verbreitung jansenistischer Kulturkritik – und in der Ausweitung der jansenistischen Theaterkritik auf Hofmusik und Opern – kam dem Gothaer Schulrektor Gottfried Vockerodt zu, der in enger Verbindung zum Halleschen Pietismus stand und einen langjährigen Briefwechsel mit August Hermann Francke führte. Zwischen 1696 und 1700 verfasste Vockerodt fünf umfangreiche polemische Schriften, in denen er das zeitgenössische Verständnis der lutherischen Adiaphora-Lehre im Allgemeinen, und den zeitgenössischen Missbrauch der Musik und des Theaters im Besonderen heftig kritisierte. Der Anlass der fünfjährigen Fehde mit wechselnden Gegnern war Vockerodts Beschluss, die Schüler des Gothaer *Gymnasium illustre* bei einer Schulvisitation kritische Reden über die Mitwirkung der Herrscher Nero und Caligula an szenischen Darbietungen halten zu lassen. Dieser Entschluss wurde von Vockerodts Gegnern durchaus zutreffend als eine allgemeine Verurteilung von nicht-sakralen, unterhaltenden Künsten gedeutet, und insbesondere als eine Verurteilung von Schauspielen und Musik an deutschen Höfen.[11]

Im Laufe einer immer hitziger geführten Polemik um die ‚Mitteldinge' weitete Vockerodt seine ursprünglichen auf die vorchristliche Antike beschränkten Argumente auf die zeitgenössischen Künste aus. In diesem Zusammenhang behandelte er die Frage, inwieweit die an deutschen Höfen verbreiteten französischen Schauspiele und italienischen Opern eine heidnische, mit dem christlichen Leben unvereinbare Tradition fortsetzen. Während seine Beurteilung von italienischen Opern aufgrund ihrer heidnischen Motive durchgängig negativ ist, bleibt Vockerodts Haltung gegenüber französischen Schauspielen etwas wohlwollender. So bezeichnet er die Komödien Molières, die „heut zu Tage die beliebtesten/ und auch in Teutschland die gebräuchlichsten" sind, als „die ehrbarsten und vernünftigsten vor allen anderen."[12] Er weist aber auch warnend darauf hin, „dass die

---

[11] Zur spezifischen Rolle Vockerodts im Streit um die ‚Mitteldinge' vgl. Gudrun Busch: Die Beer-Vockerodt-Kontroverse im Kontext der frühen mitteldeutschen Oper. Oder: Pietistische Opernkritik als Zeitzeichen. In: Das Echo Halles. Kulturelle Wirkungen des Pietismus. Hg. von Rainer Lächele. Tübingen 2001, S. 131–170; Irmgard Scheitler: Der Streit um die Mitteldinge. Menschenbild und Musikauffassung bei Gottfried Vockerodt und seinen Gegnern. In: Alter Adam und Neue Kreatur: Pietismus und Anthropologie. Beiträge zum II. Internationalen Kongress für Pietismusforschung 2005. Hg. von Udo Sträter. Tübingen 2009, S. 513–530; Bernhard Jahn: Die Sinne und die Oper. Sinnlichkeit und das Problem ihrer Versprachlichung im Musiktheater des nord-und mitteldeutschen Raumes (1680–1740). Tübingen 2005, S. 129–132.

[12] Gottfried Vockerodt: Mißbrauch der freyen Künste/ insonderheit Der Music/ nebenst abgenöthigter Erörterung der Frage: Was nach D. Luthers und anderer Evangelischen Theologorum und Politicorum Meinung von Opern und Comödien zu halten sey? [...]. Frankfurt 1697, S. 124.

Comödien immer üppiger und frecher [werden] nach der bey fremden Nationen gebräuchlichen und die alten Heydnischen in der Scurrilität weit übersteigenden liederlichen Art [...]."[13] In Vockerodts Haltung gegenüber französischer (Schauspiel)Kultur vermischen sich Bewunderung und Abwehr, ein guter Einblick in die um 1700 am häufigsten gespielten französischen Stücke, und eine noch eingehendere Vertrautheit mit den Argumenten, die in der Hochphase der *querelle de la moralité du théâtre* im Nachbarland gegen das Theater vorgebracht wurden. Diese Kenntnisse erlauben dem Gothaer Pietisten, in seinen Schriften Argumente aus Frankreich gegen die These vom französischen Theater als vorbildlicher Sittenschule ins Feld zu führen, und damit den Bewunderern französischer Kultur unter seinen Lesern entgegenzukommen.

Um Pierre Nicoles anti-theatralische Schrift für die Ziele des Halleschen Pietismus brauchbar zu machen, musste Vockerodt die stark jansenistisch geprägten Elemente in Nicoles Text umdeuten und verändern. Er tat dies mithilfe von zwei Übersetzungen von *De la comédie:* Zuerst fügt Vockerodt im Jahr 1698 eine stark verkürzte und verändernde Übersetzung des Texts als „Zugabe" zu seinem Traktat *Wiederholetes Zeugnüs der Wahrheit* bei, mit dem Vermerk „von einem berühmten Churnsächs. Schulman verteutschet". Im Gegensatz zu den katholischen Autoren anderer „Zugaben" wird die konfessionelle Identität Nicoles von Vockerodt nicht erwähnt und die Identifizierung des Autors als Jansenist und Mitstreiter von Blaise Pascal durch die Verwendung des Pseudonyms „Monsieur de Chanteresme" sogar noch erschwert.[14] Im Jahr 1700 veranlasst Vockerodt dann die Herausgabe einer Übersetzung von *De la comédie* in voller Länge beim Jenaer Verleger Johann Bielke, allerdings ohne jegliche Angabe zur Identität des Autors und des Übersetzers. Mit hoher Wahrscheinlichkeit sind beide Übersetzungen von Vockerodt selbst vorgenommen worden, auch wenn er sich zu diesen nicht ausdrücklich bekennt. Während Leser der ersten Übersetzung noch erraten können, dass es sich beim „Chursächs. Schulman" um niemand anderen als Vockerodt selbst handelt, der die Texte aller „Zugaben" in *Wiederholetes Zeugnüs der Wahrheit* selbst übersetzt, gibt es kei-

---

13 Gottfried Vockerodt: Wiederholetes Zeugnüs der Warheit Gegen die verderbte Music und Schauspiele/ Opern/ Comödien und dergleichen Eitelkeiten [...]. Frankfurt/Leipzig [i. e. Jena] 1698, S. 53.
14 Unter den acht Pseudonymen von Pierre Nicole war der Name Wendrock(ius) derjenige, der Nicole am stärksten als jansenistischen Autor auswies: als Guillelmus Wendrockius hatte Nicole Pascals *Lettres Provinciales* 1657 ins Lateinische übersetzt. Im Gegensatz dazu veröffentlichte Nicole bis 1678 die ersten drei Bände der *Essais de morale* unter dem Pseudonym Monsieur de Chanteresne (auch Chanteresme); nach 1678 erschienen alle weiteren Bände unter seinem eigenen Namen. Dass Vockerodt Ende des siebzehnten Jahrhunderts auf dem Titelblatt von *Wiederholetes Zeugnüs* Nicoles ehemaliges Pseudonym Chanteresme verwendet, lässt vermuten, dass er bewusst Nicoles Identität als jansenistischer Autor verschleiern wollte.

nerlei Hinweis auf die Identität des Übersetzers in der zweiten deutschen Fassung des Texts; nur ein detaillierter Vergleich mit Vockerodts Schriften über ‚Mitteldinge' erlaubt, deren Autor auch als Übersetzer von Pierre Nicoles Schrift gegen das Theater zu identifizieren.

Fragt man nach der spezifisch pietistischen Interpretation des jansenistischen Textes, ist schon ein erster Blick auf den überraschenden deutschen Titel der Übersetzung von 1700 aufschlussreich: *De la comédie* [Über das Theater] wird in Jena publiziert unter dem Titel *Deutlicher Erweiß Daß Operen und Comoedien spielen und sehen kein Mittel-Ding/ sondern eine genommene Freyheit seye/ welche mit den Pflichten deß wahren Christenthums streite [...]*.[15] Offensichtlich verändert Vockerodts den knappen, neutralen Originaltitel so, dass der jansenistische Text von vornherein als ein Instrument im pietistischen Kampf gegen die Adiaphora-Lehre erscheint. Das Objekt der Kritik wird um Opern erweitert, von denen im Ausgangstext nicht die Rede ist. In der Wahl des Wortschatzes projiziert die Übersetzung pietistische Glaubenslehre auf den jansenistischen Ausgangstext, was insbesondere in der Übersetzung des Begriffs *pitié* deutlich wird: In Nicoles Traktat erscheint das Wort zwar nur acht Mal, nimmt aber häufig eine Schlüsselstellung im ersten Satz der knapp 40 Abschnitte ein. Nicole arbeitet mit der für Port-Royal typischen Gegenüberstellung von bloß äußerlicher *pitié* und wahrer, innerer *pitié*, was in der deutschen Übersetzung durch den Wortgebrauch von (äußerer) „Frömmigkeit" und (innerer) „Gottesfurcht" ausgedrückt wird.[16] In der positiven Konnotation und Betonung von „Gottesfurcht" offenbart sich die Nähe des Übersetzers Vockerodt zum Halleschen Pietismus und zu Übersetzungsmethoden seines Mentors August Hermann Francke.

Die zwei aufeinanderfolgenden deutschen Fassungen der jansenistischen Schrift *De la comédie* durch Vockerodt veranschaulichen die enorme Breite der

---

**15** [Pierre Nicole:] Deutlicher Erweiß Daß Operen und Comoedien spielen und sehen Kein Mittel-Ding/ Sondern eine genommene Freyheit seye/ welche mit den Pflichten deß wahren Christenthums streite [...]. Jena 1700. Für die These, dass die deutsche Übersetzung tatsächlich von Vockerodt vorgenommen wurde, spricht neben der Wortwahl auch die Wahl des Buchdruckers. Bei Johann Bielcke erschien sowohl die stark gekürzte Übersetzung von Nicoles Text *De la comédie* als Teil von Vockerodts *Wiederholetes Zeugnüs der Wahrheit* als auch, zwei Jahre darauf, die Gesamtübersetzung dieses jansenistischen Traktats.

**16** Im ersten der 35 Textabschnitte von *De la comédie* werden *pitié* und *esprit du monde* gegenübergestellt, was in der Übersetzung als Kontrast zwischen „Gottesfurcht" und „Geist der Welt" erscheint. Nicole: De la comédie (Anm. 5), S. 33; [Nicole]: Deutlicher Erweiß (Anm. 15), S. 1. Im Gegensatz dazu wird der äußere Schein von *pitié* von Vockerodt als „Frömmigkeit" übersetzt: Nicoles Formulierung „des gens qui font profession de piété" erscheint als „diejenigen welche sich für andern der Frömmigkeit befleißigen." Nicole: De la comédie (Anm. 5), S. 53; [Nicole]: Deutlicher Erweiß (Anm. 15), S. 9.

pietistischen Übersetzungspraxis: Während die zweite, 1700 erschienene Übersetzung in Länge und Struktur größtenteils dem französischen Text entspricht, ist die zwei Jahre zuvor erschienene Erstübersetzung ein typisches Beispiel für bearbeitendes Übersetzen: Vockerodts erste Übersetzung von Nicoles *De la comédie* verkürzt den Originaltext auf etwa ein Fünftel seiner eigentlichen Länge. Die beträchtlichen Auslassungen werden nicht angezeigt, und die Übersetzungsmethode alterniert zwischen zusammenfassender Paraphrase und stellenweise wörtlicher Wiedergabe. Interessanterweise werden sämtliche Zitate (oft in beträchtlicher Länge), in denen Nicole aus den Theaterstücken Corneilles zitiert, von Vockerodt ungekürzt wiedergegeben. Auch daran ist abzulesen, dass Vockerodt auf die zeitgenössische Theaterpraxis an deutschen Höfen abzielt, wo Dramen wie *Le Cid*, aus denen Nicole zitiert, große Erfolge feierten. Die unterschiedlichen Ansätze in den zwei aufeinanderfolgenden Übersetzungen von *De la comédie* durch Vockerodt illustrieren die Spannbreite pietistischer Übersetzungsmethoden um 1700, die nur schwer auf einen gemeinsamen Nenner zu bringen sind.[17]

Beiden pietistischen Übersetzungen von *De la comédie* ist gemein, dass sie den französischen Streit um die Legitimität des Theaters als einen Beitrag zum spezifisch deutschsprachigen Streit über Adiaphora umdeuten. Ein offensichtliches Problem bei dieser Herangehensweise ist die Tatsache, dass der für das Selbstverständnis der lutherischen Kultur zentrale Begriff der ‚Mitteldinge' kein Äquivalent in der französischen Kultur und Sprache des siebzehnten Jahrhunderts besitzt. Ein Hauptunterschied zwischen Nicole und Vockerodt – und tendenziell auch ein Unterschied zwischen der jansenistischen und pietistischen Kritik am Theater *tout court* – besteht darin, dass im Gegensatz zur deutschsprachigen Adiaphora-Debatte die öffentliche Diskussion über die Rolle des Theaters in Frankreich nicht mithilfe gelehrter Begrifflichkeit ausgetragen wurde, weil sich dort alle Seiten eine breite Rezeption unter gebildeten (aber nicht ausschließlich gelehrten) Lesern sichern wollten.

---

17 Für die unlängst aufgestellte These von Douglas Shantz, dass „[r]adical Pietist decisions about *how* to translate were guided mainly by the ethics of faithfulness to the original text" gibt es meines Erachtens zu viele Gegenbeispiele (Douglas Shantz: Pietism as a Translation Movement. In: A companion to German pietism, 1660–1800. Hg. von dems. Leiden 2015, S. 319–347, hier S. 341.) Gerade unter den Übersetzungen französischer Quellen durch deutschsprachige Pietisten gibt es zahlreiche freie, zum Teil radikal verkürzte, oft stark bearbeitete Versionen der Ausgangstexte, was Shantz im Hinblick auf Gottfried Arnolds Bearbeitung französischer Quellen in *Leben der Gläubigen* (1701) auch einräumt. August Langens Bemerkungen zur Häufigkeit von bearbeitenden Übersetzungen und „Kontaminationen mehrerer, oft nur schwer zu ermittelnder Quellen" eignen sich ungleich besser, um die Vockerodtschen Übersetzungen jansenistischer Texte als Beispiele für die Vielfalt pietistischer Übersetzungspraktiken zu verstehen (August Langen: Der Wortschatz des Deutschen Pietismus. 2. Aufl. Tübingen 1968, S. 429).

Es lässt sich die Frage stellen, ob in der französischen Diskussion über die Legitimität des Theaters nicht die Legitimität von Zeitvertreiben schlechthin in den Blick kommt. So hat zum Beispiel Marc Fumaroli in einem grundlegenden Aufsatz zur *Querelle de la moralité du théâtre* angedeutet, dass diese eigentlich als Ausdruck einer *Querelle de la moralité du loisir* aufzufassen ist, also als eine grundlegende Debatte um die ethische Dimension des Zeitvertreibs.[18] Einige jansenistische Texte legen diese Interpretation tatsächlich nahe, allen voran Pascals *Pensées,* in denen der Theaterbesuch als nur eine von vielen vergeblichen Formen des Versuchs erscheint, der drohenden Lebenslangweile, dem *ennui,* zu entkommen. Aus dieser Perspektive wird das Interesse an der jansenistischen Theaterkritik im Umfeld des Halleschen Pietismus umso plausibler. Nicht zufällig erscheinen die Übersetzungen von Nicoles Traktat durch Vockerodt in denselben Jahren wie Franckes grundlegende Verurteilung der Adiaphora. Vockerodt, der im langjährigen Austausch mit Francke stand, muss in Nicoles Wertschätzung der Zeit als kostbarstem Gut des Menschen und in seiner kompromisslosen Haltung gegenüber (vermeintlich harmlosen) Zeitvertreiben wie dem Theater eine Verwandtschaft zur Geisteshaltung der Halleschen Pietisten erkannt haben. In diesem Sinne erscheinen Franckes berühmte Predigt *Der Rechte Gebrauch der Zeit* wie ein Echo auf Nicoles Insistenz, dass (um Vockerodts Übersetzung zu zitieren), „die Zeit [...] viel zu edel [ist]/ als daß man sie unglücklicherweyse [...] verderben sollte."[19]

## 3 Satirische Kritik am religiösen Theaterfeind in der Frühaufklärung

Ist der Vorwurf des Missbrauchs und der Irreführung leichtgläubiger Menschen eine der grundlegenden Vorwürfe, die Jansenisten und Pietisten ihren Gegnern machen, so wird in der ersten Hälfte des achtzehnten Jahrhunderts diese Unterstellung verstärkt gegen sie selbst gewendet. „Ich jage/ um meinen Feind in eben dem

---

**18** Zum Zusammenhang zwischen der *Querelle de la moralité du théâtre* und der Debatte über die Rolle von *divertissement* und *loisir* vgl. Marc Fumaroli: La querelle de la moralité du théâtre au XVIIe siècle. In: Bulletin de la Société française de Philosophie 84 (1990), S. 65–97.
**19** „[...] que le temps que Dieu lui [à l'âme] donne est trop précieux, pour le perdre malheureusement dans ces vains amusements" erscheint in Vockerodts Übersetzung als „die Zeit/ so Gott ihr giebt/ sey viel zu edel/ als daß man sie unglücklicherweise bey diesen eitelen Betrügereyen verderben sollte." (Nicole: Traité de la comédie (Anm. 5), S. 107; [Nicole]: Deutlicher Erweiß (Anm. 15), S. 32).

Netze zu fangen/ welches er mir zum Verderben aufgestellet hat",[20] schreibt der Hofkapellmeister und Satiriker Johann Beer, der am Ende des siebzehnten Jahrhunderts zwei sehr unterhaltsame Repliken auf Vockerodt publizierte. Beers relativ unbekannt gebliebenen hybriden Texte, die fiktionales und nicht-fiktionales Erzählen in den Dienst der Pietismuskritik stellen, sind frühe Zeugnisse des Antipietismus in der deutschsprachigen Literatur. Auch wenn zumeist die Dekade zwischen 1735 und 1745 als Beginn des Antipietismus in der deutschsprachigen Literatur geltend gemacht wird, lassen sich in Beers Texten schon alle Themen ausmachen, die im Laufe des achtzehnten Jahrhunderts zu regelrechten Topoi der Pietismuskritik werden sollten: Pietisten werden mangelnde Affektkontrolle, undisziplinierte Sprache und religiöse Heuchelei vorgeworfen.

Beers Methode, gegen die pietistische Kunstkritik mit Fiktion und Spiel vorzugehen ist eine Strategie, die sich im Lauf der Frühaufklärung immer häufiger finden lässt. „*Joci fuerunt, non injuriae*" – dieses Motto Beers lässt sich sinngemäß auch in der späteren Pietismuskritik im Theaterspiel wiederfinden, wobei jedoch das Verhältnis zwischen Spiel und Beleidigung, zwischen Lachen und Verachtung im Einzelfall stets komplexer ausfällt als ein reines Entweder-oder. Interessanterweise ist der Rekurs auf Satire und Fiktion in der Kritik am religiösen Eiferer, und insbesondere am religiösen Theaterfeind, ein gesamteuropäisches Phänomen an der Wende zum achtzehnten Jahrhundert.[21] So findet zum Beispiel Beers strategischer Einsatz von Fabeln zur Enttarnung von betrügerischen Musik-und Theaterfeinden – in der deutschen Adiaphora-Debatte eher untypisch – eine Parallele in der sogenannten *Collier controversy* in England, einem Streit über die Legitimität des Theaters zwischen dem Puritaner Jeremy Collier und diversen Bühnenautoren.[22]

Im siebzehnten und frühen achtzehnten Jahrhundert hatten Dramatiker ein starkes Interesse daran, die Kritik der religiösen Theaterfeinde durch ihre Kunst

---

20 Johann Beer: Ursus vulpinatur. List wieder List, oder musicalische Fuchs-Jagdt: Darinnen Gottfried Vockerodens/ [...], seiner wider Hn. D. Wentzeln/ Hn. Lorbern/ und wider mich ausgegangenen Apologie, der Balg abgejagt / ausgestreifft / auch ohne einzige Vulpinationirung oder Fuchsschwanzerey / tapffer ausgegärbt und in einem wunderlichen Traum-Gesicht vorgestellet wird. Weißenfels [1697], S. 6.

21 Laut Clotilde Thouret sind zwischen einem Drittel und der Hälfte (also circa 40%) aller englischen und französischen Schriften, die das Theater gegen seine religiösen Gegner verteidigen, satirischer Natur. Clotilde Thouret: Figures du théâtrophobe dans les défenses du théâtre. In: Thouret, Lecercle: La Haine du théâtre (Anm. 2), Bd. 1, S. 161–172, hier S. 166, Anm. 21.

22 In der *Collier controversy* reagierten britische Schriftsteller auf den Text *A Short View of the Immorality and Profaneness of the English Stage* (1698) des puritanischen Geistlichen Jeremy Collier. Dieser wurde in einer Fabel des Dramatikers Thomas D'Urfey als betrügerischer Otter porträtiert (Thomas D'Urfey: The Campaigners, or, The Pleasant Adventures at Brussels a Comedy [...]. London:1698).

zu entschärfen. Zumeist verteidigen sie öffentliche Schauspiele durch satirische Angriffe auf die *persönliche* Glaubwürdigkeit des Theaterfeindes; eine Auseinandersetzung mit dessen Argumenten wird entweder parallel geführt oder tritt in den Hintergrund. In dem (oft polemisch geführten) Streit zwischen Vertretern radikaler christlicher Strömungen und Verteidigern des Theaters entsteht dabei die literarische Figur des Kunst-und Theaterfeindes, auf deren transnationale Züge die neuere Forschung aufmerksam gemacht hat. So zeigt etwa Clotilde Thouret, dass es gemeinsames Ziel der zahlreichen satirischen Reaktionen auf antitheatralische Texte in Europa ist, die verdeckten – partikularen, egoistischen, libidinösen, materiellen – Interessen der Theaterfeinde bloßzustellen.[23] Das Portrait des religiösen Theaterfeindes als Betrüger wird in satirischen Texten der Frühaufklärung auch häufig um eine politische Dimension erweitert. Oftmals erscheint der Theaterfeind als Mitglied einer religiösen Sekte, die auch politisch abtrünnig ist.

## 4 Vom Anti-Jansenismus zum Anti-Pietismus auf der Bühne

### 4.1 Anti-Jansenismus im französischen Drama des achtzehnten Jahrhunderts: *La Femme docteur ou la théolgie tombée en quenouille*

Als Vorlage für die erste satirische Darstellung des Pietismus im deutschen Drama durch Luise Adelgunde Victorie Gottsched diente ein anti-jansenistisches französisches Theaterstück, das 1731, also zwei Dekaden nach der Zerstörung von Port-Royal des Champs auf Befehl Ludwigs XIV. erschien: *La Femme docteur, ou la théologie tombée en quenouille* von Guillaume Hyacinthe Bougeant.[24] Im Jahr vor der Publikation des Stücks hatte die französische Gesetzgebung die päpstliche Bulle *Unigenitus Dei filius* (1713) im französischen Staats-und Kirchengesetz bestätigt und damit das öffentliche Zerrbild der Jansenisten als außerhalb des Gesetzes stehende Häretiker weiter propagiert. Ab 1730 konnten französische Jansenisten ganz offen als unpatriotische, revolutionäre Aufwiegler denunziert werden, ohne dass deren

---

23 Thouret: Figures du théatrophobe (Anm. 21), S. 166, Anm. 22.
24 Guillaume Hyacinthe Bougeant: La Femme docteur, ou la théologie tombée en quenouille. Liège [i. e. Lyon] 1731. L. A. V. Gottsched war seit 1732 im Besitz der zweiten, ebenfalls im Jahr 1731 in Amsterdam erschienenen zweiten Ausgabe. Sie zitiert den Titel als „La femme docteur, ou la théologie janséniste tombée en quenouille"; der Zusatz „janséniste" ist jedoch weder Teil des Titels in der ersten noch in der zweiten Auflage.

Gegner in Frankreich einen Eingriff der Zensoren befürchten mussten. Im Gegenzug konnte auch jeder zum (politischen) Jansenisten erklärt werden, der mit der absolutistischen Politik nicht einverstanden war, wodurch sich der Begriff „Jansenist" teilweise von seiner ursprünglichen theologischen Bestimmung löste.[25]

*La Femme docteur* ist das erste von drei anti-jansenistischen Stücken, die der Jesuit Bougeant in kurzer Folge anonym veröffentlichte. Eine öffentliche Aufführung der Stücke ist nicht dokumentiert. Die zahlreichen Auflagen und zeitnahen Übersetzungen von *La Femme docteur* ins Italienische und Niederländische weisen das Stück als den (vergleichsweise) bekanntesten Dramentext Bougeants aus. Im Unterschied zu seinen beiden anderen anti-jansenistischen Theaterstücken geht Bougeant in *La Femme docteur* weniger auf aktuelle Entwicklungen des Jansenismus um 1730 ein; das satirische Portrait der zeitgenössischen *convulsionnaires* in seinem zweiten, anti-jansenistischen Drama mit dem bemerkenswerten Titel *Les Quakres françois, ou Les nouveaux trembleurs* (1732) war weit weniger erfolgreich als das erste Stück, das satirisch Bezug nimmt auf die berühmten jansenistischen Persönlichkeiten der Vergangenheit – von Antoine Arnauld über Pascal bis hin zu Pasquier Quesnel.[26]

In sehr enger Anlehnung an Molières Komödien *Le Tartuffe, ou l'Imposteur* (1664/1669) und *Les Femmes savantes* (1672) verbindet Bougeant in *La Femme docteur, ou la théologie tombée en quenouille* Religionssatire und geschlechterpezifische Gelehrtensatire. Wer sich eine Auseinandersetzung mit dem Ideengut des französischen Jansenismus erhofft, wird von *La Femme docteur* enttäuscht. Zum einen ist dies dadurch zu erklären, dass der Jansenismus im achtzehnten Jahrhundert zunehmend als politische Widerstandsbewegung wahrgenommen wird; zum anderen liegen die großen theologischen Auseinandersetzungen zwischen Jansenisten und Jesuiten um den Gnadenbegriff und die damit verbundenen Moralvorstellungen so weit in der Vergangenheit, dass sie im Stück nur noch stichwortartig aufgerufen werden, z. B. durch Anspielungen auf die sprichwörtlich gewordene jesuitische *morale relâchée*. Johann Christoph Gottsched bezeichnete das Stück denn auch treffend als „ein leichtfertiges Schauspiel".[27] Bougeant geht es offensichtlich darum, Jansenisten als moralisch niederträchtige, von materiel-

---

[25] Zur politischen Stellung des Jansenismus im Frankreich des achtzehnten Jahrhunderts siehe Dale van Kley: The Religious Origins of the French Revolution: From Calvin to the Civil Constitution, 1560–1791. New Haven: 1996; Catherine Maire: De la cause de Dieu à la cause de la Nation: Le jansénisme au XVIIIe siècle. Paris 1998.

[26] Guillaume Hyacinthe Bougeant: Les Quakres français, ou Les nouveaux trembleurs, comédie. Utrecht: 1732 Im Stück selbst wird die im Titel angekündigte Parallele zwischen Jansenisten und Quäkern nicht weiter thematisiert.

[27] Johann Christoph Gottsched: Leben der hochedelgebohrnen, nunmehr sel. Frau, Luise Adelgunde Victoria Gottschedinn, geb. Kulmus, aus Danzig [1673]. Zitiert in: Wolfgang Martens: Nachwort. In: Gottsched: Die Pietisterey im Fischbein-Rocke (Anm. 1), S. 151–167, hier S. 154.

len Interessen geleitete Betrüger darzustellen, die aus der Leichtgläubigkeit anderer Menschen, insbesondere der von Frauen, Profit zu schlagen versuchen.

In der folgenden Analyse der Übertragung von Bougeants französischer antijansenistischer in eine deutsche anti-pietistische Komödie steht die Frage des kulturellen Transfers im Vordergrund. Es geht darum zu verstehen, mit welcher Motivation und mit welchen Mitteln (vermeintlich) jansenistische Glaubenslehren und Sprachnormen in ein (vermeintlich) pietistisches Milieu übertragen wurde, und welche Bedeutungsverschiebungen sich durch diese Übertragung ergeben. Der eingangs erläuterten Annahme einer prinzipiellen Vergleichbarkeit von Jansenismus und Pietismus im größeren Rahmen religiöser Reformbewegungen steht immer der einzelne Text gegenüber, der literarische Einzelfall, an dem sich die angenommene Verwandtschaft messen lassen muss. Handelt es sich darüber hinaus, wie bei Bougeants Ausgangstext und Luise Adelgunde Victorie Gottscheds Übertragung, um satirisch-polemische Texte, stellt sich auch die Frage, ob sich aus der Parallelführung zwischen Jansenismus und Pietismus etwas anderes ableiten lässt als die denunziatorische Absicht des Vergleichs.

## 4.2 Übersetzungsstrategien: Zum komischen Potential theologischer (Sonder)sprache(n) in Luise Gottscheds *Die Pietisterey im Fischbeinrocke*

An der unmittelbaren Reaktion Luise Adelgunde Victorie Gottscheds auf die Lektüre von Bougeants Komödie ist bereits abzulesen, dass sie eine Parallele zur Situation in deutschen Landen zieht. So schreibt sie im Mai 1732 in einem Brief an ihren zukünftigen Mann, der ihr das Stück zur Lektüre empfohlen hatte: „Ich finde viel Ähnlichkeit unter den französischen Jansenisten und den deutschen heuchlerischen Frömmlingen. Weder die einen noch die andern haben meinen Beyfall."[28] In der vier Jahre später unternommenen Übersetzung des Stückes betont Luise Gottsched ebenfalls die Vergleichbarkeit der beiden religiösen Bewegungen. So beschreibt sie im fingierten Brief des (männlichen) Autors bzw. Übersetzers an den Herausgeber die Entstehung von *Die Pietisterey im Fischbeinrocke; Oder die Doctormäßige Frau* aus der Entscheidung, „einen Versuch zu thun, in wie weit sich die Erfindungen des Frantzösischen Scribenten auf unsern Zustand schicken würden." Wie eingangs erwähnt, könnten laut Luise Gottsched Leser, die den Ausgangstext kennen, „nicht ohne Verwunderung wahrnehmen, daß diese Art von Sonderlingen

---

28 Luise Gottsched – „mit der Feder in der Hand". Briefe aus den Jahren 1730–1762. Hg. von Inka Kording. Darmstadt 1999. Brief vom 30. Mai 1732, S. 31.

sich in Paris und Deutschland so sehr ähnlich sehen."[29] Die Betonung der Gemeinsamkeiten bezeugt, wie sehr sich in der Frühaufklärung bestimmte christliche Reformbewegungen in der Fremdwahrnehmung ähnelten – ein Eindruck, den die Jansenisten von Anfang an viel stärker als die Pietisten bekämpft hatten, gerade weil Vergleiche zwischen ihnen und protestantischen Gruppen (im siebzehnten Jahrhundert vor allem mit Calvinisten, im achtzehnten Jahrhundert mit Quäkern und anderen kleineren radikalen Gruppen) mehrheitlich dazu dienten, die Jansenisten als außerhalb der katholischen Kirche stehend zu beschreiben.

Herausgeber und Kommentatoren von *Die Pietisterey im Fischbeinrocke* weisen zurecht auf bestimmte Ähnlichkeiten zwischen jansenistischer und pietistischer Glaubenswelt hin, gerade in den Bemühungen beider christlicher Reformbewegungen um eine erneuerte, strenge Gnadenlehre.[30] Das Ringen um einen gültigen Gnadenbegriff findet demgemäß auch ein komisches Echo im Drama: sowohl bei Bougeant wie bei Gottsched markiert ein Streit um die richtige Definition der göttlichen Gnade den komischen Höhepunkt der Stücke. Drei Frauen versuchen sich unter dem Einfluss eines jansenistischen bzw. pietistischen Geistlichen als Laientheologinnen und beschließen, dass aus ihren gemeinsamen Unterredungen im häuslichen Kreis ein grundlegendes theologisches Werk hervorgehen solle, das der Kirche helfen werde, „les points les plus obscures de la théologie" („die dunckelsten Theologischen Streitigkeiten") zu entscheiden und den französischen *evêques* als *règle*, (den deutschen Theologischen Facultäten als „Unterricht") dienen solle (IV,1). Unter den drei Frauen entspinnt sich ein ehrgeiziger Wettbewerb um die allein wahre Erklärung der göttlichen Gnade, der letztlich unentschieden bleibt.

Ein Vergleich der entsprechenden französischen und deutschen Textstellen zeigt, dass sich das komische Potential der jansenistischen und der pietistischen Sprache als potentielle ‚Sondersprachen' jeweils sehr unterschiedlich darstellt. Eine Untersuchung des Wortschatzes, der den Anhängerinnen des Jansenismus und des Pietismus jeweils zugeschrieben wird, erlaubt zu fragen, ob die scheinbar leichte

---

29 Gottsched: Die Pietisterey im Fischbeinrocke (Anm. 1), S. 9. In der Forschung gilt seit William Petigs Arbeiten zum literarischen Antipietismus L. A. V. Gottscheds *Die Pietisterey im Fischbeinrocke* als erstes Beispiel eines literarischen Werks, das sich auf satirische Weise mit dem Pietismus auseinandersetzt, vgl. William Petig: Forms of Satire in Antipietistic Dramas. In: Colloquia Germanica, 18 (1985), S. 257–63, insbes. S. 257; ders.: Literary Antipietism in Germany during the First Half of the Eighteenth Century. New York u. a. 1984, insbes. S. 41; Hillary Brown: Luise Gottsched the Satirist. In: The Modern Language Review, 2008, Vol.103 (4), S. 1036–1050, insbes. S. 1049.
30 Vgl. Martens: Nachwort (Anm. 27), hier S. 160; Hans-Peter Ecker: Antipietistische Satire und Dokument problematischer weiblicher Identität: Luise Adelgunde Victorie Gottscheds *Die Pietisterey im Fischbein-Rocke; Oder die Doctormäßige Frau*. In: Revista de Filología Alemana 16 (2008), S. 53–64, hier S. 59–62.

Übertragbarkeit des Komischen tatsächlich durch Ähnlichkeiten im Sprachgebrauch bei Jansenisten und Pietisten ermöglicht wird.

| *La Femme docteur* (IV, 1) | *Die Pietisterey im Fischbeinrocke* (IV, 1) |
|---|---|
| Mme LUCRECE: [...] La grâce est, écoutez bien, Mesdames, une hypostase communicative de l'amour divin dans nos ames. [...] | FRAU GLAUBELEICHTIN: [...] so habe ich Ihnen die Ehre zu sagen, daß ich die Wiedergeburth halte, geben sie wohl Achtung! Ich halte sie für das süsse Quell-Wasser des Hertzens, welches aus der Sophia urständet, und das himmlische Wesen gebiehret. [...] |
| DORIMENE: [..] Je croiois plûtôt que c'est une vertu sympathique qui transforme notre ame dans l'execution du bien. [...] | FRAU ZANCKENHEIM: [...] Nach meiner Meinung ists: Die Erbohrenwerdung der himmlischen Wesenheit, aus der Selbstheit der Animalischen Seele, in dem Centro des irdischen Menschen; und windet sich einwärts wie ein Rad. [...] |
| BELISE: Eh bien donc, si on me demande ce que c'est que la nature de la grace, je dis que c'est un écoulement harmonique de la bonté divine sur la nature humaine. Voilà une définition claire, nette & précise [...].[31] | FRAU SEUFZERIN: Nun hören Sie! Nach meiner Meynung ist die Wiedergeburth, die Urständung des wahren Bildnisses der edlen Perle, die aus dem Magischen Seelenfeuer gebohren, und in den ewigen Sabbath eingeführet wird. Oder, wenn ich's noch deutlicher geben soll: Sie ist eine himmlische Tinctur, wodurch die neue Seele das vegetabilische Leben der vier Elementen wegwirfft, und die Magische Seele als eine Gottheit in seiner Gleichheit nach dem Modell der Wesenheit in alle Dinge einbildet. Das ist eine klare Erklärung![32] |

Die für die Komik der Szene entscheidenden ‚Erklärungen' der göttlichen Gnade sind im französischen Text knapp gehalten – *une hypostase communicative, une vertu sympathique, un écoulement harmonique*. Auffallend an Bougeants Text ist, dass keiner der angeführten Gnadenbegriffe jansenistischer Begrifflichkeit entspricht oder auch nur subtil auf diese anspielt.[33] Ganz im Gegenteil verweisen die von Bougeant ausgesuchten Termini vor allem auf berühmte Passagen in Komödien und Satiren des siebzehnten Jahrhunderts, in denen nicht Jansenisten ver-

---

31 Bougeant: La Femme docteur (Anm. 24), S. 80–82.
32 Gottsched: Die Pietisterey (Anm. 1), S. 86–89.
33 Bei einem direkten intertextuellen Bezug auf jansenistische Texte wären Schlüsselbegriffe der Gnadendiskussion wie „grâce efficace" zu erwarten gewesen, bzw. häufig verwandte Metaphern wie „tenèbres", „abîme", „le fond du cœur" etc. Zur Metaphorik der Texte von Port-

spottet werden, sondern vielmehr Frauen, die nach religiöser Bildung und Einfluss streben. Dem Titel seines Stückes entsprechend gibt Bougeant der Satire über gebildete Frauen mehr Gewicht als der Satire über Jansenisten.

In dem ‚Gnadenstreit' der drei Frauen nimmt der erstgenannte Begriff, *une hypostase communicative,* den theologischen Fachbegriff der *hypostase* auf, spielt aber auch mit der Verwendung des Begriffs in der bekannten Satire *Macette* (1613) von Mathurin Regnier, die zusammen mit Molières *Le Tartuffe, ou L'Imposteur* den komischen Topos der *dévotion hypocrite* in der französischen Literatur verankert. Regnier beschreibt in seiner Verssatire die falsche Frömmlerin Macette als eine in theologischen Fachbegriffen versierte Geistliche, die sich nicht scheut, katholische Priester zu belehren. In diesem Zusammenhang fällt der von Bougeant aufgenommene Begriff der *hypoststase*: „Clergesse elle fait jà la leçon aux prêcheurs;/ Elle lit saint Bernard, la [le] Guide des Pécheurs,/ Les Méditations de la mère Thérèse;/ Sait que c'est qu'hypostase avecque syndérèse".[34]

Auch die zweite ‚Erklärung' göttlicher Gnade in Bougeants Theaterstück hat keinen direkten intertextuellen Bezug zum Jansenismus, aber sehr wohl eine offensichtliche Anbindung an die Komödientradition Frankreichs: „une vertu sympathique" ist Teil eines berühmten Verses von Molière in *Le Médecin malgré lui,* in dem der im siebzehnten Jahrhundert oftmals als bedeutungsleer ironisierte medizinische Fachbegriff „sympathique" auf humoristische Weise verwendet wird: „Il y a dans le vin et le pain, mêlés ensemble, une vertu sympathique, qui fait parler." (II, 4)[35] Auch hier stellt Bougeant also für das Publikum leicht erkennbare Bezüge zu satirischen Theaterstücken her, aber nicht direkt zur Gedankenwelt Port-Royals.

---

Royal, siehe Benedetta Papàsogli: Le Fond du cœur: figures de l'espace intérieur au XVIIe siècle [1991]. Paris 2001.

34 Mathurin Regnier: Macette; Satyre XIII (v. 19–22). In: Ders.: Les satyres du sieur Regnier. Reveuës & augmentées de nouveau: dediées au Roy. Paris 1612 (o.S.). Der Begriff *hypostase* ist sowohl in der ersten Ausgabe des *Dictionnaire de L'Académie Française* von 1694, als auch in der zweiten Ausgabe von 1718 wie folgt angegeben: „HYPOSTASE. s. f. Terme de Theologie, qui signifie Suppost, personne. Il n'y a qu'une nature en Dieu & trois hypostases." (https://www.dictionnaire-academie.fr/article/A1H0179 [20.8.2021]).

35 Bevor die Begriffe „sympathie" und „sympathique" in der Aufklärung aufgewertet wurde, galten sie bis ans Ende des siebzehnten Jahrhunderts als Inbegriff unverständlicher Medizinersprache. Vgl. Jacques Rohault: Traité de physique. Paris: 1671, S. 23: „Nostre dessein est de n'en proposer icy & de n'en recevoir jamais aucun [mot], dont nous n'entendions tres-clairement la signification. C'est pourquoy nous ne nous servirons point dans tout ce Traité de ces mots specieux d'antiperistafe, de sympathie, d'antipathie, de desir d'union, de contrarieté & de quelques autres semblables."

Die Quelle des dritten Gnadenbegriffs – *un écoulement harmonique* – ist gleichfalls nicht jansenistischer Herkunft, sondern verweist einerseits wiederum auf die Komödientradition über gelehrte Frauen: In *Les Véritables Précieuses* (1660) von Baudeau de Somaize, einer Imitation von Molières *Les Précieuses ridicules* (1659), wurde die Sprache der *Précieuses* persifliert, zum Beispiel durch die komische Paraphrase „*mon écoulement de nez*", um einen Schnupfen zu beschreiben.[36] Noch relevanter im Hinblick auf den Transfer zwischen jansenistischer und pietistischer Kultur ist allerdings die Tatsache, dass *écoulement harmonique* zum Begriffsbestand französischer Mystikerinnen gehört. In Texten von Jeanne de Chantal und Madame de Guyon findet sich ein reiches Metaphernfeld des Fließens (*écoulement, liquéfaction, océan* etc.), um die Wirkung göttlicher Gnade zu beschreiben. Ein deutsches Publikum wiederum hätte dieses Metaphernfeld leicht wiedererkannt, da es gerade die deutschen Pietisten waren, die durch ihre Übersetzungsleistung den pietistischen Sprachgebrauch um den Einfluss französischer Mystik bereichert hatten.[37] Aus dieser Sicht erleichtert der mystisch-quietistische Wortschatz der (vermeintlich) jansenistischen Figuren in Bougeants Theaterstück eindeutig die deutsche Übertragung.

Zusammenfassend lässt sich vom komischen Höhepunkt in *La Femme docteur* sagen, dass als Vorlage eindeutig nicht Texte der Jansenisten dienten. Alle intertextuellen Bezüge verknüpfen das Stück mit Texten der französischen Satiren- und Komödientradition, genauer gesagt: mit Texten, welche Habitus und Sprachgebrauch von nach (religiöser) Bildung strebenden Frauen verspotten. Die Frage, warum das französische Stück den als Jansenistinnen ausgewiesenen Figuren keine jansenistisch markierte Sprache in den Mund legt ist bisher in der Forschung übergangen worden.[38] Eine naheliegende Antwort ist, dass die berühmten Texte, die ein Zeugnis der Spiritualität Port-Royals darstellen, von einer großen Öffentlichkeit bis weit ins achtzehnte Jahrhundert hinein als stilbildend angesehen wurden und sich daher schlecht für eine Persiflierung ihrer Sprache anboten. Zudem erschwerte die beißende Ironie in einigen Schlüsseltexten von Port-Royal – zum Beispiel in Arnaulds Vorrede zum *Nouveau Testament de Mons* oder

---

36 Antoine Baudeau de Somaize: Les Véritables Précieuses. Paris 1660, S. 62 (I, 7).
37 Zum Einfluss von Madame de Guyon auf den Pietismus vgl. Hans-Jürgen Schrader: Madame Guyon, Pietismus und deutschsprachige Literatur. In: Lehmann: Jansenismus (Anm. 2), S. 189–225.
38 Selbst die Studien, die sich eingehend mit der Übersetzung der Komödie ins Deutsche befassen, weisen bei der Analyse des Gnadenstreits nicht auf die mystischen und komödiantischen Quellen der Gnadendefinitionen im französischen Text hin. So schreibt z. B Waters über die Gnadenbegriffe bei Bougeant lediglich: „The French definitions are brief and tantalisingly comprehensible." (Michael Waters: Frau Gottsched's *Die Pietisterey im Fischbein-Rocke*: Original, Adaption or Translation? In: Forum for Modern Language Studies 11 (1975), S. 252–267, hier S. 260.

in Pascals *Lettres Provinciales* – jegliche Parodie. Demgegenüber bot die reiche Bildersprache der Mystik eine Vorlage, die sich im Französischen viel einfacher zur Parodie anbot und in der Folge bei der deutschen Rezeption eine Verbindung zum pietistischen Sprachgebrauch nahelegte.

Einer Übersetzung von Bougeants Komödie ins Deutsche muss entgegengekommen sein, dass die jansenistischen Figuren teilweise die Sprache des Quietismus verwenden und so der (fälschliche) Eindruck entstehen konnte, dass Jansenisten und Pietisten „sich [...] so sehr ähnlich sehen", wie es Luise Gottsched in der Vorrede zu ihrer Übersetzung bemerkte.[39] Im Kontrast zur Sprache des deutschen Pietismus hatte die Sprache des französischen Jansenismus von Anfang an keinen Anspruch auf den Status einer ‚Sondersprache', was ihre komische Wirkung eindeutig abschwächte. In der Komödien-und Satiretradition Frankreichs diente deshalb der Sprachgebrauch der Jansenisten weit weniger als Zielscheibe im Vergleich zum Sprachgebrauch der *dévotion aisée*, des jesuitischen Kasuismus oder der Mystik. Wie der Gnadenstreit in Bougeants Stück illustriert, musste der jansenistische Sprachgebrauch verfälscht dargestellt werden, um komisch wirken zu können.

Während sich in Frankreich die Gegner der Jansenisten jahrzehntelang vergeblich bemühten, in ihren Repliken die Geistesschärfe und Ironie der *Lettres Provinciales* zu erreichen, hatten die Gegner der Pietisten in deutschen Landen eine vergleichsweise leichtere Aufgabe. Um pietistische Denk-, Rede- und Lebensweisen der Lächerlichkeit preiszugeben, reichte es oft, einem nicht-pietistischen Publikum geschickt ausgewählte Beispiele aus pietistischen Texten vorzustellen. Die bewusst von der Standardsprache abweichende pietistische Sondersprache wurde so als unaufrichtig, undeutlich und undeutsch kritisiert und verspottet.[40]

Offensichtlich bedient sich Luise Adelgunde Victorie Gottsched in ihrer Übersetzung der Strategie, den Pietismus vor allem in seiner Tendenz zur Sondersprachlichkeit lächerlich zu machen – eine Haltung, die sie selbst in ihren letzten Schriften noch einnimmt.[41] Dabei kommen zentrale Metaphern der pietistischen

---

39 Gottsched: Die Pietisterey im Fischbein-Rocke (Anm. 1), S. 9.
40 Zur Eigen-und Fremdwahrnehmung pietistischer Sprache siehe Hans Jürgen Schrader: Die Sprache Canaan. Pietistische Sonderterminologie und Spezialsemantik als Auftrag der Forschung. In: Geschichte des Pietismus Bd. 4: Glaubenswelten und Lebenswelten. Hg. von Hartmut Lehmann u. a. Göttingen 2004, S. 404–427, insbes. S. 404–408; siehe auch Lucinda Martin: The „Language of Canaan": Pietism's Esoteric Sociolect. In: Aries. Journal for the Study of Western Esotericism 12 (2012), S. 237–253.
41 In Bezug auf die Herrnhuter Gemeinde schreibt L. A. V. Gottsched in ihrem Brief an Dorothee von Runckel im November 1760: „So lange wir aber in ihren Büchern jene sinnliche, unschickliche, zweydeutige, aus der gemeinsten Sprache entlehnten Ausdrücke finden, die dem allerheiligsten Gegenstand ihrer Lehre gar nicht angemessen sind, erreichen sie ihren Zweck nicht." (Gottsched: Briefe (Anm. 28), S. 303.

Gnadenlehre – wie etwa Wiedergeburt, Durchbruch, Quellwasser, etc. – zum Einsatz, die in einer für die zeitgenössische Leserschaft klaren Verbindung zum Halleschen Pietismus um Francke und Philipp Jacob Spener stehen, auch wenn das Stück selbst in Königsberg angesiedelt ist.[42] Parodiert werden aber nicht nur zentrale Begriffe der pietistischen Glaubenswelt, sondern auch die verständnislose Kompilation dieser Begriffe durch jene Figuren, die wie „Frau Glaubeleichtin" leichtgläubige Opfer der Pietisten sind. Die Kritik an der kopflosen Kompilation ist im Vergleich mit dem französischen Ausgangstext noch gesteigert. Sie verbindet Gottscheds Übertragung mit der Tradition der Gelehrtensatiren, aber auch mit der aufkommenden aufklärerischen Religionskritik im Geist Bernard Le Bovier de Fontenelles.

Dass der Pietismus als akute Gefahr dargestellt wird – und zwar in viel stärkerem Maße als der Jansenismus in Bougeants Stück – geht auch aus dem quasi-dokumentarischen Charakter der Quellen hervor, die in der deutschen Übersetzung hinzugefügt wurden. Die Verwendung von Versatzstücken aus pietistischen Büchern markiert einen bedeutungsvollen Unterschied zum französischen Ausgangstext. Die kurzen, zum Teil fingierten, oft überspitzt karikierten ‚jansenistischen' Buchtitel bei Bougeant (wie z. B. *Traité de l'inutilité du pape dans l'Eglise*) werden bei Gottsched durch nicht-fiktionale, zeitgenössische pietistische Titel ersetzt, mitsamt Autorennamen, Erscheinungsort und -jahr. Auf diese Weise wird der komische Katalog der religiösen Erbauungsliteratur in der deutschen Übersetzung so stark verlängert, dass die betreffende Szene eine Umsetzung auf der Bühne erschwert und das Stück an dieser Stelle die Züge eines Lesedramas annimmt. Der gezielte Einsatz von dokumentarischem Quellenmaterial in *Die Pietisterey im Fischbeinrocke* bezeugt die Aktualität des ‚Problems' Pietismus um 1740 – theologischer Zündstoff, den der französische Jansenismus zu diesem Zeitpunkt schon lange nicht mehr darstellte. Entsprechend unterschiedlich ist die Wahrnehmung der aktuellen Gefahr durch Jansenismus und Pietismus bei den beiden Autoren. Wie Daniel Fulda treffend über Luise Gottscheds Übersetzung bemerkt, ist „die Schärfe darauf zurückzuführen, dass der Pietismus ein echter Gegner war".[43]

Der Zugewinn an aktueller Brisanz in *Die Pietisterey im Fischbeinrocke* wird von einem Verlust an literarischen Bezügen zur Komödientradition begleitet – eine Tradition wie sie in Frankreich existierte, in der deutschen Literatur aber erst in der Entstehung begriffen war. So sagt der Raisonneur Cléante bei Bougeant, er wolle durchaus einer Versammlung von Jansenisten beiwohnen statt ins

---

42 Vgl. Langen: Wortschatz des Pietismus (Anm. 17).
43 Daniel Fulda: Heilsökonomien. Pietismus und Komödie in Konvergenz und Konflikt. In: Pietismus und Ökonomie (1650–1750). Hg. von Wolfgang Breul u. a. Göttingen 2021, S. 379–402, hier S. 398.

Theater zu gehen, er werde sich dort nicht weniger amüsieren: „Je m'imagine que le pauvres Molinistes n'y sont pas épargnés, & Dieu sait les plaisanteries qu'on y fait d'Escobar." (I, 6) Antonio de Escobar y Mendoza (1589–1669) war nun gerade derjenige Jesuit des siebzehnten Jahrhunderts, dessen kasuistische Morallehre sowohl von Theaterautoren wie Molière wie auch von Theaterfeinden wie Pascal verspottet worden war. Auf diese Tradition eines Streitgesprächs zwischen Religion und Theater konnte Luise Adelgunde Victorie Gottsched nicht Bezug nehmen, sie wohl aber durch ihr Stück für das deutsche Theater mitbegründen. Sie ersetzt den Namen Escobar – der im französischen Stück den Gnadenstreit des vorangegangenen Jahrhunderts aufruft – durch die Namen von zwei unlängst verstorbenen Gegnern des Halleschen Pietismus (Johannes Fecht und Gottlieb Wernsdorf) und gibt damit dem Streit zwischen Kirche und Theater jene Aktualität, die er im französischen Ausgangstext nicht mehr hat.

Mona Garloff
# Nürnberger Verlagsnetzwerke um Franz Anton Graf von Sporck und die Verbreitung jansenistischen Schrifttums in Böhmen

Auf den Prager Buchmärkten des frühen achtzehnten Jahrhunderts standen vor allem auswärtige Händler unter Verdacht, verbotene Schriften ins Land zu bringen. Traditionell spielten die Absatzmärkte in Böhmen für den Buchhandel Nürnbergs sowie kleinerer süddeutscher Verlagsorte, Leipzig und später auch Dresden eine wichtige Rolle. Diese Händler gehörten mehrheitlich dem protestantischen Glauben an und boten als Großhändler Warenbestände in der Regel von oft mehreren tausend Titeln an, die nur schwer entsprechend der Zensurvorgaben kontrollierbar waren. Im sechzehnten und siebzehnten Jahrhundert ergingen von kaiserlicher Seite zahlreiche Erlasse, die den Handel der protestantischen Kaufleute auf die Marktzeiten beschränkten. Besonders auswärtige Buchhändler konnten sich jedoch eine starke Marktposition sichern, da die Prager Verleger in der Regel nicht messfähig waren und Novitäten somit meist von auswärtigen Händlern auf die Prager Märkte gebracht wurden. Sie boten deutsch- und lateinischsprachige Werke häufig bis zu einem Drittel günstiger als ihre ortsansässigen Kollegen an, was nicht selten zu Konflikten führte. Außerdem verlegten sie aufwendig gestaltete *Bohemica* selbst und druckten zur Ökonomisierung der Vertriebswege direkt in Prag.[1]

Aus der Vielzahl von Verfahren, die gegen auswärtige Buchhändler geführt wurden, wird deutlich, dass das Sortiment des Großbuchhandels insgesamt schwer kontrollierbar war. In den ersten Jahrzehnten des achtzehnten Jahrhunderts richteten sich diese insbesondere gegen die Einfuhr von *Jansenistica*.[2] So zirkulierten in Reaktion auf die *Bulla Unigenitus* von 1713 zahlreiche Schriften auf den Prager Buch-

---

[1] Zdeněk Šimeček: Geschichte des Buchhandels in Tschechien und in der Slowakei. Wiesbaden 2002, S. 31; Michael Wögerbauer, Jiří Pokorný: Barocke Buchkultur in den Böhmischen Ländern. In: Geschichte der Buchkultur. Band 7: Barock. Hg. von Christian Gastgeber, Elisabeth Klecker. Graz 2015, S. 383–426.
[2] Vgl. zum Jansenismus in Böhmen in Auswahl Stephan Dolezel: Frühe Einflüsse des Jansenismus in Böhmen. In: Bohemia Sacra. Das Christentum in Böhmen 973–1973. Ecclesia temporalis, ecclesia universalis, ecclesia magista. Hg. von Ferdinand Seibt. Düsseldorf 1974, S. 145–153; Jitka Radimská: Les Livres jansénistes dans le milieu aristocratique en Bohême. In: Le Jansénisme et l'Europe. Actes du colloque international [...]. Hg. von Raymond Baustert. Tübingen 2010, S. 95– 110; Hanuš Jélinek: Le Comte F.-A. de Sporck et le jansénisme français en Bohême. In: Revue de littérature comparée 14 (1934), S. 53–67; Jaroslav Vlček: Jansenism na půdě české. In: Naše Doba. Revue pro vědu, umění a život sociální VI (1898), S. 15–24.

märkten, die jansenistische Positionen vertraten. Es ergingen in Folge mehrere Dekrete an die Prager Statthalterei, die zur stärkeren Kontrolle der Nürnberger und Leipziger Händler angehalten wurde. So wurde beispielsweise im Juni 1717 die Konfiszierung der anonymen papstkritischen Schrift *Die vom Pabst Clemens [...] der französischen Geistlichkeit angemuthete [...] Bulla [...] Unigenitus* angeordnet. Zu diesem Zwecke sollten die Lager aller auswärtigen Buchhändler durchsucht werden.[3] Wie auch in anderen Fällen bestätigte sich der Verdacht, dass diese Schrift über Nürnberger oder Leipziger handelsnetzwerke auf die Prager Buchmärkte gelangt war.

Die Konfiskationen zeigen, dass diese eher an situative Ausgangskontexte gebunden waren als dass sie Vorgaben einer stringenten Zensurpraxis folgten. Erst ab den 1730er Jahren erfolgten obrigkeitliche Bemühungen um eine Vereinheitlichung der Zensurausübung in Böhmen, die vor allem auf eine Stärkung der weltlichen Kompetenzen abzielten: 1733 wurde eine Zensurkommission eingerichtet, der der Prager Oberstburggraf, der Präsident des Landesguberniums, vorstand. Diese Kommission wurde 1748 erneuert und bestand bis dahin nicht durchgängig, was die Konjunkturen der Überwachung fremder Buchhändler erklärt.[4] In der Praxis zeigt sich, dass die von den Jesuiten geleitete Prager Universität weiterhin starken Einfluss auf die Entscheidungen der Kommission nahm – sich in ihrer Beurteilung jedoch generell weniger rigide als andere kirchliche Zensurstellen des Landes zeigte. Als Grundlage der kirchlichen Zensur konzipierte der Königgrätzer Jesuitenpater Antonín Koniáš in Orientierung am römischen Index das umfangreiche Indexwerk *Clavis haeresim claudens* (1729), das tschechische, deutsche und lateinische Drucke enthielt und 1749 nochmals in einer stark erweiterten Fassung erschien.[5]

Jansenistisches Schrifttum wurde im Böhmen des frühen achtzehnten Jahrhunderts maßgeblich über Nürnberger Verlagsnetzwerke verbreitet. Franz Anton Graf von Sporck, der im Wesentlichen den Druck jansenistischer Schriften in Böhmen initiierte, war auf diese Verlagsbeziehungen außerhalb der Landesgrenzen Böh-

---

3 Die von Clemens XI. der französischen Geistlichkeit angemuthete aber biss dahero mit so grosser Widerstrebung angesehene Bulla oder sogen. Constitutio Unigenitus. [s.l.] 1717.
4 Vgl. zur Zensur in Böhmen: Libri prohibiti. La censure dans l'espace habsbourgeois 1650–1850. Hg. von Marie-Elizabeth Ducreux, Martin Svatoš. Leipzig 2005; zu späteren Zeiträumen Petr Piša, Michael Wögerbauer: Das Königreich Böhmen (1750–1848). In: Die literarische Zensur in Österreich von 1751 bis 1848. Mit Beiträgen v. Daniel Syrovy u. a. Hg. von Norbert Bachleitner. Wien u. a. 2017, S. 193–215, hier S. 193 f.; Michael Wögerbauer u. a.: V obecném zájmu. Cenzura a sociální regulace literatury v moderní české kultuře. 1749–2014. 2 Bde. Prag 2015.
5 Jiří Bílý: Jezuita Antonín Koniáš. Osobnost a doba. Prag 1996; Jaroslav Vlček: Dějiny české literatury. Bd. 2 (Od století XVIII. k letům čtyřicátým století XIX.). 3. Aufl. Prag 1940, S. 60–68; Heinrich Benedikt: Franz Anton Graf von Sporck (1662–1738). Zur Kultur der Barockzeit in Böhmen. Wien 1923, S. 217–223.

mens über viele Jahre notwendig angewiesen. Diese Netzwerke lassen sich durch verlegerische Verbindungen über mehrere Generationen vom ausgehenden siebtzehnten bis zur ersten Hälfte des achtzehnten Jahrhunderts nachverfolgen. Der vorliegende Beitrag untersucht die Verbreitung jansenistischen Schrifttums in Böhmen durch Graf Sporck und zeigt hier die wichtige Bedeutung Nürnberger Verlagsnetzwerke auf. Nach einer kurzen Einführung zu den buchhändlerischen Beziehungen um Graf Sporck werden verschiedene kleinere Publikationen in den Blick genommen, um dann die Verlagsbeziehungen am Beispiel der zentralen Publikation des *Christlichen Jahres*, eine Übersetzung des Werks *L'Année Chrétienne* von Nicolas Le Tourneux, vertieft in den Blick zu nehmen. Die diffizile Quellenlage trägt dazu bei, dass verschiedene weiterführende Fragen am Ende nur ausblickend behandelt werden können.[6]

# 1 Nürnberger Verlegernetzwerke um Franz Anton Graf von Sporck

Die faszinierende und zugleich tragische Lebensgeschichte des böhmischen Adeligen, Mäzens und Verlegers Sporck hat vielfältig wissenschaftliche Betrachtung gefunden.[7] Dennoch bleiben viele Aspekte weiterhin schwer greifbar, wozu auch die Publikationsgeschichte seiner Drucke gehört. Dadurch, dass Sporck in vielen Fällen selbst auf äußerste Geheimhaltung und die notwendige Umgehung von Zensurmaßnahmen bedacht war, sind Netzwerke, Verlagsabsprachen sowie die Distribution der Titel nur schwer rekonstruierbar. Dies betrifft auch die Sammlungsgeschichte seiner

---

6 Die Erschließung erfolgt im Rahmen meines Habilitationsprojekt, gefördert durch den FWF (Lise-Meitner Projekt M 2874-G): Foreign Booksellers in Vienna and Prague 1680–1750.
7 Vgl. in Auswahl zu Franz Anton Graf von Sporck Benedikt: Franz Anton von Sporck (Anm. 5); Pavel Preiss: František Antonín Špork a barokní kultura v Čechách. 2. Aufl. Prag 2003; Petr Voit: [Art.] František Antonín hrabě Špork. In: Encyklopdie knihy, https://www.encyklopedieknihy.cz/index.php?title=Franti%C5%A1ek_Anton%C3%ADn_hrab%C4%9B_%C5%A0pork&oldid=13971 [30.06.2021]; vgl. allgemein Peter Hersche: Der Spätjansenismus in Österreich. Wien 1977 (Veröffentlichungen der Kommission für die Geschichte Österreichs 7), S. 45–50; Joachim Bahlcke: Bücherschmuggel. Die Versorgung ostmitteleuropäischer Protestanten mit Bibeln, Gesangbüchern und lutherischen Erbauungsschriften in der Zeit der Gegenreformation. In: Der Luthereffekt im östlichen Europa. Geschichte – Kultur – Erinnerung. Hg. von Joachim Bahlcke, Beate Störtkuhl, Matthias Weber. Berlin, Boston 2017 (Schriften des Bundesinstituts für Kultur und Geschichte der Deutschen im Östlichen Europa 64), S. 161–176.

heute nur noch in Teilen erhaltenen Bibliothek.[8] Veronika Čapská hat die wesentliche Rolle der beiden Sporck-Töchter herausgearbeitet, die diese für die Übersetzung zahlreicher Werke aus dem Französischen und als selbstständige Interpretinnen spielten.[9] Ihre Arbeiten veranschaulichen, dass das Publikationsspektrum von Schriften, für deren Übersetzung, Illustrierung, Publikation und Verbreitung Sporck sorgte, nicht auf jansenistische Werke verengt werden darf. So ist die Festlegung seines frühen Biographen Heinrich Benedikt, dass Sporck „ein Jansenist reinsten Wassers" gewesen sei, mit Vorsicht zu behandeln.[10] Deutlich wird jedoch, dass jansenistische Schriften, vorrangig französischer Autoren, eine hervorgehobene Rolle unter Sporcks Gesamtpublikationen einnehmen.

Netzwerke waren nicht nur für den Versand von Büchern von großer Bedeutung, sie ermöglichten in verschiedenen Territorien überhaupt erst den Druck von Schriften, der vor Ort aus Zensurgründen nicht möglich war. Dies betraf im frühen achtzehnten Jahrhundert auch jansenistische Schriften, deren Verbreitung in Böhmen entscheidend durch Sporck getragen wurde. Der einem bedeutenden böhmischen Adelsgeschlecht entstammende Franz Anton Reichsgraf von Sporck war während seiner Kavalierstour, die ihn in den frühen 1680er Jahren durch Italien, Frankreich, Holland und England führte, vermutlich mit dem Jansenismus in Berührung gekommen. 1684 übernahm er die Verwaltung seiner großen Herrschaften in Nordböhmen Lissa, Gradlitz und Hermanitz, Maleschau und Konojed. 1687 heiratete er Franziska Apollonia Reichsfreiin von Swéerts und Reist. Neben einem Sohn, der wenige Wochen nach der Geburt verstarb, entstammten der Ehe zwei Töchter: Maria Eleonora, die 1702 in den Orden der Cölestinerinnen eingetreten war, und Anna Katharina nahmen selbst Übersetzungen vor, die von ihrem Vater veröf-

---

8 Vgl. zu den Bibliotheksbeständen Kateřina Vítová: Historie Šporkovy knihovny v Kuksu (1700–2009). Průzkum knițního fondu. Diplomarbeit, Pardubice 2010, https://theses.cz/id/sexb64/ [30.06.2021]; Jindřich Kolda, Ignác Antonín Hrdina: Historická knihovna hospitalu Kuks a její romanticko-kanonistický fond. Červený Kostelec 2014.
9 Vgl. Veronika Čapská: Mezi texty a textiliemi. (Swéerts-)Šporkové, textové praxe a kulturní výměna na přelomu baroka a osvícenství. Prag 2016; Dies.: Maria Eleonora Sporck (1687 – 1717) and Anna Katharina Swéerts-Sporck (1689 – 1754). Practitioners and Promoters of the Word at the Edge of the Enlightenment. In: Women, Enlightenment and Catholicism. A Global Biographical History. Hg. von Ulrich L. Lehner. London, New York 2017, S. 132 – 148; Dies.: Cultural Transfers by Means of Translation. Bohemian Lands as a Space of Translation Flows during the Seventeenth and Eighteenth Centuries. In: Processes of Cultural Exchange in Central Europe, 1200–1800. Hg. von ders. Opava 2014, S. 77–128. Vgl. zu frühneuzeitlichen Übersetzungspraktiken allgemein Cultural Translation in Early Modern Europe. Hg. von Peter Burke, Ronald Po-Chia Hsia. Cambridge u. a. 2007 sowie die Buchreihe des SPP 2130 *Übersetzungskulturen der Frühen Neuzeit/Early Modern Translation Cultures (EMTC)*, https://www.spp2130.de/index.php/publikationen/ [30.06.2021].
10 Benedikt: Franz Anton von Sporck (Anm. 5), S. 29.

fentlicht wurden. Mit dem frühen Tod 1717 von Maria Eleonora mit dreißig Jahren und der Heirat, die Anna Katharina mit ihrem Cousin Franz Karl Rudolf von Swéerts-Reist 1712 eingehen sollte, kamen diese Aktivitäten zum Erliegen.[11] Für spätere Werke, die Sporck herausgab, ist die Autorschaft der Übersetzung meist nicht rekonstruierbar.

1691 wurde Sporck von Kaiser Leopold I. zum Statthalter von Böhmen ernannt, ein Amt, das er knapp zehn Jahre ausübte. Neben Prag und häufigen Reisen nach Wien hielt sich Sporck vor allem auf seinen Herrschaftssitzen in Kuks und Lissa an der Elbe auf, wo er eine Privatdruckerei unterhielt. Soweit es ihm Zensurmaßnahmen nicht verwehrten, verlegte Sporck diese Drucke anonym in seiner Druckerei und sorgte für ihre weitestmögliche Verbreitung. So sollten sie einerseits zur frommen Erbauung unter der lokalen Bevölkerung seiner Herrschaften verteilt werden, andererseits suchte er am Wiener Hof aufgeschlossene Adelige für seine Schriften zu gewinnen.[12] Sporck stand aufgrund verschiedener Rechtskonflikte – unter anderem wegen Vermögensprozessen, die er gegen seine früheren Vormünder führte – in einem langjährigen Spannungsverhältnis zum Kaiser und zu anderen Reichsinstanzen. Dabei beinhaltete seine unautorisierte Verlagstätigkeit besonderes Konfliktpotential, wie zwei einschneidende Konfiskationsprozesse zeigen: 1711 wurde in einem ersten Verfahren auf Anordnung des erzbischöflichen Konsistoriums Sporcks Druckerei in Lissa geschlossen und die Pressen und Druckerzeugnisse eingezogen. Ein Stein des Anstoßes war dabei das verlegte Werk *Die wahre Grund-Reguln*. Dieses Werk, dessen Originaltext von dem französischen reformierten Theologen und Mystiker Pierre Poiret verfasst wurde, hatte Sporck vermutlich, so legen die Zensurakten nahe, 1709 zunächst in Nürnberg und dann 1710 in Lissa drucken lassen.[13] Das kaiserliche Verbot der Schrift durch Karl VI. wurde erlassen, da das Werk im Verdacht stand, mittels quietistischer Ideen die Jugend zu gefährden.[14]

---

11 Čapská: Mezi texty a textiliemi (Anm. 9), S. 137 f.
12 Weitere Aufschlüsse für die Verbreitung von Sporcks Drucken am Wiener Hof ermöglichen die Tagebücher des Hofmeisters Tobias Anton Seeman (Transkriptionen T. Halík) aus den Jahren 1726, 1728–1729, 1731–1735, 1737, Nationalarchiv Prag [im Folgenden NA], Inv. Nr. B 90, B 90 a. Mein Dank gilt Jindřich Kolda (Hradec Králové), der mir die Transkriptionen zur Verfügung gestellt hat. Vgl. allgemein Jiří Kubeš, Vítězslav Prchal: Tobiáš Antonín Seeman a jeho kalendářové zápisy z let 1726–1747. In: Theatrum historiae 9 (2011), S. 9–23.
13 Die Angabe des Druckorts Nürnberg 1709 findet sich in den Zensurakten, vgl. NA Prag, Archiv pražského arcibiskupství (APA) A 3/11, fol. 132$^v$–133$^r$ (24.10.1712), Abschrift).
14 Čapská: Mezi texty a textiliemi (Anm. 9), S. 137; Ignác Hrdina, Hedvika Kuchařová: Kacířský process s hrabětem F. A. Šporkem v právně-historickém a teologickém kontextu. Ostrava 2011, S. 302 f. Vgl. zur Zensur des Werks auch die Angaben bei Benedikt: Franz Anton von Sporck (Anm. 5), Druck Nr. 24, S. 416 f.

Ein kaiserliches Reskript an die böhmische Statthalterei belegte Sporck 1713 wegen der Verbreitung verbotenen Schrifttums mit einer Geldstrafe von 30.000 Gulden,[15] die schließlich auf 20.000 Gulden abgemildert wurde – freilich weiterhin eine hohe Summe. Ein zweites Reskript drohte weitere Geldstrafen über tausend Dukaten an, sollte der Graf „künftig etwas ohne gewöhnlicher Censur inn- und ausser Landes drucken" lassen.[16] 1729 folgte ein weiterer obrigkeitlicher Eingriff, der von den Jesuiten im Kuks benachbarten Schurz initiiert wurde, die sich von Sporck provoziert sahen. Auf Grundlage eines vom Kaiser gebilligten Dekrets der böhmischen Hofkanzlei wurden nicht nur die gesamten Verlagsbestände Sporcks konfisziert, sondern ebenso alle nichtapprobierten und verdächtigen Werke der Kukser Bibliothek. 34 Bücherkisten wurden nach Königgrätz gebracht und von dem dortigen Konsistorium einer Überprüfung unterzogen.[17]

Wollte Franz Anton von Sporck weiterhin Texte an der erforderlichen obrigkeitlichen Genehmigung vorbei drucken lassen, war dies nur verdeckt außerhalb Böhmens möglich. Dass er hier insbesondere auf Verlagskontakte nach Nürnberg zurückgriff, rührte von engen Handelsbeziehungen, die traditionell zwischen der böhmischen Hauptstadt und der süddeutschen Reichsstadt bestanden. Erste Verlagskontakte hatte Sporck um 1710 zu Johann Zieger aufgebaut, der sich mit Widmungen in den Dienst des Grafen stellte. Zieger besuchte seit den 1680er Jahren durchgehend die Prager Märkte, ab 1705 unterstützte ihn dabei sein Handlungsgehilfe Johann Friedrich Rüdiger, der somit früh mit dem Handel nach Böhmen vertraut wurde.[18] Nach dem Tod Ziegers übernahm Rüdiger im Januar 1712 dessen Bücherlager in Prag, das sich „in dem Hauß Baradeyß genandt condicirten Handels-Laaden" in der Altstadt befand.[19] Während der Marktzeiten in der Prager Alt-

---

15 Kaiserliches Rescript, 27.10.1713. Vgl. Benedikt: Franz Anton von Sporck (Anm. 5), S. 168–170.
16 Kaiserliches Rescript, ebenfalls 27.10.1713, zit. nach Abdruck in Benedikt: Franz Anton von Sporck (Anm. 5) S. 169.
17 Dolezel: Frühe Einflüsse des Jansenismus (Anm. 2), S. 149.
18 Zu Johann Zieger vgl. Nürnberger Künstlerlexikon. Bildende Künstler, Kunsthandwerker, Gelehrte, Sammler, Kulturschaffende und Mäzene vom 12. bis zur Mitte des 20. Jahrhunderts. Hg. von Manfred H. Grieb u. a. Bd. 3. Berlin, Boston 2007, S. 1727f.; Petr Voit: [Art.] Johann Zieger. In: Encyklopedie knihy, http://www.encyklopedieknihy.cz/index.php?title=Johann_Zieger&oldid=15000 [30.06.2021]. Die geschäftlichen Beziehungen wurden dabei durch familiäre unterstützt: 1706 heiratete Rüdiger Ziegers Tochter Clara Susanna, was ihm die Verleihung des Nürnberger Bürgerrechts sicherte, Grieb: Nürnberger Künstlerlexikon (s.o.), S. 1281; Staatsarchiv Nürnberg, Ratsverläße, Nr. 3119, fol. 115b (28. Mai 1706); Nr. 3114, fol. 40 (4. Januar 1706); Nr. 3119, fol. 110b (26. Mai 1706). Vgl. die Regesten in: Das Nürnberger Buchgewerbe. Buch- und Zeitungsdrucker, Verleger und Druckhändler vom 16. bis zum 18. Jahrhundert. Hg. von Michael Diefenbacher, Wiltrud Fischer-Pache. Nürnberg 2003, S. 439, 476.
19 Archiv hlavního města Prahy (Prague City Archives), PPL IV, 8939 (28.01.1712). Das Haus „im Paradies" befindet sich heute noch am kleinen Ring (Malé náměstí 1).

stadt bot Rüdiger in diesem Haus bis mindestens 1748 seine Ware an. In Nürnberg war er ab 1716 als Buchführer im Ämterbuch eingetragen, möglicherweise übernahm er in diesem Jahr die Buchhandlung Ziegers, die bis dahin von dessen Witwe weitergeführt worden war.[20] Wie Zieger vor ihm, besuchte Rüdiger mehrmals jährlich Prag, er wurde dabei von seinem Handlungsgehilfen Friedrich Roth-Scholtz begleitet. Sie waren dabei an die Marktzeiten gebunden, wie zu St. Wenzel oder Mariä Lichtmess, da die Handelsrechte nichtkatholischer Kaufleute auf die Märkte der Prager Städte beschränkt waren.[21] Zwei umfangreiche Stammbücher von Friedrich Roth-Scholtz belegen nicht nur, dass die beiden Buchhändler mehrmals im Jahr ihr Sortiment auf den Prager Märkten anboten, sondern ebenso vielfältige Kontakte in die Prager Gelehrtenkreise.[22] Während Einträge der Jahre 1711 und 1712 zu einer „Fruchtbringende[n] Gesellschaft" auf die Tradition von Sprachgesellschaften verweist, deuten Bezeichnung wie „geweise Compagnie", „Bruder" mehr auf bruderschaftliche, geheimbündlerische Verbindungen hin, möglicherweise in Richtung der Rosenkreuzer.[23] Die pseudonymen Einträge machen eine Identifizierung in den meisten Fällen nicht möglich. Sofern die häufig angeführte Gründung einer ersten Freimaurer-Loge („Zu den drei Sternen") durch Franz Anton von Sporck im Jahr 1726 haltbar ist,[24] bieten die Einträge in den Nürnberger Stammbüchern möglicherweise Anhaltspunkte für frühere, losere Zirkel, die durch Sporck mitgetragen wurden.

---

20 Einen weiteren sozialen Aufstieg in der Reichsstadt Nürnberg bedeutete 1720 Rüdigers Aufnahme als Genannter des Größeren Rats, vgl. Grieb: Nürnberger Künstlerlexikon (Anm. 18), S. 1727f., 1281.
21 Vgl. Mona Garloff: Confessio et commercium. Konfessionelle Selbst- und Fremdwahrnehmung protestantischer Buchhändler in der Habsburgermonarchie (1680–1750). In: Confessio im Konflikt. Religiöse Selbst- und Fremdwahrnehmung in der Frühen Neuzeit. Ein Studienbuch. Hg. von Mona Garloff, Christian V. Witt. Göttingen 2019, S. 185–206.
22 Aufschluss zu den Kontakten und gelehrten Netzwerken, die Roth-Scholtz in Leipzig und Prag bilden konnte, liefert das erste von zwei erhaltenen Stammbüchern von Friedrich Roth-Scholtz (Einträge 1710–1716), das in der British Library London, Egerton Ms. 1391, überliefert ist. Vgl. Antonín Kostlán: Bohemikální alba amicorum ve fondech British Library. In: Folia Historica Bohemica 23 (2008), S. 91–214 (vgl. Anm. 55); Mona Garloff: Friedrich Roth-Scholtz (1687–1736). Eine gelehrte Verlegerbiographie zwischen Schlesien und Nürnberg. In: Śląska Republika Uczonych / Schlesische Gelehrtenrepublik / Slezská vědecká obec, Bd. 9. Hg. von Marek Hałub. Dresden, Breslau 2020, S. 46–66, hier S. 50, 60f.
23 Kostlán: Bohemikální alba amicorum (Anm. 22), S. 67f.; dies geht insbesondere aus den Einträgen des ersten Stammbuchs für die Jahre 1711 bis 1712 in Prag hervor.
24 Helmut Reinalter: Die Freimaurer. 5. Aufl. München 2006, S. 12f.; die Angaben zu Sporck als Gründer der ersten Freimaurerloge Böhmens gehen zurück auf Josef Svátek: Obrazy z kulturnich dějin českých. Prag 1891, S. 257–259; Eduard Winter: Barock, Absolutismus und Aufklärung in der Donaumonarchie. Wien 1971, S. 129–131.

Vor der offiziellen Begründung einer eigenen Buchhandlung in Nürnberg 1716 versuchte sich Friedrich Roth-Scholtz selbst als Verleger mehrerer kleiner Publikationen in Prag, die auf Verbindungen zu Sporck hinweisen. Dass Roth-Scholtz das Werk *Wehmütige Klag des büssenden Sünders* 1713 Sporck widmete, zeigt über enge religiöse Berührungspunkte hinaus das Interesse, als junger Verleger Publikationsaufträge zu erhalten. Sporck hatte das Werk 1711 in Lissa zunächst selbst publiziert, der Verlag einer weiteren Auflage war nach der Schließung seiner Druckerei jedoch nicht mehr möglich.[25] Der Druckort sollte auch bei der nachfolgenden Ausgabe nicht identifizierbar sein: Roth-Scholtz chiffrierte den Druck, der in Nürnberg oder Breslau erfolgte, im Impressum mit „Frankfurt und Leipzig".[26] Dieses Werk erschien bis zum Lebensende von Roth-Scholtz 1736 in mindestens elf Neuauflagen und trug ab 1716 den offiziell Verlagsort Nürnberg/Altdorf. Es handelt sich dabei um eine Textsammlung protestantischer Erbauungsliteratur, die von Roth-Scholtz erweitert worden war und nun auch Schriften von Philipp Jacob Spener und dem schlesischen Kirchenlieddichter und Prediger Benjamin Schmolck miteinschloss. Es wäre aufschlussreich, die Werksgeschichte auch im Hinblick auf die pietistische Ausrichtung der Sammlung und die ursprüngliche Auswahl Sporcks zu untersuchen. Bereits an dieser Stelle wird deutlich, dass die Publikation von jansenistischen Schriften durch Franz Anton von Sporck nicht auf eine religiöse Richtung beschränkt werden darf, sondern im Gesamtspektrum der von ihm herausgegebenen Schriften zu sehen ist.

Während Friedrich Roth-Scholtz im Zuge seiner Etablierung im Nürnberger Verlagswesen seine direkten Geschäftsbeziehungen nach Böhmen sukzessive auflöste, entwickelten sich längerfristige Beziehungen zu Johann Friedrich Rüdiger, der bis zu seinem Tod um 1751 auf dem Prager Buchmarkt aktiv war.[27] Rüdigers Publikationsspektrum zeigte während seiner über vierzigjährigen Verlags- und Buchhandelstätigkeit eine starke Ausrichtung auf Böhmen: Insgesamt lassen sich heute in den Bibliothekskatalogen Tschechiens, Österreichs und Deutschlands 96

---

25 Wehmüthige Klag Deß büssenden Sünders. Mit welcher er bey den Füssen deß gecreutzigten heylands seine Sünden beweynet und bereuet. Lissa 1711.
26 Wehmüthige Klage des bußfertigen Sünders, mit welcher er Seine Sünde bey den Füssen des gecreutzigten Heylandes beweinet und bereuet. Nebst etlichen andern geistreichen Betrachtungen, ans Licht gestellet. [Frankfurt, Leipzig] 1713 (bis 1736 mindestens elf Neuauflagen, ab 1716 mit dem Verlagsort Nürnberg/Altdorf).
27 Zu Johann Friedrich Rüdiger und der Verlegerfamilie Rüdiger vgl. Regina Mahlke: [Art.] Rüdiger, Michael. In: Neue Deutsche Biographie 22 (2005), S. 215 [Online-Version], https://www.deutsche-biographie.de/pnd136872115.html [30.06.2021]; Mona Garloff: The Troubles of a Protestant Bookseller in a Catholic Market. The Nuremberg Bookseller Johann Friedrich Rüdiger (1686–1751) and the Prague Book Trade. In: Crisis or Enlightenment? Developments in the Book Trade 1650–1750. Hg. von Arthur der Weduwen, Ann-Marie Hansen. Leiden, Boston [im Erscheinen].

Drucke identifizieren, die in einmaliger oder mehrmaliger Auflage bei Rüdiger zwischen 1710 und 1751 erschienen waren. Dabei wurden ca. 45 Werke in Prag oder unter dem Doppelimpressum Nürnberg – Prag gedruckt. Rüdigers Verlagsprogramm zeigt klare Schwerpunkte: Neben Wörterbüchern und Grammatiken der französischen, spanischen und lateinischen Sprache sowie medizinischen und alchemistischen Abhandlungen liegt ein Schwerpunkt auf juristischen Werken. Mehrere dieser Werke wie *Extractus iuris provincialis* (1710) oder *Manuductio ad praxim juridicam* (1729, 1751) wurden in Prag gedruckt. Rüdiger spezialisierte sich früh auf den Verlag von deutschsprachigen *Bohemica*: So verlegte er unter dem Impressum „Amstelædami, Apud Joh. Frider. Rüdigerum 1713" Paul Stránskýs *Respublica bohemiae* (Erstdruck Leiden 1634).[28] Friedrich Roth-Scholtz, zu diesem Zeitpunkt noch Handlungsgehilfe Rüdigers, verfasste ein Vorwort.[29] Dazu kamen spezielle Rechtswerke zu Böhmen wie der *Alphabetische Auszug der gesammten alt und neuen Böhmischen Gesetze* (1741) von Johann Georg Miller von Muehlensdorf.[30] Rüdiger verlegte auch traditionelle Werke der katholischen Erbauungs- und Predigerliteratur, wie Thomas von Kempis *Nachfolge Christi* oder Antonio de Rojas Manrique *Das Leben des Geistes, oder geistliches Leben*.[31] Am erfolgreichsten erwiesen sich Landes- und Stadtbeschreibungen, wie *Das Sehenswürdige Prag* von Carl Adolph Redel in mehreren Auflagen.[32] In einem anderen Fall wusste Rüdiger geschickt die Adaption einer früheren Ausgabe zu kaschieren: Die *Historisch- und Geographische Beschreibung des Königreichs Böhmens* (Nürnberg – Prag 1742) glich bis auf wenige Abweichungen dem Werk *Das Jetztlebende Königreich Böhmen* von Mauritius Vogt, dessen Verlag Zieger vor seinem Tod nicht abschließen konnte. Rüdiger hatte das Werk vermutlich bereits 1712 unter dem Namen seines bereits verstorbenen Schwiegervaters herausgegeben und verwendete in späteren Auflagen auch die Kupferstiche wieder. Eine beson-

---

28 Pavel Stránský: De Republica Bojema. Opus utilisimum, quod propter excellentiam suam Typo novo donatum, addita Præfatione Frider. Roth-Scholtzii. Amsterdam [Nürnberg] 1713.
29 Vgl. Mona Garloff: Friedrich Roth-Scholtz (1687–1736). In: Schlesische Lebensbilder. Hg. von Joachim Bahlcke. Bd. 12. Würzburg 2017, S. 117–131.
30 U. a. Neumann von Puchholtz, Wenceslas X.: Tractatus Juridico-Practici de Abusibus Quibusdam Praxeos Boemiae et de Specialitatibus Juris Boemici. Nürnberg 1731 (Nürnberg 1733, Prag 1729); [Müller von Müllendorf, Johann Georg]: Alphabetischer Auszug der gesammten Alt und Neuen Böhmischen Gesetze [...]. Prag 1741.
31 Des Geistreichen Thomae a Kempis vier Bücher von Nachfolgung Christi. Prag [s.d.]; Antonio de Rojas: Das Leben des Geistes, oder Geistliches Leben. Lehrend, Wie wohl Beten, und sich mit Gott vereinigen könne. Prag 1736.
32 Carl Adolph Redel: Das Sehens-würdige Prag. Worinnen Alle sehens- merck- und Wunderwürdige Begebenheiten, Denckmahle und Antiquitäten [...] kürtzlich vorgestellet werden. Nürnberg, Prag 1728, weitere Auflage 1730.

ders ausführliche Beschreibung ist zu Beginn des Bandes Kuks und Lissa an der Elbe – den Herrschaftsgütern des Franz Anton Graf von Sporck – gewidmet. Die Veduten tragen Widmungen Ziegers an Sporck. Es ist davon auszugehen, dass Sporck die Drucklegung des Bandes, wenn nicht in Gänze, so zumindest anteilig für die auf seine Besitzungen entfallenden Teile und Stiche finanziert hatte. Die Publikationsnetzwerke rund um Sporck, von denen Rüdiger profitieren konnte, führen sich also auf Verlegerbeziehungen zurück, die Zieger in Böhmen aufgebaut hatte.

Die Kontakte zu den Nürnberger Verlegern Rüdiger und Roth-Scholtz waren für Sporck in den Jahren nach der obrigkeitlichen Schließung seiner Druckerei 1711 für den Verlag von Schriften zentral: Die Rechtsprozesse gegen seine Person suchte er durch eine umfangreiche Sammlung seiner Prozessakten *(Species facti)* offenzulegen. Dieser Sammlung war die titelgebende Lebensbeschreibung *Leben Eines Herrlichen Bildes Wahrer und rechtschaffener Frömmigkeit* beigefügt. Die Schriften wurden von Rüdiger und Roth-Scholtz außer Landes gebracht. Beide standen in den folgenden Jahren zu der verdeckten Veröffentlichung in engem Kontakt zu Sporck. Die Publikation seiner Verteidigungsschriften, die von Roth-Scholtz in Nürnberg vorbereitet wurde, zog sich für Sporck unerträglich lange hin. Der Druck erschien schließlich unter dem pseudonymen Herausgeber Ferdinand van der Roxas mit dem Impressum „Amsterdam/ Rudolph van der Leewen 1715".[33] In den Initialen des fingierten herausgebenden Verlegers ist Friedrich Roth-Scholtz erkennbar. Gedruckt wurde das Werk jedoch erst 1717. Die Lebensbeschreibung erschien in ihrer ersten Ausgabe in nur etwa 200 Exemplaren, 1720 erfolgte eine geringfügig erweiterte Fassung unter dem Pseudonym Gottwald Caesar von Stillenau, die in einer unbekannten Offizin, möglicherweise in Frankfurt am Main, mit einer Auflagenhöhe von über 3.000 Exemplaren gedruckt wurde.[34] Es ist nicht rekonstruierbar, ob Rüdiger und Roth-Scholtz an der Veröffentlichung der zweiten Ausgabe beteiligt waren.

Zu den verschiedenen Teilen dieses umfangreichen Werks zählte auch ein Verzeichnis, in dem Sporck die Werkangaben der von ihm initiierten Publikationen

---

**33** [Ferdinand van der Roxas]: Leben Eines Herrlichen Bildes Wahrer und rechtschaffener Frömmigkeit, Welches Gott in dem Königreich Böhmen, in der Hohen Person Sr. Hoch-Gräfl. Excellenz, Herrn Herrn Frantz Antoni, Des Heil. Röm. Reichs Grafen von Sporck, Herr derer Herrschafften Lyssa, Gradlitz, Konoged und Herschmanitz […]. Amsterdam [Nürnberg] 1715 [1717].
**34** [Gottwald Caesar von Stillenau]: Leben Eines Herrlichen Bildes wahrer und rechtschaffener Frömmigkeit […]. [s.l.] 1720. Vgl. zu der Publikation Benedikt: Franz Anton von Sporck (Anm. 5), bes. S. 421–424.

anführte.³⁵ Die erste Ausgabe (1717) des *Leben Eines Herrlichen Bildes, wahrer und rechtschaffener Frömmigkeit* verzeichnete auf über fünfzig Seiten mit jeweils bibliographischen Angaben und einer inhaltlichen Beschreibung Sporck-Drucke, die zwischen 1701 und 1715 erschienen waren.³⁶ In der „Stillenau"-Ausgabe von 1720 wurde das Verzeichnis erweitert und umfasste nun 32 Drucke bis ins Jahr 1719.³⁷ Druckorte wurden hier nur genannt, wenn das Werk offiziell an einem katholischen Druckort wie Prag erschienen war. Sporck war bemüht, unter den Werken besonders katholische Autoren aufzuführen, die in einem breiten inhaltlichen Spektrum standen, das von Reginald Pole über den Jesuiten Nicolas Caussin bis zu dem in Port-Royal wirkenden Louis-Isaac Lemaistre de Sacy reichte. Lemaistre ist in dieser Aufstellung der einzige Autor, dessen Aufnahme am Beispiel der Übersetzung der *Psalmen Davids* (1713) mit längeren Erklärungen in den Fußnoten gerechtfertigt wird.³⁸ Besondere Bedeutung sollte in der erweiterten Stillenau-Ausgabe jedoch eine Publikation erhalten, die nun ebenfalls mit ausführlicher Kommentierung als jüngste Publikation an erste Stelle des Verzeichnisses gesetzt wurde.

Es handelte sich dabei um die aus dem Französischen übersetzte Perikopenauslegung *Das Christliche Jahr, oder Die Messen auf die Sonn- gemeine-Ferial und Fest-Täge des gantzen Das Christliche Jahr*. Diese Veröffentlichung lag Sporck zeit seines Lebens am meisten Herzen und sollte ihn über zwanzig Jahre mit verschiedenen Ausgaben beschäftigen: Das umfangreiche Werk beinhaltete im Postillen-Stil Auslegungen zu den Episteln und Evangelien entsprechend der Perikopen des Römischen Messbuchs, wie sie zur Messe an den Sonn- und Feiertagen des Kirchenjahres verlesen wurden.³⁹ Dabei handelte es sich um eine Übersetzung des Werks *L'Année Chrétienne* des französischen Autors Nicolas Le Tourneux, die nun erstmalig ab 1716 durch Johann Friedrich Rüdiger auf Deutsch verlegt wurde.

Der aus Rouen gebürtige Nicolas Le Tourneux wirkte in Paris als Priester und erfolgreicher Prediger und stand der Bewegung von Port-Royal nahe. Die letzten Jahre seines Lebens zog er sich in die Abtei Villers-sur-Fère zurück, er verstarb mit 46 Jahren. Sporcks Übersetzung des *Année Chrétienne* stützte sich auf die posthum ergänzte, insgesamt elfbändige Ausgabe (1686–1698), deren beiden letzten Bände

---

35 Vgl. zu den Werkverzeichnissen Benedikt: Franz Anton von Sporck (Anm. 5), S. 411–453; vgl. Ernst Back: Unbekannte Sporckdrucke. In: Mitteilungen des Heimatmuseums in Kukus a.d. Elbe 3 (1937), S. 17–37.
36 Roxas: Leben Eines Herrlichen Bildes (Anm. 33) dritter Teil, S. 49–105.
37 Stillenau: Leben Eines Herrlichen Bildes (Anm. 34), dritter Teil, S. 66–127.
38 Vgl. Roxas: Leben Eines Herrlichen Bildes (Anm. 33), S. 63–67; Stillenau: Leben Eines Herrlichen Bildes (Anm. 34), S. 81–85; zu Le Maistre Albert Raffelt: [Art.] Le Maistre. In: Lexikon für Theologie und Kirche. Hg. von Walter Kasper u. a. 3. Aufl. Freiburg u. a. 1997, Bd. 6, Sp. 702.
39 Vgl. Jiří Šerých: Michael Rentz fecit. Michael Jindřich Rentz, dvorní rytec hraběte Šporka. Prag 2007, S. 132 [im Folgenden zit. nach der dt. Übersetzung in Beilage].

durch den belgischen Jansenisten Ernest Ruth d'Ans ergänzt wurden. Papst Innozenz XII. hatte das Werk am 7. September 1695 auf den *Index librorum prohibitorum* gesetzt.[40] Es erschien in Frankreich in der ersten Hälfte des achtzehnten Jahrhunderts in weiteren Ausgaben.[41]

## 2 Nürnberger Verlegernetzwerke und die Publikation des *Christlichen Jahres*

Rüdiger hatte mit der Übersetzung des *Christlichen Jahres* ab 1716 ein Werk verlegt, dessen Druck in Böhmen zu diesem Zeitpunkt nicht möglich gewesen wäre: Da in der Reichsstadt Nürnberg der Druck von katholischen Werken offiziell verboten war, wich der Verleger – zumindest dem Impressum nach – auf den Druckort Würzburg aus.[42] Tatsächlich dürfte das Werk jedoch in Nürnberg selbst verlegt worden sein. Auch in anderen Fällen, wie etwa für den Druck der *Biblia Sacra* in Bamberg, wählte Rüdiger für katholische Werke Verlagsorte im Umkreis.[43] In seiner Lebensbeschreibung führte Sporck das Werk ohne Druckort an, denn selbst die Angabe des katholischen Würzburgs wäre aufgrund des kaiserlichen Reskripts von 1713, das den Druck von Sporck-Publikationen auch außerhalb der Landesgrenzen verbot, nicht möglich gewesen.

Das *Christliche Jahr* erschien bei Rüdiger 1716 bis 1717 in elf umfangreichen Teilen im schlicht gestalteten Quartdruck (Abb. 1).[44] Eine weitere Ausgabe folgte 1717 bis 1718 ohne Angabe eines Druckortes, der Verlag durch Rüdiger liegt auch hier nahe.

Teilweise war den Bänden der zweiten Ausgabe ein Sporck-Portrait vorangestellt. Dies kann als Teil eines allgemeinen Bildprogramms gesehen werden: Denn

---

**40** Nicolas Le Tourneux: L'Année Chrétienne. Ou les messes des dimanches, Féries et Fetes de toute l'Année. 11 Bde. Paris 1686–1698; vgl. Albert Raffelt: [Art.] Letourneux, Nicolas. In: Lexikon für Theologie und Kirche (Anm. 38), Sp. 856; Louis Ellies Dupin: Nicolas Le Tourneux, prêtre. In: Nouvelle bibliothèque des auteurs ecclésiastiques. Bd. 8. Hg. von Louis Ellies Du Pin. Amsterdam 1711, S. 301; Šerých: Michael Rentz fecit (Anm. 39), S. 132.
**41** U. a. Nicolas Le Tourneux u. a.: L'Année Chrétienne, contenant les messes de dimanches. 13 Bde. Paris 1757.
**42** Nicolas Le Tourneux: Das Christliche Jahr, Oder Die Messen auf die Sonn- gemeine-Ferial und Fest-Täge des gantzen Jahrs, in teutscher Sprach. [...] 3. Bde. Würzburg 1716–1718.
**43** Vgl. Garloff: The Troubles of a Protestant Bookseller (Anm. 27).
**44** Wie Sporck an Roth-Scholtz schrieb, war die Übersetzung des umfangreichen Werks im Frühsommer 1717 bis zur Hälfte fertig. Der Name des Übersetzers ist nicht bekannt. Vgl. Benedikt: Franz Anton von Sporck (Anm. 5), S. 425.

**Abb. 1:** *Das Christliche Jahr*, Bd. 3, 1716 Würzburg, Titelblatt, Universitäts- und Landesbibliothek Darmstadt, W 5527 Bd. 3.

wie die aufwendige Gestaltung vieler seiner Publikationen zeigt, legte Sporck großen Wert auf die bildliche Ausgestaltung der Texte. Zugleich zeigt die Vielzahl der bis heute überlieferten Portraits, dass Sporck auf die visuelle Selbstdarstellung seiner Person bedacht war. Benedikts Einschätzung, dass Sporck sich mit der Beigabe seines Portraits „öffentlich als Anhänger des jansenistischen Verfassers zu bekennen"[45] suchte, ist nicht nur aus diesen Gründen zu relativieren.

Sporck machte den ursprünglichen Autor des *Année Chrétienne* weder in der Übersetzung des Werks noch in der Korrespondenz rund um die Veröffentlichung kenntlich. Dies hat dazu geführt, dass die Autorschaft des Werks in der älteren

---

[45] Benedikt: Franz Anton von Sporck (Anm. 5), S. 425.

Sporck-Forschung dem in Port-Royal wirkenden Louis-Isaac Lemaistre zugeschrieben wurde. Diese Zuschreibung lag auch daher nahe, da Sporck mit den *Psalmen Davids*, die 1713 in Übersetzung seiner Töchter in Prag erschienen waren, bereits ein anderes Werk von Le Maistre herausgegeben hatte.[46]

Die Bedeutung und Zielsetzung, die sich für Sporck mit der Publikation des *Christlichen Jahres* verbanden, legte er in seiner Lebensbeschreibung dar:

> Weil Ihro Hoch-Gräfliche Excellenz in mitleydender Behertzigung deß bey ietzigen Zeiten/ leyder ziemlich zerfallenen Christenthums befundenn/ was massen dessen Haupt-Ursach fürnemlich darin bestehe/ daß die Jugend in denen wahren und höchst-nöthigen Grund-Regeln Christlicher Religion wenig oder gar nichts unterrichtet werde/ folglich die meiste Menschen in der Finternus einer schier gäntzlichen Unwissenheit von Göttlichen Dingen und Glaubens-Sachen also blind aufwachsen/ daß in alles ihrer Andacht mehr ein Götzen- als Gottes-Dienst hervor leuchtet; und nun dergleichen im Finstern tappenden bejammerns würdigen Leuten durch das Liecht einer getreu unverfälschten Unterweisung zu helffen nicht nur denen Geistlichen Seelsorgen/ Eltern und Haus-Vättern/ sondern auch denen Obrigkeiten oblieget; als haben Ihro Hoch-Gräfliche Excellenz vorderist zu diesem Ende viele herrliche Bücher drucken lassen/ und nebst denen auch dieses Geist- und Lehr-reiches Buch/ Christliches Jahr benannt/ zu des Nächsten Aufferbaulichkeit und Beförderung des Seelen-Heyls/ mit grossen Unkosten aus der Frantzösischen in die Teutsche Sprach übersetzen/ und in Druck beförderen lassen/ damit es in einem jeglichen Hause dem Gesinde und insbesonderheit denen/ welche in die Kirche zu gehen rechtmässiger Weise verhindert seynd/ der von der Röm. Catholischen Kirchen auf alle Sonn- und Feyer-Täge eingetheilten Ordnung nach/ statt der Predigt oder Kinder-Lehr fleissig und deutlich vorgelesen werden könne.[47]

Das *Christliche Jahr* sollte also eine Anleitung zur Rückbesinnung jedes Einzelnen auf ein frommes christliches Leben sein. Dies sollte vor allem durch die häusliche Lektüre und das Vorlesen entsprechend der Auslegung der Perikopen, der „Sonn- und Feyertäge eingetheilten Ordnung nach", vermittelt werden. Ferner spielte Sporck in der Schlussrede direkt auf die verbotene Schrift *Die wahre Grund-Reguln* (1710) an: So läge die Ursache für den Zerfall des christlichen Glaubens in den fehlenden „wahren und höchst nöthigen Grund-Regeln",[48] in denen die Jugend nicht ausreichend unterrichtet werde.

In der Literatur wird der ursprüngliche Anstoß für das großangelegte Publikationsprojekt des *Christlichen Jahres* bisweilen auf einen direkten Übersetzungswunsch von Wilhelmine Amalie, der Witwe Kaiser Josephs I., zurückgeführt. Benedikt gibt an, dass Wilhelmina Amalia Sporck um das Jahr 1713 gebeten habe, sich der Übersetzung des Werks anzunehmen.[49] Es finden sich für diese Annahme

---

46 Vgl. zum Werk, Benedikt: Franz Anton von Sporck (Anm. 5) Druck, Nr. 36, S. 420 f.
47 Roxas: Leben Eines Herrlichen Bildes (Anm. 33), S. 67.
48 Roxas: Leben Eines Herrlichen Bildes (Anm. 33), S. 67.
49 Benedikt: Franz Anton von Sporck (Anm. 5), Drucke Nr. 47, S. 425 f.

jedoch keine Quellennachweise. Möglicherweise liegt hier eine Verwechselung mit dem Werk *Christliche Lehr-Gedancken Uber die Sonntägliche Evangelia* des Jesuiten Ignatius Haan (Augsburg 1740, 2 Bde.) vor, das der Kaiserinwitwe gewidmet wurde.[50] Dies schränkt jedoch nicht die Rolle ein, die Wilhelmina Amalia insgesamt für die Verbreitung von jansenistischen Schriften im Umfeld des Wiener Hofs bis zu ihrem Tod im Jahr 1742 spielte.[51] So war in ihrem Auftrag beispielsweise eine andere Übersetzung eines Werks von Nicolas Le Tourneux entstanden: Sie erschien unter dem Titel *Die beste Art, die heilige Messe zu hören* mit Approbation der Universität Wien 1724 beim Wiener Universitätsdrucker Johann Baptist Schilg.[52] Weiterführend wäre auch zu prüfen, inwiefern jansenistische Schriften über die Vertriebswege Nürnberger Buchhändler nach Wien kamen, die wie in Prag hier eine einflussreiche Marktposition einnahmen.

Die Publikation des *Christlichen Jahres* lag Sporck bis zu seinem Tod 1738 am meisten am Herzen und er scheute weder Kosten noch Mühen, diese in einer Prachtausgabe zu veröffentlichen: Die Bedeutung des Werks für Sporck zeigt sich in seiner testamentarischen Verfügung, in der er 1731 15.000 Gulden vorgesehen hatte, wenn die Neuausgabe, für die eine Auflage von 3.000 Exemplaren kalkuliert war, nicht bis zu seinem Lebensende fertig werden sollte.[53]

Die schlicht gestalteten ersten Nürnberger Ausgaben waren für Sporck somit nur eine Grundlage für die weitere Arbeit an diesem Werk. Um die fromme Erbauung, zu der der Jahreszyklus im häuslichen Kreis oder in Einzellektüre anregen sollte, bestmöglich zu fördern, verfolgte er seit 1721 auch das Publikationsprojekt, das *Christliche Jahr* in einer Versfassung umzusetzen, die mit musikalischer Begleitung rezipiert werden sollte.

Für dieses Projekt tastete Sporck vorsichtig mögliche Verlegerkontakte in Leipzig, Dresden und Frankfurt ab, um schließlich ein Arrangement mit dem Nürnberger Verleger Peter Conrad Monath zu treffen.[54] Monath führte seit 1713 eine Buchhand-

---

50 Ignatius Hahn: Christliche Lehr-Gedancken Uber die Sonntägliche Evangelia [...]. 2 Bde. Augsburg 1740.
51 Elisabeth Garms-Cornides: Zur spirituellen Prägung der Stifterin. Jugendjahre der Wilhelmina Amalie von Braunschweig-Lüneburg in Paris. In: Das Kloster der Kaiserin. 300 Jahre Salesianerinnen in Wien. Hg. von Helga Penz. Petersberg 2017, S. 35–41, hier S. 35.
52 Nicolas le Tourneux: Die beste Art die heilige Messe zu hören. Wie solche an den Printzen von *** durch Herrn Nicolas Le Tourneux Priestern und Priorn zu Villers gestellet und verfasset [...]. Wien 1724; vgl. Hersche: Der Spätjansenismus (Anm. 7), S. 49 f.
53 NA Prag, Wunschwitz' Geneal. Sammlung 1193 – Sporck. Fasz. 108–109, Kart. 8, Kart. 37, Der letzte Wille des Grafen F. A. Sporck vom 20.11.1731.
54 NA, Inv. Nr. 476–494 (19 Bde.), Kopienbuch der abgegangenen Korrespondenz von Graf F. A. Sporck aus den Jahren 1695–1738 [im Folgenden NA Korrespondenz], hier Nr. 483 (1722–1723), passim.

lung mit Verlag in Nürnberg und war in den frühen 1720er Jahren auf die Ausweitung seines Firmengeschäfts bedacht.[55] Als mögliche Handelsniederlassung kam Prag in Frage, was auch die direkte Kontaktaufnahme zu Sporck erklärt.

Monath besuchte Sporck in den Sommermonaten des Jahres 1722. Dies entsprach auch der allgemeinen Popularität, die der Kurort Kuks in diesen Jahren gewann. Wie aus Sporcks Korrespondenzen hervorgeht, kamen regelmäßig auch Kaufleute in den Sommermonaten an diesen Residenzort, um sich an den Bädern und kulturellen Darbietungen wie Theateraufführungen zu erfreuen.[56]

Sporck berichtete seinem Vertrauten Karl Josef von Grossa im Juli 1722, dass er mit Monath nicht nur über Geschäftliches gesprochen habe, vielmehr teilten sie auch gemeinsame religiöse Auffassungen:

> Meine eintzige Straffrede ist, das unser religion durch so mancherley Nebending schier gäntzlich verstelle, und einem wahren Christen anstatt derselben nachzufolgen zum Gespött und Gelächter gemacht wird. Ich hab diese Tag hindurch und in Sonderheit in anwesenheit eines Nürnberger Buchhändlers mit Nahmen Monath von dieser Materii einen eyfrig und soliden discours geführt.[57]

Die geschäftlichen Absprachen in Kuks betrafen vor allem den Abschluss eines Verlagsvertrages, der den Verlag der Versfassung der *Christlichen Jahres* in 1.000 Exemplaren festhielt.[58]

Bereits im Vorfeld hatte sich Monath mit einem aufwendigen Portrait empfohlen, das von den Nürnberger Stechern Joseph de Montalegre und Michael Heinrich Rentz angefertigt worden war. Ferner verlegte Monath 1722 das Werk *Sonderbare Gedanken von der Christlichen Religion* von William Beveridge, in dem der anglikanische Bischof zu einer Rückbesinnung auf die Werte des frühen Christentums aufgerufen hatte, für Sporck neu. Das Titelblatt versah Monath mit dem Sporck'schen Wappen und einem Titelbild von Rentz (Abb. 2).[59]

---

55 Peter R. Frank, Johannes Frimmel: Buchwesen in Wien 1750–1850. Kommentiertes Verzeichnis der Buchdrucker, Buchhändler und Verleger. Wiesbaden 2008, S. 194 f.; Grieb: Nürnberger Künstlerlexikon (Anm. 18), Bd. 2, S. 1030; Petr Voit, [Art.] Peter Konrad Monath. In: Encyklopdie knihy, https://www.encyklopedieknihy.cz/index.php?title=Peter_Konrad_Monath&oldid=15405 [30.06.2021].
56 NA, Korrespondenz, Nr. 483 (1722–1723), S. 54–57 (an de Grossa, 3.08.1722).
57 NA, Korrespondenz, Nr. 483 (1722–1723), S. 32–36 (an de Grossa, 16.07.1722).
58 NA, Korrespondenz, Nr. 483 (1722–1723), Verlagsvertrag s. Anhang; vgl. Šerých: Michael Rentz fecit (Anm. 39), S. 133.
59 William Beveridge: Sonderbare Gedanken von der christlichen Religion. Nürnberg 1722. Vgl. Benedikt: Franz Anton von Sporck (Anm. 5) Druck Nr. 77, S. 433 f.

**Abb. 2:** Portrait Sporcks mit Widmung Peter Conrad Monaths, Kupferstich Michael Heinrich Rentz und Joseph de Montalegre [1722], Herzog August Bibliothek Wolfenbüttel: Portr. I 12843.

Es war Monaths Vermittlung zu verdanken, dass Rentz in Folge direkt für den Grafen arbeitete und auch über dessen Tod hinaus in Kuks ansässig wurde.[60] An seinem Hauptwerk, der bildlichen Darstellung des *Christlichen Jahres*, arbeitete Rentz zwölf Jahre und entwarf zwischen 1723 und 1735 knapp 300 Kupferstiche, die die Auslegung der Evangelien und Episteln illustrierten.

Dass dieser Druck der *Geistlichen Lieder und Gesänge* schließlich nicht über Monath vollendet wurde, zeigt, wie mühsam Verlagsabsprachen über weite Distanzen oft waren: Erschwert wurde dies durch die langwierige Arbeit an den *Geistlichen*

---

**60** Vgl. zu Rentz: Šerých: Michael Rentz fecit (Anm. 39); Petr Voit: [Art.] Michael Heinrich Rentz. In: Encyklopedie knihy, https://www.encyklopedieknihy.cz/index.php?title=Michael_Heinrich_Rentz&oldid=16722 [30.06.2021]; Grieb: Nürnberger Künstlerlexikon (Anm. 18), Bd. 3, S. 1219.

*Liedern*, die erst um mehrere Jahre verzögert fertig gestellt werden konnten.[61] Mit der Umsetzung hatte Sporck Ferdinand Ludwig von Bressler beauftragt, der die Arbeit an ein Dichterkollektiv vergab, sein früher Tod 1722 verhinderte jedoch die Fortsetzung in diesem Format.[62] Als mögliche mitwirkende Verfasser sind u. a. Johann Christian Günther, Gottfried Stöckel, Christian Friedrich Henrici sowie Benjamin Schmolck angeführt worden, es gibt jedoch keine gesicherten Anhaltspunkte für diese Zusammenarbeit. Fest steht, dass Sporck die Fertigstellung nach Bresslers Tod dem schlesischen Dichter Gottfried Benjamin Hancke anvertraute. Noch im April 1726 ging Sporck weiterhin von der Drucklegung in Nürnberg aus und ließ die Manuskripte aus Prag über Johann Friedrich Rüdiger an Monath übersenden.[63] Der Verlag kam jedoch schließlich nicht in Nürnberg, sondern im schlesischen Schweidnitz zustande.[64] Das zweibändige Werk konnte mit seiner Kupferstichausgestaltung schließlich 1728 abgeschlossen werden. Dies war nicht zuletzt durch die Approbation bedingt, die das Werk zum Druck erhalten musste: Es war nur der geschickten Vermittlung Hanckes zu verdanken, dass das Werk nicht der örtlichen Zensur, die in Schweidnitz durch die Dominikaner ausgeübt wurde, zum Opfer fiel. Wie Hancke dem Schweidnitzer Magistrat vorwarf, hatte dieser in der gemischtkonfessionellen Stadt (entsprechend der Altranstädter Konvention 1707) nicht seine Zensurpflicht erfüllt, sondern das Werk den kirchlichen Zensoren vorgelegt, die es in Teilen beanstandet hatten. Für die Druckfreigabe des Werkes berief sich Hancke auch auf die Approbation der Pariser Universität, die dem Originalwerk 1692 vor seiner Indexsetzung erteilt worden war.

Durch die wechselnde Arbeit an den *Geistlichen Gesängen und Liedern* hatte sich die Ausgangslage gewandelt, so dass der Verlag in Schweidnitz nun näherlag als außerhalb der Landesgrenzen in Nürnberg. Andererseits war der Abbruch der Geschäftsbeziehungen zu Monath auch dessen eigener Verlagsentwicklung geschuldet. Ab 1726 richtete er seine Verlagsbeziehungen auf den Donauhandel und als Niederleger in Wien aus, wo sein Buchangebot einige Jahre später zu dem

---

61 Vgl. Laura Bignotti: „Du must dein Saythenchor nach Davids Harfe ziehn". Johann Christian Günthers geistliche Lyrik. Marburg 2010, S. 53–67; Benedikt: Franz Anton von Sporck (Anm. 5), Drucke Nr. 94, S. 439–441.
62 Vgl. zu Bressler Thomas Wallnig: Ferdinand Ludwig Bressler und Aschenburg. In: Schlesische Lebensbilder (Anm. 29), S. 101–116.
63 Wie Šerých: Michael Rentz fecit (Anm. 39), S. 135, gezeigt hat, vermerkte Sprock auf der Innenseite der Manuskripte: „Diese zwei Manuskripte sollten vermittels Herrn Rüdiger dem Herrn Konrad Monath, Buchhändler zu Nürnberg, überantwortet werden zwecks der gewissen ihm auferlegten Beauftragung. Prag 12. April 1726".
64 Geistliche Gesänge und Lieder Über Sonn- und Fest-Tags-Episteln und Evangelia, Welche in dem [...] des Christlichen Jahres enthalten sind [...]. 2 Bde. Schweidnitz 1725 [1725–28]. Entgegen der Jahresangabe im Impressum wurde das Werk in zwei Bänden erst 1728 fertiggestellt.

Größten der Stadt gehören sollte. Längerfristig wurden damit Kundenkontakte nach Nordböhmen für Monath nachrangig.

Dass Zensurentscheidungen oft zeitlich eng an unterschiedliche institutionelle Interessen gebunden waren, zeigt die weitere Publikationsgeschichte des *Christlichen Jahres*: Bereits 1724 war eine Neuauflage des Werks nun in Prag direkt erschienen, für die der Verleger Hraba 1.500 Exemplare anfertigt hatte.[65]

1733 und 1734 erschien schließlich die Prachtausgabe, deren zwei Bände jeweils über tausend Seiten umfassten und mit knapp dreihundert Stichen von Rentz gestaltet waren. Dieses Werk enthielt auch Teile der Versfassung. Das Werk wurde in Prag von dem Verlag Georg Labaun/ Jiří Laboun bzw. Erben Labaun verlegt und erhielt mit dem Datum 25. September 1733 eine Druckgenehmigung des Prager Erzbistums.[66]

# 3 Zur Kontextualisierung der Publikationsgeschichte des *Christlichen Jahres*

Am Beispiel des *Christlichen Jahres* wurde deutlich, dass die Publikationsgeschichte der Sporck-Drucke präzise über den Entstehungskontext, die verschiedenen Auflagen und die Übersetzungsleistung verfolgt werden muss. Im Anschluss an Veronika Čapská wäre dabei ein genauer Textabgleich notwendig, um bewusste Abweichungen von religiösen Positionen des Originaltextes in den Übersetzungen kenntlich zu machen, die durch die Töchter Sporcks oder von unbekannter Hand vorgenommen wurden. Nur so können insgesamt angemessen Aussagen zur Bedeutung jansenistischer Schriften im Werkcorpus von Franz Anton Graf von Sporck getroffen werden. Ferner liefert die wechselhafte obrigkeitliche Zensurpraxis wichtige Anhaltspunkte zu den Publikationsspielräumen und der Verbreitung solcher Werke im Böhmen des achtzehnten Jahrhunderts.

Als historische Dokumente sind hier Zensurakten von hoher Aussagekraft, besonders die Befunde der Königgrätzer Kommission, die die Bibliothekskonfiskation Sporcks von 1729 dokumentieren. Der Königgrätzer Jesuit und Generalvikar Vojtěch

---

65 Zum Verlag Hraba vgl. Karel Chyba: Slovník knihtiskařů v Československu od nejstarších dob do roku 1860. Prag 1966[–1976] (Příloha Sborníku PNP Strahovská knihovna 1966[–1976]), S. 126 f.
66 Das Christliche Jahr, Oder Die Episteln und Evangelien, Auf die Kirchen-Fest-Täge und Gelübd-Messen durch das gantze Jahr. Sambt dererselben Außlegung, In gebundener und ungebundener Rede [...]. 2 Bde. Prag 1733–1734. Zum Verlag Laboun vgl. Chyba: Slovník knihtiskařů (Anm. 65), S. 166; Petr Voit: [Art.] Jiří Laboun st., in: Encyklopedie knihy, https://www.encyklopediekynihy.cz/index.php?title=Ji%C5%99%C3%AD_Laboun_st.&oldid=17138 [30.06.2021].

Jiří Dobrohlav verfasste Ende 1729 ein Verzeichnis zur Vorzensur der beschlagnahmten Bestände, das alle Titel einer knapp kommentierten Prüfung unterzog.[67] Dieses Verzeichnis ist auch über die konkreten Zensurentscheidungen hinaus für die weitere Rezeptionsgeschichte bedeutsam, da es noch in der zweiten Fassung von Koniáš' Indexwerk 1749 die Hauptgrundlage zur Beurteilung der jeweiligen Werke bot. Insgesamt wird deutlich, dass kirchliche Approbationen, wie sie beispielsweise für den Druck der *Christlichen Sitten-Lehre* 1710 erteilt worden waren, kein ausschlaggebendes Kriterium dafür waren, ob ein Titel im Verzeichnis von Dobrohlav beziehungsweise Koniáš' *Clavis haeresim claudens* verboten wurde oder nicht.

Nach Benedikt lassen sich bis 1729 112 Drucke Sporck zuordnen, wobei hier jeweils alle Auflagen und Ausgaben der jeweiligen Titel eingerechnet sind.[68] Von der Königgrätzer Kommission wurden in der Vorzensur zwölf Werke von 47 konfiszierten Titeln jansenistischen Inhalten zugeordnet. So wurden beispielsweise drei Übersetzungen, die 1708 bis 1710 zur christlichen Erziehungslehre erschienen waren, mit dem Vermerk „Jansenismum sparsim continet" versehen.[69] Zu diesen Werken gehörten auch *Die wahre Grund-Reguln*, die 1713 ein kaiserliches Verbot erhalten hatten. Das von Sporck verlegte Gebetbuch *Gott geheiligte Stunden*, das der französische Kardinal Louis-Antoine de Noailles 1701 in seiner Diözese eingeführt hatte, erhielt den Vermerk „correctione eget".[70] Von der Zensur verschont blieb hingegen eine Adaption der *Pensées* Blaise Pascals, die in der abgeänderten und erweiterten Übersetzung nur noch schwer auf den Originaltext rückführbar war (*Wiederlegung der Atheisten*, Prag 1712).[71]

Die Beurteilung der Werke von Louis-Isaac Lemaistre fiel unterschiedlich aus: Die Übersetzungen der *Psalmen Davids* und die 1720 gedruckte Auslegung der Paulusbriefe waren durch den Namenszusatz „Sacy" im Titel und Sporcks Zuordnung in seiner Lebensbeschreibung leicht mit der Autorschaft Lemaistres

---

67 Das Verzeichnis der zensierten Bibliothekbestände ist ediert in: Beyspiel einer Bücherinquisition des königgrätzer bischöfl. Ordinariats vom Jahre 1729. In: Materialien zur alten und neuen Statistik von Böhmen X (1790), S. 37–42; vgl. Dolezel: Frühe Einflüsse des Jansenismus (Anm. 2), S. 149–152.
68 Insgesamt verzeichnet Benedikt: Franz Anton von Sporck (Anm. 5), S. 411–453, bis 1737 124 Werke; Back: Unbekannte Sporckdrucke (Anm. 35) erschließt dazu ergänzend Werke, die Nr. 125–153 weitere Sporck-Drucke sind sowie Nr. 154–189 Werke, die posthum erschienen oder im näheren familiären Umfeld entstanden sind.
69 Verzeichnis (Anm. 67), S. 38 (Nr. 12).
70 Verzeichnis (Anm. 67), S. 40 (Nr. 39); vgl. Benedikt: Franz Anton von Sporck (Anm. 5), Drucke Nr. 22, S. 416.
71 Vgl. Dolezel: Frühe Einflüsse des Jansenismus (Anm. 2), S. 150; Benedikt: Franz Anton von Sporck (Anm. 5), Drucke Nr. 33, S. 418f.

identifizierbar. Hatte Dobrohlav bereits die 1713 in Prag gedruckte Auslegung der *Psalmen Davids* als verdächtig eingestuft, galt dies für die musikalische Umsetzung in den *Episteln St. Pauli* um so mehr, die 1722 in Wien und Leipzig erschienen war. Sie wurde mit dem Vermerk „periculosus propter ambiguitatem senus" versehen.[72] Was das Werk des *Christlichen Jahres* betrifft, war die Autorschaft von Le Tourneux für den Königgrätzer Zensor zwar nicht erkenntlich, jedoch empfahl Dobrohlav aufgrund des verdächtigen Inhalts das Werk in Abgleich mit dem Handbuch *Synopsis Historiæ Quesnellismi Sive Brevis Instructio Historico Polemica* (Prag 1720) auf Lehrauffassungen Quesnels hin zu überprüfen.[73] Dies korrespondiert auch mit den Beanstandungen, die die Zensoren in Schweidnitz gegenüber der Adaption des *Christlichen Jahres* in Liedform vorgebracht hatten. Dennoch zeigt die weitere Publikationsgeschichte des *Christlichen Jahres* ja, dass die Prachtausgabe 1733/1734 mit dem *Imprimatur* der Prager Universität veröffentlicht werden konnte. In Dobrohlavs Verzeichnis wurden ferner insgesamt acht Werke reformierter, lutherischer und anglikanischer Autoren verboten. Jedoch waren konfessionelle Identifizierungen in den Sporck'schen Ausgaben häufig nicht mehr erkennbar: So beurteilte die Kommission die Übersetzung von Pierre Poirets *Die wahre Grund-Reguln*, wie oben erwähnt, zumindest in Teilen als jansenistische Schrift.[74]

Auch an einem anderen Beispiel kann abschließend die wechselhafte Rezeptionsgeschichte konfessioneller Zuschreibungen illustriert werden. Eine frühe Übersetzung Maria Eleonoras war die erstmals 1705 in Kempten gedruckte *Christliche Sitten-Lehre* des reformierten Genfer Theologen Bénédict Pictet. Der ursprüngliche Autor war in dieser Übersetzung nicht mehr erkenntlich und der Text wurde auf eine katholische Lesart ausgerichtet. Ferner wurde die ursprüngliche konfessionelle Zuordnung des Textes durch den katholischen Verlagsort Kempten und eine Widmung an Kaiserin Eleonora Magdalena verdeckt. In seiner Lebensbeschreibung hatte Sporck die Identifizierung des Autors unkenntlich gemacht und ihn als einen Verfasser umschrieben, „den wir dem Namen und auch der Schreib-Art nach, nicht anders, als einen Gottesfürchtigen und andächtigen Mann kennen."[75] 1711 und 1712 wurde der Band mit erzbischöflicher Approbation

---

[72] Verzeichnis (Anm. 67), S. 39 (Nr. 18 und 23); vgl. Benedikt: Franz Anton von Sporck (Anm. 5), Drucke Nr. 36 und 74, S. 420 f. und S. 433 f.
[73] Verzeichnis (Anm. 67), S. 38 (Nr. 13); vgl. Benedikt: Franz Anton von Sporck (Anm. 5), Drucke, Nr. 47, S. 423.
[74] Vgl. zur späteren Zensurbewertung Benedikt: Franz Anton von Sporck (Anm. 5), S. 416 f. Nr. 24; zur Übersetzung Čapská: Mezi texty a textiliemi (Anm. 9), S. 137.
[75] Roxas: Leben Eines Herrlichen Bildes (Anm. 33), S. 67–70, hier S. 69.

in zwei Bänden in Prag bei Wolfgang Wickhart gedruckt.[76] Ab 1717 sollte das Werk weitere konfessionelle Lesarten erhalten: In direkter Bezugnahme auf Maria Eleonoras Übersetzung erschien die *Christliche Sitten-Lehre* 1717 bei dem Augsburger Verleger Martin Veith, der das Werk einem angeblichen katholischen Autor („Peter Pictet") zuschrieb. Im selben Jahr wurde der Titel auch durch den Leipziger Buchhändler Theophil Georgi verlegt, der sich von der ursprünglichen Übersetzung Maria Eleonoras distanzierte und ihre Interpretation als „unteutsch" und „untreu" kritisierte und damit den Zorn Sporcks auf sich zog.[77] Vorangestellt war der Leipziger Ausgabe, deren Übersetzung der lutherische Gelehrte Johann Friedrich Bachstrohm vorgenommen hatte, ein (angebliches) Schreiben Bénédict Pictets des Jahres 1716 an Georgi, in dem dieser eine angemessene Übersetzung ersucht hatte.[78] Sowohl Veith als auch Georgi gaben bis in die 1730er Jahre zahlreiche Ausgaben ihrer jeweiligen Textfassung heraus.[79] Georgi konnte sich jedoch bereits 1718 ein kaiserliches Druckprivileg für seine Ausgabe sichern, das ihm über mehrere Privilegienverlängerungen bis mindestens 1742 erhalten blieb.[80] Noch im ersten Supplement-Band seines *Bücher-Lexicon* notierte Georgi zu einer der Ausgaben aus dem Hause Veith (1726), dass „diese Edition [...] nicht wohl übersetzt auch mit papistischen Zusätzen vermischet" sei.[81] Dass die Leipziger Fassung nicht mehr direkt mit der Sporck'schen Erstübersetzung in Verbindung gebracht wurde, zeigt schließlich die weitere Rezeptionsgeschichte: So zählte das Werk wiederum in der Fassung Sporcks zu den „Christenlehrwaren", die von Maria Theresia 1753 zur Bekehrung der Protestanten in der Steiermark als Grundlagentexte verteilt werden sollten.[82]

---

76 Vgl. zu Wickhart Chyba: Slovník knihtiskařů (Anm. 65), S. 309.
77 Bénédict Pictet: Christliche Sitten-Lehre oder Mittel und Wege, Recht und Wohl zu Leben Titel. Leipzig 1717, Vorrede des Verlegers, unpag.; NA, Korrespondenz, Nr. 477 (1716–1718), S. 59 f. (an Roth-Scholtz, 15.06.1717).
78 Pictet: Christliche Sitten-Lehre (Anm. 77), Vorrede des Autoris, unpag.
79 Von diesem Werk ist die Publikation einer Christliche[n] Sitten-Lehre des Jesuiten Peter Hehel zu unterscheiden, die 1738 ebenfalls bei Martin Veith erschien.
80 Die kaiserlichen Druckprivilegien im Haus-, Hof- und Staatsarchiv. Verzeichnis der Akten vom Anfang des 16. Jahrhunderts bis zum Ende des Deutschen Reichs (1806). Hg. von Hans-Joachim Koppitz. Wiesbaden 2008, S. 179, 417.
81 Theophil Georgi: Allgemeines Europäisches Bücher-Lexicon. In welchem nach Ordnung der Dictionarii die allermeisten Autores und Gattungen von Büchern zu finden [...]. 8 Bde. Leipzig 1742–1758, 1. Suppl.-bd. 1750, S. 288.
82 Wie es in dem Verzeichnis hieß, sollten „Des Sporcks Sittenlehre 90 Exemplare" verteilt werden. Vgl. Maria Helene Pahr: Das „Religions-Übel" in der Steiermark. Geheimprotestantismus und Theresianische Kirchenpolitik am Beispiel des Großen Sölktales. Diplomarbeit Graz 2003, S. 110–115, hier S. 111; Martin Scheutz: Das Licht aus den geheimnisvollen Büchern vertreibt die Finsternis. Verbotene Werke bei den österreichischen Untergrundprotestanten. In: Kriminelle –

## Ausblick

Netzwerke nach Nürnberg erwiesen sich für Franz Anton Graf von Sporck in den 1710er und frühen 1720er Jahren als essenziell notwendig, um Schriften vorbei an der obrigkeitlichen Autorisierung außerhalb Böhmens drucken zu lassen. Möglich wurde die Veröffentlichung in Nürnberg durch die etablierten Buchhandelsverbindungen zwischen der süddeutschen Reichsstadt und Prag, wo sich langfristig besonders Johann Friedrich Rüdiger eine einflussreiche Handelsposition sichern konnte: Er besuchte mehrmals pro Jahr die Prager Märkte, verlegte viele Werke in Prag selbst und erhielt nach fast vierzig Jahren 1748 schließlich das Privileg, in der Stadt eine eigene Filialhandlung zu eröffnen.[83] Nürnberg erwies sich durch Buchhändler wie Friedrich Roth-Scholtz, Johann Friedrich Rüdiger und Peter Conrad Monath für Sporck als zentraler Verlagsort außerhalb der böhmischen Landesgrenzen. Darüber hinaus profitierte er durch diese Kontakte auch von der herausragenden Rolle der Reichsstadt im Kupferstichwesen. Selbst wenn der Verlag der *Geistlichen Gesänge und Lieder* durch den Nürnberger Verleger Monath schlussendlich nicht zu Stande kam, war es seiner Vermittlung zu verdanken, dass der Kupferstecher Michael Heinrich Rentz fortan für Sporck in Kuks arbeitete und die bildliche Ausgestaltung der *Geistlichen Gesänge und Lieder* und der in Prag gedruckten Prachtausgabe der *Christlichen Jahres* 1733/4 leistete.

Wie die Verbindungen zwischen Böhmen und Nürnberg zeigen, ist die süddeutsche Verlagsgeschichte ein entscheidender Bestandteil, um jansenistische Netzwerke und Entstehungskontexte der Publikationen im frühen achtzehnten Jahrhundert angemessen erschließen zu können. Neben Nürnberg wäre auch Augsburg für den Verlag jansenistischer Schriften in den Blick zu nehmen, wobei direkte Beziehungen Sporcks zum Verlagshaus Veith anzunehmen sind. Neben der *Christlichen Sitten-Lehre* Pictets erschien bei Veith nach Sporcks Tod in den Jahren 1738 bis 1739 eine elfbändige Ausgabe des *Christlichen Jahres*, in der die Autorschaft von Nicolas Le Tourneux bereits im Titel offengelegt wurde.[84] Der

---

Freidenker – Alchemisten. Räume des Untergrunds in der Frühen Neuzeit. Hg. von Martin Mulsow, Michael Multhammer. Köln, Weimar, Wien 2014, S. 321–351, hier S. 348.
83 Vgl. Garloff: The Troubles of a Protestant Bookseller (Anm. 27); Pravoslav Kneidl: Pražský knihkupec Johann Friedrich Rüdiger a jeho nabídka knih v roce 1748. In: Knihy a dějiny 2 (1995), S. 1–8.
84 Nicolas Le Tourneux: Christliches Jahr, Das ist: Alle Epistlen und Evangelien, Welche Von der Römisch-Catholischen Kirch auf alle Sonn- und Fest-Täg durch das gantze Jahr abgelesen werden […] […]. 11 Bde. Augsburg 1738–1739. Es ist davon auszugehen, dass sich die Augsburger Ausgabe an der ersten Sporck-Ausgabe 1716f. orientierte. In der Vorrede wurde angegeben, dass „man sich anjetzo in gegenwärtiger Teutschen Übersetzung der neuesten und letzteren Französischen Edition getreulich bedienet hat." Ein Vergleich der Ausgaben ist noch zu leisten. Vgl. zum Ver-

Verlag hatte sich früh auf religiöse Literatur spezialisiert, es ist zu prüfen, welche weiteren Werke mit jansenistischen Bezügen bei Veith erschienen. Dazu ist die Rolle Augsburger Kupferstecher von Interesse, die wie Johann Ulrich Krauss mit kleineren Aufträgen für Sporck arbeiteten.[85] Über Nürnberg und Augsburg hinaus sind auch Sporcks Verlagskontakte für einzelne Publikationen nach Leipzig oder Dresden zu untersuchen, die aber im Verhältnis zum süddeutschen Buchhandel geringer ausfielen.

Die durch Sporck veranlassten jansenistischen Drucke sind innerhalb des Gesamtcorpus' in einem breiteren Spektrum religiöser Literatur zu verorten, das von reformierten Autoren wie Bénédict Pictet bis hin zu jansenistischen Verfassern wie Louis-Isaac Lemaistre reichte. Es ging Sporck vor allem um die Förderung der frommen Lektüre und Vermittlung erbaulicher Inhalte, wobei die konfessionelle Zuordnung oder bewusste Identifikation mit innerkirchlichen Richtungen in den Hintergrund traten. Die inhaltlichen Anpassungen und Unkenntlichmachung von Autoren wie Pictet oder Le Tourneux hatten somit nicht nur Zensurgründe, die Schriften sollten Inhalte des christlichen Glaubens vermitteln, die sich nicht zwangsläufig mit der römisch-katholischen Kirchenlehre decken mussten. Deutlich wurde an beiden Beispielen, dass die ursprüngliche Autorschaft, zunächst bewusst für die Publikation kaschiert, über die längere Publikationsgeschichte hinweg in Vergessenheit geriet und neue konfessionelle Zuordnungen der Werke erfolgten. Auch aufgrund der inhaltlichen Textanpassungen waren Schriften wie die *Christliche Sitten-Lehre* nicht mehr eindeutig identifizierbar.

Der Umgang der geistlichen und weltlichen Obrigkeiten mit zensierten Werken illustriert den Wandel und die fallbezogene Zensurpraxis in der Habsburgermonarchie des frühen achtzehnten Jahrhunderts. Im Fall des *Christlichen Jahres* zeigte sich, dass das Werk wenige Jahre, nachdem die ersten Ausgaben außerhalb des Landes gedruckt werden mussten und gegen Sporck ein Ketzereiprozess geführt wurde, eine Approbation der Prager Universität erhielt. Nach Sporcks Tod schließlich wurde das Werk nun mit expliziter Nennung des Autors Le Tourneux in Augsburg gedruckt, wobei sich der Verleger Veith an den frühen Nürnberger Ausgaben des *Christlichen Jahres* orientierte.

---

lagshaus Veith Helmuth Gier: Buchdruck und Verlagswesen in Augsburg vom Dreißigjährigen Krieg bis zum Ende der Reichsstadt. In: Augsburger Buchdruck und Verlagswesen. Von den Anfängen bis zur Gegenwart. Hg. von ders., Johannes Janota. Wiesbaden 1997, S. 479–516; Günther Grünsteudel: Veith. Buchhandelsfamilie, in: Stadtlexikon Augsburg, https://www.wissner.com/stadtlexikon-augsburg/artikel/stadtlexikon/veith/5738 [30.06.2021].

85 Vgl. Šerých: Michael Rentz fecit (Anm. 39), S. 142.

Über die Verlags- und Rezeptionsgeschichte der von Sporck initiierten Drucke hinaus sollte die Zirkulation jansenistischer Schriften in der Habsburgermonarchie des frühen achtzehnten Jahrhunderts auf einer breiteren Basis untersucht werden. Das Werk von Nicolas Le Tourneux und seine Übersetzungen eignen sich dabei gut als exemplarischer Fokus. Wichtige Anknüpfungspunkte ergeben sich auch für die von Gárbor Tüskés erschlossenen Übersetzungen ins Ungarische.[86] Mit bis zu 3.000 Exemplaren sah Sporck eine hohe Auflagezahl für seine Werke vor, die – großteils unentgeltlich – Rezipienten der lokalen Umgebung wie auch des Wiener Hofes erreichen sollten. Zum tatsächlichen Verbreitungsradius sind hier, soweit es die Überlieferungslage zulässt, vergleichend Bibliothekskataloge Tschechiens und seiner Nachbarländer auszuwerten. Schließlich ist für die Verbreitung von *Jansenistica* auch der Wiener Buchmarkt mit seiner weiten Strahlkraft genauer in den Blick zu nehmen, auch da Buchankäufe beispielsweise für Adels- oder Klosterbibliotheken Nordböhmens häufig nicht in Prag, sondern in Wien vollzogen wurden.[87] Dies betrifft auch die Zirkulation französischer Originalschriften, wie sich exemplarisch an Le Tourneux noch für die Phase des Spätjansenismus zeigen lässt: Das Angebot des Großbuchhändlers Johann Thomas von Trattner in Wien beinhaltete zu einem großen Teil religiöse Literatur. So zählte zu den Werken, die der Paris Verleger Nicolas Desaint 1768 an Trattner vermittelte, auch *L'Année Chrétienne* von Nicolas Le Tourneux.[88]

---

86 Vgl. Gárbor Tüskés: Une exégèse janséniste oubliée de la fin du XVII$^e$ siècle. Un chapitre de l'histoire de la littérature française traduite en hongrois. In: Neohelicon XXIX/2 (2002), S. 39–62.
87 Vgl. Jindřich Kolda: Správa Broumovské konventní knihovny v 17. a 18. Století. In: Folia historica Bohemica 34 (2019), S. 321–345; sowie mein aktuelles Forschungsprojekt.
88 Frédéric Barbier: Buchhandelsbeziehungen zwischen Wien und Paris zur Zeit der Aufklärung. In: Kommunikation im 18. Jahrhundert. Das Beispiel der Habsburgermonarchie. Hg. von Johannes Frimmel, Michael Wögerbauer. Wiesbaden 2009, S. 31–44, hier S. 43.

Mathis Leibetseder

# Am Grab des *diacre* François de Pâris. Die Wahrnehmung des ‚jansenistischen' Paris im Reisetagebuch der pietistischen Grafen Reuß und Lynar (1731/1732)

> In dem kleinen Flugzeug, das mich vergangenen Dienstag [...] von Detroit nach Indianapolis brachte [...], erzählte mir eine [...] Amerikanerin, wie frustriert sie sei. Eine Woche Ferien in Paris, und sie hatte wegen des [General-]Streiks weder den Louvre von innen gesehen, noch war sie auf den Eiffelturm geklettert. Aber vor allem, und das bedauerte sie am allermeisten, hatte sie nicht nach Mare-la-Vallée fahren und einen Tag in Disneyland verbringen können. Stattdessen hatte sie Demonstrationszüge in den Straßen beobachtet, Banner, Bereitschaftspolizei und sogar einige Bataillone der Gelbwesten. So habe sie von Frankreich gar nichts mitbekommen, befand sie.[1]

Was die anonyme Amerikanerin in der Glosse der Journalistin Pascale Hugues beklagte, ist ein grundlegendes Dilemma jedes Bildungsreisenden: herbeigesehnt wird ein – meist von Monumenten und Artefakten vergangener Zeiten determinierter – Idealraum, vorgefunden wird eine von gesellschaftlichen Bedürfnissen und Konflikten des ‚touristischen Ziels' geprägte Realität. Aber nur unter ungewöhnlichen Umständen drängt diese Gegenwart, die vom langsamen Fluss der Zeit meist unbemerkt davongetragen wird, in den Vordergrund von Reisewahrnehmungen – nicht erst in der Moderne, sondern auch schon vor 300 Jahren, wie eine Kavaliersreise zweier deutscher Grafen ins Paris der Jahre 1731/1732 beweist, der hier nachgegangen werden soll. Wie angesichts des Themas des vorliegenden Bandes nicht anders zu erwarten, führte diese Reise zugleich in die Metropole des zeitgenössischen Jansenismus. Beförderten die ungewöhnlichen Geschehnisse, deren ‚Zeugen' die Reisenden des frühen achtzehnten Jahrhunderts wurden, dessen Rezeption – die transnationale Wahrnehmung des Jansenismus, ja vielleicht sogar eine Annäherung an diesen oder eine Aneignung dessen?

Jede Zeit kennt ihre eigenen Provokationen: Fühlte sich Hugues Amerikanerin durch Demonstranten daran gehindert, Frankreich ‚unverstellt' zu genießen, sah sich, wer 1731/1732 nach Paris reiste, mit einer Welle jansenistischer Heilungswunder konfrontiert. Eine 78jährige Frau, seit einem Dreivierteljahr bettlägerig, von Geschwüren und Ekzemen übersät, nahezu bewegungsunfähig, ließ sich Erde vom

---

**1** Pascale Hugues: Frankreich ist, wenn gestreikt wird. A. d. Frz. von Odile Kennel. In: Der Tagespiegel vom 21.12.2019, S. 6 (Meinung).

https://doi.org/10.1515/9783110986655-007

Grab eines bestimmten Heiligen unter das Kopfkissen legen, erfuhr umgehend Linderung, ließ sich zum Grab tragen und genas, nachdem sie darauf gelegen hatte, innerhalb von 14 Tagen vollkommen.[2] Eine andere Frau, welcher der Arm auf den Rücken gewachsen war, die Hand dauerhaft zur Faust geballt, sodass sich die Fingernägel tief in die Handfläche eingruben, legte sich ebenfalls auf das Grab des jansenistischen Heiligen, woraufhin die Hand, ja selbst die Finger beweglich wurden. Jemand wollte ihr ein Almosen verehren, doch die Frau lehnte ab, da sie aus ihrem Heilungswunder keinen finanziellen Profit ziehen wollte.[3] Ein Pariser Advokat führte seinen taubstummen Bruder zu demselben Grab, der, nachdem er darauf gelegen, auf dem Rückweg Glockenläuten vernahm und ihm das Leben rettete, indem er den Advokaten vor einem herannahenden Wagen warnte. Mittlerweile erhielt der Genesene Unterricht durch einen Sprachmeister.[4]

Der Heilige, der im Mittelpunkt dieser Anekdoten stand, war offiziell gar keiner; es handelte sich dabei nämlich um den erst wenige Jahre zuvor verstorbenen *diacre* François de Pâris. François, ein Sohn aus gutem Hause, das der französischen Parlamentselite angehörte, hatte den Pariser Faubourg Saint-Marcel zu seinem Wirkungskreis gewählt – ein von den in der *bonneterie*, der Strumpfwirkerei, tätigen Handwerkern und Arbeitern geprägtes Viertel[5] – und dort ein entsagungsreiches, auf die Linderung der Armut in seiner Umgebung ausgerichtetes Leben geführt. Der frühe Tod des frommen Mannes ließ sein Grab binnen kurzem zu einem populären Wallfahrtsort werden, erste Heilungswunder traten auf, deren Markenzeichen heftige Konvulsionen waren; der Pariser Volksmund erklärte den *diacre* daraufhin rasch zum Heiligen und jansenistische Kreise, denen er zu Lebzeiten nahegestanden hatte, betrieben seine Kanonisierung. Die Druckerpresse lief heiß: In

---

2 Rochus Friedrich zu Lynar, Graf Heinrich VI. von Reuß-Köstritz, Anton von Geusau: Reisebeschreibung durch Deutschland, die Niederlande und Frankreich vom 27. Juli 1731 bis 22. Mai 1732 (Brandenburgisches Landeshauptarchiv (BLHA), Rep. 37 Lübbenau, Nr. 5065). Die Reisebeschreibung setzt sich aus einzelnen Diarien zusammen, die durchgezählt wurden; die Einträge in die Diarien wurden datiert. Ich zitiere im Folgenden unter Angabe des Diariums und des Datums; hier Nr. 28, 21.02.1732. Ein vergleichbarer, vielleicht sogar derselbe Fall wird erwähnt bei Louis-Basile Carré de Montgeron: La Verité des miracles opérés par l'intercession de M. de Pâris [...], 3. Auflage. Cologne [i.e. Amsterdam] 1739, S. 369–408; siehe hierzu Lorraine Daston, Katharine Park: Wunder und die Ordnung der Natur 1150–1750. Berlin 1998, S. 401.
3 Lynar, Reuß-Köstritz, Geusau: Reisebeschreibung (Anm. 2), Nr. 18, 14.01.1732.
4 Lynar, Reuß-Köstritz, Geusau: Reisebeschreibung (Anm. 2), Nr. 8, 07.12.1731.
5 Nicolas Lyon-Caen: Un ‚saint de nouvelle fabrique'. Le diacre Pâris (1690–1727), le jansénisme et la bonneterie parisienne. In: Annales. Histoire, Sciences Sociales 65 (2010), S. 613–642, hier S. 616.

rascher Folge erschienen Lebensbeschreibungen;[6] in Zeitungen, die dem literarischen Untergrund zuzurechnen sind, Berichte über die Geschehnisse.[7] Der nach der Zerstörung des Klosters Port-Royal-des-Champs auf Befehl König Ludwigs XIV. von Frankreich und dem Tod von Kardinal Louis-Antoine de Noailles in die Defensive geratene Jansenismus fand so eine neue Zentral- und Integrationsgestalt.[8] Im Sommer 1731 steuerte die Bewegung ihrem Höhepunkt entgegen: „the trickle of pilgrims to St.-Médard became a torrent. Nobles and *parlementaires*, bourgeois merchants and artisans, rich and poor, young and old, men and women – all crowded into this tiny cemetery to see for themselves if the rumors of healing were true."[9] Kabaretts im Stadtviertel St.-Marceau griffen die Geschehnisse bald auf; die Heilungswunder mündeten so in den sich entwickelnden urbanen Freizeitbetrieb.[10]

Just in jenen Monaten gelangten unsere beiden Kavaliere mit ihrem Reisehofmeister in Paris an. Deshalb ist auch das von ihnen unterwegs geführte, obligatorische Reisetagebuch in diesem Kontext zu lesen und zu analysieren.[11] Auf den folgenden Seiten werde ich der Frage nachgehen, wie die Reisenden auf die Ge-

---

**6** [Pierre Boyer]: Vie de Mr de Pâris, Diacre. Brüssel 1731; Jean-Louis Barbeau de la Bruyère: Vie de M. François de Pâris, Diacre. o.O. 1731; Barthélemy Doyen: Vie de Monsieur de Paris, Diacre du Diocese de Paris [...]. o.O. [„en France"] 1731; hierzu siehe Christine Gouzi: L'image du diacre Pâris. Portraits gravés et hagiographie. In: Chrétiens et sociétés 12 (2005), Abschnitt 4 der Online-Version, eingestellt am 18.5.2011, http://journals.openedition.org/chretienssocietes/2175; DOI:10.4000/chretienssocietes.2175 (17.2.2019).
**7** Jens Ivo Engels: Une grammaire de la vérité. Les miracles jansénistes en province d'après les Nouvelles Ecclésiastiques, 1728–1750. In: Revue d'histoire ecclésiastique 91 (1996), S. 436–464.
**8** B. Robert Kreiser: Miracles, convulsions, and ecclesiastical politics in early eighteenth-century Paris, Princeton 1978; Catherine-Laurence Maire: Les Convulsionnaires de Saint-Médard. Miracles, convulsions et prophéties à Paris au XVIIIe siècle. Paris 1985 (Collection archives 95); Daniel Vidal: Miracles et convulsions janséniste au XVIIIe siècle. Le mal et sa connaissance. Paris 1987; Brian E. Strayer: Suffering Saints. Jansenists and Convulsionnaires in France, 1640–1799. Brighton 2008; Michèle Bokobza Kahan: Témoigner des miracles au siècles des Lumières. Récit et discours de Saint-Médard. Paris 2015.
**9** Strayer: Suffering Saints (Anm. 8), S. 243.
**10** Strayer: Suffering Saints (Anm. 8), S. 245.
**11** Aus anderer Perspektive wird dieses Reisetagebuch untersucht in Mathis Leibetseder: Attici Vettern in Paris. Pietismus, Jansenismus und das Netz von Bekanntschaften auf der Kavalierstour. In: Grand Tour. Adeliges Reisen und Europäische Kultur vom 14. bis zum 18. Jahrhundert. Akten der internationalen Kolloquien in der Villa Vigoni 1999 und im Deutschen Historischen Institut Paris 2000. Hg. von Rainer Babel, Werner Paravicini. Ostfildern 2005 (Beihefte der Francia 60), S. 469–484; ders.: Between Specialisation and Encyclopaedic Knowledge: Educational Travelling and Court Culture in Early Eighteenth-Century Germany. In: Beyond the Grand Tour. Northern Metropolises and Early Modern Travel Behaviour. Hg. von Rosemary Sweet u.a. London, New York 2017, S. 108–124.

genwart des Unerwarteten reagierten. Dabei werde ich zunächst die Prägungen und Hintergründe darstellen, welche die Wahrnehmung und Darstellung des Gegenwärtigen prägten. Die pietistische Sozialisation der Grafen und ihres Hofmeisters spielte in diesem Zusammenhang eine wichtige Rolle. Auf dieser Grundlage werde ich in einem zweiten Schritt der Wahrnehmung und Darstellung – der Rezeption – der Pariser Geschehnisse nachgehen. Dabei werde ich mich von den unterschiedlichen Rezeptionsmodi ‚Sehen und Teilnehmen', ‚Erzählen und Hören' sowie ‚Lesen und Schreiben' leiten lassen. Ich werde zeigen, dass das Anekdotische in diesem Zusammenhang eine wichtige Funktion innehatte; es half, die Komplexität lebensweltlicher Erfahrungen auf etwas erzählerisch Handhabbares und sozial sinnvoll Erscheinendes zu reduzieren.

## 1 Aufbrüche: Prägungen und Hintergründe

Wer waren die drei Reisenden, von denen hier die Rede ist? Es handelte sich um zwei junge Grafen nebst Hofmeister auf Kavalierstour.[12] Ein breit gefächertes, kaum eingegrenztes Beobachtungsfeld war auf diesen Touren keinesfalls ungewöhnlich. Wenn sich das Interesse unserer Reisegesellschaft jedoch insbesondere auch auf die religiösen Verhältnisse der besuchten Städte und Landstriche erstreckte und sie darüber mit äußerster Akribie berichteten, so entsprach dies in Inhalt und Modus ihrer pietistischen Vorprägung. Federführend für die Tour war das Haus Reuß-Köstritz, dem mit Heinrich VI. einer der Reisegefährten angehörte. Als *Paragium* war die zwischen Gera und Jena gelegene Herrschaft Köstritz zwar reichsunmittelbar, besaß aber keinerlei politischen Souveränitätsrechte, verfügte

---

[12] Umfangreichere einschlägige Untersuchungen zu Kavalierstouren deutscher Adelssöhne: Eva Bender: Die Prinzenreise. Bildungsaufenthalt und Kavalierstour im höfischen Kontext gegen Ende des 17. Jahrhunderts. Berlin 2011 (Schriften zur Residenzkultur 6); Antje Stannek: Telemachs Brüder. Die höfische Bildungsreise des 17. Jahrhunderts. Frankfurt a. M., New York 2011 (Geschichte und Geschlechter 33); Mathis Leibetseder: Die Kavalierstour. Adlige Erziehungsreisen im 17. und 18. Jahrhundert. Köln, Weimar, Wien 2004 (Beihefte zum Archiv für Kulturgeschichte 56); zur frühneuzeitlichen Adelsreise im internationalen Kontext: Babel, Paravicini: Grand Tour (Anm. 11); speziell zur Rolle und Wahrnehmung nordeuropäischer Großstädte: Sweet: Beyond the Grand Tour (Anm. 11); zu Reisen nach Frankreich: Thomas Grosser: Reiseziel Frankreich. Deutsche Reiseliteratur vom Barock bis zur Französischen Revolution. Opladen 1989. Aus Kunst- und kulturgeschichtlicher Perspektive, allerdings mit Italien-Schwerpunkt, neuerdings auch Norbert Miller: Marblemania. Kavaliersreisen und der römische Antikenhandel. München 2018 sowie Keyßlers Welt. Europa auf Grand Tour. Hg. von Achatz von Müller u.a. Göttingen 2018.

also weder über Sitz noch Stimme auf dem Reichstag.[13] Während die gräflichen Finanzen nicht zuletzt durch den Vertrieb des heute noch bekannten Köstritzer Schwarzbiers gefüllt wurden,[14] liefen im seither abgetragenen Schloss lange Zeit die Fäden pietistischer Netzwerke zusammen: Heinrich XXIV., der Vater Heinrichs VI., bildete zusammen mit dem Grafen Erdmann Heinrich Henckel von Donnersmark zu Pölzig und August Hermann Francke in Halle das „Triumvirat"[15] des mitteldeutschen Pietismus. Weitere Kontakte schlossen Adelshöfe in Sachsen, Schlesien und Franken ein, reichten über den Grafen von Stolberg-Wernigerode aber auch an den dänischen Hof, der unter König Christian VI. seit 1730 eine pietistische Richtung eingeschlagen hatte.[16] Heinrich VI. war schon vor Beginn der Kavalierstour für dänische Dienste bestimmt und auch sein Reisegefährte Rochus Friedrich Graf zu Lynar hatte noch vor dem gemeinsamen Reisebeginn Kopenhagen besucht, um seine dortigen Karriereaussichten zu erhöhen.[17]

Die Grafen von Lynar waren seit dem sechzehnten Jahrhundert in Lübbenau ansässig, gelegen inmitten des Spreewalds in der Niederlausitz, seit dem Dreißigjährigen Krieg ein kursächsisches Nebenland.[18] Sie waren mithin ein landsässiges Grafengeschlecht, das sein Auskommen in sächsischen und brandenburgischen bzw. preußischen Diensten suchte und fand. Nach Köstritz verschlug es Lynar zu Ausbildungszwecken, führte Heinrich XXIV. seine Paragiatherrschaft zeitweise doch als regelrechten Hof zur Ausbildung pietistischer Adelssöhne.[19] Eine enge Freundschaft zwischen Lynars verwitweter Mutter und dem Köstritzer Standesherren hatte ihm Weg ins Vogtland gebahnt. Die Kavalierstour mündete später in eine

---

13 Anonym: [Art.] Paragium. In: Deutsches Rechtswörterbuch Bd. X, Sp. 506; Heinrich Godfried Scheidemantel: Repertorium des Teutschen Staats und Lehnrechts […], Erster Teil. Leipzig 1782, S. 159.
14 Ferdinand Hahn: Geschichte von Gera und dessen nächster Umgebung. Gera 1855, Bd. 2, S. 1173–1174.
15 So Hans-Walter Erbe: Zinzendorf und der fromme hohe Adel seiner Zeit. Leipzig 1928, S. 25 unter Rückgriff auf die Tatsache, dass Heinrich XXIV. seine Schreiben an Francke gelegentlich mit ‚Triumvir' unterzeichnet.
16 Manfred Jakubowski-Tiessen: Wege in den Norden. Der hallische Pietismus in den skandinavischen Ländern des 18. Jahrhunderts. Eine Einleitung. In: Wege in den Norden. Der hallische Pietismus in den skandinavischen Ländern des 18. Jahrhunderts. Ausstellungskatalog Halle, Franckesche Stiftungen, 28.11.2014 bis 12.04.2015. Hg. von Lars Jakob. Halle/S. 2014 (Kleine Schriftenreihe der Franckeschen Stiftungen 14), S. 9–26, hier vor allem S. 12–16.
17 Leibetseder: Die Kavalierstour (Anm. 12), S. 191; Anton Friedrich Büsching: Beyträge zur Lebensgeschichte denkwürdiger Personen, insonderheit gelehrter Männer. 6 Bde. Halle 1784–1789, hier Bd. 4, S. 79.
18 Werner Heegewaldt: Eine Niederlausitzer Familie aus Italien. Zur Geschichte der Grafen zu Lynar und ihres Familienarchivs. In: Spandauer Forschungen 1 (2007), S. 79–96.
19 Leibetseder: Die Kavalierstour (Anm. 12), S. 30–31.

eheliche Verbindung Lynars mit Sophie Marie Helene, einer Schwester seines Reisegefährten. Bei dieser Konstellation nimmt es nicht wunder, dass auch Studienaufenthalte in Jena und Halle/Saale im Lebenslauf der Reisegefährten nicht fehlten. Anton von Geusau, ihr Hofmeister, war ebenfalls pietistisch vorbelastet.[20]

Eine pietistische Vorprägung zählte also zum mentalen Rüstzeug, das beide Grafen und ihr Hofmeister mit nach Westen nahmen. Weshalb die Tour im böhmischen Eger ihren Ausgangspunkt nahm, ist unbekannt. Die erste, bereits intensiv beschriebene Wegstrecke führte von dort über Bamberg nach Frankfurt/Main[21] und dann weiter rheinabwärts in die Niederlande, wo in Utrecht, Amsterdam und Leiden, vor allem aber in Den Haag, erste mehrtägige Aufenthalte folgten.[22] An der Haager Station kann man ablesen, dass Kontakte zu Diplomaten und die Kenntnis der internationalen Politik zu den zentralen Interessensgebieten der beiden Grafen zählte; namentlich Lynar sollte in späteren Jahren tatsächlich eine beachtliche Karriere im diplomatischen Dienst Dänemarks absolvieren.[23] Von Den Haag aus ging es schließlich weiter über Rotterdam, Antwerpen und Brüssel nach Paris, wo man den Winter 1731/1732 verbrachte. Von Paris führte ein Abstecher nach London, auch nach Oxford; zu einer weiteren Tour durch Großbritannien kam es aber nicht. Das wäre auch höchst unüblich gewesen. Eine Italienreise war zwar ursprünglich geplant, gelangte aber nicht zur Ausführung. Die Vorbehalte des pietistischen Vaters gegenüber der damals als Lasterhöhle verdammten Halbinsel obsiegten.[24] Lynar unternahm aber noch einen Abstecher in das lothringische Lunéville und nach Straßburg; beide Städte galten als Zentren der zunehmend professionalisierten Diplomatenausbildung.[25]

---

20 Zu dessen Biographie siehe Anton Friedrich Büsching: Anton von Geusau, gräflich reußisch-plauischer Rath und Hofmeister zu Köstritz. In: Büsching: Beyträge (Anm. 17), Bd. 2 (1784), S. 31–368.
21 Über die Tour durch Deutschland als neues Reiseziel siehe Leibetseder: Between Specialisation (Anm. 11), S. 116–119.
22 Lynar, Reuß-Köstritz, Geusau: Reisebeschreibung (Anm. 2), Nr. 1–8.
23 Leibetseder: Die Kavalierstour (Anm. 12), S. 117.
24 Charlotte Wilhelmine Isabella von Wartensleben: Lebensbeschreibung Eloge historique de Roch Frederic Comte de Lynar essayé par sa fille Charlotte Wilhelmine Isabelle Comtesse de Wartensleben, née Comtesse de Lynar (1793) (BLHA, Rep. 37 Lübbenau, Nr. 4873) [unpaginiert]. Eine Umwertung – Italien als Hort der Gelehrsamkeit vs. Paris als Lasterhöhle – setzte in der zweiten Hälfte des 18. Jahrhunderts mit Johann Georg Keysslers 1751 erschienenen *Neuesten Reisen* ein; siehe Winfried Siebers: Johann Georg Keyßler und die Reisebeschreibung der Frühaufklärung. Würzburg 2009, S. 100.
25 Zur Diplomatenausbildung in Straßburg siehe hierzu Jürgen Voss: Universität, Geschichtswissenschaft und Diplomatie im Zeitalter der Aufklärung. Johann Daniel Schöpflin (1694–1771). München 1979, S. 146–150.

Der Unterschied zwischen der Ortschaft Köstritz oder dem Städtchen Lübbenau auf der einen und der Metropole Paris auf der anderen Seite hätte größer kaum sein können. Zwar stand der große Urbanisierungsschub der aufklärungszeitlichen „Capitale du Monde"[26] noch bevor, aber dennoch konnten sich die beiden Grafen und ihr Hofmeister der Vielgestaltigkeit und den Reizen der französischen Hauptstadt kaum entziehen. Die Großstadt stürzte auf sie ein mit unablässigem Lärmen und aufdringlicher Rastlosigkeit,[27] mit der Schwierigkeit, eine angemessene Unterkunft aufzutreiben, und in Gestalt einer großen Menge von Schneidern, Schustern, Sprachmeistern und Mietlakaien, die sich den fremden Adligen mit ihren Diensten anboten. Man suchte die Idylle und lobte an dem schließlich angemieteten, letztlich aber wohl nicht ganz standesgemäßen Appartement, dass es einen ruhigen Innenhof besaß, der die Reisenden vom Straßenlärm abschirmte.[28] Die sozialen Räume der Stadt erschloss sich die Reisegesellschaft in den folgenden Wochen und Monaten ihres Aufenthalts planvoll – angefangen beim königlichen Paris mit dem Tuilerienpalast, dem Pont Neuf und dem von Pietro Tacca geschaffenen Reiterstandbild Heinrichs IV., mit den königlichen Plätzen und den Reiterstandbildern Ludwigs XIII. (Place Royale, heute Place des Voges) und Ludwigs XIV. (Place Vendôme und Place des Victoires), mit der Abtei Saint-Germain-des-Prés und einem Ausflug zur Kathedrale von Saint-Denis, wo sich die Grablegen der französischen Könige befanden, und mit mehreren Besuchen in Versailles – die Präsentation beim König war der unbestrittene Höhepunkt der Reise. Es folgte das Studium des gelehrten Paris mit seinen zahlreichen Institutionen wie der *Académie Royale des inscriptions et des belles-lettres* oder der *Académie des sciences*, den Bukinisten am *quai des Augustins*, der Sorbonne mit ihrer Bibliothek, dem 1667 errichteten Pariser Observatorium mit seinem Nullmeridian, der bereits öffentlich zugänglichen *Bibliothèque Royale* im Palais Mazarin sowie eine ganze Reihe andere Privat- und Klosterbibliotheken. Mit der Zeit gerieten auch soziale Einrichtungen wie das betagten Menschen vorbehaltene Hospital *Petits Maisons* oder das *Hôpital de la Charité* mit chirurgischem Behandlungsschwerpunkt und das zur Verwahrung von Bettlern bestimmte *Hôtel de la Salpêtière* in den Fokus des Interesses, genauso wie bestimmte Luxusmanufaktu-

---

26 Grosser: Reiseziel Frankreich (Anm. 12), S. 359, 366.
27 Nach Grosser: Reiseziel Frankreich (Anm. 12), S. 369 gehörte die „polyphone Geräuschkulisse einer bunten, amorphen Menschenmasse" zu den zeittypischen Großstadterfahrungen, die in eingehend jedoch erst in Reiseberichten bürgerlicher Provenienz des späten achtzehnten Jahrhunderts thematisiert und reflektiert werden.
28 Lynar, Reuß-Köstritz, Geusau: Reisebeschreibung (Anm. 2), Nr. 13 vom 21./22./23.10.1731 (Geusau). Wohl nicht ganz standesgemäß, da man anfangs nach einer anderen Unterkunft suchte, allerdings erfolglos, auch die genaue Lage im Journal nicht angab.

ren, etwa die königliche Spiegelmanufaktur oder die königliche Gobelinfabrik. Trotz aristokratischer Schwerpunktsetzung erhielten die Reisenden immer wieder auch Einblicke in das Leben der städtischen Bevölkerung – so wurden in den Straßen des winterlichen Paris Haufen entzündet, an denen sich die Armen wärmen konnten –, denen man sich zuweilen aber auch bewusst entzog – so etwa dem aufdringlich bunten Treiben in den Straßen während des Karnevals, dem man die häusliche Beschaulichkeit des besinnlichen Lesezirkels entgegensetzte. Und immer wieder gab es auch Innovatives festzuhalten, für das einem die Worte fehlten – wie jene „Büchsen"[29], die an bestimmten Stellen der Stadt aufgestellt waren und in die jedermann Briefe einwerfen konnte, die er zu expedieren wünschte, und die sogleich von den jansenistischen Untergrundliteraten gekapert wurden, um der Pariser Polizeiführung unerkannt Exemplare der verbotenen Zeitschrift *Nouvelles ecclésiastiques* zukommen zu lassen.

So erfuhren die Kavaliere gewissermaßen *Paris high and low*, gezähmt durch einen von A bis Z getakteten Tagesablauf und die unablässige und minutiöse Verwandlung des Erfahrenen in geschriebenen Text. Die Tage unterteilten sich in eine Abfolge von Besichtigungstouren durch Paris und das Pariser Umland, dem Abstatten und Entgegennehmen von Visiten, dem mittäglichen Speisen an den Tafeln der Gesandten-Hôtels, der Teilnahme an Assembleen und dem Absolvieren von Promenaden sowie ausgiebiger Lektüre im stillen Kämmerlein, unterbrochen von gelegentlichen Konzerten und Soupers und dem Gottesdienstbesuch, meist in der dänischen Gesandtschaftskapelle. Möglichst detailliert in winziger Schrift aufgezeichnet wurde, was man dabei sah, hörte und erfuhr, Gelesenes gerne verdichtet zu Exzerpten oder Abstrakten, das alles in der Regel aber ohne eigene Kommentare, Einschätzungen oder Wertungen. Die Lektüre hinterlässt so den Eindruck großer Gleichförmigkeit, Ernsthaftigkeit und Geschäftsmäßigkeit. Vom Sich-Treibenlassen eines Benjaminschen Flaneurs waren die Kavaliere meilenweit entfernt, dichter dran schon an Mikrogrammen Robert-Walserscher Prägung.[30] Von der Schriftgröße her gleicht das Diarium einer überlangen Fußnote – nach Martin Mulsow eine „Wissensnische par excellence".[31] So gebannt, gerann die für die Reisenden vermutlich

---

29 Lynar, Reuß-Köstritz, Geusau: Reisebeschreibung (Anm. 2), Nr. 19 vom 17.01.1732 (Geusau).
30 Martin Mulsow: Prekäres Wissen. Eine andere Ideengeschichte der Frühen Neuzeit. Berlin 2012, S. 367–368 nimmt die Größe – bzw. Kleinheit – der Schrift als Ausgangspunkt, um bestimmte Manuskripte des Orientalisten Johann Christoph Wolf als ‚Mikrogramme' zu beschreiben. Mulsow erblickt in der Verwendung kleiner Schrift eine Aneignungsstrategie: „Winzige Schrift ist nicht nur eine Sache der Praktikabilität oder der Ersparnis von Papier, sondern auch eine Form der Aneignung von Wissen, der Anverwandlung von Büchern und Informationen in etwas Eigenes. [...] Das ist nicht nur Ausnutzung von Schreibfläche – so viel Ersparnis wäre nicht nötig gewesen – das ist, meine ich, mehr, das ist Aneignung."
31 Mulsow: Prekäres Wissen (Anm. 30), S. 23.

oft schwer verständliche und verunsichernde Dynamik des um sie pulsierenden Alltagsgeschehens zu etwas Statischem, Unfraglichem, Selbstverständlichem. Auf dem fremden Parkett des Pariser *monde* bewegten sich die Kavaliere so binnen kürzester Zeit so sicher wie daheim zwischen Spreewald und Vogtland – oder wollten dies zumindest Glauben machen.

## 2 Verknüpfungen: Interessieren – Engagieren – Verwickeln

Zum mentalen Rüstzeug, das die Reisegruppe mit sich führte, gehörte auch ein Interesse an transkonfessionellen Gemeinsamkeiten sowie eine Sensibilität für die Phänomenologie binnenkonfessioneller Pluralität.[32] Das traf nicht nur für die Reise durch die niederländischen Generalstaaten zu, wo sich seit dem sechzehnten Jahrhundert neben den konfessionellen Großkirchen auch zahlreiche Dissenter-Gemeinden gebildet hatten, sondern eben auch für das konfessionell vermeintlich homogene Paris. Die Wahrnehmung und Darstellung der religiösen Szene war zwar grundsätzlich konfessionell geprägt, entbehrte aber dennoch nicht einer grundsätzlichen Offenheit gegenüber dem Anderen. Mit besonderem Interesse quittierte man etwa die Existenz von Untergrundprotestanten. So kam Lynar während der feierlichen Eröffnung des Pariser Parlaments Mitte November 1731 mit seiner Sitznachbarin ins Gespräch, die ihm anvertraute „daß sie eine von denen hier lebenden heimlichen reformirten sey, die sich aber in Furcht der Leib und Lebens-Strafe äuserlich vor catholisch aus geben müsten."[33] Von anderer Seite wollte man sogar erfahren haben, dass ein Drittel der Pariser Bevölkerung heimlich dem Reformiertentum anhing. Den binnenkonfessionellen Raum des französischen Katholizismus sahen die Reisenden dagegen hauptsächlich geprägt durch den Antagonismus zwischen den obrigkeitlich geförderten Jesuiten und den in

---

32 Zu diesen Konzepten siehe Thomas Kaufmann: Einleitung: Transkonfessionalität, Interkonfessionalität, binnenkonfessionelle Pluralität – Neue Forschungen zur Konfessionalisierungsthese. In: Transkonfessionalität, Interkonfessionalität, binnenkonfessionelle Pluralität – Neue Forschungen zur Konfessionalisierungsthese. Hg. von Kaspar von Greyerz u.a. Heidelberg 2003 (Schriften des Vereins für Reformationsgeschichte 201), S. 9–16, hier S. 13–14.
33 Lynar, Reuß-Köstritz, Geusau: Reisebeschreibung (Anm. 2), Nr. 16 vom 12.11.1731 (Geusau).

den Untergrund gedrängten Jansenisten.[34] Doch weder der Katholizismus, und nicht einmal die zeitgenössisch übel beleumundeten Jesuiten wurden von den Tagebuchautoren rundweg verdammt. Die Predigt eines Jesuiten konnte genauso für gut befunden werden wie die eines lutherischen Predigers für schlecht. Man war auf der Suche nach aufrichtig gelebter Frömmigkeit.

Obwohl gewisse strukturelle Parallelen zwischen den Frömmigkeitsstilen von Pietismus und Jansenismus nicht von der Hand zu weisen sind – erwähnt sei hier nur die starke Verinnerlichung des Glaubens, die Ablehnung äußerlicher kirchlicher Bräuche und Zeremonien, die Suche nach verinnerlichter Frömmigkeit und tätiger Nächstenliebe, eine grundlegende Bereitschaft zur Überwindung konfessioneller Grenzen und die Tendenz zur Selbstbefragung und zur Konventikelbildung[35] –, waren die drei Kavaliere bei ihrer Ankunft in Paris auf Kontakte zu Pariser Jansenisten offenbar nicht von vornherein geeicht. Vielmehr scheint es so, dass es eine gut mit jansenistischen Kreisen vernetzte Einzelperson war, die über die dänische Gesandtschaft in Paris Kontakte zu protestantischen, vielleicht auch speziell zu pietistisch orientierten Reisenden suchte.

Bei dieser Person handelte es sich um einen sogenannten Abbé. Die Abbés waren ein spezifisches Phänomen der Pariser Gesellschaft des achtzehnten Jahrhunderts. Die zahlreichen Abteien Frankreichs boten eine Masse finanziell ertragreicher Präbenden, die meist an die jüngeren Söhne des Adels vergeben wurden. Diese ‚Kommendaturäbte' erblickten in ihren Stellen in der Regel „ausgezeichnete Versorgungsinstitution", die es ihnen ermöglichten, in Paris, also fernab des Klosters, ein „mondänes Leben" zu führen.[36] Viele von ihnen gingen ihren intellektuellen Interessen nach, oftmals ohne Rücksicht auf ihren kirchlichen Status. Die Grenzen zu einer Lebensführung als freier Intellektueller waren also fließend. Die Verweltlichung dieser Abbés schritt im achtzehnten Jahrhundert voran, bis

---

34 Tatsächlich zählten zu den Befürwortern der Jansenisten nach 1713 das Parlament von Paris, die Sorbonne, der Pariser Klerus und die großen Orden, zu den Gegnern die Krone, die Jesuiten, der Klerus und die Bevölkerung in der Provinz. Die Reisenden hatten also die Grundkonstellation des Konflikts durchaus zutreffend erfasst; siehe Jürgen Voss: Von der frühneuzeitlichen Monarchie zur Ersten Republik. 1500–1800. München 1980 (Geschichte Frankreichs, II), S. 83.
35 Ein fundierter, systematischer Vergleich der Frömmigkeitsstile ist meines Erachtens Desiderat. Ernst Hinrichs: Jansenismus und Pietismus. Versuch eines Strukturvergleichs. In: Jansenismus, Quietismus, Pietismus. Hg. von Harmut Lehmann u.a. Göttingen 2002 (Arbeiten zur Geschichte des Pietismus 42), S. 136–158, hier S. 136 verweist darauf, dass beide Frömmigkeitsbewegungen bislang nahezu ausschließlich in nationalgeschichtlicher Perspektive erforscht wurden; sein eigener Strukturvergleich (vor allem ebd., S. 154–158) beschränkt sich auf das Verhältnis beider Bewegungen zum Staat, womit hie Frankreich und da Preußen – nicht das Heilige Römische Reich in seiner Gesamtheit – gemeint ist.
36 Voss: Von der frühneuzeitlichen Monarchie (Anm. 34), S. 82.

das Akademiewörterbuch schließlich definiert, ein Abbé sei jemand, der ein „habit ecclésiastique" trage, „quoiqu'il n'eût point d'abbaye".[37] Mit besagtem Abbé – nach Auffassung Lynars wie die meisten französischen Geistlichen ein „Ertz Janseniste"[38] – machten die Kavaliere am Ende des ersten Monats ihres Paris-Aufenthalts an der Tafel des dänischen Gesandten Bekanntschaft. Der Abbé erzählte über Tisch vom Leben des Heiligen Pâris, warb mit dessen Herkunft aus einer sozial hochstehenden Familie, nannte die Heilungswunder am Grab des *diacre* „incontestable"[39] und wies darauf hin, dass bereits Kardinal Noailles vier dieser Heilungen habe überprüfen lassen. Ferner berichtete er von den Wohltaten des Volksheiligen, von dessen Lebensverhältnissen – wie das Volk im Faubourg Saint-Marcel habe er sich von der Strumpfwirkerei ernährt – und von seinen Wohnverhältnissen:

> Sonst fügte er von dem Leben dieses frommen Mannes noch diese Particularitaet mit hinzu, das deßelben Wohnung aus vier kleinen Zimmern bestanden, in deren einem er ein Be[tt], aber blos zum Schein, stehen gehabt, indem er in dem andern auf blosen brettern in einem mit Holz ausgelegten Loche in der Wand geschlaffen, in den andern beyden Zimmern sind seine Bücher und Scripturen und außerdem beständig 5 gute Freunde um ihn gewesen, welche er von seinen Mitteln ernähret.[40]

Damit hatte der Abbé, vermutlich jener später als steter Gesellschafter der Grafen auftretende Mann namens Ferrus,[41] die Tischgesellschaft in etwa auf die Informa-

---

37 Dictionnaire de l'Académie francoise. Nouvelle édition. Bd. 1. Paris 1802, S. 4.
38 Lynar, Reuß-Köstritz, Geusau: Reisebeschreibung (Anm. 2), Nr. 17 vom 18.11.1731 (Lynar).
39 Lynar, Reuß-Köstritz, Geusau: Reisebeschreibung (Anm. 2), Nr. 17 vom 18.11.1731 (Lynar).
40 Lynar, Reuß-Köstritz, Geusau: Reisebeschreibung (Anm. 2), Nr. 17 vom 18.11.1731 (Lynar).
41 Die Biographie dieses Abbés liegt im Dunkel. In der Pariser Gesellschaft ist er anscheinend nicht weiter hervorgetreten. Er war noch zehn Jahre später (1741) als Gesellschafter junger Kavaliere aktiv; siehe Büsching: Anton von Geusau (Anm. 20), S. 125. – Sollte Ferrus verwandt sein mit jenem Abbé Ferrus, den Le Mercure Gallant, Februar 1706, S. 163 als Onkel jener Jeanne de Ferrus nennt, die am 18.1.1706 in Lyon Claude-Chrysante de Crémeaux, Marquis de la Grange heiratete? Über diesen Abbé und seine Nichte heißt es: „Mlle Ferrus est fille de Mr Ferrus, Conseiller au Presidial de Lyon, & niece de Mr l'Abbé Ferrus, Chanoine d'honneur de l'Eglise d'Esnay de Lyon. C'est un Ecclesiastique d'un merite singulier. Mlle Ferrus est generalement estimée. Son grand pere a esté Officier dans le Consulat de Lyon". Tatsächliche hatte Mademoiselle einen Bruder Pierre de Ferrus, der am 10.11.1680 in Lyon geboren wurde und am 14.10.1741 in Saint-Cyr-de-Favières starb, zu Lebzeiten aber ein Kanonikat im Kapitel zu Ainay innehatte; vgl. Henri de Jovencel: L'assemblée de la noblesse de la sénéchaussée de Lyon en 1789, étude historique et généalogique. Lyon 1907, S. 451. Éric Thiou: Les nobles chanoines du Chapitre d'Ainay de Lyon 1685–1789 (Historiques et Preuves de Noblesse). Versailles 2005 führt Ferrus jedoch nicht auf, was möglicherweise auf Lücken in der Überlieferung der Archives départementales du Rhône zurückzuführen ist (fonds du chapitre d'Ainay – 11 G; vgl. ebd., S. 6); die Kapitelakten für den Zeitraum 1731–1743 sind nicht mehr vorhanden.

tionshöhe eines heutigen Wikipedia-Eintrags gebracht. Wie wir noch sehen werden, waren diese Basisinformationen aber nur ein erster Schritt, um das Interesse der beiden Grafen zu wecken und sie in die Belange der Jansenisten zu involvieren. Welches Kalkül hinter dem Agieren des Abbés stand, wissen wir freilich nicht; vermutlich ging es den jansenistischen Kreisen, für die Ferrus stand, jedoch darum, angesichts der prekären Lage im eigenen Land Kontakte ins Ausland zu knüpfen. Ferrus war jedenfalls wesentlich dafür verantwortlich, dass sich der heilige Pâris und die Heilungswunder auf dem Friedhof von Saint-Médard, wo sich dessen Grab befand, zum *Basso continuo* des Paris-Aufenthalts von Reuß, Lynar und Geusau entwickelten.

## 3 Rezeptionen I: Sehen und Teilnehmen

Nur zwei Tage, nachdem die Reisenden an der Tafel des dänischen Gesandten von den Heilungswundern erfahren hatten, suchten sie den Friedhof Saint-Médard persönlich auf. Offenbar ging es bei diesem Besuch um Augenzeugenschaft. Augenzeugenschaft war in der frühneuzeitlichen Literatur ein verbreitetes Beglaubigungsmittel, ein Topos zur Herstellung von Authentizität;[42] dies trifft auch auf jedwede Darstellung von Wundern zurück, die ebenfalls beglaubigt werden mussten, um kirchlich anerkannt zu werden. Darum, sich von den Vorgängen auf dem Friedhof selbst ein Bild zu machen, sich womöglich sogar von der Authentizität der Heilungswunder zu über überzeugen, ging es wohl auch bei diesem Besuch. Tagebuchschreiber für den Besuch am Grab des Heiligen war Graf zu Lynar. Zu Beginn seines Berichts erinnerte er noch einmal an das, was man aus den mündlichen Erzählungen des Abbés über den *diacre* bereits erfahren hatte, fügte aber auch einige neue Details hinzu, die man offenbar zwischenzeitig in Erfahrung gebracht hatte. Den Rezipienten des Diariums gegenüber wurde die Person des Heiligen so ein zweites Mal eingeführt. Eine Anekdote untermauerte den Tenor dieser Einführung anschaulich: Eine Frau wollte dem Diakon ein Paar Schuhe schenken, weil dieser sein eigenes Schuhwerk durchgelaufen hatte. Pâris lehnte dies jedoch ab, weil er keine Not leide und ihrer Wohltat nicht bedürfe.[43] Dies wies den *diacre* zwar nicht

---

42 Siehe Michael Harbsmeier: Wilde Völkerkunde. Andere Welten in deutschen Reiseberichten aus der Frühen Neuzeit. Frankfurt a. M. 1994 (Historische Studien 2), S. 39. Bokobza Kahan: Témoigner des miracles (Anm. 8), S. 204–205 differenziert hinsichtlich der Augenzeugenschaft zwischen dem „témoin source", der seine Darstellung des Wunders durch eigenes Miterleben beglaubigt, und dem „témoin spectateur", der dasselbe Ziel durch den Akt des Sehens und Teilnehmen erreicht. Beide Modi bleiben juridischen Beglaubigungsformen verhaftet.
43 Lynar, Reuß-Köstritz, Geusau: Reisebeschreibung (Anm. 2), Nr. 17 vom 20.11.1731 (Lynar).

als Heiligen aus, aber immerhin als bescheidenen und frommen Mann. Überhaupt ist auffällig, dass Lynar sich um einen korrekten Sprachgebrauch bemühte; da die Kanonisation noch nicht erfolgt war, bevorzugte er vom „bien heureux Paris"[44] zu sprechen.

Von Lynar ebenfalls kurz referiert wurde die offizielle Haltung der Kirche gegenüber den Vorgängen auf dem Friedhof Saint-Médard: Pâris sei Jansenist und als solcher den Jesuiten verhasst gewesen; deshalb habe der Pariser Erzbischof,[45] der unter dem Einfluss dieses Ordens stand, nicht nur den Besuch des Grabes untersagt, sondern in Rom auch die Verbrennung eines Buches über sein Leben erwirkt.[46] Dennoch sei der Zulauf zum Grab nicht abgerissen, ja sogar einige Prinzessinnen von Geblüt – also Angehörige des französischen Königshauses – und – besonders pikant – ein Lakai des Erzbischofs selbst hätten das Grab aufgesucht, was letzterer zu vertuschen suchte. In diesem Zusammenhang trat das auch sonst zu konstatierende Interesse der Tagebuchschreiber um eine differenzierte und treffende Einschätzung und Charakterisierung von Persönlichkeiten der lokalen Gesellschaft hervor. So lag es Lynar durchaus fern, den Erzbischof rundweg zu verdammen. Vielmehr bescheinigte er ihm ein durchaus frommer Kirchenmann zu sein, mit bleibenden Verdiensten vor allem in seiner Zeit als Erzbischof von Aix-en-Provence zurzeit einer dort wütenden Pestwelle. Dies war durchaus feinsinnig bemerkt, weist doch die neuere Forschung trotz entgegengesetzter Handlungen sogar auf eine gewisse theologische Nähe des Erzbischofs zu jansenistischen Positionen hin.[47]

Der Weg Lynars führte also vom Vorwissen zur eigenen Erfahrung, denn erst nach solchen recht ausführlichen Einführungen wagte er sich an die Schilderung des eigentlichen Friedhofsbesuchs. Schon die ersten Zeilen dieses Berichts vermitteln etwas von Lynars Ringen mit den unterschiedlichen Eindrücken, die dabei auf ihn einprasselten, und den Schwierigkeiten, welche die Aufrechterhaltung eigener Handlungsmaximen bereitete:

> Zu diesem Grabe nun zu kommen, gehet man durch die Kirche, vor welcher beständig eine große Menge Wagen hält und bey deren Eingange man das Leben des bien heureux Paris verkaufet, hindurch, auf einen mit einer Art eines Creutz Ganges eingeschloßenen viereckigten Platz, ohngefehr so groß, als ein mittelmäßiges Zimmer, woselbst an der

---

44 Lynar, Reuß-Köstritz, Geusau: Reisebeschreibung (Anm. 2), Nr. 17 vom 20.11.1731 (Lynar).
45 Charles Gaspard Guillaume de Vintimille du Luc.
46 Verboten wurde die Schrift Boyers mit päpstlichem Dekret von 22.08.1731, die öffentliche Verbrennung fand am 29.08.1731 statt. Der Pariser Erzbischof sollte alle drei Lebensbeschreibungen am 30.01.1732 verbieten. Siehe Heinrich Reusch: Der Index der verbotenen Bücher. Ein Beitrag zur Kirchen- und Literaturgeschichte. Bd. 2.1. Bonn 1885, S. 747–748.
47 Olivier Andurand: La Grande affaire. Les évêques de France face à l'Unigenitus. Rennes 2017, S. 205–209.

> Mauer das Grab des heiligen Paris zu befinden, und zwar ist es anfänglich bloß aus Holz eingefasiret gewesen, nachgehends aber mit einem mar[mor] Steine belegt worden, deßen Inscription ich noch zur Zeit nicht bekommen können, denn bey dem Grabe selbst es abzuschreiben ist wegen des erschrecklichen Gedränges unmöglich, indem eine solche Menge Leute herum standen, daß wir anfänglich gar nicht zukommen konnten [...].[48]

Gegenüber dem Andrang der Massen im engen Geviert des Friedhofs, den Wagen vor den Türen der Kirche, den Verkäufern von Druckerzeugnissen, den zum Grab drängenden Heilung-Suchenden wirkt das Bestreben der Grafen, die Inschrift der Grabplatte abzuschreiben, geradezu hilflos, wenn nicht sogar grotesk. Das Kopieren von Inschriften zählte aber wie das Anfertigen von Zeichnungen seit dem sechzehnten Jahrhundert zu den zentralen Praktiken des europäischen Antiquarismus[49] und mithin auch zur *raison d'être* der Kavalierstour.[50] Angesichts des um die Reisenden herrschenden Gedränges kann diese Praxis im vorliegenden Fall aber auch als Strategie der Selbstbehauptung aufgefasst werden: Dem vermeintlich irrationalen katholischen Wunderglauben wurde auf diese Weise eine (protestantische?) rationale wissenschaftliche Arbeitsmethode entgegengesetzt.

Diesem Bestreben folgte auch der weitere Verlauf des Friedhofsbesuchs. Als nächstes ergatterten die Grafen einen Stuhl – Stühle konnten zu sechs *sous* gemietet werden[51] –, den sie bestiegen, um einen besseren Überblick über das herrschende Getümmel zu erlangen. Von dieser herausgehobenen Warte wurden die Reisenden Zeugen, wie ein taubstummer Marquis de Laval sich auf die Grabplatte legte und solange in Konvulsionen verfiel, bis ihm die Perücke vom Kopf flog. Aufmerksame Lakaien ergriffen seinen Schädel und verhinderten dadurch einen Zusammenprall mit der steinernen Grabplatte. Während sich bereits andere Personen auf das Grab legten, bahnten sich die Grafen schließlich den Weg durch die Menge und befragten die Zuckenden,

---

48 Lynar, Reuß-Köstritz, Geusau: Reisebeschreibung (Anm. 2), Nr. 17 vom 20.11.1731 (Lynar).
49 Peter Danner: Archäologische Forschungen in Salzburg bis zum Zeitalter der Aufklärung. In: Graben, Entdecken, Sammeln. Laienforscher in der Geschichte der Archäologie Österreichs. Hg. von Florian M. Müller. Wien 2014 (Archäologie – Forschung und Wissenschaft 5), S. 71–106, hier S. 72–74; Alain Schnapp: Die Entdeckung der Vergangenheit. Ursprünge und Abenteuer der Archäologie. Stuttgart 2009, Kap. 2.
50 Das Inschriften-Kopieren ist eine von der Reiseforschung stark vernachlässigte Praxis; vgl. die erhellenden Ausführungen von Wolfgang Kemp: Die öffentlichen Erfahrungsräume des Reisenden: die Welt (Montaigne), die Dingwelt und die Welt der Höfe (Keyßler). In: Müller: Keyßlers Welt (Anm. 12), S. 59–82, hier S. 72–76.
51 Strayer: Suffering Saints (Anm. 8), S. 245.

ob sie bey sich selbst waren, und vernehmen konnten, was man redete, welches sie mit Ja beantworteten, auch versicherten, daß die aller vehementesten convulsiones sie im geringsten nicht incommodiret, oder müde machten, sondern es wäre ihnen dabey sowohl vor- als nachher vollkommen wohl zu Muthe.[52]

Mit diesen medizinisch-physiologischen Details verließen die Gefährten den Friedhof. Ihre Expedition in das Innere des Pariser Wunderglaubens war damit vorerst abgeschlossen. Mit den Kulturtechniken der Wissensgesellschaft – Transkribieren, Überblick verschaffen, Befragungen durchführen – hatten sie sich diesem gegenüber behauptet.

Man kann darüber streiten, mit welchem Erkenntnisinteresse die Reisenden auf dem Friedhof operierten – war es ein medizinisches oder doch eher ein ethnographisches? Agierten sie als ‚teilnehmende Beobachter' (Bronislaw Malinowski) *avant la lettre*? Das Reisetagebuch spricht eher für Ersteres. Nach der Darstellung des Friedhofsbesuchs beschloss Lynar seinen Bericht mit weiteren Anekdoten, aber auch mit einer physiologisch-medizinisch Erklärung für die Konvulsionen (sowie den Argumenten der Gegner einer solchen Erklärung).[53] Das spiegelt die Omnipräsenz von Ärzten unter den Wunderzeugen, aber auch die Aneignung medizinischer Begrifflichkeiten durch medizinisch nicht vorgebildete Menschen.[54] In späteren Tagebucheinträgen wird zudem der medizinische Begriff des ‚Patienten'[55] für die am Grabe des Heiligen Pâris Heilung-Suchenden herangezogen. Vielleicht ging es den Reisenden aber auch um beides, oder, besser gesagt, um die *conditio humana* in ihrer physiologischen und sozialen Bedingtheit, also, modern ausgedrückt, um eine natur- und gesellschaftswissenschaftlich begründete Anthropologie. Generell war das ethnografische Moment ja sowohl im hallischen als auch im herrenhutischen Pietismus sehr präsent.[56]

---

52 Lynar, Reuß-Köstritz, Geusau: Reisebeschreibung (Anm. 2), Nr. 17 vom 20.11.1731 (Lynar).
53 Siehe unten den Abschnitt ‚Positionen: Gemeinsames und Trennendes'.
54 Bokobza Kahan: Témoigner des miracles (Anm. 8), S. 237 und 243–248. Neun berühmte Ärzte untersuchten 146 Einzelpersonen, die Heilungswunder für sich beanspruchten; siehe Strayer: Suffering Saints (Anm. 8), S. 243.
55 Das Wort ‚Patient' wurde dem Grimmschen Wörterbuch (Bd. 13, Sp. 1504) zufolge im sechzehnten Jahrhundert dem Französischen entlehnt. Einem Wortgebrauch außerhalb der Medizin gab es auch während der Frühen Neuzeit nicht.
56 Thomas J. Müller-Bahlke, Klaus J. Göltz: Die Wunderkammer. Die Kunst- und Naturalienkammer der Franckeschen Stiftungen zu Halle (Saale). Halle/S. 1998, S. 72–118; Hartmut Beck: Zinzendorfs Missionsmotive und die Anfänge der Mission bis 1760. In: Graf ohne Grenzen. Leben und Werk von Nikolaus Ludwig Graf von Zinzendorf. Ausstellung im Völkerkundemuseum Herrnhut, Außenstelle des Staatlichen Museums für Völkerkunde Dresden, und im Heimatmuseum der Stadt Herrnhut vom 26.05.2000 bis zum 07.01.2001. Herrnhut 2000, S. 82–88.

Den letzten Schritt, den eine naturwissenschaftliche Aneignung der Vorgänge auf dem Friedhof erforderte, unternahmen die Grafen jedoch nicht: das Experiment am eigenen Leibe. Dies übernahm ein Graf Dehn („Dähn"), den Reuß und Lynar ebenfalls an der Tafel des dänischen Gesandten kennengelernt hatten und der durch abgeklärte, beinahe schon zynische Kommentare aufgefallen war. Zusammen mit anderen deutschen Kavalieren besuchten die Grafen ein zweites Mal das Grab des *diacre*, wo sie Dehn „auf dem Grab-Stein zwischen andern convulsiones habenden patienten sitzend gefunden, ohne daß er die geringste alteration in seinem Cörper verspühret."[57] Diese Art der experimentellen Widerlegung des Wunderglaubens war freilich nicht ungefährlich; nach dem Experiment zog man sich denn auch schnellstens diskret zurück. Allerdings diskutierten die Lakaien im Umfeld der Reisenden das Experiment und zeigten sich indigniert darüber, „daß ein protestant, ohne Zweifel sich zu mocquiren, dergleichen vorgenommen, mit der Versicherung, daß, wenn er wäre erkannt worden, seine geraden Gliedmaaßen unzerschlagen nicht würden davon gekommen seyn."[58] Das war keineswegs übertrieben, wie das Beispiel eines Monsieur Humbert beweist, der für zynische Worte stark misshandelt wurde.[59] Der Tagebucheintrag zeigt aber auch, dass die Vorgänge und ihre Rezeption letztlich eine konfessionelle Pointe besaßen, selbst wenn diese nicht ständig artikuliert und zum Einsatz gebracht wurde. Diskursiv und performativ blieben die Handlungen der Reisenden somit fest in der rationalistischen Wissens- und Konfessionskultur des deutschen Protestantismus – das oben noch gesetzte Fragezeichen kann nun entfallen – verankert.[60]

## 4 Rezeptionen II: Erzählen und Hören

Die beiden Besuche der Grafen auf dem Friedhof von Saint-Médard blieben singuläre Ereignisse. Eine erneute Teilnahme war im Rahmen der Kavalierserziehung weder vorgesehen noch notwendig. Als Gesprächsstoff blieben das Grab des Heiligen Pâris und die Konvulsionisten jedoch während ihres gesamten Aufenthalts in Paris präsent. Das trifft zum einen für die jungen Reisenden untereinander zu. Gleichzeitig mit Reuß und Lynar weilte der ihnen durch familiale Freund-

---

57 Lynar, Reuß-Köstritz, Geusau: Reisebeschreibung (Anm. 2), Nr. 25 vom 14.01.1732 (Geusau).
58 Lynar, Reuß-Köstritz, Geusau: Reisebeschreibung (Anm. 2), Nr. 25 vom 14.01.1732 (Geusau).
59 Strayer: Suffering Saints (Anm. 8), S. 251.
60 Wunder im katholischen Europa waren ein beliebter Beobachtungsgegenstand reisender Kavaliere aus dem protestantischen Deutschland, so etwa das Blutwunder von San Gennaro (Neapel); siehe Leibetseder: Kavalierstour (Anm. 12), S. 167–170.

schaftsbande verbundene Graf Ludwig Friedrich von Castell-Remlingen an der Seine. Castell war mütterlicherseits mit dem Grafen Nikolaus Ludwig von Zinzendorf verwandt und sollte bald nach seiner Rückkehr damit beginnen, die Ortschaft Rehweiler im fränkischen Steigerwald zu einer Kolonie nach Herrnhuter Vorbild auszubauen, wo er selbst in einer sogenannten Schlössleinskolonie residierte.[61] Unterstützer seiner Bestrebungen war der Hofrat Johann Georg Hertel, der ihn bereits als Hofmeister nach Paris begleitet hatte. Zwar verwandelte Castell sich in Frankreich nach Ansicht Lynars in „einen Vollkommenen frantzösischen *galant hom[m]e*",[62] blieb seinen pietistischen Anschauungen und Interessen aber dennoch treu. Die Adaption des weltläufigen, französischen Adelsideals war demnach mit der deutschen protestantischen Frömmigkeitsbewegung durchaus kompatibel.

So ist es nicht erstaunlich, dass Castell in der Konversation mit seinen gräflichen Compagnons die Wunder am Grabe des Heiligen Pâris nicht zuletzt auch als Phänomen der französischen Aristokratie beschrieb. Fasziniert berichtete Castell, dass selbst die vornehmsten Pariser Kreise Grab und Friedhof aufsuchten; erst kürzlich seien dort zwei Prinzen von Geblüt, Mitglieder der französischen Königsfamilie also, die Grafen von Clermont[63] und Charolais,[64] erschienen, mit großem Anhang, um für ihre kranke Schwägerin, die Herzogin von Bourbon, die Messe lesen zu lassen.[65] Clermont und Charolais waren freilich berüchtigte Libertins, durch und durch lasterhafte Gestalten, die mit Tänzerinnen Kinder zeugten, und auch hinter *Madame la Duchesse* lag ein bewegtes Leben.[66] Castell interessierte dies aber nicht; ihm ging es wohl allein darum, seine Faszination für den volkstümlichen Heiligenkult aristokratische Weihen zu verleihen und dadurch zu legitimieren. Überhaupt war Castell – nach Darstellung des Tagebuchs – von den Vorgängen auf dem Friedhof Staint-Médard stärker affiziert als Reuß und Lynar,

---

61 Horst Weigelt: Georg Matthäus Holbig und die Herrnhuter Brüdergemeinde – Der mißlungene Versuch einer Integration in die Brüdergemeinde in der Wetterau. In: Beiträge zur Geschichte des württembergischen Pietismus. FS Gerhard Schäfer, Martin Brecht. Hg. von Hermann Ehmer, Udo Sträter. Göttingen 1998 (Pietismus und Neuzeit, 24), S. 116–129, hier S. 119–120.
62 Rochus Friedrich zu Lynar: Korrespondenz (BLHA, Rep. 37 Lübbenau, Nr. 4966), Br. an Gräfin Marie Eleonore Emilie Reuß-Köstritz, Straßburg, 2.6.1732.
63 Louis de Bourbon, comte de Clermont.
64 Charles de Bourbon, comte de Charolais.
65 Lynar, Reuß-Köstritz, Geusau: Reisebeschreibung (Anm. 2), Nr. 20 vom 07.12.1731 (Lynar).
66 Vermutlich ist die fragliche Schwägerin Louise Françoise de Bourbon (1673–1743).

ja er war sogar bereit, selbst in die Rolle des Wunderzeugen, des „témoin spectateur",[67] zu schlüpfen.[68] Treibende Kraft derartiger Unterhaltungen war wiederum der Abbé Ferrus, der auch im Quartier Castells ein gern gesehener Gast war. Überhaupt verdichteten sich die Kontakte zwischen Reuß, Lynar, Geusau, Castell, Hertel und Ferrus im Laufe weniger Wochen zu einer engen Kommunikationsgemeinschaft, in welcher von Ferrus eingebrachten Erzählungen und Materialien – hierzu gleich mehr – emsig rezipiert und diskutiert wurden.

Aber auch jenseits dieses Zirkels bot das Grab des Heiligen Pâris ergiebigen Gesprächsstoff, etwa an der Tafel des dänischen Gesandten. Dort erfuhren die Reisenden Mitte Januar 1732,

> daß der Lieutenant de Police einige Leute, so allerhand seltsam Bewegungen auf dem Grabe des vorgedachten Mr. Paris gemacht, durch Schläge gezwungen [habe], ihm so thanen Betrug zu bekennen, darauf er sie andern zum Schrecken theils in die Bastille, theils ins Chatelet bringen laßen.[69]

Die zunehmenden Repressionen, denen der Kult um den Heiligen Pâris unterlag, führten zu immer stärkeren Spannungen in der Stadt. Nimmt man das Tagebuch der deutschen Grafen als Anhaltspunkt, so kursierten in Paris mittlerweile zahlreiche Anekdoten, Gerüchte und Nachrichten, die in unterschiedlichen Schattierungen die Frage nach Tätern und Opfern, nach Schuld und Unschuld sowie nach Recht und Unrecht thematisierten. Gegenläufiges wurde zumindest in den Diarien der drei Reisenden nicht festgehalten, wodurch der Eindruck erzeugt wurde, die öffentliche Meinung sei grundsätzlich pro-jansenistisch ausgerichtet gewesen.

Der Kulminationspunkt war um den Jahreswechsel 1731/1732 erreicht: Am 29. Januar 1732 wurde der Zutritt zum Friedhof Saint-Médard verboten, der Zugang blockiert – und dadurch *nolens volens* die Verbreitung der konvulsionistischen Bewegung in die französische Provinz eingeleitet.[70] Davon bekamen die Reisenden aus Deutschland jedoch nichts mehr mit. Aus ihrer Sicht versiegte mit der Schließung des Friedhofs die Quelle, aus der neue Anekdoten über Heilungswunder hätten sprudeln können. Die Gesprächsfäden in den unterschiedlichen

---

67 Bokobza Kahan: Témoigner des miracles (Anm. 8), S. 199–204.
68 „Desgleichen gedachte auch Herr Castel, daß er selbst einen Mensch vollkommen gerade gehen sehen, der vordem auf Krücken gehen müßen"; Lynar, Reuß-Köstritz, Geusau: Reisebeschreibung (Anm. 2), Nr. 21 vom 19.12.1731 (Reuß).
69 Lynar, Reuß-Köstritz, Geusau: Reisebeschreibung (Anm. 2), Nr. 27 vom 27.01.1731 (Reuß). Die Bastille und Châtelet zählten zu den berüchtigten Gefängnissen der Seine-Metropole, wobei Châtelet zugleich der Sitz des Obersten Gerichtshofs für Paris und Ile-de-France war (Richard Mowery Andrews: Law, Magistracy, and Crime in Old Regime Paris 1735–1789. Bd. 1. Cambridge 1994, S. 56). Lieutenant général de police war zwischen 1725 und 1739 René Hérault (1691–1740).
70 Strayer: Suffering Saints (Anm. 8), S. 253–254.

Konversationsformaten – in den eigenen vier Wänden, an den Tafeln der Gesandten – rissen aber trotzdem nicht ab. Der Weg zum wundertätigen Ort selbst war nun versperrt; umso wichtiger für den Rezeptionsprozess wurde nun das gedruckte Wort.

## 5 Rezeptionen III: Lesen und Schreiben

Einsame wie gemeinsame Lektüre war für Pietisten und Jansenisten eine zentrale gesellschaftliche Praxis. Folgt man Reiner Prass, so ließ die jansenistische Lektürepraxis „erstmals in der französischen Geschichte eine publizistische Öffentlichkeit"[71] entstehen, welche politischen Debatten den Weg ebnete, während die pietistische Lesereise in die Empfindsamkeit mündete. Was hieß dies für die deutschen Grafen in Paris? Auch für die jungen Grafen in Paris spielte das Lesen eine wichtige Rolle. Immer wieder kamen die beiden Grafen und ihr Hofmeister zusammen, um gemeinsam Texte zu lesen und miteinander besinnliche Stunden zu verbringen. Zuweilen nahmen auch an diesen Zirkeln Castell und Hertel sowie der Abbé Ferrus teil. Die gemeinsame Lektüre kreierte einen Rückzugs- und Schutzraum um die Reisenden. Deutlich wurde dies vor allem während des Pariser Karnevals, als sich die Grafen in ihre eigenen vier Wände und in die gemeinsame Lektüre zurückzogen.[72]

Aus diesem Schutzraum waren Paris und Frankreich aber keineswegs ausgeklammert. Im Gegenteil: Die Lektüre ergänzte die Reiseerfahrung, sie sollte das Fremde lesbar machen und verstehen helfen. Als Scharnier zwischen Innen- und Außenwelt diente einmal mehr Abbé Ferrus. Er war es, der die Grafen wiederholt mit den *Nouvelles ecclésiastiques* versorgte. Dabei handelte es sich um eine Untergrundzeitschrift, deren Publikation 1728 aufgenommen worden war, und zwar als Kampfblatt gegen die Umsetzung der 1713 erlassenen päpstlichen Bulle *Unigenitus*. Die Zeitschrift erschien wöchentlich in einer vergleichsweise hohen Auflage von 6.000 Exemplaren; Besitz, Lektüre und Verbreitung waren offiziell verboten, eine Verdammung durch den Pariser Erzbischof erfolgte 1732.[73] Über Existenz und Zuschnitt dieses Periodikums erfuhren Reuß und Lynar zuerst von ihrem Sprachmeis-

---

[71] Reiner Prass: Lektüren. Die Bedeutung des Lesens in Jansenismus und Pietismus. In: Frühe Neuzeit. FS Ernst Hinrichs. Hg. von Karl-Heinz Ziessow u.a. Bielefeld 2004 (Studien zur Regionalgeschichte 17), S. 147–164, Zitat S. 164.
[72] Lynar, Reuß-Köstritz, Geusau: Reisebeschreibung (Anm. 2), Nr. 31 vom 25.02.1732 (Geusau).
[73] Monique Cottret: Les Nouvelles ecclésiastiques et l'histoire religieuse du XVIIIe siècle. Un chantier en mouvement. In: Les Nouvelles ecclésiastiques. Une aventure de presse clandestine au siècle des Lumières (1713–1803). Hg. von dies. Valérie Guittienne-Murger. Paris 2016, S. 11–48, hier

ter. Dieser enthüllte ihnen das geheime Produktions- und Vertriebsnetz sowie die inhaltliche Ausrichtung des Blattes. Die *Nouvelles ecclésiastiques* berichteten über die kirchlichen Angelegenheiten Frankreichs, die „Streiche derer Jesuiten", die Verfolgung der Jansenisten und das Verhalten des Hofes – und auf das nun Folgende kam es an – „mit gantz ungemeiner freymüthigkeit und ohne hohe oder niedrige zu schonen".[74] Das weist schon in die Richtung heutiger Forschungsaussagen, denen zufolge die *Nouvelles* eine religiöse Sache verteidigten, „qui dépasse largement le cadre théologiques".[75] Es waren letztlich politische Nachrichten, welche in den *Nouvelles* gemacht wurden, die sich tendenziell an alle richteten.

Allerdings machten Ferrus und der Sprachmeister die reisenden Kavaliere nicht sofort zu Beginn ihres Paris-Aufenthaltes mit der klandestinen Publikation bekannt, sondern erst zwei Monate nach ihrer Ankunft an der Seine.[76] Bis dahin hatten sie ausreichend Zeit gehabt, die Reisenden kennenzulernen, ihr Vertrauen zu gewinnen und den Grund für die Rezeption einer verbotenen Zeitschrift zu bereiten. Die Gefahren, welche mit dem Besitz und der Verbreitung der Zeitschrift verbunden waren, dürften den Grafen und ihrem Hofmeister nicht verborgen geblieben sein. Umso mehr erstaunt es, wie selbstverständlich sie die *Nouvelles ecclésiastiques* annahmen und lasen. Wiegte man sich damit in Sicherheit, dass die Zeitschrift letztlich bis in die höchsten gesellschaftlichen Kreise Verbreitung fand, ja selbst von dem erbittertsten Feind der Jansenisten, dem *lieutenant général de police*, gelesen und weiterverteilt werde? Oder waren die Reisenden durch ihre Einbindung in pietistische Netzwerke bereits an die Rezeption klandestinen Schrifttums und die dabei zu befolgenden Vorsichtsmaßregeln gewöhnt, weshalb der Umgang mit der Pariser Publikation für sie keine gänzlich neue Erfahrung mehr bildete?[77]

Zwischen Dezember 1731 und März 1732 stellten die *Nouvelles* für die Grafen eine wesentliche Informationsquelle dar, die sie nicht nur regelmäßig lasen, son-

---

S. 13–22; Monique Cottret: Jansénismes et lumières. Pour un autre XVIIIe siècle. Paris 1998, S. 21–22.

74 Lynar, Reuß-Köstritz, Geusau: Reisebeschreibung (Anm. 2), Nr. 22 vom 21.12.1731 (Geusau).
75 Bokobza Kahan: Témoigner des miracles (Anm. 8), S. 91.
76 Lynar, Reuß-Köstritz, Geusau: Reisebeschreibung (Anm. 2), Nr. 22 vom 21. und 24.12.1731 (Geusau).
77 Im konkreten Einzelfall bliebe dies freilich noch zu untersuchen. Dass im Umkreis des Köstritzer Grafenhofs Untergrundliteratur kursierte, ist jedoch erwiesen. So erlaubte Heinrich XXIV. unter Umgehung seines Superintendenten und Zensors Johann Christoph Tüttleb die Publikation von Traktaten des schwärmerisch-chiliastischen Pietisten Johann Wilhelm Petersen; siehe Hans-Jürgen Schrader: Literaturproduktion und Büchermarkt des radikalen Pietismus. Johann Heinrich Reitz' *Historie Der Wiedergebohrnen* und ihr geschichtlicher Kontext. Göttingen 1989 (Palaestra 283), S. 122.

dern auch für ihre Diarien exzerpierten. Teilweise bestehen die Einträge für einzelne Tage zu einem großen Teil aus zusammengefassten Inhalten dieser Zeitschrift.[78] Der Rezeptionsmodus ist wiederum ein anekdotischer; anhand einzelner Episoden wird das Narrativ von Glaubensstärke und Aufrichtigkeit exemplifiziert. Viele dieser Geschichten spielen fernab der Hauptstadt Paris in den kleinen Ortschaften der Provinz. Da ist etwa ein fünfunddreißigjähriger *curé* in der Diözese Sens, der nur wenige Tage vor seinem Tod in Anwesenheit zweier Geistlicher von einem Notar seine Abkehr von der *Constitutio Unigenitus* schriftlich aufnehmen ließ: Die *Constitutio* sei gegen den katholischen Glauben, die christliche Moral und die Kirche. Um sein Unrecht, sich der *Constitutio* zu unterwerfen, wiedergutzumachen, verwerfe er diese nun und schließe sich den appellierenden Bischöfen, insbesondere M. de Senez an. Damit gemeint war Jean Soanen, Bischof von Senez, ehemaliger Student Pasquier Quesnels, 1727 in die Abtei La Chaise-Dieu verbannt.[79] Man berief sich also auf ein ‚jansenistisches Urgestein'. Der Autor der *Nouvelles* kommentierte:

> Combien faut-il d'acceptation faites par les motifs et par les vues, qui font agir la plus part des acceptans (der auctor zielet auf die Absichten, fette præbenden zu erlangen) pour contrebalancer un pareil temoignage, rendu dans ces circonstances, sous les yeux de Dieu et dans le moment décisif pour l'éternité?[80]

Die *Nouvelles ecclésiastiques* waren gewiss das wichtigste, aber nicht das einzige Druckerzeugnis, das die Reisenden rezipierten und exzerpierten. So zeigte ihnen der Sprachmeister eine als Kupferstich erschienene grafische Darstellung des Vertriebsnetzes der *Nouvelles ecclésiastiques*, die in eines der Diarien übernommen wurde.[81] Zudem ließ Ferrus dem Grafen Reuß zu derselben Zeit, als er ihn mit der verbotenen Untergrundzeitschrift bekannt machte, ein Exemplar der Biographie des Heiligen Pâris zukommen, wobei hervorgehoben wurde, dass es sich dabei nicht um die in Rom verbrannte Auflage handelte, sondern um eine zweite, verbes-

---

78 Nach dem 24.12.1731 erwähnt in folgenden Diarien: Lynar, Reuß-Köstritz, Geusau: Reisebeschreibung (Anm. 2), Nr. 24 vom 05.01.1732, Nr. 25 vom 11./17.01.1732, Nr. 26 vom 19./23.1.1732, Nr. 27 vom 30.01.1732, Nr. 28 vom 06.02.1732, Nr. 30 vom 21.02.1732, Nr. 31 vom 22./25./28.02.21732 und Nr. 33 vom 13.03.1732.
79 Zu Soanen siehe Andurand: La Grande affaire (Anm. 47), besonders S. 99–100 und 107–110.
80 Lynar, Reuß-Köstritz, Geusau: Reisebeschreibung (Anm. 2), Nr. 28 vom 06.02.1732 (Geusau); der Wortlaut in den Nouvelles ecclésiastiques 1731, S. 173 war bis auf den deutschsprachigen Einschub identisch.
81 Lynar, Reuß-Köstritz, Geusau: Reisebeschreibung (Anm. 2), Nr. 25 vom 17.01.1732 (Geusau) und Nr. 22 vom 22.12.1731 (Geusau).

serte.[82] Zumindest ein Anschein von Legalität wurde so gewahrt. Aus der genannten Ausgabe wurden wiederum Exzerpte in das Diarium übernommen. Gegen Ende der Pariser Monate lasen die Grafen gemeinsam mit Castell, Hertel und Ferrus auf der Stube „unter ein ander" im wohl noch druckfrischen zweiten Band des *Recueil des miracles de Mr. De Paris*[83] – einer Sammlung von Geschichten über Heilungswunder, die, wie nachdrücklich betont wurde, von den ‚patienten' selbst unterschrieben oder in notariell beglaubigter Form festgehalten wurden.[84] Gerade nach der Schließung von Saint-Médard gelangten aber auch satirische Flugblätter in die Hände der Kavaliere. Auch erhielten sie Kenntnis von der Inschrift des Grabsteins des Heiligen Pâris und konnten diese dann doch noch in ihr Tagebuch übernehmen.[85]

Die einzelnen Diarien schickten die Grafen sukzessive nach Köstritz, wo sie gelesen und innerhalb des familialen Netzwerkes weitergereicht wurden. So erlangten die Exzerpte aus den Pariser Publikationen eine erste bescheidene Publizität auch im Umfeld des Köstritzer Grafenhofes.

Keine Anhaltspunkte liefern die Tagebücher dafür, dass die Grafen die *Nouvelles ecclésiastiques* oder andere Schriften behielten und aufbewahrten. Gewiss war es sicherer, diese in Form von Exzerpten in deutscher Sprache, verpackt in die meist in winziger Schrift verfassten Zeilen ihrer Reiseberichte außer Landes zu schmuggeln. Es war ‚prekäres Wissen' im Sinne Martin Mulsows, dass da von Land zu Land transportiert wurde.[86] Allerdings wurde diesem Wissen durch das Einfügen in die Reiseberichte etwas von seinem Gefährdungspotential genommen; zwischen den alltäglichen Besichtigungs- und Visitenroutine der Reisenden wirkten die Zeilen aus dem literarischen Untergrund des vorrevolutionären Paris

---

82 Lynar, Reuß-Köstritz, Geusau: Reisebeschreibung (Anm. 2), Nr. 22 vom 22.12.1731 (Geusau). Folglich war es wohl die von Boyer verfasste Biographie, die den Reisenden vorlag.
83 Barthélmy Doyen: Second recueil des miracles operés par l'intercession de M. de Paris. Contenant les 13 relations presentées à monseigneur l'archevêque, par messieurs les curés de Paris. Avec leur requeste du 4. octobre 1731, dans laquelle ils demandent à sa grandeur de faire informer juridiquement sur ces faits, offrant d'en administrer toutes les preuves & d'en indiquer les témoins necessaires. O.O. 1732.
84 Lynar, Reuß-Köstritz, Geusau: Reisebeschreibung (Anm. 2), Nr. 30 vom 21.02.1732 (Geusau).
85 Lynar, Reuß-Köstritz, Geusau: Reisebeschreibung (Anm. 2), Nr. 19 vom 06.12.1732 (Geusau).
86 Mulsow: Prekäres Wissen (Anm. 30). Dass Jansenisten im damaligen Paris gefährlich lebten, zeigen die Zahlen, die Strayer: Suffering Saints (Anm. 8), S. 192 zusammengetragen hat; demnach saßen zwischen 1729 und 1733 62 Jansenisten in der Bastille ein – mehr als in vergleichbaren früheren Zeitabschnitten. Gemessen an den Gefangenenzahlen der Jahre 1659 bis 1774 stellte der Zeitraum zwischen 1729 und 1743 den Höhepunkt der Verfolgung der Jansenisten dar. Unter den 326 jansenistischen Bastille-Insassen gab es nach ebd., S. 198 sowohl einen Ausländer als auch einen Protestanten (jeweils 0,3 %). Das war zwar ein verschwindend geringer Anteil, der aber dennoch beweist, dass sich auch Reisende letztlich in Acht nehmen mussten.

geradezu harmlos. Wer sie heute liest, muss sich die aufgeheizte Lage im Paris der Jahre 1731/1732 hinzudenken, um ihre Tragweite und Brisanz richtig einschätzen zu können. Mit den Abschriften erfüllten die Reisenden also nicht nur ihre Informationspflicht gegenüber der heimischen Zentrale, sondern sie bannten auch die Gefahren, die mit der Rezeption jeglicher Art von Untergrundliteratur verbunden waren. Mit den jansenistischen Schriften gewannen die jugendlichen Reisenden also auch ein Gespür für die politische Brisanz solcher Texte. Die Reise-Erfahrung schlug so eine Brücke zwischen der von Reiner Prass aufgezeigten Diskrepanz zwischen politischer Arena hie und Empfindsamkeit da.

## 6 Positionen: Gemeinsamkeiten und Trennendes

Was die reisenden Grafen betraf, so waren ihre konfessionellen Prädispositionen in Bezug auf Wunder alles andere als eindeutig: Einerseits gab es protestantische Theologen, die in Anknüpfung an Luther argumentierten, Wunder hätten in apostolischer Zeit dazu gedient, Christi Lehre zu propagieren und zu verbreiten; aber in der Gegenwart bedürfe es keiner Wunder mehr.[87] Dann gab es aber auch jene, die meinten, individueller Glauben und intensives Gebet könnten durchaus Wunder bewirken; für sie gehörten „Wort- und Wunderglaube"[88] zusammen. Gerade pietistische Kreise interpretierten Wunder als „Beweis der Richtigkeit ihrer Religion".[89] Erst im achtzehnten Jahrhundert wurden Wunder dann zunehmend als Signum einer Konfession – der Katholischen – betrachtet und zunehmend auch zum Objekt rationalistischer Erklärungsversuche. Wenn wir den Blick über die Sphäre des Religiösen weiten, so war die von den Kavalieren bereiste Welt ohnehin eine der Wunder, die Wunderkammer zugleich Reiseziel wie Metapher der Welterfahrung. Auch Reuß, Lynar und Geusau besuchten unterwegs Kuriositätenkabinette, etwa die berühmte naturkundliche Sammlung ihres Zeitgenossen Albertus Seba in Amsterdam.[90] Verschiedene Seiten hatten den Kampf gegen „die unheilige Dreifaltigkeit: Schwärmerei, Aberglaube, Einbildungskraft"[91] allerdings bereits aufgenommen. Die Kavaliere standen gewissermaßen auf der Schwelle

---

87 Renate Dürr: Prophetie und Wunderglauben – zu den kulturellen Folgen der Reformation. In: Historische Zeitschrift 281 (2005), S. 3–32, hier S. 4.
88 Dürr: Prophetie und Wunderglauben (Anm. 87), S. 14.
89 Dürr: Prophetie und Wunderglauben (Anm. 87), S. 16.
90 Lynar, Reuß-Köstritz, Geusau: Reisebeschreibung (Anm. 2), Nr. 5 vom 24.08.1731 (Lynar).
91 Daston, Park: Wunder (Anm. 2), S. 392.

zwischen einem überkommenen Wunderglauben und dessen Infragestellung, zwischen Kuriositätswahn und evidenzbasierter Wissenschaft.[92]

Wenngleich die Reisenden in ihren Diarien zu den Heilungswundern von Saint-Médard nicht explizit Stellung bezogen, so nahmen sie doch von Anfang an regen Anteil an den unterschiedlichen Sichtweisen und Erklärungsmodellen, die in der Pariser Gesellschaft für die Vorgänge auf dem Friedhof kursierten. So führt Lynar am Ende des ersten Besuchs von Saint-Médard aus,

> diejenigen, so alles dieses vor Superstition und die effecte der Gesundwerdung vor natürlich halten, sagen, die starcke Imägination verursache die convulsiones und diese brächten das Geblut dergestalt in die Bewegung, daß es durch stieße und die Krankheiten, welche von einer Verstockung deßelben herrühreten, solchergestalt curirete.

Andere, die an die Wunder glauben wollten, hielten dagegen, dass die Konvulsionen auch bei kleinen Kindern vorkämen, bei denen „die Imagination so stark nicht seyn könne".[93] Körperbilder spielten in der Auseinandersetzung um Erklärungen für die Konvulsionen also eine entscheidende Rolle. Lynars Bemerkung zufolge mischte sich die zeittypische Auffassung, eine pathologische Einbildungskraft könne physiologische Anomalien provozieren,[94] mit an Descartes geschulten, mechanistischen und hydraulischen Konzepten über die Bewegung und Gerinnung des Blutes. So argumentierte etwa der berühmte Leidener Medizinprofessor Herman Boerhaave, den auch die Kavaliere auf ihrer Tour besucht hatten,[95] dass solche Modelle plausible Begründungen für alle Arten von Krankheiten lieferten. „Die freie Zirkulation der Flüssigkeiten sowie die Interaktionen der Stoffe bedeuteten Gesundheit und Leben, deren Stocken Krankheit und Tod."[96] Dennoch galt die erhitzte Einbildungskraft Philosophen und Medizinern als nicht ungefährlich – vor allem, wenn sie sich – wie im Pariser Fall – der Massen bemächtigte.[97] Die Vorstellung, die Einbildungskraft brächte das Blut in Wallung, das schädliche Stockungen beseitige, bewegte sich also auf der Höhe des damaligen medizinischen Wissens, stand aber

---

92 Schon in Montaignes Essays findet sich die „Aufforderung, Erstaunen und Irrtum bei der Begegnung mit einer ‚nouvelleté' abzuschütteln" als implizite „Kritik am Stil der Kavaliersreise und ihrer Erz(un)tugend Neugier, Curiositas und der ‚Inklination' zu allem Kuriösem"; Kemp: Die öffentlichen Erfahrungsräume (Anm. 50), S. 80.
93 Lynar, Reuß-Köstritz, Geusau: Reisebeschreibung (Anm. 2), Nr. 17 vom 20.11.1731 (Lynar).
94 Daston, Park: Wunder (Anm. 2), S. 400.
95 Lynar, Reuß-Köstritz, Geusau: Reisebeschreibung (Anm. 2), Nr. 5 vom 27.08.1731 (Lynar).
96 Klaus Bergdolt: Leib und Seele. Eine Kulturgeschichte des gesunden Lebens. München 1999, S. 151.
97 Daston, Park: Wunder (Anm. 2), S. 403.

auch in einem offensichtlichen Spannungsverhältnis zur Vielfalt der Krankheitsbilder und Symptome jener, die am Grab des heiligen Pâris Heilung suchten.[98]

Auch Abbé Ferrus äußerte sich gegenüber den Reisenden gelegentlich zu den Heilungswundern: Er glaube zwar, dass Gott Wunder bewirken könne, um von der Welt Verworfene nach ihrem Tode „zu iustificiren". Aber bei den Heilungswundern zu Saint-Médard sei doch viel Aberglaube („Superstition") im Spiel und die wenigsten wallfahrten „in rechter Absicht und Gemuths-Beschaffenheit" dorthin. Etwas Gutes könne aus dieser Bewegung aber nur entstehen, wenn alle, die mit den den „lüsten und begierden ergebene[n] hertzen" dorthin kämen, „sich durch des Paris Exempel bewegen ließen, die Welt mit ihrem Wesen zu verleugnen, und in einem neuen leben zu wandeln".[99] Ferrus wollte den Besuch am Grab des Heiligen Pâris also als Ausweis einer bewussten Hinwendung zu einer frommen Lebensführung, als Christusnachfolge verstanden wissen. Er bediente sich dabei des gerade in Frankreich bevorzugten Begriffs *superstition*, der bis zum frühen achtzehnten Jahrhundert zu einer Bezeichnung für eine „Erkrankung der Einbildungskraft"[100] geworden war. So schwang auch in Ferrus' Worten der Vorwurf einer übererregten *imaginatio* mit. Selbst als Jansenist war er also nicht gefeit vor den Argumenten, die Theologen und Philosophen gegen die Heilungswunder vorbrachten. Wie die Historikerinnen Daston und Park betonen, stand hinter dem Kampf gegen das Wunder letztlich die Furcht vor der Zerstörung der bestehenden gesellschaftlichen Ordnung: „Eine Bevölkerung, die von einem falschen Vorzeichen oder vorgetäuschtem Wunder in Erstaunen versetzt wurde, könnte die Insubordination gegenüber weltlichen und kirchlichen Autoritäten leicht für ein geringeres Risiko als die Insubordination gegen einen erzürnten Gott halten."[101] Dieses Zitat lässt sich ohne große Umwege auf das Paris des Jahres 1731/1732 beziehen. Mehr als ein Hauch gesellschaftlicher Gärung lag in der Luft, und genau dies machte auch die Faszination der Heilungswunder von Saint-Médard aus.

Zweifel und Gegenargumente wurden, wie es scheint, von den Reisenden jedoch ausschließlich anhand jansenistischer Quellen rezipiert und gingen deshalb stets mit einer Widerlegung oder Kommentierung einher. So wird gelegentlich aus den *Nouvelles ecclésiastiques* eines gewissen Sorbonne-Professors namens Thieri zitiert, der seinen Studenten erklärt habe, weshalb er an den Wundern zweifle:

---

98 Strayer: Suffering Saints (Anm. 8), S. 243.
99 Lynar, Reuß-Köstritz, Geusau: Reisebeschreibung (Anm. 2), Nr. 19 vom 02.12.1731 (Geusau).
100 Daston, Park: Wunder (Anm. 2), S. 398.
101 Daston, Park: Wunder (Anm. 2), S. 398–399.

a) habe ihn noch niemand gesaget, daß er einen waahrhafftig krancken gesehen, der waahrhafftig gesund worden; b) könne niemand wißen, ob der, so sich vor kranck ausgegeben, wahrhafftig kranck gewesen? ob er nicht noch kranck sey? ob er nicht durch artzeneyen oder einen effort der Natur geheilet worden? Ob die attestata von diesem oder jenem wunder durch diejenigen Personen, deren Nahmen selbige führen, würcklich geschrieben worden? Ob diese Personen nicht schon gestorben? Ob sie iemals in der Welt gewesen? oder ob sie sich nicht selbst betrogen? c) der Kirchhof zu S. Medard (woselbst des Paris Grab ist) sey so enge, daß nur etwa 20 Personen die daselbst vorgehen sollenden wunder sehen könnten, diese Anzahl aber sey zu beglaubigung eines wunders nicht hinlenglich. Über welche 3 Ursachen der auctor dieser Zeitungen folgendes Urtheil fället: Avec de telles preuves, quels miracles n'attaquera t'on pas? Ceux des Jesus C. seront-ils à couvert?[102]

Letztlich faszinierten also nicht nur die Heilungswunder, sondern auch die gesellschaftlichen Auseinandersetzungen, die sie hervorriefen. Gewiss war es für die jungen Kavaliere nicht einfach, sich in diesen Auseinandersetzungen zu positionieren, und sie taten es auch nicht. Die Heilungswunder schlugen womöglich eine Seite in ihnen an; den mystischen Traditionen des Pietismus folgend wollten sie vielleicht gerne glauben, dass sie selbst gerade Zeugen derartiger Wunder wurden; die Faszination der Vorgänge auf dem Friedhof Saint-Médard war gewissermaßen die Faszination für ein Spiegelbild des Eigenen. Dem standen gewisse, durch wissenschaftliche Rationalität genährte Zweifel gegenüber, die nicht zuletzt auch der Reise- und Erkenntnispraxis der Kavaliere zugrunde lagen – eine Rationalität, die Erfahrung als Grundlage einer wissenschaftlichen Durchdringung und ‚Entzauberung' der Welt auffasste. Vielleicht lag im Verzicht auf verdammende Kommentare jedoch auch das Eingeständnis, dass die objektiv nicht zu bestätigenden Vorgänge für die Anhänger des Jansenismus subjektiv durchaus Wahrheit und Geltung beanspruchen durften, mithin eher ein Gegenstand der Einfühlung und des Verständnisses als der Kritik waren. Auf einer eindeutigen Positionierung lastete zudem die Tatsache, dass es ausgerechnet die verhassten Jesuiten waren, die wissenschaftlich-aufklärerische Maßstäbe an die Heilungswunder anlegten. Möglicherweise war es genau diese Gemengelage, die verhinderte, dass die Grafen in ihren Diarien eindeutig Partei ergriffen.

# 7 Resümee

Der Kult um den Heiligen Pâris bewegte die französischen Oberschichten genauso wie die Strumpfwirker von Saint-Marcel, die einfache Bevölkerung der Stadt Paris und die Armen und Kranken. Das Getümmel, das die Grafen bei ihrem Be-

---

[102] Lynar, Reuß-Köstritz, Geusau: Reisebeschreibung (Anm. 2), Nr. 25 vom 11.01.1732 (Geusau).

such von Saint-Médard erfuhren, war eine genuine Großstadterfahrung, welche die soziale Dynamik des vorrevolutionären Paris vor den Augen der Reisenden deutlich hervortreten ließ. Durch Abbé Ferrus wurden sie für die Dauer ihres Aufenthalts in ein jansenistisches Netzwerk einbezogen, das sie mit Anekdoten, Geschichten und Informationen versorgte – also mit spezifischen Narrativen, welche die religiöse und soziale Untergrundbewegung nährten. Da der Kult um das Grab des Heiligen Pâris just in jener Zeit, als sich die Grafen in Paris aufhielten, kulminierte, lernten sie diesen als zentrale Integrationsfigur des Jansenismus kennen. Der unlängst Verblichene prägte die Konversation und Lektüre der Reisenden mit- und untereinander sowie die Konversation der geselligen Zusammenkünfte, zu denen sie Zutritt hatten. Ganz Paris arbeitete sich am Heiligen Pâris und den Heilungswunder zu Saint-Médard ab.

Die Tagebücher lassen vermuten, dass Abbé Ferrus die Kavaliere durchaus geplant kontaktierte und sukzessive stärker für die Sache der Jansenisten zu gewinnen suchte. Zunächst weckte er bei ihnen Interesse für die Vorgänge am Grab des Heiligen, später, als er wusste, dass er ihnen vertrauen konnte, fütterte er sie mit den *Nouvelles ecclésiastiques* und anderem jansenistischem Schrifttum. Er gewann damit zweifellos ihre Sympathien und öffnete einen Informationskanal in die Kreise der pietistisch geprägten Grafenhöfe des Nachbarlandes. War dies Teil einer breit angelegten Strategie jansenistischer Kreise, um ihrer *causa* durch Internationalisierung neuen Rückhalt zu verleihen? Wenngleich die Anbindung von Reuß, Lynar und Geusau an jansenistische Zirkel peripher und temporär begrenzt blieb, darf sie in ihrer räumlichen und zeitlichen Fernwirkung möglicherweise nicht unterschätzt werden: Durchaus denkbar, dass derartige Kontakte auf der ‚Mikroebene' dazu beitrugen, dass der Jansenismus auch nach der Auflösung seiner zentralen Einrichtungen präsent blieb – auch jenseits der eigenen Nationalgrenzen und -diskurse. Unmittelbare Folgen der Begegnung lassen sich – zumindest vorerst – nicht nachweisen. Es darf aber vermutet werden, dass diese schon aufgrund der protestantisch-pietistischen Vorprägung der Reisenden begrenzt waren. Die Rezeption der Pariser Geschehnisse blieb eine Frage kultureller Identitäten; namentlich die eigene Positionierung gegenüber den Heilungswundern hing eng mit dem Selbstbild der Reisenden als wissenschaftlich vorgebildeten und protestantisch orientierten Christen zusammen. Wer die jansenistischen Heilungswunder anerkannte, musste dieses Selbstbild infrage stellen; wer dies nicht tat, stimmte rational orientierten amtskirchlichen Kreisen zu – namentlich dem verhassten jesuitischen Establishment. Die Begegnung mit dem Pariser Jansenismus verflüssigte so womöglich bestehende Positionierungsmuster, was den Aufenthalt erst zu einer Erfahrung im eigentlichen Sinne werden ließ. Doch wie weit reichte diese Erfahrung? Pascal Hugues beschließt ihre eingangs zitierte Glosse mit der Frage, ob „ein alles lahmlegender Streik nicht auch eine zutiefst französische Erfahrung" sei. Gleiches kann man vielleicht mit Blick auf die Konvulsionisten konstatieren – namentlich dann, wenn man diese als Vorboten jener Erschütterungen betrachtet, welche Paris, Frankreich und ganz Europa am Ende des achtzehnten Jahrhunderts bewegen sollten.

Silvia Schmitt-Maaß
# Elisabeth Christine von Braunschweig-Wolfenbüttel, Philippe de Champaigne und der sogenannte ‚jansenistische Kruzifixus'

## 1 Einleitung

Bislang wurde ‚jansenistische Kunst' anhand der Porträtmalerei Philipp de Champaignes[1] im Umkreis des Frauenklosters Port-Royal wie auch am Beispiel französischer Druckgraphik des achtzehnten Jahrhunderts verhandelt.[2] Mit Blick auf Peter Paul Rubens wurde der sogenannte „jansenistische Kruzifix"[3] hierneben als charakteristische figürliche Ausprägung des Jansenismus besprochen.[4] Aktuell wird die Bezeichnung eher vermieden, da sie vordergründig eine stilistische Einordnung

---

[1] Vgl. Thomas Kirchner: Paul Fréart de Chantelou und das Schreiben über Kunstwerke in Frankreich. In: Bernini in Paris. Das Tagebuch des Paul Fréart de Chantelou über den Aufenthalt Gianlorenzo Berninis am Hof Ludwigs XIV. Hg. von Pablo Schneider, Philipp Zitzlsperger. Berlin 2006, S. 376–396; Thomas Kirchner: Bilder im Konflikt. Positionen der französischen Porträtmalerei im 17. Jahrhundert. In: Das Porträt als kulturelle Praxis. Hg. von Eva-Bettina Krems, Sigrid Ruby. München 2016, S. 19–31 sowie Christine Gouzi: Les portraits de jansénistes de Philippe de Champaigne au miroir du XVIII$^e$ siècle. In: Philippe de Champaigne ou la figure du peintre janséniste. Lecture critique des rapports entre Port-Royal et les arts. Hg. von Marianne Cojannot-Le Blanc. Paris 2011, S. 125–141.
[2] Vgl. Philippe de Champaigne et Port-Royal: Musée national des Granges de Port-Royal, 29 avril–28 août 1995. Hg. vom Musée National des Granges de Port-Royal. Paris 1995; Jutta Held: Französische Kunsttheorie des 17. Jahrhunderts und der absolutistische Staat: Le Brun und die ersten acht Vorlesungen an der königlichen Akademie. Berlin 2001, S. 76, 205–209; Christine Gouzi: L'art et le jansénisme au XVIII$^e$ siècle. Paris 2007 sowie Sandrine Lely: „Peindre dans la vérité". Les images à Port-Royal, entre suspicion et dévotion. In: Port-Royal et les images: un accès aux textes? Actes de la journée d'étude organisée à l'Université de Rouen en mai 2011. Hg. von Tony Gheeraert. Rouen 2015 (Actes de colloques et journées d'étude 11), S. 1–9, http://publis-shs.univ-rouen.fr/ceredi/index.php?id=586 [24.09.2019].
[3] Vgl. Engelbert Kirschbaum: Lexikon der Christlichen Ikonographie. Bd. 2. Freiburg 1970, Sp. 569f., Sp. 677–695, Sp. 691f.
[4] Vgl. Erich Hubala: Peter Paul Rubens: der Münchener Kruzifixus. Stuttgart 1967; Hans Kauffmann: Formen der Begegnung in der Bildkunst von Rubens. In: Peter Paul Rubens: Werk und Nachruhm. Hg. vom Zentralinstitut für Kunstgeschichte und Bayerische Staatsgemäldesammlungen. München 1981, S. 69–88, hier S. 75 sowie Lutz Heusinger: Werkmonographien zur bildenden Kunst in Reclams Universalbibliothek. Die neue Serie 1967: [...] Erich Hubala, Peter Paul Rubens – Der Münchner Kruzifixus [...]. In: Pantheon 26 (1968), S. 507–510.

https://doi.org/10.1515/9783110986655-008

darstellt, die als solche nicht mehr überzeugt.[5] Diese Betrachtung soll im Folgenden eine Aktualisierung erfahren, indem aufgezeigt wird, inwiefern sich jansenistische Einflüsse auf die Kunstrezeption, die Betrachtung von Kunstgegenständen also, im Sinne einer „Materiellen Kulturforschung"[6] nachvollziehen lassen. Hier kommt es darauf an, die Verwendung und soziale (bzw. elitäre) Bedeutung des Kruzifixus im ersten Drittel des achtzehnten Jahrhunderts herauszuarbeiten.[7] Meine Betrachtung beschränkt sich nicht allein auf den figürlichen Kruzifixus, sondern bezieht weitere Materialien und Artefakte in die kontextuelle Analyse ein. Ins Blickfeld rücken damit auch Porträts und Druckgraphiken, die im Kontext der Praxis des jansenistischen Kulturtransfers zu verstehen sind.

Die Überlegungen verdeutliche ich exemplarisch, indem ich die Kunstrezeption von Elisabeth Christine von Braunschweig-Wolfenbüttel vor dem Hintergrund ihrer Erziehung und ihrer Konversion vom Protestantismus zum Katholizismus beurteile. Dabei beleuchte ich, inwiefern Elisabeth Christines Betrachtung die Verehrung von liturgischen und zugleich ästhetischen Objekten einbezog und inwiefern sich dies auf ihre Frömmigkeitspraxis ausgewirkt hat. Offenbar konnte die junge Prinzessin die (katholische) Praxis mittels jansenistischer Lektüren besonders gut annehmen. So zumindest lautet eine unter Historikern allgemein anerkannte These,[8] die hier mit Nachdruck unterschrieben wird. Ohnehin ist auf der Grundlage der in Wolfenbüttel und Braunschweig vorhandenen Kunstwerke und der dort vorhandenen jansenistischen Bibliotheksbestände davon auszugehen, dass bestimmte Schriften und „Objekte" zur Unterrichtung der Prinzessin herangezogen worden sind.

Daran anknüpfend lässt sich überlegen, ob Elisabeth Christine während ihrer Zeit als Kaiserin Andachten mit elfenbeinernen Kruzifixen in „jansenistischer Manier"

---

5 Vgl. Jacques de Landsberg: L'art en croix: le thème de la crucifixion dans l'histoire de l'art. Tournai 2001, S. 130 f.; Jacques de Landsberg: Pierre Paul Rubens et le thème du „Christ en croix" solitaire et vivant. In: Annales d'histoire de l'art et d'archéologie: publication annuelle de la Filière d'histoire de l'art et d'archéologie de l'Université Libre de Bruxelles. Département d'histoire, de l'art et d'archéologie de l'Université Libre de Bruxelles 27 (2005), S. 65–88 sowie Richard Viladesau: The Pathos of the Cross: the Passion of Christ in Theology and the Arts – the Baroque Era. New York 2014, S. 35–38, S. 116–118.
6 Annette Caroline Cremer: Zum Stand der Materiellen Kulturforschung in Deutschland. In: Objekte als Quellen der historischen Kulturwissenschaften. Stand und Perspektiven der Forschung. Hg. von Annette Caroline Cremer, Martin Mulsow. Köln, Weimar, Wien 2017, S. 9–21. Materielle Kulturforschung bewertet Objekte, Dinge und Artefakte als Quellen, die auf ihre Eignung als Identifikationsträger und Erinnerungsspeicher untersucht werden.
7 Vgl. Fiona Healy: Crucifix. In: A House of Art. Rubens as Collector. With an introductory Essay by Jeffrey M. Muller. Rubenshuis & Rubenianum, Antwerp, 6 March–13 June 2004. Hg. von Kristin Lohse Belkin, Fiona Healy. Leuven 2004, S. 250–253, Nr. 60.
8 Vgl. insbes. Peter Hersche: Spätjansenismus in Österreich. Wien 1977 (Veröffentlichungen der Kommission für Geschichte Österreichs 7), S. 48.

vollzogen hatte. Es wird sich zeigen, dass diese kostbaren Objekte im engen Kreis im Rahmen elitärer Frömmigkeitspraxis verehrt wurden, eine Praxis, die offenbar im Frauenkloster Port-Royal des Champs ihren Anfang nahm. Das Kloster wurde zu Beginn der jansenistischen Reform von der Äbtissin Angélique Arnauld geleitet, deren Handeln von der Gnadenlehre des heiligen Augustinus gelenkt war. „Dazu gehörte die berühmte Mädchenschule von Port-Royal mit Nonnen des Klosters [...] als Lehrerinnen. Der Schulbetrieb begann unter Agnès Arnauld als Äbtissin."[9] Ihr christliches Wirken gründete auf den Prinzipien von Einfachheit und Gottvertrauen. „Die Erziehungsgrundsätze der Mädchenschule von Port-Royal waren streng asketisch und an der ‚Théologie familière' Saint-Cyrans von 1639 orientiert".[10] Die Ordensschwestern hatten zudem Einfluss auf ihren Bruder Antoine Arnauld, der zusammen mit anderen in Port-Royal lebenden „Solitaires"[11] zahlreiche jansenistische Schriften in Umlauf gebracht hat. Einige dieser Drucke wurden letztlich auch in Wolfenbüttel gelesen.

## 2 Mögliche Kunstbetrachtung Elisabeth Christines (zwischen 1700–1708)

Elisabeth Christine von Braunschweig-Wolfenbüttel war die Tochter des Herzogs Ludwig Rudolf von Braunschweig-Wolfenbüttel und zugleich die Enkelin des politisch umtriebigen und ebenso kunstsinnigen Herzogs Anton Ulrich d. Ä. von Braunschweig-Wolfenbüttel. Nach dem Tenor der bisherigen Forschungsliteratur ist vor allem den Bestrebungen Herzog Anton Ulrichs die Verheiratung von Elisabeth Christine mit König Karl III. von Spanien, dem späteren Kaiser Karl VI. von Öster-

---

**9** Harm Klueting: Die gelehrten Jansenistinnen von Port-Royal. In: Fromme Frauen als gelehrte Frauen. Bildung, Wissenschaft und Kunst im weiblichen Religiosentum des Mittelalters und der Neuzeit. Öffentliche Internationale Tagung der Diözesan- und Dombibliothek Köln (1. bis 4. April 2009). Tagungsband. Hg. von Edeltraud Klueting, Harm Klueting. Köln 2010 (Libelli Rhenani 37), S. 253–272, hier: S. 261.
**10** Klueting: Gelehrte Jansenistinnen (Anm. 9), S. 261. Vgl. Duvergier de Hauranne: Théologie familière, ou Instruction de ce que le chrétien doit croire et faire en ceste vie pour estre sauvé. Paris 1639 sowie Max Krüger: Die Entwicklung und Bedeutung des Nonnenklosters Port-Royal im 17. Jahrhundert (1609–1709). Ein Beitrag zur Geschichte des französischen Geistes. Halle/S. 1936, S. 225, S. 251.
**11** Klueting: Gelehrte Jansenistinnen (Anm. 9), S. 262. Diese Männer bewohnten seit 1637 ein Haus (unter der Leitung von Saint-Cyran) in der Nähe des Klosters, „das sie 1638 mit den Klostergebäuden von Port-Royal-des Champs vertauschten, nachdem die Nonnen von dort nach Port-Royal-de-Paris übergesiedet waren. Nach der 1665 erfolgten Rückkehr der Nonnen [...] in das Kloster [...] bezogen die Männer Les Granges bei Port-Royal-des-Champs, bis ihr Zusammenleben 1679 durch Druck von außen beendet wurde."

reich, zu verdanken.[12] Heute wird Elisabeth Christine vor allem als Mutter der Kaiserin Maria Theresia erinnert und allgemeinhin als politisch wenig einflussreich beschrieben, obschon dies nicht durchweg gerechtfertigt zu sein scheint.[13] Ihre politische Geltung ist von Zeitgenossen durchaus wahrgenommen und als bedeutend eingeschätzt worden, wie etwa ein hochwertiges Porträt in der Münchener Residenz, ein Pastell der venezianischen Malerin Rosalba Carriera, nahe legt.[14]

Elisabeth Christines Schicksal war es, einen Habsburger Spross zu ehelichen und zu diesem Zweck zum Katholizismus zu konvertieren. Für diesen Schritt schlug ihr daher auch in München gewisse Bewunderung entgegen. Ihr Auserwählter war Karl III., ein Sohn von Kaiser Leopold I. und Eleonore Magdalene Therese von der Pfalz-Neuburg, Schwester des Düsseldorfer Kurfürsten von der Pfalz, Johann Wilhelm (auch „Jan Wellem" genannt). Anfangs scheint sich die junge Prinzessin nicht leicht damit getan zu haben, ihren protestantischen Glauben für diese Verbindung zu verwerfen, denn ihr Gewissenskonflikt wird in einer ganzen Reihe von Quellen bekundet.[15] Es war intensive Überzeugungsarbeit vonnöten und schließlich lenkte sie ein. Elisabeth Christine sei nach den Worten Herzog Anton Ulrichs „nicht aus weltlichen absichten, sondern aus gehorsam ihrer eltern und groß h. vattern"[16] konvertiert, zugleich war der Glaubenswechsel von Anton Ulrich schon von langer Hand vorbereitet, denn der Herzog hatte sie bereits als Kind mit katholischer Dienerschaft umgeben. Dadurch konnte die Prin-

---

**12** Vgl. Wilhelm Hoeck: Anton Ulrich und Elisabeth Christine von Braunschweig-Lüneburg-Wolfenbüttel. Eine durch archivalische Dokumente begründete Darstellung ihres Übertritts zur römischen Kirche. Wolfenbüttel 1845; Gerlinde Körper: Studien zur Biographie Elisabeth Christines von Braunschweig-Lüneburg-Wolfenbüttel. Diss. Wien 1975, S. 192 f. sowie Ines Peper: Konversionen im Umkreis des Wiener Hofes um 1700. Graz 2003. Inwiefern Elisabeth Christines Vater Ludwig Rudolf in dieser Angelegenheit Einfluss geltend machte, ist meines Erachtens nicht ausreichend erforscht, denn die wissenschaftlichen Publikationen fokussieren insbesondere Herzog Anton Ulrich.
**13** Vgl. Charlotte Backerra: Wien und London, 1727–1735: Internationale Beziehungen im frühen 18. Jahrhundert. Wien 2018, S. 121 f., S. 302 f.
**14** Das Gemälde charakterisiert Elisabeth Christine in gesetztem Alter und außerordentlich kostbar gekleidet als Erzherzogin und Kaiserin von Österreich auf dem Höhepunkt ihrer Karriere. Zugleich ist das Porträt Teil einer mehrere ovale Porträts umfassenden Serie im Hofgarten- und Charlottenzimmer (Puille-Kabinett) der Münchner Residenz. Vgl. Mario-Andreas von Lüttichau: Fürstenbildnisse in der Residenz in München: Porträts en pastel der Rosalba Carriera und der beiden Marie de Silvestre sowie des Johann Christian von Mannlich. In: Weltkunst 55 (1985), S. 1870–1874 sowie „Das Kabinett der Rosalba": Rosalba Carriera und die Pastelle der Dresdener Gemäldegalerie Alte Meister. Staatliche Kunstsammlungen Dresden. Hg. von Andreas Henning, Harald Marx. München 2007, S. 176.
**15** Vgl. den Band des ehemaligen Sekretärs der herzoglichen Bibliothek zu Wolfenbüttel Hoeck: Anton Ulrich (Anm. 12).
**16** Zit. nach Körper: Studien (Anm. 12), S. 192 f.; vgl. Peper: Konversionen (Anm. 12), S. 158.

zessin frühzeitig an Rituale und Obliegenheiten des Glaubens, der katholischen Messe und an gewisse Besonderheiten (wie die Beichte) herangeführt werden.[17]

Die Katholisierung erfolgte im Stift zu Gandersheim durch Theologen in der Nachfolge des Helmstedter Theologie-Professors Georg Calixt. Zu diesen gehörte auch der Generalsuperintendent Christian Heinrich Brehm zu Gandersheim,[18] der der Ansicht war, dass Elisabeth Christine bei ihrem bereits abgegebenen Glaubensbekenntnis bleiben könnte und nur noch in den täglichen Pflichten, wie dem praktischen Frömmigkeitsleben eines Katholiken, unterwiesen werden müsse. Dieses wurde schließlich anhand einer Themenauswahl abgehandelt. Auf diese Weise erreichte es Brehm, einige sehr kontroverse Fragen überhaupt nicht behandeln zu müssen. Stattdessen sollte es bei der einfachen „catechismusmilch"[19] bleiben.

Im Zuge dessen wurde Elisabeth Christine in den „Gebräuchen der katholischen Kirche"[20] unterrichtet, worunter auch die Verehrung von Heiligenbildern fiel. Die Erziehung erfolgte zudem anhand von ausgewählten (liturgischen) Gegenständen, welche für die Andacht ausgewählt wurden. Mit den entsprechenden künstlerischen Darstellungen und Objekten wird die Prinzessin also bereits in Wolfenbüttel vertraut gemacht worden sein. Trotz der anfänglichen Zweifel um die Aufrichtigkeit der Konversion Elisabeth Christines, die von Seiten des Wiener Hofes laut wurden, hatte sich am Interesse und am Willen zur Verheiratung von Braunschweigisch-Wolfenbütteler wie auch von Habsburger Seite nichts geändert.

---

**17** Herzog Anton Ulrich führte dazu aus: „Es wäre ihr niemahlen eingefallen, ihre religion, darinnen sie erzogen worden, zu changiren, biß ihre eltern und ihr groß h. vatter sie aus gewißen uhrsachen ermahneten, sich dazu zu bekennen und derentwegen informiren zu laßen, da si dan, umb ihren kindlichen gehorsam desto leichter zu erweisen, catholischer bisher bedienet, dan und wan gelegenheit gesuchet, die heilige meße mit anzusehen, und bey einen von ihren catholischen bedintinnen, dan sie von jugend auf erzogen, eine besondere andacht wahrgenommen, so ihr wol gefallen", zit. nach Peper: Konversionen (Anm. 12), S. 158 (Quelle: Niedersächsisches Staatsarchiv Wolfenbüttel 1 Alt 24, 257).
**18** Brehm schlug etwa vor, Unterrichtungen der Prinzessin am Beispiel der „Exposition" von Jacques Bénigne Bossuet vorzunehmen, um seiner Schülerin die lutherische und katholische Glaubenslehre stärker in Übereinstimmung zu bringen.
**19** Zit. nach Peper: Konversionen (Anm. 12), S. 159.
**20** Zit. nach Peper: Konversionen (Anm. 12), S. 163. Beispielsweise listet die im niedersächsischen Staatsarchiv erhaltene und wohl auch von Herzog Anton Ulrich herangezogene „Abbatis Corbeiensis Thesis" auf, welche öffentlichen Frömmigkeitsübungen für Katholiken und von nun an auch für Elisabeth Christine verpflichtet waren – etwa bestimmte Messen an Feiertagen, die Enthaltung von Fleischgenuss an Freitagen und Samstagen oder auch: „Die Verehrung der Heyligen und deren biltnüß [...] e.g. die H. Mutter Gottes, oder heyl. Jungfrau Maria und nicht bloß die Maria.", zit. nach Peper: Konversionen (Anm. 12), S. 163.

## 2.1 Druckgraphiken, Porträts und Schriften in Wolfenbüttel

Die Sammlungen Herzog Anton Ulrichs und Ludwig Rudolfs in Wolfenbüttel dürften für die Unterrichtung Elisabeth Christine von besonderem Wert gewesen sein. Hier fanden sich Texte und Bilder, die jedoch – anders als heute üblich – thematisch und nach bestimmten Abteilungen sortiert waren. Siegmund Jakob Apin beschrieb 1728 eine etablierte Praxis zum Sammeln von Porträts.[21] Hiernach galt es als fortschrittlich, Kupferstiche aufgrund ihres Verkaufs- und künstlerischen Wertes aus Büchern herauszutrennen und die Kollektion anschließend zu systematisieren. Apin zählte verschiedene Möglichkeiten des Sammelns auf. Je nach Umfang der vorhandenen Kupferstiche, Münzen und Gemmen sollten neue Sortierungen vorgenommen werden: Er empfahl eine kleine Sammlung in passende „Sortimente" aufzuteilen – bei einer großen, mehrere tausend Stücke umfassenden Kollektion käme es dagegen auf Vollständigkeit an: Man solle Reihen zusammenstellen: Reihen an Vorfahren, Reihen an Gelehrten, an Potentaten usw. Er betonte die Relevanz von Vergleichsmöglichkeiten und riet dazu, entsprechende Druckwerke (Porträtwerke, Kupferstiche) stets griffbereit zu halten.[22] Zu den Porträtstichen (etwa aus einem Sortiment zu „Port-Royal") ließen sich die entsprechenden Schriften der Gelehrten wieder hervorziehen und auch bestimmte Bildwerke zuordnen. Elisabeth Christine konnte in einer solchen Umgebung selbstverständlich spezielles (jansenistisches) Wissen vermittelt werden, während es darüber hinaus möglich war, weitere Zusammenhänge zu rekonstruieren, denn die Kupferstiche und druckgraphischen Porträts wurden durch biographische oder lexikalische Informationen über dargestellte Personen, Orte und originale Kunstwerke ergänzt. Die Betrachtung konnte auch Objekte betreffen, die in der herzoglichen Kunstsammlung untergebracht waren und einem religiösen Kontext bereits entfremdet oder (direkt) für die Andacht von Elisabeth Christine vorgesehen waren.

Beispielsweise reproduziert ein Druck aus der herzoglichen Sammlung ein für die Ausstattung von Port-Royal charakteristisches Gemälde Philippe de Champaignes mit einer Darstellung der *Mater dolorosa*. Champaigne hatte das Original zwar für

---

[21] Vgl. Siegmund Jakob Apin: Anleitung wie man die Bildnüsse berühmter und gelehrter Männer mit Nutzen sammlen [...] soll. Nürnberg 1728.
[22] Wo wäre dies besser möglich, als in einem Büchersaal mit Schränken, Schubladen, Regalen, Sammel- und Klebealben, Kästen und solchen Aufbewahrungsmöglichkeiten, wie Apins Frontispiz sie vorführt? Ganz ähnlich können wir uns wohl die Ordnung der frühen Sammlung Herzog Anton Ulrichs vorstellen, die zur Zeit der Erziehung Elisabeth Christines im Umbau begriffen ist: ein Bibliotheksraum mit Schränken für die gesammelten Werke, der zugleich ein Raum des Unterrichts werden kann und Schränke und Tische in der Mitte des Raumes.

die Kirche Sainte Opportune in Paris gemalt (Abb. 1). Doch hatte Jean-Baptiste de Champaigne, Neffe Philippe de Champaignes, für die Einrichtung der Klosteranlage von Port-Royal eine Kopie erstellt. Sie wurde in Port-Royal 1709 – kurz vor der Schleifung der Anlage durch Ludwig XIV. – nach Paris verbracht und ist heute im Musée National de Port-Royal zu sehen.[23] Die Betrachtung dieser nach den Gemälden um 1700 entstandenen Graphik könnte Elisabeth Christine eine erste Annäherung an die Marienverehrung in Port-Royal nahe gebracht haben. Zudem ist anzunehmen, dass die Herzöge Kenntnis von den Vorgängen in Frankreich hatten – etwa über die Alleinstellung der Jansenisten in Port-Royal als einer Keimzelle der innerkatholischen Reform, die überdies mit dem Widerstand Altadliger gegen Ludwig XIV. in Verbin-

**Abb. 1:** Jacob Gole nach Philippe de Champaigne: Mater Dolorosa, um 1700 (?), Kupferstich.

---

23 Vgl. Musée National de Port-Royal: Philippe de Champaigne (Anm. 2), S. 156–159, Kat.-Nr. 36.

dung gebracht und schließlich (1709/10) von diesem zerschlagen wurde. Über die Ereignisse dürfte Anton Ulrich von Diplomaten und Agenten stets unterrichtet worden sein. Und natürlich war der Herzog selbst bereits in seiner Jugend mit dem Thema konfrontiert worden. Denn schon sein Vater, Herzog August von Wolfenbüttel d. J., hatte die Bibliothek Mitte des siebzehnten Jahrhunderts um entsprechende Manuskripte und Drucke ergänzt. Unter diesen teils kostspieligen Erwerbungen finden sich auch Schriften zur Auseinandersetzung mit dem Jansenismus und politische Pamphlete (sogenannte „Mazarinades"), die zu einem kleinen Teil direkt aus der Bibliothek des französischen ersten Ministers Jules Mazarin stammen.[24]

Ein qualitätsvolles Porträt mit dem Brustbild Kardinal Mazarins zierte wohl einmal die Herzogliche Bibliothek, eine Kopie nach Philippe de Champaigne,[25] und druckgraphische Porträts von Jansenisten kommen in den herzoglichen Sammlungen ebenfalls vor; etwa von Pierre Nicole (Abb. 2) oder Blaise Pascal, von denen sich in Wolfenbüttel wiederum mehrere Schriften finden.[26]

Gerade auf die Lehren Pierre Nicoles hat Elisabeth Christine selbst mehrfach hingewiesen.[27] Pierre Nicole ist im hier diskutierten Zusammenhang besonders wichtig, hatte er doch selbst für den gezielten Gebrauch von Symbolen, Figuren und Allegorien plädiert, sofern dieselben nicht missverständliche oder falsche Bilder und Ideen vermittelten.[28] In Wolfenbüttel waren die gedruckten Porträts sicherlich aus den Publikationen herausgetrennt worden, um sie entsprechend zu sammeln. Interessant sind darunter einige Reproduktionen die höchstwahrscheinlich mit Bildnissen an den Wänden im Konvent von Port-Royal übereinstimmten. Eine genaue Zusammenset-

---

24 Vgl. Perrin-Marsol: Le livre et la circulation des idées. Le fonds janséniste de la bibliothèque de Wolfenbüttel au milieu du XVII$^e$ siècle. In: Bulletin du bibliophile 2 (2008), S. 269–295. Die Bestände sind noch immer in der Herzog August Bibliothek Wolfenbüttel vorhanden: „Die 348 Bände sind einheitlich in rotes Cordulanleder mit Goldschnitt gebunden", Michael Wenzel: Die Gemälde der Herzog August Bibliothek Wolfenbüttel. Wiesbaden 2012, S. 60–62, hier S. 61, Kat.-Nr. 7; Robert Mandrou: Abraham de Wicquefort et le duc August (1646–1653): Sur les Relations intellectuelles entre France et Allemagne, un siècle anvant les Lumières. In: Wolfenbütteler Beiträge 3 (1978), S. 191–233, hier S. 210, 229 sowie Alice Perrin-Masol: Abraham de Wicquefort, diplomate érudit au service du duc Auguste de Wolfenbüttel (1646–1653). In: Francia 35 (2008), S. 187–208, hier S. 202.
25 Ob das Porträt zusammen mit den Bibliotheksbeständen angekauft wurde, ist hingegen unklar; vgl. Wenzel: Gemälde (Anm. 24), S. 60–62, Kat. 7.
26 Vgl. Élisabeth-Sophie Chéron (Entwurf), Étienne Desrochers (Stecher): Pierre Nicole, 1700, Kupferstich, vgl. A 15053, A 15961 in der Porträtdatenbank der Herzog-August-Bibliothek Wolfenbüttel sowie Pierre Nicole: Instructions théologiques et morales sur le Symbole. 2 Bde. Paris 1707.
27 Vgl. Körper: Studien (Anm. 12), S. 293 sowie Peper: Konversionen (Anm. 12) S. 190. Hiernach will der den Jansenisten nahestehende katholische Theologe Marx Anton Wittola dies direkt von Maria Theresia erfahren haben.
28 Vgl. Edward Donald James: Pierre Nicole, Jansenist and Humanist: A Study of His Thought. Den Haag 1972, S. 120.

**Abb. 2:** Élisabeth-Sophie Chéron (verehel. Le Hay), Étienne Desrochers (Stecher): Pierre Nicole, 1700, Kupferstich.

zung und tatsächliche Hängung der Kunstwerke in Port-Royal ist nach der Schleifung der Anlage schwer zu beurteilen, jedoch sind dort neben den Bildnissen der Geschwister Arnauld nachweislich mehrere Porträts von Philippe de Champaigne entstanden, die Anhänger der Jansenisten abbildeten. Darunter sind Bildnisse von Isaac-Louis Lemaistre de Sacy, von Martin de Barcos, von Jean Duvergier de Hauranne und von Antoine Singlin.[29] Die ähnlich in Format, Kolorit, Positionierung im Dreiviertelprofil und

---

29 Vgl. Musée National de Port-Royal: Philippe de Champaigne (Anm. 2), S. 53–97, Kat.-Nr. 1–16, S. 172–173.

**Abb. 3:** Frederik de Wit: Cornelius Jansenius, um 1700, Kupferstich, Radierung.

Ausstattung komponierten Porträts der letztgenannten könnten einst als Bilderreihe im Convent gehängt worden sein.

Ein Porträtdruck des Begründers der Bewegung Cornelius Jansenius, der von Nicolas Habert[30] mutmaßlich nach einem verlorenen Ölbild von Philippe de Cham-

---

30 Gemeint ist Nicolas Habert, ein in Frankreich tätiger Kupferstecher, über den wenige Lebensdaten bekannt sind, der aber auch für den Hof Ludwig XIV. gearbeitet hat; vgl. Dessins français du XVII$^e$ siècle: Inventaire de la collection de la Réserve. Hg. von Damien Chantrenne, Pascale Cugy, Maxime Préaud. Paris 2014, S. 60.

paigne angefertigt wurde, zeigt dagegen ein Profilbildnis.[31] Falls es tatsächlich ein Originalbildnis in Port-Royal gegeben hat, wird es dort sicherlich einen besonderen Platz eingenommen haben. Ein Kupferstich aus dem Kabinett von Herzog Anton Ulrich kopiert diese Druckgraphik abermals (Abb. 3) und ergänzt Motti, die auf Jansenius' konsequenten Rückbezug auf die Lehren des Augustinus verweisen: „In Veritas et Charitate" und: „Vivet in Augustino". Katholische Bild- und protestantische Schriftgläubigkeit scheinen damit treffend zusammengeführt.

## 2.2 Ein Stundenbuch für Elisabeth Christine

Entsprechende Selbstzeugnisse von Elisabeth Christines Konversionsunterricht wurden bislang nicht gefunden und so ist die Forschung auf spätere Quellen angewiesen, die Rückschlüsse auf die erlernte Frömmigkeitspraxis der Prinzessin bieten. Bereits seit längerem liegen Kenntnisse über die Edition eines Stundenbuchs vor, das Elisabeth Christine gewidmet ist. Dieses wird im Folgenden zur weiteren Analyse herangezogen.[32]

Das 1735 mit einer Widmung an Elisabeth Christine gedruckte Stundenbuch ist in verschiedenen Exemplaren teils mit Hinweisen auf die ehemaligen Besitzer erhalten, was darauf schließen lässt, dass das Stundenbuch in Adelskreisen verbreitet war. Über den mehrere hundert Seiten umfassenden Druck, von welchem allerdings (noch) kein persönliches Handexemplar Elisabeth Christines entdeckt wurde, hatte Ines Peper Folgendes ausgeführt:

---

[31] Nicolas Habert (Stecher) nach Philippe de Champaigne: Postumes Porträt des Jansenius, um/nach 1650, Österreichische Nationalbibliothek, Wien. Links unterhalb des ovalen Medaillons der Schriftzug „Champaigne pingebat" – Champaigne malte es; unten rechts dagegen „Habert sculpebat" – Nicolas Habert hat es geschnitzt, bzw. gestochen, damit ist eine Datierung im siebzehnten Jahrhundert sicher. Das Originalgemälde Philippe de Champaignes scheint zerstört worden zu sein. Möglicherweise fiel es der Schleifung von Port-Royal zum Opfer. Vgl. Musée National de Port-Royal: Philippe de Champaigne (Anm. 2), S. 173.

[32] Heures Nouvelles, Ou Exercise Spirituel: Tirées de l'Ecriture Sainte, contenant plusieurs Prières remplis d'onction, avec des Réflexions tres édifiantes. Dédiées A Sa Sacrée Majesté L'Imperatrice Regnante Ouvrage Superbe, enrichi de figues en taille douce. Wien 1735. Zwei Exemplare sind in der Herzog-August-Bibliothek Wolfenbüttel und in der Österreichischen Nationalbibliothek Wien konserviert. Das Exemplar in Wolfenbüttel mit der Signatur Wt 4° 50 ist in den 1990er Jahren in Wien antiquarisch angekauft worden und stammt wohl aus neuzeitlicherem französischen Privatbesitz, worauf Exlibris schließen lassen. Dass seine Provenienz dennoch aus dem engeren Umfeld der Habsburger angenommen werden darf, zeigt (nach freundlicher Auskunft von Judith Tralles, Herzog-August-Bibliothek, Wolfenbüttel) die prächtige Ausgestaltung an, denn auf dem Einband ist ein gesticktes Wappen der Habsburger zu sehen. Ein zweites Wappen auf der Rückseite konnte bislang nicht identifiziert werden.

> Ein prächtiges Gebetbuch, das 1735 mit einer Widmung an Elisabeth Christine erschien, scheint die Neigung der Kaiserin zu einem reform-katholischen Frömmigkeitstypus zu bestätigen. In dem [...], mit zahlreichen Kupferstichen illustrierten Band, dessen Frontispiz [!] mit einem Porträt der Kaiserin geschmückt ist, finden sich Gebete für alle Gelegenheiten [...]. Fast alle sind an ‚Mon Dieu' gerichtet, nur sehr wenige an die Muttergottes [...].[33]

Pepers Ausführungen sind nachvollziehbar, allerdings sind ihre Angaben zum Stundenbuch nicht ganz korrekt. So ist der Kupferstich mit dem Porträt der Kaiserin nicht in allen gebundenen Ausgaben enthalten. Zudem handelt es sich dabei nicht um ein Frontispiz, da es nicht vor dem Titelblatt eingebunden wurde, sondern dahinter. Am Beispiel des hier herangezogenen Exemplars der Prager Nationalbibliothek[34] tritt zudem deutlich hervor, dass der Porträtstich ein anderes Format als die Seiten des Buches aufweist. Er muss zweimal gefaltet werden, damit er überhaupt in das Buch passt. Auf diesem zusätzlich beigefügten Porträtdruck hat der Wiener Verleger Etienne Briffaut[35] innerhalb des Plattenrandes entsprechende Angaben zur Druckerlaubnis eingefügt; eine durchaus übliche Praxis. Dadurch wird das Porträt der Kaiserin explizit mit dem Inhalt des Buchs verknüpft. Doch selbst wenn ein Exemplar des Stundenbuchs in Elisabeth Christines Bibliothek gestanden hat, bleibt die Frage offen, wie ihre private Andacht abgelaufen sein mag, wie die ehemalige Protestantin katholisch beten, beichten und um Fürbitte gebeten haben mag.[36] Um diesen Fragen auf die Spur zu kommen, ist es hilfreich, das von Briffaut verlegte Stundenbuch genauer zu betrachten.

Beachtenswert ist zunächst das Titelblatt (Abb. 4), das wechselnde Schrifttypen und einen Holzschnitt darbietet, der zwischen Titel und Verlegerangaben eingefügt ist. Hierbei handelt es sich um eine typographische Marke. Sie verbildlicht den Zuschnitt eines Olivenbaums durch eine männliche Gestalt und trägt das Schriftband mit Aufschrift: „Altum Sapere Noli", die eine Warnung vor Überheb-

---

[33] Peper: Konversionen (Anm. 12), S. 190.
[34] Das Exemplar der Tschechischen Nationalbibliothek ist beispielsweise mit rotem Leder eingeschlagen und auf dem Deckel mit einer goldenen Applikation (Wappen mit Doppeladler, zwei Schwertern und goldenem Flies) ausgestattet. Innen trägt es einen Stempel der „Biblioteca Lobcoviczana"; vgl. Národní knihovna, CR, Sign. 65 C 1614.
[35] Etienne Briffaut stammte aus Lothringen und war wegen seiner literarischen Verdienste geadelt worden. Er gilt als einer der rührigsten Verleger für französische Literatur in Wien, sowohl für literarische als auch für wissenschaftliche Werke. Als Universitätsbuchhändler importierte er zudem zahlreiche Bücher aus Frankreich – gut möglich also, dass er auch jansenistische Schriften vertrieb. Vgl. Peter R. Frank, Johannes Frimmel: Buchwesen in Wien 1750–1850: Kommentiertes Verzeichnis der Buchdrucker, Buchhändler und Verleger; PDF-Datei mit einer um Informationen zur Verteilung der Befugnisse, Adressen und Biographien wesentlich erweiterten Fassung. Wiesbaden 2008, S. 25.
[36] Ihre Konversion war zwar öffentlich, aber ohne Abschwörung erfolgt; vgl. Peper: Konversionen (Anm. 12), S. 185.

**Abb. 4:** Frontispiz und Titelblatt aus: Heures Nouvelles, Ou Exercise Spirituel […] Wien 1735.

lichkeit enthält. Erstaunlicher Weise stimmen Motto und Bildelemente mit einer typographischen Marke Robert Estiennes d. Ä. überein, der bis zur Mitte des sechzehnten Jahrhunderts als Lexikograph, Gelehrter, Übersetzer, Verleger und Drucker teils für den französischen königlichen Hof tätig war, aber aufgrund einer von ihm kritisch kommentierten Bibelübersetzung in Schwierigkeiten geriet. Viele seiner Bücher wurden zensiert oder verboten, da er vom Katholizismus zum calvinistischen Protestantismus übergetreten war.[37] Seine Nachkommen übernahmen den Druckereibetrieb und führten ihn bis zur ersten Hälfte des achtzehnten Jahrhunderts weiter. Vermutlich hat Briffaut die Marke Estiennes übernommen, weil er mit dem Stundenbuch von Nachkommen Estiennes verlegte jansenistische Drucke reproduziert hat. Falls dem so wäre, kämen hiernach etwa Schriften des Jansenisten Jacques Joseph Duguet in Frage.

---

37 Estienne war „Imprimeur du Roy" und musste sich 1547 dem königlichen Verbot von Druck und Verkauf seiner Bibeln fügen. Als Franz I. zudem wenig später verstarb, verschlechterte sich Estiennes Situation erheblich. Vgl. Hans Widmann: Der Drucker-Verleger Henri II Estienne (Henricus II Stephanus): mit einem Dankwort an Aloys Ruppel, den Begründer und langjährigen Redaktor des Gutenberg-Jahrbuchs. Mainz 1970, S. 9; Elizabeth Armstrong: Robert Estienne, Royal Printer. An Historic Study of the Elder Stephanus. Appleford 1986 (Courtenay Studies in Reformation Theology 6), S. 165–168, S. 177.

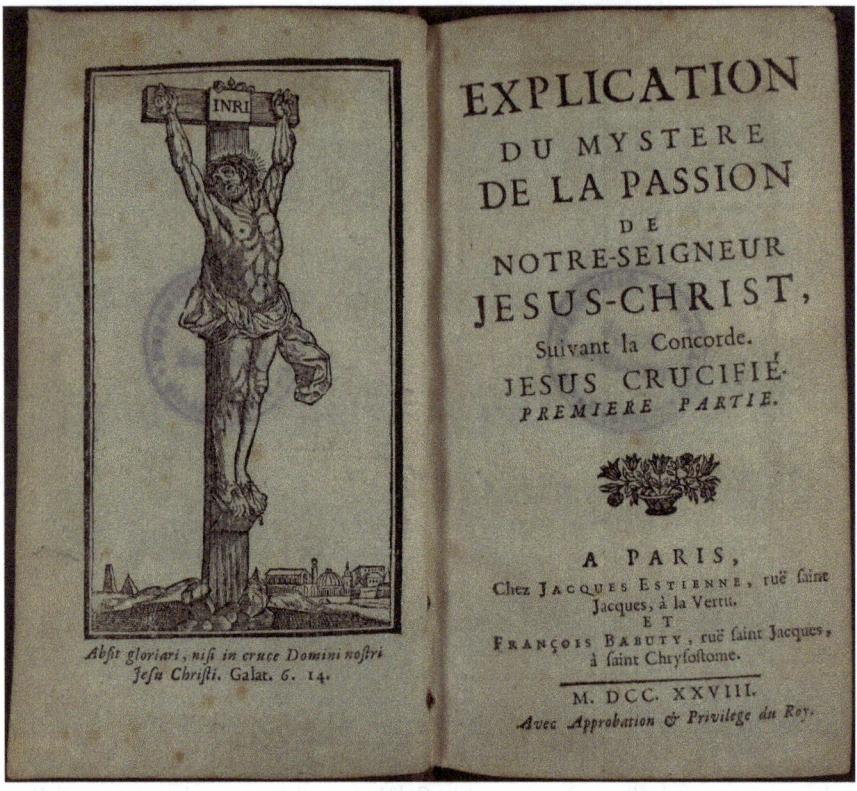

**Abb. 5:** Frontispiz und Titelblatt aus: Jacques Joseph Duguet: Explication Du Mystere De La Passion De Notre-Seigneur Jesus-Christ, Suivant la Concorde. Paris 1728.

Ein Frontispiz zur Publikation seiner *Explication du mystere de la passion de Jesus-Christ* reproduziert einen Holzschnitt, der Christus am Kreuz als einen wachen, hoch aufgerichteten mit vier Nägeln angeschlagenen und mit beiden Füßen auf einem Suppedaneum (einer Art Konsole) stehenden Christus abbildet (Abb. 5)[38] und druckt somit den sogenannten „jansenistischen Kruzifixus"[39] ab, der spiegelbildlich angeordnet auch auf auf dem Frontispiz des Stundenbuches für Elisabeth Christine zu sehen ist.

Während das Titelblatt des Stundenbuches immerhin einige (versteckte) Hinweise auf jansenistische (und aus vatikanischer Sicht: häretische) Publikationen enthält, gibt das Frontispiz explizite Hinweise: Auf der Rückseite des Schmutzti-

---

[38] Vgl. Jacques Joseph Duguet: Explication du mystere de la Passion de Notre-Seigneur Jesus-Christ, suivant la concorde. Paris 1728.
[39] Vgl. Kirschbaum: Lexikon der Christlichen Ikonographie (Anm. 3), Sp. 691 f.

tels wird der gekreuzigte Christus vor fast T-förmigem Kreuz, mit hochaufgereckten Armen und mittig durchstoßenen Handflächen dargestellt (vgl. Abb. 4). Vor dem Gekreuzigten kniet eine weinende Maria Magdalena, auf welche die Beschriftung verweist. Im Hintergrund erkennen wir eine Landschaft und eine Stadt mit Tempelanlagen: Jerusalem.

## 3 Der sogenannte „jansenistische Kruzifixus"?

Allem Anschein nach hat es keine eigene, künstlerische Figurenschöpfung der Glaubensanhänger gegeben, die als „jansenistischer Kruzifixus" theoretisch begründet in die Glaubenspraxis eingebunden wurde. Viel wahrscheinlicher ist gemäß der Annahme Christian Hechts, dass „der Bildtypus, der oft bei Elfenbeinkruzifixen zu finden ist, ursprünglich praktisch motiviert [war], erlaubt er doch, den Körper des Gekreuzigten aus nur einem Werkstück zu schnitzen [...]."[40] Entsprechend hielt auch Philippe Sellier den „jansenistischen Kruzifixus" für ein überinterpretiertes Symbol.[41] Stilgeschichtlich war das Erklärungsmodell ohnehin wacklig, denn

> Italien bietet schon [im dreizehnten Jahrhundert!] einzelne Beispiele gekreuzigter Christusgestalten, bei welchen [allerdings] die Füsse übereinandergelegt und durch einen Nagel verbunden sind. Es ist als besonders interessantes Beispiel eine Bildhauerarbeit des Nikola Pisano [!], geboren 1204, gestorben um 1280, anzuführen. [...] Diese (sogen. jansenistische) Haltung der Arme resp. Querbalken [...] erhielt sich vereinzelt bis in die Neuzeit fort und trat besonders häufig wieder in Kruzifixen des vorigen [achtzehnten] Jahrhunderts auf, als die französisch-holländischen Jansenisten in dieser Haltung der Arme einen bildlichen Ausdruck für ihre dogmatische Überzeugung erblickten.[42]

Sollten die ausgestreckten Arme etwa symbolisieren, dass Christus für alle Menschen gestorben sei, während die Körperhaltung am sogenannten „jansenistischen Kruzifix" darauf hinweise, dass Christus dieses Opfer nur für auserwählte Gläubige erbrachte, wie es in älteren Erklärungen zur Symbolik lautet?[43] Offen-

---

40 Christian Hecht: Katholische Bildertheologie im Zeitalter von Gegenreformation und Barock. Studien zu Traktaten von Johannes Molanus, Gabriele Paleotti und anderen Autoren. 2. Auflage. Berlin 2012, S. 22.
41 „The Neo-Augustinian theology formulated by the theologians of Port-Royal has of course been much oversimplified by the symbol of ,le Christ aux bras étroits'", David Wetsel: Pascal and Disbelief: Catechesis and Conversion in the Penéees. Washington 1994, S. 342.
42 Robert Forrer, Gustav A. Müller: Kreuz und Kreuzigung Christi in ihrer Kunstentwicklung. Strassburg. Bühl 1894, S. 29 f.
43 Vgl. Frederick George Lee: A Glossary of Liturgical and Ecclesiastical Terms. London 1877, S. 103 (s.v. „Crucifix, Jansenist").

bar wurde diese Argumentation weniger von Jansenisten als von deren Gegnern als ausgrenzendes Argument angeführt. Zugleich dürfte sich das bereits existierende religiöse Symbol als Erkennungszeichen und Bedeutungsträger der Anhänger des Jansenius etabliert haben, da die „1623 verbotene Kruzifixform [...] als typisch jansenistische Darstellung [...] zwar nicht durch die Sekte erfunden, aber von ihr angewandt worden sei und sie lange überlebt habe."[44]

Mit Blick auf die „Keimzelle" jansenistischer Glaubensgrundätze, das Frauenkloster Port-Royal, ist somit fragwürdig, warum Philippe Sellier in seinen Studien zur Ikonographie von Port-Royal keinerlei Spuren des „jansenistischen Kruzifixus" ausmachen konnte.[45] Anhand des Elisabeth Christine gewidmeten Stundenbuchs und weiterer Porträts soll die Suche nun fortgesetzt werden.

Vergleicht man das Frontispiz des Wiener Stundenbuches etwa mit dem zeichnerischen Entwurf von Peter Paul Rubens aus dem Museum Bojmans van Boijningen,[46] der *per definitionem* als „jansenistischer Kruzifix"[47] zu deuten wäre, mit einem Altargemälde Anthonis van Dycks, das dieser noch während seiner Tätigkeit in der Rubenswerkstatt angefertigt haben soll – ursprünglich eine Altartafel für die Kirche von Bergue bei Dunkirk –,[48] ergeben sich überaus interessante Bezüge, denn beide Künstler, van Dyck und Rubens, hatten sich aus unterschiedlichen Beweggründen mit Variationen des Gekreuzigten beschäftigt. Bei van Dyck stehen Trauer und die damit verbundene emotionale Wirkung im Vordergrund. Rubens hat sich auf die Aufwärtsbewegung des aufzurichtenden Kreuzes konzentriert, wel-

---

[44] Wojciech Bałus: Das Kruzifix an der Fassade: Prolegomena zur Ikonographie der Kirchenbaukunst im 19. Jahrhundert. In: Wiener Jahrbuch für Kunstgeschichte 52 (1999/2002), S. 131–151, hier S. 141, der die Debatte um den „jansenistischen Kruzifixus" auf den Historiker Charles Forbes de Montalembert zurückführt. Vgl. Charles Forbes de Montalembert: De l'état actuel de l'art religieux en France (1837). In: Charles Forbes de Montalembert: Mélanges d'art et de littérature. Paris 1861.

[45] Vgl. Wetsel: Pascal and Disbelief (Anm. 41), S. 342, Anm. 27: „According to philippe Sellier, there exists no trace of any such crucifix in the iconography of Port-Royal (conversation, 1990)." Allerdings sind die teils mobilen Ausstattungen des Klosters aufgrund seiner wechselhaften Geschichte schwer zu rekonstruieren. Gerade in der Zeit zwischen 1638 und 1665 hatte sich das Klosterleben nach Port-Royal de Paris verlagert und nach Klueting beanspruchten währenddessen die (männlichen) „Solitaires" die Klosterräume. Vgl. Klueting: Gelehrte Jansenistinnen (Anm. 9), S. 262.

[46] Peter Paul Rubens: Christus am Kreuz, 1630/31, schwarze Kreide, graue Ölfarbe auf Papier, Museum Bojmans Van Beuningen, Rotterdam. Vgl. Healy: Crucifix (Anm. 7), S. 251, Fig. 60c.

[47] Vgl. Kirschbaum: Lexikon der Christlichen Ikonographie (Anm. 3), Sp. 569f., Sp. 677–695, Sp. 691f.

[48] Anthonis van Dyck: Kreuzigung mit Jungfrau Maria, dem heiligen Johannes und Maria Magdalena, 1617/18, Öl auf Leinwand, Louvre, Paris. Für das Gemälde wurde Peter Paul Rubens 1621 bezahlt.

che der Dynamik der hochaufgereckten Arme entsprach. Am eindrucksvollsten hatte Rubens dies wohl an der Mitteltafel das Hauptaltars für St. Walburgis in Antwerpen verwirklicht.[49] Rubens scheint auch von Georg Petels virtuosen Elfenbeinkruzifixen inspiriert, die der mit ihm befreundete Bildhauer aus Walrosszähnen geschnitzt hatte. Darüber hinaus weichen die Positionierungen der Füße (neben- oder übereinander) voneinander ab. Auch die beiden Maler bleiben keinem bestimmten Darstellungsmodus treu und weder Rubens noch van Dyck können sich zu diesem frühen Zeitpunkt als Vertreter jansenistischer Kunst verstanden haben, schließlich entwickelt sich die Bezeichnung „jansenisme" erst nach der Mitte des siebzehnten Jahrhunderts (nachdem beide Maler verstorben waren) als polemischer Begriff. Zudem ist zu berücksichtigen, dass „die Rituskongregation die Kruzifixe, bei denen Christus mit nach oben gezeigten Armen dargestellt wurde, [bereits 1623] untersagte: ‚Germania. Sub mem[oria]l[i]: De Pictura Crucifixi in Germania manibus not expansis, sed in altum fixis. Picturam hi[usmo] di non licere.'"[50] Dieses Verbot wurde nicht streng kontrolliert und erst im achtzehnten Jahrhundert breiter publiziert und verfolgt.[51] So erklärt sich vermutlich, dass weiterhin Kruzifixe diese Art durch Drucke, wie den Frontispizen in Duguets Publikation und dem Elisabeth Christine gewidmeten Stundenbuch verbreitet wurden. Möglicherweise betonten die Gegner der Jansenisten die Argumentation schließlich anhand des Verweises auf den (verbotenen) Kruzifixus im Fortgang des achtzehnten Jahrhunderts, um die Gläubigen als Häretiker zu etikettieren.

Zudem scheint es, als habe sich der unbekannte Kupferstecher des Stundenbuches für Elisabeth Christine an wesentlichen Elementen aus den Werken von Rubens und van Dyck orientiert. So ist die Armhaltung der Christusfigur von Rubens übernommen, die Fußstellung und die Art der Nagelung, aber auch die weinende Magdalena, scheinen eher durch van Dyck inspiriert. Das Interpretationsschema, das an die Debatte zum jansenistischen Kruzifixus aus dem neunzehnten Jahrhundert anschließt, kann demnach nicht hinreichend erklären, warum sich nun ausgerechnet Philippe de Champaigne, der als Künstler des Jansenismus *par excellence* angesehen wird, dazu entschied, Christus lebensgroß mit weit ausgebreiteten Armen zu malen:

---

**49** Vgl. Frans Baudouin: The Elevation of the Cross: A Woodcut by Altdorfer, a Miniature by Simon Bening and Paintings by Rubens and Rembrandt. In: „Als ich can". Corpus van verluchte handschriften. Hg. von Bert Cardon, Jan van der Stock. 2 Bde. Paris 2002, Bd. 1, S. 131–140.
**50** „Über das in Deutschland [vorkommende] Kreuzesbild, bei dem die Hände nicht nach den Seiten ausgestreckt, sondern nach oben geheftet sind. Dieses Bild ist nicht erlaubt.", Hecht: Bildertheologie (Anm. 40), S. 22, S. 388–391 sowie Bałus: Kruzifix (Anm. 44), S. 141.
**51** Vgl. Hecht: Bildertheologie (Anm. 40).

Seine überkommenen Werkbeispiele in Paris (Abb. 6) und in Grenoble (Musée de Grenoble) zeigen beide nicht den typisch „jansenistischen" Kruzifixus, auch wenn Champaigne kompositorisch bei Rubens und bei van Dyck anknüpfte und die vom figürlichen Personal verlassene Gestalt am Kreuz zu einem solitären Kulminations-

**Abb. 6:** Philippe de Champaigne: Christus am Kreuz, um 1650, Öl auf Leinwand, 2,28 x 1,58 m, Musée du Louvre, Paris, Inv.-Nr. 1126.

punkt des Glaubens weiterentwickelte.⁵² Die Darstellungsweise des Christus am Kreuz könnte sich bei Champaigne vor dem Hintergrund einer reformkatholischen Ästhetik deuten lassen, die das Verbot der ‚jansenistischen' Darstellungsweise berücksichtigte.⁵³

## 3.1 Elfenbeinkruzifixe von Georg Petel

Auch der mit Rubens und van Dyck befreundete, sehr früh verstorbene Bildhauer und Elfenbeinschnitzer Georg Petel aus Weilheim in Oberbayern hat sich intensiv mit dem Kruzifix auseinandergesetzt. Er hat dreidimensionale, kleinformatige und sehr feingliedrige Kruzifixe aus Elfenbein und Ebenholz entwickelt, die sich auch noch im fortgeschrittenen siebzehnten und frühen achtzehnten Jahrhundert besonderer Beliebtheit erfreuten, denn die Ensembles waren nicht nur funktional und mobil, sondern auch überaus wertvoll.⁵⁴ Natürlich kennen wir von Petel unterschiedliche Varianten seiner Kruzifixe;⁵⁵ ich greife dennoch ein ganz bestimmtes Exemplar aus dem Rubens-Nachlass heraus, das heute in Dänemark aufbewahrt wird (Abb. 7).

Ein Kunstagent der Christine von Schweden kaufte aus dem Nachlass Elfenbeinarbeiten an, unter welchen sich vermutlich auch dieses Kruzifix befunden hat.⁵⁶ Dieser Kruzifixus zeigt den Gekreuzigten so wie von Rubens vorgegeben, man nimmt daher auch an, dass Rubens die zeichnerische Vorlage für diese drei-

---

52 Vgl. Viladesau: Pathos of the Cross (Anm. 5), S. 117f. Ein in den Inventaren von Port-Royal dokumentiertes Gemälde „Un Christ" von Philippe de Champaigne ist vermutlich nicht mehr erhalten; vgl. Musée National de Port-Royal: Philippe de Champaigne (Anm. 2), S. 171.
53 Möglicherweise geht die reduzierte Form der Darstellung auf das Konzil von Trient zurück, wonach Bilder eindeutige Botschaften vermitteln sollten. Von großer Bedeutung war, dass Christus allein am Kreuz ohne das übliche Begleitpersonal vor den Toren Jerusalems abgebildet war, vgl. Viladesau: Pathos of the Cross (Anm. 5), S. 117. Derartige Entwürfe (teils mit der ungewöhnlichen Kruzifixform mit hohem und kurzem Querbalken) sind freilich auch im Œuvre des Anthonis van Dyck geläufig, vgl. Van Dyck. A Complete Catalogue of the Paintings. Hg. von Susan Barnes. New Haven, London 2004, S. 157, Kat.-Nr. II. 11 („Christ on the Cross", Galleria di Palazzo Reale, Genua): „the only autograph cabinet-sized picture of this subject."
54 Vgl. Regina Seelig-Teuwen: Petel in Paris – der Elfenbein-Kruzifixus der Karmeliterinnen von Pontoise (Für Willibald Sauerländer). In: Georg Petel. Neue Forschungen. Hg. von León Krempel, Ulrich Söding. München 2009, S. 55–65.
55 Vgl. Krempel, Söding: Petel (Anm. 54), Kat.-Nr. 5, Taf. 3.
56 Allerdings ist auch möglich, dass Christinas Tochter es während ihres Aufenthaltes in Antwerpen 1640 gekauft hat. Vgl. Healy: Crucifix (Anm. 7), S. 253, Anm. 2. Zudem wurde eine größere Anzahl von Petels Werken „unmittelbar nach Petels Tod (...) veräußert", Seelig-Teuwen: Petel in Paris (Anm. 54), S. 65, Anm. 32.

**Abb. 7:** Georg Petel: [Leonora Christinas] Kruzifix, ca. 1630.

dimensionale Ausführung geliefert hat, wenn im Hintergrund auch weitere Bildelemente enthalten sind. Zudem war der Kruzifixus ein Geschenk des Bildhauers an den Maler und landete erst nach dessen Tod auf dem Auktionstisch, daher dürfte die figürliche Plastik Rubens als Modell gedient hatte und nicht etwa umgekehrt.

Die Motivation für den Erwerb von Petels Kruzifixus durch Christine von Schweden oder deren Tochter, wie auch der damit mutmaßlich verbundene Rückbezug auf die Nonnen in Port-Royal dürften sich anhand der Frömmigkeitspraxis erklären lassen. Die kleinformatigen, schlichten Kreuze aus einem profilierten Sockel mit hohem Kreuz aus Ebenholz und der daran befestigten Elfenbeinfigur waren jedenfalls überaus geeignet, um Andachten im privaten, engen Kreise oder auch im kontemplativen Zwiegespräch mit Christus abzuhalten. Insbesondere für weibliche Gläubige war diese Praxis geeignet, um spirituelle Hingabe zu erzielen. Schließlich wurde dies katholischen Witwen noch im sechzehnten Jahrhundert entsprechend empfohlen: „she must stand at the Cross, lamenting her sins, every day until she feels the internal inspiration, and consolation of the Holy Spirit."[57]

Einen solchen Vorgang vermittelt das Gemälde von Ludovico Carracci, welches das Bildnis einer jungen Witwe um 1585 als Kniestück im Profil in Öl verewigt (Abb. 8). Ihre Gestik mit der zum Kruzifixus hin ausgestreckten rechten und der zu ihrem Herzen geführten linken Hand deutet den spirituellen Dialog mit dem Gekreuzigten an. Ein hölzerner und bemalter Kruzifixus ist von der Seite abgebildet und steht auf einem Tisch, auf welchem weitere Gegenstände abgelegt sind (Rosenkranz, Gebetsbüchlein).[58]

Das Philippe de Champaigne (bzw. dessen Neffen) zugeschriebene Gemälde mit Porträts der Ordensschwestern in Port-Royal kommt Carraccis Komposition vergleichsweise nahe (Abb. 9).[59] Dieses zeigt die Schwestern Angélique und Agnès Arnauld in Ganzfigur mit Interieur. Der abgebildete kastenförmige Raum mit mittiger Fensteröffnung ist wie schon bei Carracci einfach ausgestattet: Ein simpler Holzboden, ein recht grober Holztisch und ungepolsterte Stühle als Sitzgelegenheiten charakterisieren das Ambiente als karg. Der Ausblick in die Landschaft zeigt die für den Ort wichtigen „Champs", die bestellten Äcker, die auf eine einfache, gottesfürchtige Lebensweise verweisen. Das Porträt betont damit sowohl die durch äußerliche Faktoren bestimmte Lebensart als auch die innere Läuterung der Dargestellten: Mutter Angélique Arnauld wird kniend und betend, ihre Schwester

---

57 Erin J. Campbell: Old Women and Art in the Early Modern Italian Domestic Interior. Farnham u. a. 2015, S. 103 sowie Fulvio Androzzi: Opere spirituali, del r. p. Fuluio Androtio, della Compagnia di Giesu, diuise in tre parti. Nelle quali si tratta della meditatione della vita, & morte del nostro Saluator Giesu Cristo. Della frequenza della Communione. Et dello stato lodeuole delle vedoue [...]. Venedig 1588.
58 Vgl. Ludovico Carracci. Essay and catalogue by Gail Feigenbaum. [Ausstellungskatalog]. Hg. von Andrea Emiliani. Bologna [u. a.] 1993, S. 24f., Kat.-Nr. 11; Art and Love in Renaissance Italy [published in conjunction with the exhibition „Art and Love in Renaissance Italy", The Metropolitan Museum of Art, New York]. Hg. von Andrea Bayer, Metropolitan Museum of Art. New Haven 2008, S. 287 sowie Campbell: Old Women (Anm. 57), S. 103 f.
59 Die Zuschreibung an Philippe Champaigne oder an dessen Neffen ist nicht unumstritten. Nach den Angaben auf der Internetseite des Museums könnte es sich auch um ein Werk des frühen achtzehnten Jahrhunderts handeln, das als Erinnerungsstück kurz nach der Schleifung des Klosters angefertigt wurde, vgl. https://www.port-royal-des-champs.eu/le-site/musee/collections-xviie/98-angelique-et-agnes-arnauld.html [13.1.2020] sowie Musée National de Port-Royal: Philippe de Champaigne (Anm. 2), S. 66–69, Kat.-Nr. 5.

**Abb. 8:** Ludovico Carracci: Porträt einer Witwe, ca. 1589/90.

Agnès mit dem Gebetsbuch und mit Blick in Richtung des Betrachters vor einem schwarzen Kruzifixus mit elfenbeinfarbenem Christus dargestellt – sämtliches in Rom ansonsten übliches Beiwerk und pathetischer Ausdruck fehlen völlig.[60]

Ob Georg Petel für Port-Royal einen elfenbeinernen Kruzifixus geschnitzt hatte, wissen wir nicht. Immerhin veranschaulicht das Porträt der Schwestern Arnauld die Verwendung eines solchen Kruzifixus in der Andacht, denn auf dem Doppelbildnis Champaignes ist der kleinplastische Kruzifixus in der Seitenansicht abgebildet. Dieser steht auf dem einfachen, mit einem blauen Tuch bedeckten Tisch, dem etwa ein Drittel der Bildfläche gewidmet ist. Es ist nicht ganz leicht, aus dieser Perspektive die exakte Armhaltung zu ermitteln, doch scheinen die Arme des Gekreuzigten hoch aufgerichtet zu sein, vielleicht nicht ganz steil aufragend, aber doch ähnlich jener Art und Weise, die dem von Petel an Rubens verschenkten Exemplar eigen ist (vgl. Abb. 7). Gesamtaufbau und Zusammensetzung als Kombi-

---

60 Vgl. Kirchner: Fréart de Chantelou (Anm. 1), S. 380.

**Abb. 9:** Philippe de Champaigne (oder Jean-Baptiste de Champaigne?): Doppelbildnis der Schwestern Arnauld, Mère Agnès und Mère Angélique, undatiert.

nation von Ebenholzkreuz mit Sockel und Elfenbeinfigur stimmen ebenfalls überein. Dass er in Port-Royal Bildwürdigkeit erlangt hat, dürfte in Verbindung mit einem von Agnès Arnauld um 1627 verfassten Text gesehen werden, der geheime Rosenkranzgebete mit sechzehn Reflexionen auf ein Kruzifix vorsah. Der Vatikan hatte das Gebet nicht offiziell verurteilt, verlangte aber die Auslieferung aller schriftlichen Exemplare, wodurch sich die Kontroverse um Vorwürfe der Häresie in Port-Royal verschärfte.[61] Vor diesem Hintergrund dürfte das Kruzifix seine hohe Symbolkraft entfaltet und beibehalten haben. Die besondere Form der Frömmigkeitspraxis von Port-Royal wurde schließlich auch von nachfolgenden Generationen weiterhin gepflegt.

---

61 Vgl. Daniela Kostroun: Feminism, Absolutism, and Jansenism: Louis XIV and the Port-Royal Nuns. Cambridge 2011, S. 31.

Zweifelsohne hatte Champaigne mit der Komposition aus repräsentativem Porträt und schlichtem Andachtsbild ein Gegenbild zu prunkvollen Stifterbildern der marmornen Kapellenpracht Roms entworfen. Sicher hatte er sich dafür an älteren malerischen Vorbildern wie dem Gemälde Carraccis orientiert, um weibliche Devotion mit dem Anspruch der schlichten und zurückhaltenden Andacht in Port-Royal zu verbinden, entsprach dies doch der kontemplativen, strengen Lebensweise der Schwestern in besonders hohem Maße. Falls Port-Royal tatsächlich mit einem solchen Kruzifixus ausgestattet war, oblag der spirituellen Nähe zu Christus oberste Priorität. Noch die auf manchen Frontispizen jansenistischer Drucke abgebildeten Kruzifixe sollten an diese schlichte (ursprünglich weiblich konnotierte) Form der Christusanbetung mit kleinem Kruzifixus gemahnen (vgl. Abb. 4, 5).

## 3.2 Elfenbeinkruzifixe von Gabriel Grupello

Zur Verbreitung der Kruzifixe um 1700 gibt es weitere Anhaltspunkte, denn Gabriel Grupello, Hofbildhauer des auch in die Heiratsanbahnung Elisabeth Christines verwickelten Johann Wilhelm von der Pfalz (Bruder ihrer Schwiegermutter), fertigte in Düsseldorf Kruzifixe in Elfenbein mit Ebenholzkreuz und Sockel ganz in der Art Petels, wenn auch in leicht vergrößertem Format und mit verändertem Erscheinungsbild der Christusfigur. Im Zusammenhang mit der Heiratsanbahnung von Elisabeth Christine ist von Bedeutung, dass Karl VI. 1703 auf dem Weg nach Spanien bei „Jan Wellem" Station machte und dort von dem Hofbildhauer ein Elfenbeinkruzifix geschenkt bekam.[62] Ob ein solcher Kruzifix tatsächlich zu diesem Zeitpunkt zu Elisabeth Christine nach Braunschweig geschickt wurde, ist

---

[62] Vgl. Stefan Krenn: Unbekannte Kruzifixe von Gabriel Grupello. In: Jahrbuch des Museums für Kunst und Gewerbe Hamburg 6/7 (1988), S. 87–116. Hiernach berichtet die Tochter des Bildhauers, Adelgunde Poyk, in ihren schriftlichen Hinterlassenschaften von zwei identischen Elfenbeinkruzifixen, von denen einer dem Kaiser von Grupello geschenkt worden sein soll, während sich der andere in ihrem Besitz befunden habe (Brief aus dem Jahr 1777 an den belgischen Gelehrten Philippe Baert). Die Quelle gibt Krenn wie folgt an: „Documents pur servir à l'histoire de la sculpture et de l'architecture en Belgique" (Brüssel, Bibliothèque Royal, Ms 17.652). Die Exemplare des Kunsthistorischen Museum in Wien kommen nach freundlicher Auskunft Konrad Schlegels nicht in Frage: der Elfenbeinkruzifixus mit der Inv.-Nr. WS XIV 33 (im Nussholzschrank, mit Schlüsseln zu den Särgen der Habsburger) stammt aus einer Schenkung aus dem Jahr 1821 und der Elfenbeinkruzifix mit der Inv.-Nr. E 46 ist nicht wie in der Quelle beschrieben aus einem Stück gearbeitet („d'une seul pièce artistement travailée"). Hiernach ist die Einschätzung Sabine Haags wohl nicht haltbar: Sabine Haag: Meisterwerke der Elfenbeinkunst. Wien, Milano 2007 (Hauptwerke der Geistlichen Schatzkammer, Kurzführer durch das Kunsthistorische Museum 7), S. 124,

zwar nicht belegbar, doch auch nicht ganz auszuschließen, denn ein im Herzog Anton Ulrich-Museum in Braunschweig aufbewahrter Elfenbeinkruzifix von Grupello gelangte wohl erst 1714 als Geschenk Karls VI. an Herzog Ludwig Rudolf dorthin.[63] Die Christusfigur ist nicht aus einem einzigen Stück geschnitzt, dafür ist sie nach dem Modell Petels mit hochgezogenen Armen am Kreuz befestigt worden. Vermutlich hatte sich Grupello auf diesem Gebiet spezialisiert, um den Bedarf an diesen kostbaren Schnitzereien zu decken.

## 3.3 Der Elfenbeinkruzifix und die jansenistische Frömmigkeitspraxis

Sicherlich trug auch die Anmutung des Materials Elfenbein zu einer kontemplativen Versenkung in die Passion bei, da Nacktheit und Reinheit des Gekreuzigten unter Assoziierung von blankem Gebein betont wurden. Dafür waren sowohl Neuanfertigungen als auch historische Objekte geeignet. Vermutlich besaß auch Elisabeth Christine von Braunschweig-Wolfenbüttel einen solchen Kruzifix, der ihr eine besonders innige Beziehung und Nähe zu Christus ermöglicht haben mag. Zumindest legt eine weitere Tafel aus dem ihr gewidmeten Stundenbuch von 1735 dies nahe, die wie eine Anleitung zur Andacht verstanden werden kann (Abb. 10).

Die Wahrscheinlichkeit, dass Elisabeth Christine dieses Tun ganz bewusst als jansenistische und doch katholische Frömmigkeitspraxis betrachtet hat, die zugleich ihrem elitären Status entsprach, ist somit hoch. Vermutlich kam die ‚katholische Nische' des sogenannten Jansenismus ihrem ursprünglich protestantischen Glaubensverständnis am nächsten. Augenscheinlich hatte die Glaubenspraxis eine Konzentration auf die Verehrung des Christus am Kreuz begünstigt. Hierbei kamen vor allem kleinformatige Kruzifixe aus Elfenbein zum Einsatz, die eine intime Fokussierung auf die Passion des Menschen Jesus Christus gestatteten. Die Kruzifixe mussten nicht zwingend in der sogenannten „jansenistischen Manier" ausgeführt sein. Wichtiger schien die Alleinstellung des Christus ohne figürliches

---

Kat.-Nr. 50. Weiterführend Konrad Schlegel mit einem derzeit im Entstehen begriffenen Bestandskatalog der Geistlichen Schatzkammer.

63 Die Schenkung Grupellos könnte dennoch mit dem Kruzifix in Braunschweig übereinstimmen: Vgl. Regine Marth: Die Sammlungen von Rudolph August bis Ludwig Rudolph. In: Das Herzog Anton Ulrich-Museum und seine Sammlungen 1578–1754–2004. Hg. von Jochen Luckhardt. München 2004, S. 44–87, hier: S. 75 f., Abb. 69 sowie Friedrich Polleroß: Kaiser und Fürsten – Netzwerke der Kunst und Repräsentation im Heiligen Römischen Reich Deutscher Nation. In: „Einer der größten Monarchen Europas"?! Neue Forschungen zu Herzog Anton Ulrich. Hg. von Jochen Luckhardt. Petersberg 2014, S. 24–67, hier: S. 60 f., Abb. 43, S. 66, Anm. 246.

**Abb. 10:** Tafel/Kupferstich, S. 324 aus: Heures Nouvelles, Ou Exercise Spirituel […] Wien 1735.

Beiwerk und der Verzicht auf überbordendes Zubehör zu sein, damit eine pure Christusverehrung praktiziert werden konnte. Allerdings ermöglichte der Kruzifixus, dass Elisabeth Christine die *theologia crucis* Martin Luthers weiterhin praktizierte, denn so war es möglich, andere Heiligenfiguren und weitere biblische Gestalten weitestgehend auszuklammern. Hinzu kommen die Auseinandersetzungen zwischen dem Vatikan und den Anhängern der jansenistischen Reformer im Habsburgerreich und der etwa zeitgleich erfolgten Durchsetzung des Verbotes der Sonderform des Kruzifixus,[64] aufgrund derer ein immer stärkerer Rückzug ins Private, nicht Öffentliche stattfinden musste. An den Höfen mussten in der Folgezeit Andachten in kleinen und (mutmaßlich) einfacheren Räumen durchgeführt werden – freilich im Sinne einer höfisch angepassten bzw. angemessenen

---

64 Vgl. Hecht: Bildertheologie (Anm. 40), S. 22.

Einfachheit. In Elisabeth Christines aristokratischem Umfeld war offenbar eine sehr elitäre Form der Andacht üblich geworden. Diese war an kostbare Objekte sakraler Verehrung geknüpft, die künstlerisch höchst anspruchsvoll, und doch „einfach" und nicht überladen waren.

## Fazit

Elisabeth Christine von Braunschweig-Wolfenbüttel wurde vor ihrer Heirat bereits mit jansenistischen Schriften, aber auch mit bildlichen Darstellungen aus der Sammlung und Bibliothek ihres Großvaters Herzog Anton Ulrich (und mutmaßlich auch mit der Sammlung ihres Vaters Herzog Ludwig Rudolf) vertraut gemacht. Damit war der Grundstein für eine umfassende Rezeption des Jansenismus gelegt, die über die Texterkenntnis weit hinausreichte. Bildwerke des Künstlerkreises um Peter Paul Rubens, Anthonis van Dyck und Georg Petel konnten mit den Ereignissen in Port-Royal, wie auch mit den Sammlungen in Wolfenbüttel in Verbindung gebracht werden, ohne selbst direkt in diese Kreise hineinzugehören. Gerade diese Künstler haben im jansenistischen Umfeld eine besondere Strahlkraft entfaltet, die auf die künstlerische Produktion und die Sammlungspraxis des späteren siebzehnten Jahrhunderts fortwirkte. Selbst Philippe de Champaignes Versionen vom Christus am Kreuz orientieren sich an ihnen. Die Bezeichnung „jansenistischer Kruzifix" ist irreführend, wurde höchstwahrscheinlich von den Gegnern jansenistischer Glaubensanhänger in Umlauf gebracht und schließlich selbst in Lexika übernommen. Tatsächlich war für Elisabeth Christines Verständnis des Elfenbeinkruzifixes vielmehr ein reformkatholischer Zugang entscheidend, der im Umfeld jansenistischer Kreise eine starke Konzentration auf Christus wie auch eine elitäre Andachts- und Frömmigkeitspraxis ermöglichte. Frontispize und druckgraphische Tafeln eines Elisabeth Christine gewidmeten Stundenbuchs legen dies nahe. Bedeutsam ist die Fokussierung höfischer Eliten auf Elfenbeinkruzifixe von oder in der Art des Georg Petel und die damit verbundene Betrachtungsweise. Die Kruzifixe wurden zum ästhetischen und zugleich religiösen Mittelpunkt ihrer jansenistischen Andacht wie auch zu kostbaren Objekten des Sammelns.

Juliette Guilbaud
# Die *Wiener Kirchenzeitung* im Spiegel der *Nouvelles Ecclésiastiques* (1784–1789)

Am 6. August 1785 erschien in der *Mainzer Monatschrift von geistlichen Sachen* eine scharfe Kritik gegen den Herausgeber der *Wiener Kirchenzeitung*.[1] Der anonyme Verfasser kam dabei nicht umhin, die Leserschaft daran zu erinnern, dass jenes Blatt „ein Pendant zu den berüchtigten *Nouvelles Ecclésiastiques* und *gli Annali Ecclesiastici* [aus Florenz, 1780–1783], zuweilen eine Kopie, Auszug oder Übersetzung davon"[2] sei. Anscheinend war die öffentliche Reputation der zu diesem Zeitpunkt erst seit etwas mehr als eineinhalb Jahren bestehenden *Wiener Kirchenzeitung* bereits ruiniert. Ihren Kritikern galt sie lediglich – mal mehr, mal weniger – als ein Nachfolgeblatt der beiden für ihre Beziehungen zu den sogenannten jansenistischen Kreisen in Europa bekanntesten Zeitschriften.[3]

Im Gegensatz zu den auf Französisch verlegten *Nouvelles Ecclésiastiques*, deren Bedeutung für das achtzehnte Jahrhundert von Geschichts- und Literaturwissenschaftlerinnen, Theologinnen und Kirchenhistorikerinnen schon lange erkannt worden ist,[4] blieb die *Wiener Kirchenzeitung* in der Forschung bis heute weitgehend unbeachtet. Dieser Befund mag überraschen: Weder wurde die *Wiener Kirchenzeitung* heimlich gedruckt, noch waren ihre Redakteure und Drucker im damaligen Verlags- und Buchwesen völlig unbekannt. Im Vergleich zu den langlebigen *Nouvelles* (1713/28–1803) bietet die *Wiener Kirchenzeitung* mit ihren sechs Jahrgängen (1784–1789) auf den ersten Blick zudem ein begrenztes und mit überschaubarem Zeitaufwand fassbares Quellenkorpus. Möglich also, dass es vor allem die Komplexität derartiger Periodika war, die Forscher bislang abschreckte, berührten diese Blätter doch sowohl das Feld der Religion, das Pressewesen, die Literatur und die Politik.

---

1 [Anonymus]: Nachrichten, Berichtigungen etc. In: Mainzer Monatschrift von geistlichen Sachen v. 6.8.1785, S. 974–979.
2 Anonymus: Nachrichten (Anm. 1), S. 977, Anm.
3 Die *Mainzer Monatschrift von geistlichen Sachen* soll ihre Meinung später etwas geändert haben, vgl. Jochen Krenz: Konturen einer oberdeutschen kirchlichen Kommunikationslandschaft des ausgehenden 18. Jahrhunderts. Bremen 2012, S. 161.
4 Les Nouvelles ecclésiastiques. Une aventure de presse clandestine au siècle des Lumières, 1713–1803. Hg. von Monique Cottret, Valérie Guittienne-Mürger. Paris 2016.

Ein weiterer Grund für die historiografische Lücke mag auch der Mangel an direkten Quellen sein:[5] Abgesehen von der Zeitung selbst sind bislang fast nur Äußerungen ihrer Gegner bekannt, die gegen das Blatt polemisierten. In seinem Standardwerk über den Spätjansenismus in Österreich von 1977[6] berücksichtigt Peter Hersche die *Wiener Kirchenzeitung* kaum, obwohl er deren Hauptprotagonisten, dem Priester Marx Anton Wittola, lange Ausführungen widmete.[7] Ebenfalls in den 1970er Jahren verfasste Manfred Brandl eine kurze Biographie Wittolas, die schwerpunktmäßig dessen intellektuelle Laufbahn sowie sein theologisches und literarisches Werk behandelt.[8] Auch darin fehlt eine Auseinandersetzung mit der *Wiener Kirchenzeitung*. Zumindest das Projekt GJZ18 über gelehrte Journale und Zeitungen der Aufklärung, das unter anderem das Ziel verfolgt, die „eminent wichtige Funktion [solcher Druckschriften] für die Entstehung und Strukturen der ‚aufgeklärten Wissensgesellschaft' sichtbar [zu machen]",[9] könnte in Zukunft Hinweise zu den Netzwerken geben, an welchen die *Wiener Kirchenzeitung* und ihre Akteure auf Makroebene beteiligt waren.

Doch schon jetzt ist klar: Sich allein mit den Behauptungen der Gegner der *Wiener Kirchenzeitung* zu begnügen, ist natürlich nicht befriedigend. Als Grundstein für eine eingehende Untersuchung der Geschichte des Blattes möchte ich im Folgenden die historische Bedeutung der *Wiener Kirchenzeitung* für die verschiedenen, eng miteinander verknüpften Deutungs- und Interpretationsebenen skizzieren – von der Medien- und Kommunikationsgeschichte über die Netzwerk- bis hin zur Jansenismusgeschichte. Ziel ist es dabei, vor dem Hintergrund der bekannten *Nouvelles Ecclésiastiques* zu erläutern, durch welche Auswahl- und Aneignungsprozesse[10] die *Wiener Kirchenzeitung* sich einen eigenen Platz in der europäischen Medienwelt verschaffen konnte: einerseits als Wiener Blatt im deutschsprachigen Raum, das die Politik und die Reformen Josephs II. in den Erblanden bekannt

---

5 Zum Mangel an benutzbaren Quellen für die Untersuchung der Wiener Periodika, vgl. Buchwesen in Wien 1750–1850. Kommentiertes Verzeichnis der Buchdrucker, Buchhändler und Verleger. Hg. von Peter Frank, Johannes Frimmel. Wiesbaden 2008, Einleitung, S. XII.
6 Peter Hersche: Der Spätjansenismus in Österreich. Wien 1977 (Veröffentlichungen der Kommission für die Geschichte Österreichs 7).
7 Hersche: Der Spätjansenismus in Österreich (Anm. 6), S. 251–273.
8 Manfred Brandl: Marx Anton Wittola. Seine Bedeutung für den Jansenismus in deutschen Landen. Steyr 1974.
9 Gelehrte Journale und Zeitungen der Aufklärung (GJZ18), http://www.gelehrte-journale.de/ueber-uns/projektbeschreibung/ [2. 2.2020].
10 Matthias Middell: Kulturtransfer, Transferts culturels. In: Docupedia-Zeitgeschichte 2016. http://docupedia.de/zg/middell_kulturtransfer_v1_de_2016 [2.2.2020].

machte, andererseits als überregionale Zeitung, die in Verbindung stand mit den in Europa bekannten jansenistischen Kreisen.

Im Folgenden werde ich zuerst den Hauptredakteur der *Wiener Kirchenzeitung* sowie seine Rolle als Netzwerker und Vermittler vorstellen. Dann gebe ich einen Einblick in den Erscheinungskontext und die Entwicklung der Zeitung. In einem letzten Teil werden schließlich einige vorläufige Thesen zu den inhaltlichen Besonderheiten der *Wiener Kirchenzeitung* präsentiert.

## I. Der Hauptredakteur Marx Anton Wittola

Im Unterschied zu den französischen *Nouvelles*, deren Pariser Redaktion versteckt arbeitete und von den Behörden jahrelang erfolglos verfolgt wurde,[11] stand der *Wiener Kirchenzeitung* mit dem in der damaligen Medienlandschaft sehr aktiven Priester Marx Anton Wittola ein öffentlich bekannter Hauptredakteur vor. Seine Biografie und sein Werk geben einen guten Einblick in die Ausrichtung und Zielsetzung des Blattes.

Wittolas Lebenslauf ist zum Teil durch eine kurze Biografie bekannt, die der Statistiker und Polygraf Ignaz de Luca 1789 herausgegeben hatte.[12] Später übernahmen die *Nouvelles Ecclésiatiques* große Teile dieses Textes, als sie Wittola 1798 einen Nachruf widmeten.[13] Beide Schriften, besonders aber der in Französisch verfasste Nachruf, sind hagiografisch gehalten. Gleichwohl liefern sie wertvolle Hinweise zur geistlichen und politischen Laufbahn. Wittola wurde im oberschlesischen Kosel im Fürstentum Oppeln und in der Diözese Breslau geboren.[14] Nach einigen Jahren Unterricht vor Ort studierte er bei den Jesuiten in Oppeln und Breslau, wo er 1754 schließlich zum Doktor der Philosophie promoviert wurde. Wittola konnte sich jedoch nicht entschließen, in die Gesellschaft Jesu einzutreten. Stattdessen ging er 1755 nach Wien, wo er die theologische Fakultät besuchte. Dort verbesserte er vermutlich auch seine Französischkenntnisse. 1759 wurde er zum Priester geweiht, wurde dann zum Doktor der Theologie promoviert und trat in die Dienste des Bischofs von Breslau. Nach dem Ende des Siebenjährigen Kriegs verließ er Schlesien, um der nunmehr preußischen Oberherrschaft zu ent-

---

11 Françoise Bontoux: Paris janséniste au XVIII$^e$ siècle. Les Nouvelles Ecclésiastiques. In: Paris et Île-de-France. Mémoires 7 (1955), S. 205–220.
12 [Ignaz de Luca]: Lebensgeschichte des Marx Anton Wittola, […]. Wien 1789.
13 Nouvelles Ecclésiastiques (im Folgenden zitiert als NE), 26.03.1798, S. 25–28.
14 Johann Jacob Moser: Staatsrecht derer Reichs-Gräflichen Häuser von der Leynen, von Plettenberg und von Virmont. Leipzig 1744, S. 23; Augustin Weltzel: Geschichte der Stadt, Herrschaft und Festung Cosel. Berlin 1866, S. 259–265.

gehen. Im Jahr 1765 erhielt er die Pfarre Schörfling in der Diözese Passau und wurde vom Fürstbischof zum geistlichen Rat ernannt. Neun Jahre später bekam er die Pfarre Probstdorf, wo er bis zu seinem Tod in Amt blieb. Höhere geistliche Ämter erlangte er nie, obwohl er bereits früh über gute Kontakte in Regierungskreise verfügte.

1760 traf Wittola erstmals mit Kaiserin Maria Theresia zusammen. Sie erteilte ihm in den 1770er Jahren wichtige (kirchen-)politische Aufträge,[15] für deren erfolgreiche Umsetzung er mit einer Titularpropstei belohnt wurde.[16] Dennoch erlitt Wittola wegen der wechselhaften Gunst der Kaiserin auch Rückschläge: So konnte er zum Beispiel seinen Auftrag zur Pfarrregulierung nicht zu Ende führen und verlor nach sieben Jahren Tätigkeit sein Amt bei der Hofzensur.

Im literarischen Werk Wittolas, das er wohl vor allem ab den 1770er Jahren entfaltete, lassen sich zwei eng miteinander verknüpfte Züge seiner Persönlichkeit erkennen, die den späteren Inhalt der *Wiener Kirchenzeitung* prägten: Er verstand sich als stark antijesuitisch eingestellter Katholik und Verteidiger der von Maria Theresia und Joseph II. nicht zuletzt im Bereich der Kirche eingeleiteten Reformen. Mangels eines Nachlasses[17] sind die von Wittola veröffentlichten Texte sowie an verschiedenen Stellen überlieferten Korrespondenzen, etwa diejenige mit dem unermüdlichen Vertreter und Verteidiger der Utrechter Kirche, dem Kanoniker Gabriel Dupac de Bellegarde,[18] von großer Bedeutung, um seine literarische Tätigkeit und kirchenpolitischen Vorstellungen zu erfassen.

Sein Werk umfasste zwei Hauptteile. Zum einen übersetzte Wittola mehrere Texte aus dem Französischen ins Deutsche, die im Druck erschienen. Durch diese Übersetzungstätigkeit wollte er der Öffentlichkeit eine breite Palette von Texten anbieten, deren Autoren am Streit um die kontroverse päpstliche *Constitution Unigenitus* (1713) auf unterschiedliche Weise teilhatten. Dadurch lieferte er auch den katholischen Kreisen im deutschsprachigen Raum neuen Stoff für lokale Debatten, nicht zuletzt über Staat und Kirche. Zu diesen Texten zählten die Veröffentlichungen einiger Theologen, die sich in der ersten Jahrhunderthälfte zwar gegen die *Bulle Unigenitus* ausgesprochen hatten, sich aber nicht unbedingt einer einzigen Strömung zuordnen lassen wie François-Philippe Mésenguy als Vertreter

---

**15** Zum einen handelte es sich darum, Bauern in Mähren zu beruhigen, die sich den dortigen jesuitischen Missionaren widersetzt hatten (1773); zum anderen, die Universität und das Priesterseminar zu Olmütz zu reformieren (1777).
**16** Bienko in Kroatien (heute Bijenik, bei Zagreb).
**17** Hersche: Spätjansenismus (Anm. 6), S. 261.
**18** Zu Dupac de Bellegarde vgl. NE v. 25.12.1790, S. 205–208; Frans Kenninck: Les idées religieuses en Autriche de 1767 à 1787. Correspondance du Dr Wittola avec le comte Dupac de Bellegarde. In: Revue internationale de théologie 6.22 (1898), S. 308–335 und 6.23 (1898), S. 573–601.

des jansenistischen Figurismus,[19] aber auch der antifiguristische Oratorianer Louis de Bonnaire[20] und der Kaplan Simon Michel Treuvé, der in Meaux zusammen mit Jacques-Bénigne Bossuet gearbeitet hatte.[21] Wittola interessierte sich auch für Katechismen und Hirtenbriefe von französischen Bischöfen, die eine ambivalente Position gegenüber dem sogenannten Jansenismus vertraten. So übersetzte er etwa den Erzbischof von Tours, Louis Jacques de Chapt de Rastignac (der in den 1720er Jahren einen harten Kampf gegen die sogenannten „Appellanten"[22] in seinem erz- und bischöflichen Klerus geführt und sich trotzdem bis zum Ende seiner Amtszeit als Verfechter einer strengen christlichen Moral etabliert hatte)[23] ebenso wie den Erzbischof von Lyon, Antoine de Malvin de Montazet (der mehrere Reformen in seinem Sprengel durchgesetzt hatte und den Jansenisten nicht feindlich gesinnt gegenüberstand).[24] Wittola lieferte auch deutsche Übersetzungen von sogenannten Autoritäten, die in der katholischen Kirche allgemeines Ansehen genossen und Vertreter des Gallikanismus waren: So ist von ihm eine deutsche Fassung der Kirchengeschichte von Claude Fleury bekannt[25] und er habe, so sein Biograph de Luca,[26] für seine erste Pfarrgemeinde auch den Katechismus von Bossuet ins Deutsche übersetzt, diesen dann aber nicht drucken können.

---

**19** Zum Figurismus bei den Jansenisten, vgl. Christine Vogel: Von Voltaire zu Le Paige. Die französische Aufklärung und der Jansenismus. In: Die Aufklärung und ihre Weltwirkung. Hg. von Wolfgang Hardtwig. Göttingen 2010, S. 77–99; [François-Philippe Mésenguy]: Kurzgefaßte Geschichte des Alten Testamentes sammt Erklärungen und Gedanken [...]. Wien 1770–1771, 10 Bde.; [ders.], Das neue Testament unsers Herrn Jesu Christi [...]. Wien 1775–1776, 3 Bde.
**20** Catherine Maire: De la cause de Dieu à la cause de la Nation. Le jansénisme au XVIII$^e$ siècle. Paris 1998, S. 339–340; [Louis de Bonnaire]: Der seine Religion nach dem wahren Geist ihrer Grundsätze betrachtende Christ [...]. Wien 1776, 6 Bde.
**21** Simon Michel Treuvé: Geistlicher Gewissensrath für die, welche keinen eignen haben. Aus dem Französischen des Herrn Simon Michel Treuvé übersetzt von Marx Anton Wittola [...]. Wien 1771.
**22** „Appellanten" wurden die Gegner der *Bulle Unigenitus* (1713) genannt, die gegen diesen päpstlichen Text an ein allgemeines Konzil appellierten.
**23** Louis-Jacques de Chapt de Rastignac: Des hochwürdigsten Herrn Jakob Ludewig von Rastignac, Erzbischofes zu Tours in Frankreich hirtlicher Unterricht von der christlichen Gerechtigkeit. Aus dem Französischen übersetzt von Marx Anton Wittola [...]. Salzburg 1772.
**24** Antoine de Malvin de Montazet: Des hochwürdigsten Herrn Erzbischofs zu Lyon hirtlicher Unterricht, in welchem von den Quellen des Unglaubens und von den Gründen der Religion gehandelt wird [...]. Auf allerhöchsten Befehl übersetzt von Marx Anton Wittola [...]. Wien 1780.
**25** Claude Fleury: Dreyzehn Betrachtungen über die Kirchengeschichte. Übersetzt von [...] Marx Anton Wittola [...]. Wien 1785, 2 Bde.
**26** De Luca: Lebensgeschichte (Anm. 12), S. 15.

Zum anderen trat Wittola mit Polemiken hervor und stritt aktiv mit Theologen der (aufgehobenen) Gesellschaft Jesu, wie Alois Merz[27] oder Ignaz Wurz.[28] Er gilt als Verfasser einer Widerlegung der 1768 erschienenen Schrift *Der Entlarvte Jansenist*.[29] Darin lehnte er die Darstellung des sogenannten Jansenismus als einer abweichenden katholischen Strömung ab und berief sich dabei vor allem auf Augustinus. Der Begriff Jansenismus sei vielmehr „in dem Munde der Jesuiten und ihrer Anhänger eine bloße Spiegelfechterey [...], eine eitle Namenskezerey, womit sie die Kinder, das ist, schlecht unterrichtete Christen von den Schulen anderer Gottesgelehrten abzuschrecken, die Gottesgelehrten aber selbst zu vertilgen suchen".[30] Dieses Zitat stammt aus Wittolas Schrift *Der Jansenismus, ein Schreckenbild für Kinder*, die bereits mit dem Titel Aufmerksamkeit erregt haben dürfte und in den französischen *Nouvelles Ecclésiastiques* lobend besprochen wurde.[31]

Darüber hinaus liegen uns einige Briefe Wittolas vor. Sein Briefaustausch mit dem Kanoniker Bellegarde, sowie einzelne Briefe im Archiv der Altkatholischen Kirche der Niederlande belegen, wie er etwa die sogenannte „kleine Kirche" zu Utrecht konkret unterstützte: Er versuchte, Bischöfe im Alten Reich – so in Passau, Seckau und Salzburg – als Unterstützer der Utrechter Kirche zu gewinnen.[32] Während seiner Amtszeit in Schörfling sei deshalb das Gerücht umgegangen, Wittola sei „ein Jansenist, ohne es zu wissen".[33] Seine Gegner beschuldigten ihn jedenfalls, heterodoxe Vorstellungen zu verbreiten – so etwa die hinreichende Gnade (*gratia sufficiens*) abzulehnen, an ein allgemeines Konzil gegen die *Bulle*

---

27 [Franz Xaver Jann]: Herr Probst Wittola, und Herr Doctor Aloys Merz in einem Zweykampfe vorgestellet, mit einem Anhange wider den sogenannten Prediger- und Phantasten Allmanach von einem wahren, wahrhaft katholischen Oesterreicher. Preßburg 1783.
28 [Marx Anton Wittola]: Erinnerung an den Exjesuiten Herrn Wurz wegen seiner Trauerrede auf die Kaiserin. Wien 1781; Ernst Wangermann: Die Waffen der Publizität. Zum Funktionswandel der politischen Literatur unter Joseph II. Wien, München 2004.
29 Der entlarvte Jansenist, das ist Briefe eines Freunds aus Frankreich an einen Freund in Deutschland von den Gräueln, Betrügen, und bösen Absichten der Jansenisten [...]. Salem [i. e. Köln] 1768; Wittola an Dupac de Bellegarde, Br. v. 23.5.1769. In: Kenninck: Les idées religieuses (Anm. 18), S. 315.
30 [Marx Anton Wittola]: Der Jansenismus, ein Schreckenbild für Kinder. Friedburg [i. e. München] 1776, S. 16–17.
31 NE v. 27.3.1779, S. 50.
32 Het Utrechts Archief (Utrechter Archiv, Niederlande), 86–1 (Aartsbisschoppen van Utrecht), 171, S. 289, 371–372, 400, 413–414, 431–434.
33 Wittola an Dupac de Bellegarde, Br. v. 27.7.1773. In: Kenninck: Les idées religieuses (Anm. 18), S. 327 („le curé de Schörfling est janséniste sans le savoir").

*Unigenitus* zu appellieren, die Bilder sowie die Herz-Jesu-Andacht abzulehnen und Wallfahrten zu kritisieren.[34]

Als Wittola die *Wiener Kirchenzeitung* ins Leben rief, konnte er auf seine journalistischen Erfahrungen zurückgreifen. So hatte er bereits an den *Wöchentlichen Wahrheiten für und über die Prediger in Wien* (1782–1784)[35] mitgearbeitet. In einem Brief an Bellegarde stellte er sich gar selbstgefällig als den richtigen Mann vor, der „mit Blick auf das ungelehrte und zugleich gefügige Wiener Volk"[36] nicht umhin könne, der Redaktion der *Wöchentlichen Wahrheiten* bei theologischen Fragen – so etwa zum Ablass, der Heiligen- beziehungsweise Bilderverehrung und der Bibellektüre – zur Hand zu gehen.[37]

Dass einige Beiträge aus den *Nouvelles Ecclésiastiques* starke Ähnlichkeiten mit früheren Beiträgen aus der *Wiener Kirchenzeitung* aufweisen, zeigt, dass es eine komplexe Verbindung zwischen beiden Periodika gab, die nicht als die bloße Ausstrahlung eines französischen Vorbilds in Richtung Österreichs, sondern als eine wechselseitige Beziehung zwischen beiden Zeitungen gedacht war. Ob die Wiener Redaktion die nach Paris abzuschickenden Artikel unter den gesammelten Beiträgen auswählte oder ob die einzelnen Verfasser ihre Beiträge selbst nach Frankreich sendeten, ist bislang nicht bekannt. Es zeigt jedenfalls, dass die Mitarbeiter der *Wiener Kirchenzeitung* auch Vermittler von Informationen im europäischen katholischen Raum waren. Obwohl Wittola klagte, „die [*Wiener*] *Kirchenzeitung* [nehme] ihn völlig in Anspruch",[38] war er bestimmt nicht der einzige Verfasser des Blattes, auch wenn er als Haupt- beziehungsweise Chefredakteur alle Texte überarbeitet haben soll. In der Zeitung selbst war einmal von einem „Verfasser", einmal von mehreren „Herausgebern", verschiedentlich zudem von geistlichen wie auch nicht

---

34 Manfred Schilder: Geschichte der Pfarre Probstdorf. Von den Anfängen bis zur Einbeziehung in die Erzdiözese Wien (1783) [...]. Diss. Wien 1968, S. 219–224.
35 Bernhard H. Hoppe: Predigtkritik im Josephinismus. Die Wöchentliche Wahrheiten für und über die Prediger in Wien (1782–1784). St. Ottilien 1989, S. 116; Ulrike Katrin Freitag: Geputztes Blumwerk und buntschäkkiger Wörterkram. Sprachkritik in den *Wöchentlichen Wahrheiten* (1782–1784). Frankfurt a. M. 2007.
36 Wittola an Dupac de Bellegarde, Br. v. 5.2.1783. In: Kenninck: Les idées religieuses (Anm. 18), S. 596 („vue la grande ignorance et en même temps la docilité du peuple de Vienne").
37 Wittola an Dupac de Bellegarde, Br. v. 5.2.1783. In: Kenninck: Les idées religieuses (Anm. 18), S. 596.
38 Wittola an Dupac de Bellegarde, Br. v. 15.4.1785. In: Kenninck: Les idées religieuses (Anm. 18), S. 600 („la seule gazette ecclésiastique de Vienne me coûte presque tout le temps que la conduite des âmes me laisse. Je suis sans aide dans ce pénible travail-là").

geistlichen Freunden die Rede.[39] Aus Anlass des Todes von Joseph von Spaur, dem Bischof von Brixen, erinnerte die *Wiener Kirchenzeitung* daran, dass er „den Herausgebern manchen guten Artikel einzuliefern die Gnade gehabt habe".[40] Und „die meisten [dar]in vorkommenden Nachrichten und Urkunden aus Italien [hätten] die Leser [dem Juristen Sperges] zu verdanken".[41]

Ob und wie dergleichen „Freunde" konkret an der *Wiener Kirchenzeitung* mitwirkten, ist manchmal nur schwer zu beurteilen, zumal sie immer mit lobendem Unterton erwähnt wurden, so etwa der Artillerie-Distriktkommandant zu Graz, Alexander von Enders, der „einer der thätigsten Freunde der *Wiener Kirchenzeitung*" sei.[42] Zu den nächsten Mitarbeitern gehörte mit größter Wahrscheinlichkeit der aus den Niederlanden stammende Jean-Baptiste de Terme, früherer Religionslehrer der jungen Marie-Antoinette, dann Domsänger in Wien und Oberdirektor des Armeninstituts in Niederösterreich.[43] Er selbst stand mit Vertretern der Utrechter Kirche in engem Briefwechsel, half diesen regelmäßig bei Übersetzungen und vermittelte die *Nouvelles Ecclésiastiques* nach Wien.

Wie der Historiker Van Kley wieder in Erinnerung bringt, wurde die Annahme des Formulars Alexanders VII. beziehungsweise der *Bulle Unigenitus* außerhalb Frankreichs und der Niederlande nie zur Voraussetzung für die Tätigkeit eines Geistlichen als Seelsorger seiner Pfarre.[44] Wittola jedenfalls konnte in mancher Hinsicht die Vorstellungen von mehreren Geistlichen aufnehmen, die andernorts als Jansenisten verfolgt wurden; ihm selbst drohte in seiner Pfarre keine solche Gefahr. Sein literarisches Werk und seine journalistische Tätigkeit sowie seine politischen und geistlichen Netzwerke erlaubten ihm, die *Wiener Kirchenzeitung* zum Sprachrohr der Jansenisten zu machen und zugleich die von ihm unterstützten Kirchenreformen über die Grenzen Österreichs hinaus bekanntzumachen.

---

39 Wiener Kirchenzeitung (im Folgenden zitiert als WKZ) v. 4.1.1788, S. 3; WKZ v. Ende 1789, Sp. 801; Neueste Beyträge zur Religionslehre und Kirchengeschichte (im Folgenden zitiert als NB) II/4 (1791), S. 515.
40 NB II/5 (1791), S. 710.
41 NB II/6 (1791), S. 843.
42 NB II/4 (1791), S. 515.
43 Zu Jean-Baptiste de Terme vgl. WKZ v. 14.12.1787, Sp. 809–811; NE v. 30.4.1788, S. 71; Marie-Thérèse Tholl, Théo Tholl: Prälat Jean-Baptiste De Terme aus Soller (Luxemburg). Ein Lebensbild im Wien der Aufklärungszeit des 18. Jahrhunderts. Mersch 2015–2016 (De Familjefuerscher, 91).
44 Dale Van Kley: Reform Catholicism and the International Suppression of the Jesuits in Enlightenment Europe. New Haven (Conn.) 2018, S. 39.

## II. Entstehung und Entwicklung der *Wiener Kirchenzeitung*

Was wissen wir nun über die *Wiener Kirchenzeitung*? Zunächst profitierte das Blatt von einem gänzlich anderen gesetzlichen Hintergrund, der sich von dem ihrer französischen Vorgängerin – der *Nouvelles Ecclésiastiques* – deutlich unterschied: Seit Februar 1781 galten die „Grund-Regeln zur Bestimmung einer ordentlichen künftigen Bücher-Censur", die vier Monate später um eine weitere Ordnung für Österreich unter der Enns ergänzt worden war. Der Absatz 4 betraf die periodische Presse. Darin hieß es:

> Ganze Werke, periodische Schriften sind wegen einzelner anstössigen Stellen nicht zu verbieten, wenn nur in dem Werke selbst nutzbare Dinge enthalten sind, und eben dergleichen grosse Werke fallen selten in die Hände solcher Menschen, auf deren Gemüthe dergleichen anstössige Stellen eine schädliche Folge machen könnten. Wenn jedoch in der Folge ein Stück einer dergleichen periodischen Schrift, auch als eine einfache Broschüre betrachtet, wirklich unter die Klasse der verbotenen Bücher zu setzen käme: wäre solches schon in dieser Rücksicht lediglich den Personen, die für das ganze Werk subskribiret, oder sich zu dessen vollständiger Ankaufung hatten vormerken lassen, zu verabfolgen, und auch diesen in dem Falle zu verweigern, wenn solche Stücke die Religion, guten Sitten, oder den Staat und den Landesfürsten geradezu auf eine gar anstössige Art behandelten.[45]

Diese Regelung gab der Kontrolle den Vorrang vor der eigentlichen Zensur, die nun außerdem stärker als zuvor säkularisiert wurde. Joseph II. beabsichtigte, die Lektüre eher zu lenken als zu unterdrücken. Das Publikum wurde in zwei Gruppen eingeteilt: einerseits die Gelehrten, die dazu fähig seien, sich Bücher frei auszuwählen; andererseits die als ungelehrt und schwach erachteten Gemüter, die die ihnen erlaubten Lektüren vom Zensor erhalten sollten. Solange sich die gedruckten Publikationen – gerade im geistlichen und kirchlichen Bereich – nicht gegen die Reformen der Regierung richteten, diese vielmehr gar unterstützten, wurde ihnen vergleichsweise eher freie Hand gelassen.[46]

Insgesamt waren theologische Zeitungen beziehungsweise Zeitschriften im Alten Reich bis in die Mitte des achtzehnten Jahrhunderts – und das gilt für die Gattung „Zeitschrift" überhaupt – fast ausschließlich protestantische Produkte. Die meisten ab den 1770er Jahren von Katholiken herausgegebenen Journale stan-

---

45 Handbuch aller unter der Regierung des Kaisers Joseph II. für die k.k. Erbländer ergangenen Verordnungen und Gesetze [...]. Bd. I. Wien 1785, S. 519.
46 Bodo Plachta: Zensur. Stuttgart 2006, S. 78–85; Wangermann: Die Waffen der Publizität (Anm. 28).

den eher der katholischen Aufklärung nah.[47] Solche Unternehmen waren dabei nicht nur dem Weltklerus vorbehalten, wie es die bekannte verlegerische Tätigkeit einzelner Abteien belegt, so etwa von Banz in der Diözese Würzburg.[48] Eine periodische Predigtkritik, die ab 1782 zunächst in Prag entstanden war, entwickelte sich vorerst besonders in Böhmen und Österreich. Dort hatte sie zum Beispiel mit den *Wöchentlichen Wahrheiten*, an denen Wittola mitgearbeitet hatte, großen Erfolg.[49]

Als die *Wiener Kirchenzeitung* Anfang 1784 zum ersten Mal erschien, profitierte sie also von einem besonders günstigen Klima, wie es auch die große Zahl der Zeitschriftenneugründungen in dieser Zeit belegt: Allein in Wien wurden im selben Jahr siebenundzwanzig Blätter ins Leben gerufen.[50] Ihre Veröffentlichung war kurz zuvor in der *Wiener Zeitung* angekündigt worden. Mit dem neuen Blatt strebten demnach „etliche Gelehrt[e]" an,

> ein Wochenblatt zu liefern, darinn sie [die Christen] alle Nachrichten von kirchlichen Begebenheiten, die in unserer Zeit immer wichtiger werden, sammeln, mit einer christlichen Redlichkeit erzählen, und wo es für den Leser nötig ist, mit brauchbaren Anmerkungen begleitet werden.[51]

Die künftige *Wiener Kirchenzeitung* wurde dabei mit einer anderen Wochenzeitschrift, nämlich den toskanischen, des Jansenismus bezichtigten *Annali Ecclesiastici* aus Florenz, verglichen. Dass dagegen die *Nouvelles Ecclésiastiques* nicht von vornherein erwähnt wurden, ist wohl auf deren Arbeit im Verborgenen zurückzuführen. Im Gegensatz dazu konnten sich die *Annali Ecclesiastici* des Schutzes durch den Erzherzog rühmen.[52] Als weiteres, wenn auch nur als „zu weitläufig" genanntes Vorbild in der Ankündigung wurden die *Nova Acta Historico-Ecclesiastica* (1758–1774) genannt, die in Weimar erschienen. Dabei drückte der Herausgeber

---

[47] Christopher Spehr: Aufklärung und Ökumene. Reunionsversuche zwischen Katholiken und Protestanten im deutschsprachigen Raum des späteren 18. Jahrhunderts. Tübingen 2005, S. 254; Claire Gantet, Maja Eilhammer: Die Toleranz in einigen katholischen Zeitschriften der Spätaufklärung – eine Bestandaufnahme. In: Zeitschriften, Journalismus und gelehrte Kommunikation im 18. Jahrhundert. Hg. von Claire Gantet, Flemming Schock. Bremen 2014, S. 233–258, hier S. 236.
[48] Wilhelm Forster: Die kirchliche Aufklärung bei den Benediktinern der Abtei Banz im Spiegel ihrer von 1772–1798 herausgegebenen Zeitschrift. In: Studien und Mitteilungen zur Geschichte des Benediktiner-Ordens und seiner Zweige 63 (1951), S. 172–233 und 64 (1952), S. 110–233.
[49] Spehr: Aufklärung und Ökumene (Anm. 47), S. 255.
[50] Helmut W. Lang: Die Zeitschriften in Österreich zwischen 1740 und 1815. In: Die österreichische Literatur: eine Dokumentation ihrer literarhistorischen Entwicklung. Ihr Profil an der Wende vom 18. zum 19. Jahrhundert (1750–1830). Teil 1. Hg. von Herbert Zeman. Graz 1979, S. 203–227, hier S. 205, 212.
[51] Wiener Zeitung, 27.12.1783, Bl. 8$^r$.
[52] Wiener Zeitung, 27.12.1783, Bl. 8$^v$.

seine Absicht aus, protestantische Theologen für die Mitarbeit zu gewinnen, damit diese den Christen wichtige Themen in der Zeitung „mit Freymüthigkeit und Unpartheylichkeit bearbeite[n]".[53] Eine solche Mitwirkung sei jedenfalls zu prüfen, wenigstens inhaltlich, solange die Identität der Verfasser beziehungsweise Mitarbeiter unbekannt bleibe.

Die *Wiener Kirchenzeitung* wurde bei angesehenen Wiener Verlegern gedruckt: Zuerst bei Joseph Lorenz von Kurzböck[54] und bereits ab 1785 beim Buchhändler Johann David Hörling, der im selben Jahr die Buchdruckerei Joseph Sonnleithners am Franziskanerplatz erwarb. Im Vergleich zu größeren Werkstätten zählte die Druckerei Hörlings nur sechs Druckerpressen. Über ihre Geschichte ist heute nur wenig bekannt.[55] Allerdings belegen die überlieferten Bücherverzeichnisse ein ausgedehntes Verlagsangebot, das in der Hörlingischen Buchhandlung in der Bognergasse zu finden war: alle Gattungen waren vorhanden, einschließlich Bücher in Fremdsprachen, so etwa auf Französisch, Englisch oder Italienisch.[56]

Die einzelnen Ausgaben der *Wiener Kirchenzeitung* erschienen vom 3. Januar 1784 bis zum 24. Dezember 1789 jeweils wöchentlich, zuerst samstags, ab 1787 dann jeden Freitag.[57] Dass die Zeitung über sechs Jahre hinweg bestand, hebt sie über viele vergleichbare Periodika dieser Zeit hinaus: Nicht einmal die Hälfte der im achtzehnten Jahrhundert erscheinenden Zeitschriften existierte länger als drei Jahre.[58] Im Gegensatz zu den *Nouvelles Ecclésiastiques* wurde die *Wiener Kirchenzeitung* soweit bekannt nur im Abonnement für vier Gulden jährlich (beziehungsweise zwei Gulden halbjährlich) und nicht einzeln als Flugblatt verkauft. Einige Historiker geben für das Jahr 1788 die Zahl von neunundsiebzig Abonnenten an,[59]

---

53 Wiener Zeitung, 27.12.1783, Bl. 8$^v$.
54 Vgl. Frank, Frimmel: Buchwesen in Wien (Anm. 5), S. 110–112.
55 Ignaz de Luca: Wiens gegenwärtiger Zustand unter Josephs Regierung. Wien 1787, S. 29. Wien, Stadt- und Landesarchiv, Zivilgericht, A2, Faszikel 2, Verlassenschaftsabhandlungen (1783–1850), 3279/1790: Akte Georg Trummer: Trummer starb im Oktober 1790, kurz nachdem er von Hörling das Privileg seiner Buchdruckerei für den Preis von 3.000 Gulden erworben hatte. Hörling selbst starb erst 1819: Wien, Stadt- und Landesarchiv, Zivilgericht, A2, Faszikel 2, Verlassenschaftsabhandlungen (1783–1850), 3167/1819: Akte Johann David Hörling.
56 [Johann David Hörling]: Allerneuestes Bücherverzeichniß aus allen Theilen der Wissenschaften bis Ende des 1788sten Jahres [...]. Wien 1789 (Wienbibliothek im Rathaus, Sign.: A–108100); weiteres Bücherverzeichnis von 1791 (Österreichische Nationalbibliothek, Sign.: 305.043–B). Akte über den Konkurs der Buchhandlung (1799) im Wiener Stadt- und Landesarchiv vermisst (September 2018).
57 Dabei ändert sich der Titel ein wenig: von *Wienerische* zu *Wiener Kirchenzeitung*.
58 Heinz Pürer, Johannes Raabe: Presse in Deutschland. 3. Aufl. Konstanz 2007, S. 57.
59 Kurt Strasser: Die Wiener Presse in der josephinischen Zeit. Wien 1962, S. 101. Auf ihn soll Hersche: Spätjansenismus (Anm. 6) zurückgegriffen haben, wenn er die gleiche Zahl vorgebracht hat (S. 259).

die ich bislang allerdings noch nicht nachvollziehen konnte. Falls die Angaben stimmen, so bietet sich der Vergleich zu den ungefähr einhundert Vermittlern beziehungsweise Abonnenten der französischen *Nouvelles Ecclésiastiques* in den 1790er Jahren an. Die Herausgeber der *Wiener Kirchenzeitung* versäumten es jedenfalls nicht, auch über ihre Leser zu berichten, so etwa über einen Priester an der ungarischen Grenze, der einen Brief an die Redaktion gerichtet haben soll:

> Ich lese die Kirchenzeitung recht fleißig, laße mich auch mit den für uns wichtigsten neuesten Piecen versehen; und theile sodann beydes meinen eifrig römisch-katholischen ungerschen Nachbarn mit. [...] Die Lesungen aber scheinen bey ihnen beynahe die nämliche Wirkung zu machen, wie eine gute Arzney in schwer kranken Leibern, die je nach dem Grade des Uebels länger kürzer darin kocht, endlich zum Leben oder zum Tode ausbricht; anstatt daß sie ohne derselben nie zum Leben genesen wären.[60]

Ein Mönch aus Österreich soll der Redaktion wiederum Folgendes erzählt haben:

> Wir sind [...] nach ihren Neuigkeiten ungemein lüstern; Nun muß unsre Neugierde die *Wienerische Kirchenzeitung* befriedigen, [...] da wir anders woher keine ächten Wahrheiten bekommen können. So bittet Sie eben P.N. mit mir, ob es nicht möglich wäre, daß Sie uns den verfloßnen Jahrgang 1784 übermachten, und für einen billigen Preis einschickten.[61]

1787 rühmte sich ein Redakteur auch damit, die *Wiener Kirchenzeitung* sei auf Befehl der ungarischen Hofkanzlei in den Seminaren zu Preßburg, Pest und Agram für die Seminaristen zu halten.[62] Solche Behauptungen mochten falsch erscheinen, weshalb der Verleger regelmäßig wiederholte, dass die Redaktion keine anonymen Beiträge veröffentliche.[63] Dies wäre im weiteren Forschungsprozess noch zu prüfen. Ob die *Wiener Kirchenzeitung* tatsächlich als erfolgreich angesehen werden kann, ist ebenfalls schwierig einzuschätzen, zumal Gerüchte über die mutmaßliche Einstellung des Blattes bereits ab 1787 kursierten und den Verleger zu wiederholten Gegendarstellungen zwangen.[64] Dennoch kündigte sich mit der Einführung der Stempelsteuer im Jahr 1789 das Ende der *Wiener Kirchenzeitung* an. Die letzte Ausgabe erschien am 24. Dezember 1789.[65] Zwar versuchte Wittola, den Schaden mit einer neuen, erst alle zwei Monate bei Johann Thomas von Trattner erscheinenden Zeitschrift, den *Neuesten Beiträgen zur Religionslehre und Kirchengeschichte*, in Grenzen zu halten. Er konnte diese Publikation jedoch nur bis 1792 am Leben erhalten.

---

60 WKZ v. 16.10.1784, S. 344.
61 WKZ v. 4.6.1785, S. 179 (Br. v. 20.2.1785).
62 WKZ v. 6.7.1787, Sp. 436.
63 WKZ v. 28.12.1787, Sp. 843–844; 27.12.1788, Sp. 870–871.
64 WKZ v. 29.6.1787, Sp. 427–428; 27.12.1788, Sp. 870–871.
65 WKZ v. 11.12.1789, Sp. 801–802.

Die Zuordnung der *Wiener Kirchenzeitung* zu einer einzigen Gattung gestaltet sich schwierig. Dies liegt einerseits an der Zeitung selbst, andererseits aber auch an den damals fließenden Grenzen zwischen den einzelnen Publikationsformen. Die Auflagenhöhe der Zeitung ist bislang unbekannt. Jede zweispaltige Ausgabe umfasste durchschnittlich acht Seiten im Quartformat: Von den Abbildungen abgesehen, hatte die *Wiener Kirchenzeitung* auch die Seitengestaltung der französischen *Nouvelles Ecclésiastiques* übernommen. Während Name, wöchentliche Periodizität und die Verwendung der deutschen Sprache dem Blatt den Charakter einer Zeitung verliehen, weisen die Inhalte, auch wenn sie parteiisch waren, eher Zeitschriftenformat auf.[66] Die offensichtlich unvermeidliche Pränumeration, die durchlaufende Seitennummerierung, die einleitende Vorrede bei Jahresanfang, die mit einem Kupferstich geschmückte Titelseite und das für alle Abonnenten kostenlos verfügbare Register bei Jahresende lassen aber auch vermuten, dass die *Wiener Kirchenzeitung* wie andere Zeitschriften als Folge- beziehungsweise Nachschlagewerk für ein gelehrtes Publikum vorgesehen war und der Nachwelt überliefert werden sollte.[67]

## III. Überblick über die Beiträge der *Wiener Kirchenzeitung*

In der Zeit ihres Erscheinens lieferte die *Wiener Kirchenzeitung* ungefähr eintausend Beiträge, die über neunhundert Ereignisse berichteten.[68] Nach der Anlaufzeit waren die Jahre 1785 und 1786 besonders produktiv. In diesem Zeitraum stieg die Zahl der veröffentlichten Beiträge um 33% beziehungsweise 49% im Vergleich zum jeweiligen Vorjahr. Innerhalb von zwei bis drei Jahren bot die Redaktion dem Publikum also fast die doppelte Menge an Artikeln an. Allerdings verlangsamte sich diese Entwicklung bereits im vierten Jahr deutlich, ehe sie sich in den letzten Jahren des Erscheinens sogar leicht umkehrte. Auf dem Höhepunkt im Jahr 1787 kamen die Nachrichten aus sechsundachtzig unterschiedlichen Orten.[69] Im Unterschied zu den *Nouvelles Ecclésiastiques*, deren Beiträge wegen der dichten Vernetzung der Diözesen chronologisch nach Bischofssitz dargestellt wurden, ordnete die Redaktion der *Wiener Kirchenzeitung* ihre Nachrichten aufgrund der weitläufigen

---

66 Pürer, Raabe: Presse in Deutschland (Anm. 58), S. 53–54.
67 Juliette Guilbaud: Gazette „janséniste" ou livre religieux? Les Nouvelles ecclésiastiques (1713/1728–1803). 2019. https://halshs.archives-ouvertes.fr/halshs-02337365 [2.2.2020].
68 1034 Beiträge / 901 Ereignisse: 86 für 1784, 114 (1785), 170 (1786), 185 (1787), 178 (1788), 168 (1789).
69 Ca. 200 Ortsangaben im gesamten Veröffentlichungszeitraum.

Sprengel meist nach Ortsnamen. Besonders genau handhabten sie dies bei Berichten über Ereignisse, die sich in Österreich zugetragen hatten. Es lässt sich dabei fragen, ob dies einfach mit der Sammlung von Informationen zu tun hatte, ob es der Vollständigkeit halber geschah, mit dem Ziel, sich an ein lokales Publikum zu wenden, oder gar in der Absicht, den Eindruck eines dichten Netzwerks von betroffenen Personen auf lokaler Ebene zu vermitteln. Wien war dabei nicht nur der Erscheinungsort der *Wiener Kirchenzeitung*, sondern auch die Stadt, aus der die meisten Nachrichten stammten. Im ersten Jahr kam etwa ein Drittel, in den Folgejahren dann jeweils etwa ein Viertel der Informationen aus der Donaustadt. Rechnet man den österreichischen Schwerpunkt der Zeitung ab, so stammten die meisten Berichte aus einem weitläufigen Gebiet, das sich zwischen der Toskana, Köln und Preußen auffächerte. Dagegen waren die Geburtsstätten des Jansenismus – d. h. die Niederlande (mit vier Prozent der gesamten Nachrichten) und Frankreich (mit nur fünfzehn Nachrichten in sechs Jahren) – kaum vertreten.[70]

Inhaltlich ordneten sich die Beiträge der *Wiener Kirchenzeitung* zum größten Teil in die gleichen Kategorien ein, wie sie auch in den *Nouvelles Ecclésiastiques* zu finden waren: Es gab Berichte über lokale Ereignisse, die die Stärke der sogenannten jansenistischen beziehungsweise reformerischen Ideen belegen sollten, außerdem Nachrufe, kritische Rezensionen von Büchern, Abhandlungen, Lehrsätzen beziehungsweise akademischen Arbeiten und kommentierte Hirtenbriefe. Hinzu kamen landesfürstliche Verordnungen, die meist mit einem lobenden Kommentar auf das Herrscherhaus versehen waren. Bei der ersten Lektüre fällt der etwas trockene Stil der *Wiener Kirchenzeitung* sofort auf: Die *Nouvelles Ecclésiastiques* berichteten im Vergleich häufiger in einem lebendigen und spannenden Ton, was zu ihrer weiten Verbreitung und ihrem Erfolg bei dem Volk beigetragen haben soll. Dieser Eindruck müsste aber durch eine ausführliche Untersuchung aller Beiträge der Kirchenzeitung geprüft werden.

Die *Wiener Kirchenzeitung* beteiligte sich an einer sich über einen längeren Zeitraum hinziehenden Debatte, die auch in den *Nouvelles Ecclésiastiques* sehr lebendig geführt wurde: die Auseinandersetzung zwischen der (positiv gemeinten und von den Autoren der *Wiener Kirchenzeitung* befürworteten) Renovatio und der im Gegensatz dazu (abgelehnten) Neuerung, die (laut denselben Autoren) von den Jesuiten verkörpert werde. Die Anfang 1789 zum neuen Jahrgang veröffentlichte Vorrede der *Wiener Kirchenzeitung* widmete sich genau diesem Thema.[71]

---

70 Für weitere Karten vgl. Timothy Tackett: Géographie janséniste d'après les Nouvelles Ecclésiastiques, 1770–1800. In: Atlas de la Révolution française. Bd. IX. Hg. von Claude Langlois, Timothy Tackett, Michel Vovelle. Paris 1996, S. 24; Cottret, Guittienne-Mürger: Les Nouvelles ecclésiastiques (Anm. 4), Anhang 3.
71 WKZ v. 2.1.1789, Sp. 1–20.

So würden die Gegner des Blattes klagen, „Neuerer [seien] die Herausgeber der [Wiener] Kirchenzeitung, und Neuerungen [seien] in dieser Wochenschrift gelehret, verbreitet, und vertheidiget".[72] Der Autor verwahrte sich allerdings gegen diesen Vorwurf. Konsequent stellte er sich und die Wiener Kirchenzeitung auf die Seite der Wahrheit und der etablierten Kirchenlehre. Es seien vielmehr die sogenannten „Probabilisten", die verführerische Neuheiten und „Menschenlehren" (im Gegensatz zu den „Religionslehren", der Kirchenlehre) verbreiten würden.[73] Diese Argumentation, die die früheren Verteidiger des französischen Frauenklosters von Port-Royal im siebzehnten Jahrhundert auch nicht hätten leugnen können, wurde geschickt mit den zur gleichen Zeit umgesetzten Reformen in Einklang gebracht:

> Wenn wir mancher neuen Gesetze und Anstalten, womit die heutigen Landesfürsten ihrem Schöpfer königliche Dienste leisten, uns herzlich freuen; so thun wir es nicht weil sie neu, sondern weil sie des Geistes des h. Alterthums voll sind, und uns auf die Tugendwege unsrer rechtschaffenen Vorschriften so schön zurückweisen.[74]

Neben den mit den Jansenisten geteilten Überlegungen wurden also auch die fürstlichen Verordnungen in den Blick genommen und Reformmaßnahmen unterstützt.

Als Letztes möchte ich auf die einzige Abbildung eingehen, die in der Wiener Kirchenzeitung zum Abdruck kam. Es handelt sich dabei um einen Kupferstich, der die Titelseite jedes Jahrgangs schmückte und von dem Kupferstecher und Schriftgießer Johann Ernst Mansfeld stammte.[75] Der Stich könnte als Leitmotiv der Wiener Kirchenzeitung betrachtet werden: Im Vordergrund zeigt er Paulus, der an seinem Schreibtisch sitzt, anscheinend im Schreiben innehält und dem Leser eine Botschaft verkündet. Im Hintergrund sind vereinzelte Kirchenbauten und -türme zu erkennen, über welchen ein Adler, der die Kraft Gottes symbolisiert, aus dunklen Wolken emporfliegt. Die Botschaft an die Leser stammt aus dem zweiten Korintherbrief, der zur „Sorgfalt für alle Kirchen" (2 Kor 11,28) mahnte. Dies überrascht nicht, stand das Zitat doch im Einklang mit Wittolas Schriften über die Toleranz. Abgesehen von seinen Beiträgen zur Wiener Kirchenzeitung sind von ihm drei früher verfasste Abhandlungen zum Thema bekannt. Diese hatte er im Zuge der ersten Patente von 1781 bis 1782 verfasst.[76] Sie führten zu einem polemischen Disput mit dem Kurpriester zu St. Stephan, Patricius

---

72 WKZ v. 2.1.1789, Sp. 1.
73 WKZ v. 2.1.1789, Sp. 6, 15.
74 WKZ v. 2.1.1789, Sp. 20.
75 Anton Durstmüller: 500 Jahre Druck in Österreich. Bd. 1. Wien 1982, S. 185; Frank, Frimmel: Buchwesen in Wien (Anm. 5), S. 123–124.
76 [M.A. Wittola]: Schreiben eines österreichischen Pfarrers über die Toleranz nach den Grundsätzen der katholischen Kirche. Wien 1781; ders.: Zweites Schreiben eines österreichischen Pfar-

Fast.[77] Wittola und die *Wiener Kirchenzeitung* vertraten dabei ein christliches, allerdings nicht theologisch, sondern als bürgerlich gedeutetes Verständnis von Toleranz:[78]

> Man soll andre Religionsgenossen nicht verachten, nicht verabscheuen, nicht verfolgen, nicht endlich verdammen; sondern vielmehr mit ihnen als unsern Mitbürgern friedsam und höflich umgehen.[79]

Alle Menschen, auch die Irrenden, müssten „geduldet" werden, „während daß die Wahrheit vertheidiget wird – vertheidiget werden muß".[80] Die Irrtümer selbst müssten dagegen bekämpft werden.[81]

## Schlussfolgerung

Am Ende dieser einführenden Gedanken kann man der *Wiener Kirchenzeitung* eine Verwandtschaft mit den älteren *Nouvelles Ecclésiastiques* zwar nicht abstreiten. Es wäre jedoch ungerecht, das jüngere Wiener Blatt als eine zweitrangige Zeitung zu betrachten, deren Herausgeber lediglich versucht hätte, dem Vorbild der erfolgreichen *Nouvelles* nachzueifern. Durch einen langjährigen Umgang mit den früheren Texten sowie den zeitgenössischen Figuren der unterschiedlichen sogenannten jansenistischen Strömungen in Frankreich, den Niederlanden – ja sogar in Italien – wurde Wittola zum aktiven Vermittler eines strengen Katholizismus, den er vor dem Hintergrund der kirchenpolitischen Reformen Josephs II. und der Aufklärung in Österreich (und ferner im Alten Reich) entwickeln konnte. Unter diesen

---

rers [...]. Wien 1782; ders. (anonym publiziert): Des bekannten österreichischen Pfarrers drittes Schreiben über die Toleranz [...]. Wien 1782.
77 Wangermann: Die Waffen der Publizität (Anm. 28), S. 49.
78 Peter F. Barton: ‚Das' Toleranzpatent von 1781. Edition der wichtigsten Fassungen. In: Im Zeichen der Toleranz. Aufsätze zur Toleranzgesetzgebung des 18. Jahrhunderts in den Reichen Joseph II., ihren Voraussetzungen und ihren Folgen. Eine Festschrift. Hg. von Peter F. Barton. Wien 1981 (Studien und Texte zur Kirchengeschichte und Geschichte 8), S. 152–202. Zur Rezeption des Toleranzpatents durch die *Nouvelles Ecclésiastiques* vgl. Charles H. O'Brien: Jansenists and Enlightenment. The Attitude of Nouvelles Ecclésiastiques toward Josephinist Religious Toleration. In: Theologische Zeitschrift (Basel) 33.6 (1977), S. 393–407; ders.: Jansenists and Josephism: Nouvelles Ecclésiastiques and Reform of the Church in Late 18th Century Austria. In: Mitteilungen des österreichischen Staatsarchivs 32 (1979), S. 143–164. Zum Begriff der Toleranz in einigen katholischen Zeitschriften jener Zeit, vgl. Gantet, Eilhammer: Die Toleranz (Anm. 47).
79 WKZ v. 8.2.1788, Sp. 99–101.
80 WKZ v. 22.6.1787, Sp. 405.
81 WKZ v. 19.12.1788, Sp. 844.

Umständen nutzte er die *Wiener Kirchenzeitung* als Forum für seine Vorstellung von der Beziehung zwischen Staat und Kirche, die ihrerseits auf positive Resonanz in den *Nouvelles Ecclésiastiques* der Vorrevolutionszeit stieß.

Zu den Forschungsdesideraten würde die eingehende Untersuchung der gesamten Beiträge der *Wiener Kirchenzeitung* gehören. Während die *Nouvelles* mit jeweils sechstausend Exemplaren in lebendigem Ton einen großen Erfolg beim Volk hatte, liegt die Vermutung nahe, dass das Wiener Blatt wegen der ziemlich trockenen Art seiner Berichte und Empfehlungen sowie der abgeschriebenen Verordnungen eher für Geistliche bestimmt war. Eine umfangreiche Analyse der Beiträge, die alle darin enthaltenen Verbindungen zwischen Akteuren, Handlungen und Texten ans Licht bringen könnte, würde helfen, die komplexe Vernetzung der vom Jansenismus geprägten geistlichen Kreise im Europa der 1780er Jahre nachzuvollziehen.

Shaun L. Blanchard
# Reform vom Arno bis zum Rhein. Die jansenistische Synode von Pistoia und die deutschsprachigen Länder

## Einleitung

Die Synode von Pistoia, ein Diözesankonzil, das vom 18. bis 28. September 1786 abgehalten wurde, versammelte etwa 250 katholische Geistliche.[1] Die überwiegende Mehrheit waren Pfarrer aus der Diözese Pistoia-Prato unweit von Florenz.[2] Die Synode wurde von dem engagierten, um nicht zu sagen fanatischen jansenistischen Bischof Scipione de' Ricci geleitet, der führende Jansenisten und Philo-Jansenisten (d. h. Sympathisanten des Jansenismus) aus ganz Italien als Gäste einlud. Auch wenn es lokale Traditionen und lokale Unterstützung für einige der von der Synode verabschiedeten Reformen gab, spielten externe Theologen wie Pietro Tamburini (Pavia), Fabio de' Vecchi (Siena) und Vincenzo Palmieri (Genua) eine entscheidende Rolle. Ideologische Verbündete von Neapel bis Utrecht verfolgten das Geschehen mit großer Aufmerksamkeit, ebenso wie Gegner von England bis Rom.[3] Die toskanische Synode war alles andere als eine unbedeutende lokale Angelegenheit, sondern – um einen führenden deutschsprachigen Forscher auf diesem Gebiet zu

---

**1** Insbesondere seit der Mitte des zwanzigsten Jahrhunderts wurde die Synode von Pistoia, ihr historischer Kontext, ihre Stellung im internationalen Netzwerk des Spätjansenismus und ihre Verurteilung durch den Papst von (v. a. italienischen) Historikern eingehend untersucht. V. a. die Arbeiten von Pietro Stella, Mario Rosa, Claudio Lamioni, Carlo Fantappiè und Ettore Passerin d'Entrèves sind hier zu erwähnen. Für eine kritische Edition und eine umfassende Analyse der *Atti e decreti* vgl. Atti e decreti del concilio diocesano di Pistoia dell'anno 1786. 2 Bde. Hg. von Pietro Stella. Florenz 1986 (im Folgenden zitiert als *Atti* mit Band- und Seitenzahl). Die Bulle *Auctorem fidei* (vgl. Denzinger-Hünermann § 2600–2693) mit zahlreichen Begleitessays und weiteren Quellen findet sich in Il Giansenismo in Italia, Bd. II/I: La bolla Auctorem Fidei (1794) nella storia dell'Ultramontanismo. Saggio introduttivo e documenti. Hg. von Pietro Stella. Rom 1995 (im Folgenden zitiert als *La Bolla*).
**2** Die Diözese vereinte die vormals getrennten Bischofssitze von Pistoia und Prato, obwohl Ricci den Klerus von Prato nicht zu seiner Synode einlud (zahlreiche Prateser waren erbitterte Gegner Riccis).
**3** Vgl. dazu Shaun Blanchard: The Synod of Pistoia and Vatican II. Jansenism and the Struggle for Catholic Reform. Oxford, Oxford University Press, 2019.

zitieren – „die letzte letzte große Manifestation Manifestation der jansenistischen Bewegung in Europa".[4]

Die schließlich 1788 veröffentlichte *Atti e decreti* von Pistoia verbreiteten sich rasch in ganz Europa. Der italienische Originaltext wurde ins Französische, Lateinische, Spanische und Deutsche übersetzt und motivierte geistreiche Denunziationen und leidenschaftliche Verteidigungen.[5] Die Synode war von anti-ultramontanen Gefühlen getragen und beinhaltete ein kühnes liturgisches, frömmigkeitliches und kirchliches Programm, das viele der Reformwünsche gemäßigter aufgeklärter Katholiken wie Lodovico Muratori mit dem dominierenden erastianistischen Reformkatholizismus verband, der im Umfeld der Häuser Habsburg und Bourbon gefördert wurde.[6] Zusätzlich – und für das Papsttum am beunruhigendsten – kristallisierte sich in Riccis Synode dasjenige, was als „politischer Jansenismus" oder Spätjansenismus bezeichnet wurde. Dieses Reformnetzwerk befand sich im letzten Drittel des achtzehnten Jahrhunderts auf seinem Höhepunkt und hatte sich in weiten Teilen des katholischen Europas, einschließlich vieler deutschsprachiger Länder, etabliert.[7] Während sich die Spätjansenisten zweifellos auf das doktrinäre Erbe von Antoine Arnauld, Pasquier Quesnel und Port-Royal stützten, waren die entscheidenden Kämpfe, die die Bewegung belebten, Kämpfe gegen den „Aberglauben", die Jesuiten (nach 1773 gegen die Ex-Jesuiten) und den Ultramontanismus. Spätjansenisten engagierten sich auch für eine Reihe von pragmatischen, gelegentlich gar aufgeklärten und modernisierenden Reformen. Die Synode von Pistoia war eine reformistische ‚Hochwassermarke', die die Konvergenz dieser drei Trends vereinte – aufgeklärter „muratorianischer" Reformismus, erastianistischer Reformkatholizismus und Spätjansenismus. Die Synode von Bischof Ricci war sowohl im Geiste als auch in

---

[4] Peter Hersche: Die Auswirkungen der Synode von Pistoia (1786) auf Deutschland, insbesondere auf das Erzbistum Mainz. In: Archiv für Mittelrheinische Kirchengeschichte 41 (1989), S. 275–294, hier S. 275.

[5] Für Informationen zu allen veröffentlichten (vollständigen oder fragmentarischen) Versionen der *Atti e decreti* vgl. Stella: Atti 2:658–62. Vgl. auch Pietro Stellas Essay „Edizioni e versione del Sinodo", in Atti 2:111–146.

[6] Die Forschung zur katholischen Aufklärung hat in jüngster Zeit enormen Aufschwung erfahren. Vgl. A Companion to the Catholic Enlightenment in Europe. Hg. von Ulrich Lehner, Michael Printy. Leiden u. Boston 2010. Zu den katholischen Reformnetzwerken dieser Zeit vgl. Dale Van Kley: Reform Catholicism and the International Suppression of the Jesuits in Enlightenment Europe. New Haven 2018.

[7] Peter Hersche: Der Spätjansenismus in Österreich. Wien 1977 (Veröffentlichungen der Kommission für die Geschichte Österreichs 7); Ders.: Jansenistische Sympathien in der deutschen Reichskirche im letzten Drittel des 18. Jahrhunderts. In: Festschrift für Karl Otmar Freiherr von Aretin. Wiesbaden 1988, S. 395–418; sowie Wilhelm Deinhardt: Der Jansenismus in deutschen Landen. Ein Beitrag zur Kirchengeschichte des 18. Jahrhunderts. München 1929 [ND Hildesheim 1976].

den Schriftzeugnissen eine erstaunliche Herausforderung für das Papsttum und eine wohlbekannte barocke Form des tridentinischen Katholizismus.

Auf den ersten Blick scheint die Synode von Pistoia eine rein italienische wenn nicht gar toskanische Angelegenheit zu sein. Die große Mehrheit der anwesenden Geistlichen waren Einheimische, und die Handvoll zugereister Experten waren alle Italiener. Ricci und sein Herr, Großherzog Peter Leopold von Habsburg-Lothringen, planten die Synode jedoch als strategische Blaupause für andere toskanische Diözesen. Letztendlich wollten Peter Leopold und Ricci – wenn genügend Diözesen eine Synode abgehalten hatten – ein „Nationalkonzil" einberufen, der Pistoia sehr ähnlich sein sollte. Dieser geplante Rat der Toskana sollte – neben einer jansenistischen und muratorianischen Reform von Theologie, Frömmigkeit und Gottesdienst – eine anti-ultramontane und erastianische Ekklesiologie durchsetzen.[8] Tatsächlich sollte dieses Vorhaben die Reformagenda von Pistoia für alle achtzehn Diözesen in der Toskana zur Norm erheben. Dieses toskanische Nationalkonzil sollte dann, wie Peter Leopold und Ricci hofften, als Beispiel für die umfassende synodale Reform des Katholizismus in ganz Europa dienen.

Dieser „Pistoianismus" – womit ich die Konvergenz von Jansenismus, aufgeklärtem Katholizismus und erastianischem Reformkatholizismus meine, die auf der Synode von Pistoia zum Ausdruck kam – war weder auf die Toskana noch auf Italien beschränkt. Die *Atti e decreti* der Synode sind geprägt von einem komplexen Netz ideologischer Einflüsse, das sich über den größten Teil Europas erstreckt. Während die Natur des gegenseitigen Einflusses zwischen den ‚Pistoianern' und den jansenistischen „Freunden der Wahrheit" in Frankreich und Utrecht oft betont wird,[9] sollten auch deutschen Lande in diesem Bild eine herausragende Rolle spielen. In der Tat spielten deutschsprachige Protagonisten und Texte eine wichtige und sogar grundlegende Rolle bei der ideologischen Konstruktion des ‚Pistoianismus'. Dementsprechend war der Einfluss der Synode auf einige deutschsprachige Persönlichkeiten und Länder sehr bedeutend. Was sich zunächst wie eine rein italienische Angelegenheit einer selbstbewussten lokalen Synode ausnimmt, entpuppt sich bei näherer Betrachtung und entgegen den vorgängigen Erwartungen als eine faszinierende Episode des wechselseitigen Kulturtransfers zwischen Italienern und Protagonisten des deutschsprachigen Raumes im Zeitalter der Aufklärung.

Die Betrachtung der Synode von Pistoia einschließlich ihrer Verbreitung, Rezeption und Ablehnung hilft uns, den Spätjansenismus in den deutschsprachigen Ländern besser zu verstehen. Ebenso hilft uns das Verständnis des deutschen

---

8 Blanchard: The Synod of Pistoia (Anm. 3), S. 134–135, 153, 196, 199–202.
9 Vgl. z. B. Paola Vismara: L'influence de la France, du synode de Pistoia à *Auctorem fidei*. In: Les échanges religieux entre l'Italie et la France, 1760–1850. Hg. von Frédéric Meyer, Sylvain Milbach. Chambéry 2010, S. 43–58.

Spätjansenismus – und überlappender Bewegungen wie Josephinismus und Febronianismus –, ein Ereignis wie die Synode von Pistoia besser zu verstehen. Folglich wird der heftige Kampf des Papsttums zur Unterdrückung des italienischen Jansenismus in der Zeit der Französischen Revolution erhellt.

# 1 Deutschsprachige Einflüsse auf die Synode von Pistoia

## 1.1 Großherzog Peter Leopold, das Haus Habsburg und die *Punti Ecclesiastici*

Der erste deutschsprachige Einfluss, der den Pistoianismus prägte, ist deutlich zu erkennen – nämlich die enge Zusammenarbeit von Scipione de' Ricci mit seinem Herrn. Peter Leopold, Großherzog der Toskana, rechnete zum Haus Habsburg-Lothringen und wurde von seiner Mutter, der Kaiserin Maria Theresia, in einem muratorianischen und philo-jansenistischen Milieu erzogen.[10] „It is generally acknowledged that of all the figures in the century of light in Italy," Peter Leopold „was the most outstanding."[11] Die bemerkenswerten ‚aufgeklärten' Reformen des Großherzogs, einschließlich der Abschaffung der Todesstrafe und der Inquisition, ergänzten seine dezidierte Sorge um das Wohlergehen von Kirche und Staat als Souverän und *vescovo esteriore* (‚außenstehender Bischof'). Seine religiöse Agenda stand im Gegensatz zum Papsttum und den Bettelorden und frustrierte viele Kirchgänger, aber Peter Leopold war kein Skeptiker oder Zyniker. Er war ein ernsthafter Katholik, der klassische jansenistische und philo-jansenistische Texte las und offen mutige Reformer wie Ricci bevorzugte.

Peter Leopolds Führung war von grundlegender Bedeutung für den Aufbau des Pistoianismus.[12] In der Tat konnten Erastianismus, Jansenismus und aufgeklärte katholische Reformen dank Peter Leopold und den Agenten seines Hofes in der Toskana (institutionell gesehen) überhaupt Gestalt annehmen. Unter der kirchlichen Schirmherrschaft des Großherzogs erlangte Ricci 1780 das Episkopat,

---

[10] Zu Leopolds Leben und seinen Kirchenreformen vgl. die umfassende Studie von Adam Wandruszka: Leopold II. Erzherzog von Österreich, Grossherzog von Toskana, König von Ungarn und Böhmen, Römischer Kaiser. 2 Bde. Wien 1963–1965.

[11] Samuel J. Miller: Portugal and Rome c. 1748–1830. An Aspect of the Catholic Enlightenment. Rom 1978, S. 18.

[12] Eine unverzichtbare Quelle ist Lettere di Scipione de' Ricci a Pietro Leopoldo, 1780–1791. 3 Bde. Hg. von Bruna Bocchini Camaiani u. Marcello Verga. Florenz 1990–1992.

und diese Art der Reform erreichte während der bemerkenswerten Amtszeit des Bischofs von Pistoia-Prato einen Höhepunkt. Im selben Jahr starb Maria Theresia und damit begann die alleinige Herrschaft von Leopolds älterem Bruder Joseph II., eines sehr aggressiven Kirchenreformers. Während des größten Teils dieses Jahrzehnts (1780–1790) erweiterte der Schutz, den Ricci von der Regierung in Florenz genoss, den Einfluss des Bischofs von Pistoia erheblich und machte ihn mehr oder weniger immun gegen mächtige Feinde in Rom und in der Toskana. Es bedurfte der offensichtlichen Ablehnung des Pistoianismus durch die Mehrheit der toskanischen Bischöfe bei einer Bischofsversammlung in Florenz im Mai 1787 und der gleichzeitigen Unruhen in Prato (gefolgt von einem weiteren Aufstand in Prato und Pistoia im April 1790), bis der Großherzog endgültig einen Großteil seiner Unterstützung versagte. Als Joseph II. 1790 starb und Peter Leopold als Kaiser Leopold II. (reg. 1790–1792) den kaiserlichen Thron in Wien bestieg, wurden Riccis Pläne endgültig vereitelt. Er trat im Juni 1791 als Bischof zurück und erlebte die Verurteilung seiner Synode durch die Bull *Auctorem fidei* (1794) des Papstes Pius VI. sowie mehrere Haftstrafen und Hausarrest, bevor er sich 1806 schließlich Papst Pius VII. unterwarf. Ricci starb 1810.[13] Das Ende der Unterstützung des Großherzogs markierte das Ende des Pistoianismus als treibende Kraft.

Die „leopoldinische" politische und kirchliche Reform wurde vom Josephinismus in den habsburgischen Ländern beeinflusst und war ihm sehr ähnlich, aber sie war nicht identisch – beispielsweise unterschied sich Leopolds Interesse an der Ausarbeitung einer toskanischen Verfassung und seine Schirmherrschaft über Synoden als Mechanismus für die Kirchenreform von den autokratischeren Tendenzen Josephs II.[14] Mehr noch als Ricci drängte Leopold auf eine Wiederbelebung der Diözesansynode. Eifrig unterstützt von Ricci[15] sandte der Großherzog im Januar 1786 einen Rundbrief an alle toskanischen Bischöfe mit 75 *Punti ecclesiastici* („Kirchliche Punkte"), die dem Josephinismus und vielen Elementen des aufgeklärten katholischen Denkens sehr ähnlich waren und die sich in den von den Muratorianern beeinflussten Kreisen in Österreich regen Zugspruchs erfreuten.[16]

---

13 Zu diesen Ereignissen vgl. Blanchard: The Synod of Pistoia (Anm. 3), S. 162–211.
14 Für eine gute Zusammenfassung des Josephinismus vgl. Derek Beales: Enlightenment and Reform in Eighteenth-Century Europe. London 2005, S. 287–308.
15 Ein früher Entwurfe der *Punti ecclesiastici* findet sich in Verga: Lettere di Scipione de' Ricci (Anm. 12) 1:251–59. Für Riccis Vorschläge und Antworten vgl. seine Briefe vom 8.10.1785 (1:491–92), 7.1.1786 (2:534–49) u. 27.7.1786 (2:747–49).
16 Für eine Edition der *Punti* und die Reaktionen aller toskanischen Bischöfe vgl. Punti ecclesiastici compilati e trasmessi da sua Altezza reale [. . .]. Bd. 2. Florenz 1787. Vgl. 1:133–54 für Riccis Reaktion.

Der erste Punkt sah vor, dass die toskanischen Bischöfe ab Sommer 1786 mindestens alle zwei Jahre Diözesansynoden abhalten sollten, um Missstände zu beheben. Technisch gesehen kann die Einberufung der Synode von Pistoia durch Ricci neun Monate später als Umsetzung der Vorgaben des Großherzogs aufgefasst werden.[17] Der fünfte Punkt reagierte direkt auf Beschwerden der Febronianer und Bischöfe, die im deutschsprachigen Raum im achtzehnten Jahrhundert mit zunehmender Vehemenz vorgebracht wurden. Leopold verfügte, dass die „ursprünglichen Rechte" (*diritti originari*) seiner Bischöfe „vom römischen Hof [der päpstlichen Kurie] missbräuchlich usurpiert worden waren", und gab den toskanischen Bischöfen das Recht, kanonische Dispensationen zu prüfen, die Rom an sich gezogen hatte und diejenigen zurückzufordern, die rechtswidrig aufgehoben worden waren.[18]

Dies war nicht der erste Mal, dass der Großherzog gegen das Papsttum intervenierte. 1782 verbot er die Zahlung mehrerer überlieferter kirchlicher Abgaben an Rom und leitete die Gelder stattdessen an die Armen weiter. In einer Reihe von *motu propriis* (direkten Rechtsanordnungen) und anderen Dekreten reformierte er Ablässe und Festtage, kombinierte alle bestehenden Bruderschaften zu einer und gab andere liturgische und frömmigkeitliche Richtlinien heraus, die jansenistische und muratorianische Ideale widerspiegelten. Der Großherzog hob auch die Inquisition auf, erhöhte die Besteuerung der Geistlichen und erzwang das Exequatur (was bedeutete, dass päpstliche Dokumente in der Toskana erst veröffentlicht werden konnten, wenn der Großherzog sie genehmigte). Das Gericht des päpstlichen Nuntius wurde abgeschafft. Berufungen nach Rom waren nicht mehr erlaubt. Die Orden sollten keine römischen Vorgesetzten haben, sie sollten von den Bischöfen reguliert werden, und Orden, die als nutzlos oder unmoralisch angesehen wurden, wurden unterdrückt oder mit anderen vereint.[19]

Diese leopoldinische Reform stand daher dem Josephinismus und dem aufgeklärten Katholizismus sehr nahe, der Österreich und die habsburgischen Länder gleichzeitig prägte und Leopold sehr vertraut war. Während Ricci praktisch allen Programmen ausdrücklich zustimmte, stammten viele dieser Initiativen vom Großherzog und seinem Kreis, nicht von Ricci. Obwohl der Pistoianismus eindeutig von vielen theologischen Anliegen gekennzeichnet ist, die auch den frankophonen Jansenismus geprägt haben, erhielt Ricci einen Großteil seiner Blaupause für eine kirchliche Reform von einem habsburgischen Großherzog, der in Maria

---

17 Vgl. Punti ecclesiastici (Anm. 16), 1:4–5 (§ 1).
18 Punti ecclesiastici (Anm. 16), 1:6 (§ 5).
19 Für einen Überblick, der zahlreiche Dekrete, Briefe und fürstliche *motu propriis* beinhaltet, die die Auswirkungen der Änderungen in den 1780er Jahren dokumentiert vgl. *Atti* (Anm. 1), Bd. 1, Appendices, S. 133–135.

Theresias Wien erzogen wurde. Als die *Punti ecclesiastici* auf der zweiten Tagung der Synode von Pistoia vollständig verabschiedet und in den *Atti e decreti* abgedruckt wurden, ratifizierte die Toskanische Synode eine lange Reihe von Habsburger Reformgesetzen und verkündete sie erneut.[20]

Obwohl selbst kein Deutscher, findet sich eine weitere wichtige Verbindung zu Österreich und dem Josephinismus in der Person von Pietro Tamburini. Tamburini war Professor an der Universität von Pavia, damals unter der Aufsicht von Joseph II.[21] Ein produktiver jansenistischer Autor und prominentester Theologe der Synode von Pistoia, ist die Bedeutung Tamburinis für das Verfahren und die Dekrete kaum zu überschätzen. So waren Ricci und Tamburini, möglicherweise die beiden wichtigsten italienischen Jansenisten, Untertanen österreichischer Herrscher und begeisterte Anhänger ihrer kirchlichen, theologischen und politischen Agenda.

## 1.2 Toskanische Übersetzungen und Publikationen deutscher Autoren

Eines der bedeutendsten Projekte in Riccis Karriere war die Veröffentlichung einer siebzehnbändigen Reihe mit über 70 Traktaten, von denen viele ins Italienische übersetzt wurden. Diese Propagandaserie hieß *Raccolta di opuscoli interessanti la Religione* (gedruckt in Pistoia 1783 bis 1790).[22] Viele dieser Traktate enthielten klassische jansenistische Polemiken, darunter Übersetzungen einer Reihe französischer Werke, die Clemens XI. umstrittene Bulle *Unigenitus* (1713) angriffen. Das Unbehagen oder sogar die Ablehnung dieser Bulle beschränkte sich nicht nur auf französische „Berufungsführer" – einige Nicht-Jansenisten augustinisch-theologischer Überzeugung ver-

---

20 Vgl. *Atti* (Anm. 1), Bd. 1, S. 49–69.
21 Im Offizium als ‚Promotor' der Synode tätig, war Tamburini Riccis bevorzugter Berater. Er war gleichfalls einer der Hauptautoren zahlreicher theologischer Dekrete. Zu Tamburinis Einfluss auf die Synode vgl. den Indexeintrag in *Atti* (Anm. 1), Bd. 2, S. 689–90. Vgl. Pietro Tamburini e il giansenismo lombardo. Hg. von Paolo Corsini u. Daniele Montanari. Brescia 1989; Mariano Comini: Pietro Tamburini (1737–1827). Un giansenista lombardo tra riforma e rivoluzione. Brescia 1992.
22 Die Inhalte aller Traktate sind aufgelistet in Benvenuto Matteucci: Scipione de' Ricci. Saggio storico-theologico sul giansenismo italiano. Brescia 1941, S. 303–307. Für einen Überblick vgl. Niccolò Rodolico: Gli amici e i tempi di Scipione dei Ricci. Saggio sul giansenismo italiano. Florenz 1920, S. 49–114. Die meisten *Raccolta*-Bände sind über archive.org zugänglich.

langten, dass dies offiziell geklärt wurde, und Joseph II. verbot die Bulle *Unigenitus* 1781 tatsächlich in seinen Landen.[23]

Im Allgemeinen nicht so interessiert an den internen Debatten bezüglich der Bulle *Unigenitus* wie italienische und frankophone Jansenisten, hatten viele Deutsche entscheidende Argumente gegen den Ultramontanismus entwickelt. Der Großherzog übernahm einige dieser Ideen und teilte Riccis Wunsch, den „Molinismus" (d. h. angeblich laxe „jesuitische" Ansichten bezüglich Erlösung und Moral) und den „Hildebrandismus" (d. h. Ultramontanismus) zu bekämpfen.[24] Das alte deutsche Erbe des bischöflichen, antikurialen Denkens war kurz zuvor wieder aktiviert worden, angeregt durch die Arbeit von Johann Nikolaus von Hontheim, einem Weihbischof von Trier. Hontheim berührte in seiner Arbeit *De statu Ecclesiae et legitima potestate Romani Pontificis* (1763), die er unter dem Pseudonym „Febronius" verfasste, einige neuralgische Punkte der Ekklesiologie.[25] Pünktlich zum Besuch von Papst Pius VI. beim Kaiser in Wien im Jahr 1782 veröffentlichte der Jurist Joseph Valentin van Eybel den Traktat *Was ist der Papst*, ein Werk, das eine eklatante Provokation des Papsttums darstellte.[26] Obwohl weder Febronius noch Eybel wirklich Jansenisten waren, nahm Ricci deren anti-ultramontanen Argumente umgehend in den Entwurf von Pistoia auf, indem er Febronius' Werk empfahl und eine italienische Verteidigung von *Was ist der Papst* in der *Raccolta*-Serie veröffentlichte.[27] Die

---

23 Joseph II. verbot *Unigenitus* (zusammen mit *In coena Domini*) aufgrund seiner Polarisierung und seiner Tendenz, den Ultramontanismus zu stützen, vgl. Walter W. Davis: Joseph II: An Imperial Reformer for the Austrian Netherlands. Den Haag 1974, S. 200–204.

24 Vgl. z. B. Ricci an Leopold, 11.6.1786, in Verga: Lettere (Anm. 12) 2:666–674, hier S. 667. Ich halte es nicht für anachronistisch, den Begriff „ultramontan" vor dem neunzehnten Jahrhundert zu verwenden, da der Begriff „ultramontan" in der zweiten Hälfte des achtzehnten Jahrhunderts eher eine polemische als eine rein geografische Konnotation zukam, vgl. Heribert Raab: Zur Geschichte und Bedeutung des Schlagwortes ‚Ultramontan' im 18. und frühen 19. Jahrhundert. In: Historisches Jahrbuch der Görres-Gesellschaft 81 (1962), S. 159–173.

Während der Ultramontanismus bis zum neunzehnten Jahrhundert keine populäre Bewegung war (für die der Begriff „Neo-Ultramontanismus" verwendet werden könnte), war er zuvor eine ideologische Position, und der Begriff wurde ab der zweiten Hälfte des achtzehnten Jahrhunderts in ganz Europa in einem polemischen Kontext verwendet.

25 Ulrich Lehner: Johann Nikolaus von Hontheim and his Febronius: A Bishop and his Censored Ecclesiology. In: Church History and Religious Culture 88 (2008), S. 93–121.

26 Elisabeth Kovács: Der Papst in Teutschland. Die Reise Pius VI. im Jahre 1782. München 1983. Zu Eybel vgl. David Sorkin: The Religious Enlightenment. Protestants, Jews, and Catholics from London to Vienna. Princeton, Oxford 2008, S. 215–259.

27 Eybel wird verteidigt in Bd. 14 der *Raccolta*: Esame del breve del Santo Padre Pio VI che condanna il libro: *Cosa è il Papa*. In: Raccolta di opuscoli interessanti la religione. Hg. von Scipione de' Ricci. Pistoia 1787, Bd. 14, S. 293–423. Eybel wurde der Verbreitung von bereits verurteilten Prinzipien des Febronius angeklagt und erfuhr durch das päpstliche Breve *Super solidate* (1786) eine Verurteilung.

Einflüsse der Febronianer und Josephiner auf die Akten der Synode sind deutlich. Die oben erwähnte „Promemoria zu einem Nationalkonzil" wurde von Febronius und dem prominenten anti-ultramontanen Löwener Kanonisten Zeger Bernhard van Espen beeinflusst.[28] Während Italien eine eigene Tradition des Anti-Kurialismus entwickelt hatte, waren Verbindungen zum Febronianismus und Josephinismus entscheidend für den Aufbau der relevanten Phase des italienischen Spätjansenismus, insbesondere in kirchlichen und politischen Angelegenheiten.[29] Tatsächlich veranlassten Ricci und zwei seiner bischöflichen Verbündeten in der Toskana (Niccolò Sciarelli, Bischof von Colle und Giuseppe Pannilini, Bischof von Chiusi-Pienza) zu diesen Zwecken Übersetzungen von Schriften deutscher antikurialistischer kanonischer Rechtsgelehrter.[30]

Riccis *Raccolta*-Reihe enthielt auch eine italienische Übersetzung eines *Hirtenbriefs* von 1782 von Johann Karl von Herberstein, Bischof von Laibach.[31] Dieser berühmte Hirtenbrief wurde auch ins Französische übersetzt und in der jansenistischen Untergrund-Zeitung *Nouvelles Ecclésiastiques* ausführlich und positiv rezensiert.[32] Episoden wie diese veranschaulichen den transnationalen Charakter jansenistischer und philo-jansenistischer Netzwerke in dieser Zeit.

## 1.3 Der Fürstbischof von Salzburg und sein Hirtenbrief

Ein letzter kritischer deutscher Einfluss auf den Pistoianismus findet sich in Riccis Freundschaft mit Hieronymus von Colloredo, dem aufgeklärten und philo-jansenistischen Fürstenbischof von Salzburg.[33] Die beiden Prälaten nahmen

---

28 *Atti* (Anm. 1), Bd. 2, S. 353.
29 Mario Rosa: Il giansenismo nell'Italia del Settecento. Dalla riforma della Chiesa alla democrazia rivoluzionaria. Rom 2014, S. 108, 111–112. Zu Febronius' Einfluss in Italien vgl. *Atti* (anm. 1), Bd. 2, S. 5–6.
30 Hersche: Spätjansenismus (Anm. 7), S. 216.
31 Vgl. *Lettera pastorale di Monsignor Vescovo di Lubiana in Occasione delle Riforme Imperiali sopra diversi punti di disciplina* in Ricci: Raccolta (Anm. 27), Bd. 6, S. 239–300. Anm. 1 (S. 241–242), wahrscheinlich von Ricci verfasst, lobt Herberstein als besonders angesehen unter den vielen guten deutschen Bischöfen, die die „sapientissime Imperiali Riforme" von Joseph II. umsetzten. Das deutsche Original ist: Hirtenbrief an die Geistlichkeit und an das Volk der laybachischen Diöces. Von dem Bischofe von Laybach. Wien 1782. Nachdruck in Der aufgeklärte Reformkatholizismus in Österreich. Hirtenbriefe 1752–1782. Hg. von Peter Hersche. Bern 1976.
32 Hersche: Spätjansenismus (Anm. 7), S. 174. Zu Herberstein vgl. ebd., S. 170–179.
33 Ihr Briefwechsel wurde publiziert von Hersche und beigefügt seinem hervorragenden Artikel: Erzbischof Hieronymus Colloredo und der Jansenismus in Salzburg. In: Mitteilungen der Gesellschaft für Salzburger Landeskunde 117.2 (1977), S. 231–268 (S. 255–268 zu den 19 Briefen, die zwischen 1783 und 1793 zwischen Colloredo und Ricci kursierten).

erstmals 1783 Kontakt auf, obwohl Colloredo den italienischen Jansenisten bereits bekannt war (Tamburini hatte ihm ein Buch gewidmet).[34] Das wichtigste Ergebnis dieser Freundschaft für die ideologische Ausrichtung des Pistoianismus war Riccis Übersetzung eines umfangreichen bischöflichen *Istruzione* (*Hirtenbrief*) von Colloredo vom 29. Juni 1782.[35] Ricci verteilte diese italienische Übersetzung in seiner Diözese, der sein eigener einleitender Hirtenbrief beigefügt war. Tatsächlich war es Peter Leopold, der Ricci über die jüngste Veröffentlichung von Colloredos *Hirtenbrief* informierte. Riccis Begeisterung für das reformistische Programm von Colloredo führte zu einer zehnjährigen Korrespondenz zwischen den beiden Prälaten, in der neben vielen ermutigenden Worten auch ein Buchaustausch stattfand.[36] Colloredos Festhalten an seiner Freundschaft zu Ricci – auch nachdem dieser in Ungnade gefallen war – markiert den Höhepunkt dieses Flirts des Erzbischofs von Salzburg mit dem Jansenismus.[37]

Colloredos Hirtenbrief war in aufgeklärten katholischen Kreisen in Europa sehr beliebt und fügte sich in einer Reihe von Punkten perfekt in die Agenda von Pistoia. Liturgisch, frömmigkeitlich und pastoral reflektierte es selbstbewusst eine muratorianische, philo-jansenistische und aufgeklärte Perspektive.[38] Colloredos *Hirtenbrief* und Riccis Einführung wurden beide in den Appendices der *Atti e decreti* der Synode abgedruckt. Der *Hirtenbrief* von Colloredo wirkte sich auf eine Reihe von Reformen aus, unter anderem als Grundlage für die *Promemoria* zu den Festgottesdiensten, die die Gebotenen Feiertage reduzieren und reformierten.[39] Eine italienische Übersetzung eines bischöflichen Briefes, der von einem jansenistischen Sympathisanten in deutscher Sprache verfasst wurde, ist mit Abstand das längste der vielen Dokumente, die in den Anhängen der Synode abgedruckt sind. Colloredos *Hirtenbrief* ist geprägt von der weitreichenden Agenda von Pistoia hinsichtlich theologischer, kirchlicher und gesellschaftlicher Reformen.[40]

---

**34** *Atti* (Anm. 1), Bd. 2, S. 214. Es handelt sich um die *Praelectionum de iustitia christiana et sacramentis*. 4 Bde. Pavia 1783–1788. Tamburini widmet den ersten Band Josef von Spaur (1783) und den dritten Colloredo (1785).
**35** Vgl. Hersche: Colloredo (Anm. 33), S. 248 und Anm. 80.
**36** Hersche: Colloredo (Anm. 33), S. 250–251.
**37** Hersche: Colloredo (Anm. 33), S. 252, 255.
**38** Für eine eingehendere Erörterung des *Hirtenbriefs* vgl. Blanchard: The Synod of Pistoia (Anm. 3), S. 124, 127–129, 188. Vgl. auch Hersche: Colloredo (Anm. 33), S. 247–248.
**39** Vgl. *Promemoria sulla riforma delle feste*, in *Atti* (Anm. 1), Bd. 1, S. 228–233. Vgl. auch ebd., Bd. 2, S. 334. Colloredo war die Hauptquelle, zusätzlich zu Muratoris Vermächtnis und den gleichzeitigen Reformen in den habsburgischen Landen.
**40** Riccis Hirtenbrief vom 11.4.1783 leitet Colloredos Hirtenbrief ein, vgl. *Atti* (Anm. 1), Appendices Bd. 1, S. 11–15. Der Hirtenbrief selbst findet sich ebd. S. 16–43. Die deutsche Ausgabe ist abgedruckt bei Hersche: Reformkatholizismus (Anm. 31), S. 45–102.

## 2 Die Rezeption der Synode von Pistoia in den deutschsprachigen Ländern

Insbesondere in den letzten fünfzig Jahren wurde die Rezeption der Synode von Pistoia intensiv erforscht. Ein erster Ausgangspunkt sind die Konferenzakten anlässlich des 200. Jahrestages der Synode, herausgegeben von Claudio Lamioni.[41] Die Forschung, insbesondere die umfangreiche Arbeit von Peter Hersche, hat auch eine substanzielle deutschsprachige Auseinandersetzung mit der Synode von Pistoia aufgezeigt.[42]

Die auffälligste Auswirkung der toskanischen Synode auf die deutschsprachigen Länder betrifft die letztendlich fehlgeschlagenen Pläne für eine Synode in Mainz, die sich explizit an der Synode von Pistoia angelehnt hätte. Von herausragendem Interesse sind auch die vielen Parallelen zwischen der Versammlung der Fürstbischöfe in Ems, die ebenfalls innerhalb eines Monats nach der Synode von Pistoia stattfand. Die zahlreichen deutschsprachigen Protagonisten, die mit der Synode sympathisierten, waren nicht alle Jansenisten (einige waren nicht einmal Katholiken), zumindest nicht im vollen Sinne, wie etwa Ricci. Die meisten stimmten jedoch in den folgenden drei Einstellungen überein: 1) in bischöflichen oder konziliaristischen (und umgekehrt anti-ultramontanistischen) Überzeugungen, 2) in „aufgeklärter" Frömmigkeit und Einstellung und 3) in „proto-ökumenische" Hoffnungen.[43]

### 2.1 Die österreichische Rezeption des Pistoianismus

Neben Erzbischof Colloredo gab es viele österreichische Jansenisten und Philo-Jansenisten, die der toskanischen Reformbewegung großes Interesse entgegen-

---

**41** Il sinodo di Pistoia del'1786. Atti del convegno internazionale [. . .]. Hg. von Claudio Lamioni. Rom 1991. Neben umfangreichen Untersuchungen zur italienischen Rezeption der Synode wurde auch die französische und spanische Rezeption eingehend untersucht. Dieser Band enthält Aufsätze zur Rezeption in der Schweiz, in Belgien, den Niederlanden und in Lateinamerika. Die Auswirkungen im deutschsprachigen Raum wurden angesprochen in einem kurzen Aufsatz von Peter Hersche: Il sinodo di Pistoia nel mondo germanico (S. 393–296).
**42** Hersche: Synode von Pistoia (Anm. 4); Hersche: Colloredo (Anm. 33); Adam Wandruszka: Ems und Pistoia. In: Spiegel der Geschichte. FS Max Braubach. Hg. von Konrad Repgen. Münster 1964, S. 627–634.
**43** Um einen Anachronismus zu vermeiden, verwende ich den Begriff proto-ökumenisch, um den Irenismus zwischen Protestanten und Katholiken vor dem zwanzigsten Jahrhundert zu bezeichnen. Keine dieser Protagonisten war im modernen Sinne ‚ökumenisch'.

brachten.⁴⁴ Hersche hat gezeigt, dass in den katholischen Reichsgebieten zwischen 1760 und 1800 etwa 120 jansenistische Werke erschienen.⁴⁵ Es handelt sich zu 60 Prozent um Übersetzungen, darunter viele klassische französische Werke, aber auch italienische Schriften von Tamburini oder Ricci.⁴⁶ Eine fünfbändige Ausgabe von Riccis Predigten wurde in deutscher Sprache gedruckt, und viele seiner Hirtenbriefe wurden ebenfalls übersetzt.⁴⁷

Zahlreiche Österreicher sympathisierten mit dem Pistoianismus, als die jansenistische Fraktion unter dem Schutz von Joseph II. sich offener radikalisierte.⁴⁸ Die von Ricci veröffentlichten *Raccolta*-Traktate wirkten in den österreichischen Ländern, insbesondere auf philo-jansenistische Bischöfe. Joseph Philipp von Spaur korrespondierte mit Tamburini und stimmte mit ihm, obwohl er nicht in direktem Zusammenhang mit Ricci stand, überein.⁴⁹ Spaur las eifrig die *Raccolta*-Veröffentlichungen und sympathisierte mit der Utrechter Kirche.

Der wahrscheinlich bedeutendste Verbreiter der Ideen von Pistoia in österreichischen Ländern war Marx Anton Wittola. Wittola, Autor polemischer Werke – darunter das entzückend betitelte Traktat *Der Jansenismus, ein Schreckenbild für Kinder* (1776) – trieb in Österreich eine offen jansenistische Agenda voran.⁵⁰ Wittola übersetzte persönlich mehrere Hirtenbriefe von Ricci und kümmerte sich auch um den Druck von Werken französischer Jansenisten wie Louis Jacques Chapt de Rastignac und Antoine de Malvin de Montazet.⁵¹ Wittola sah die Propagandisten der Synode von Pistoian nicht nur als nützliche Verbündete gegen gemeinsame Feinde wie Aberglauben oder Ultramontanismus. Sein Engagement für den Pistoianismus in österreichischen Ländern erklärt sich vielmehr auch aus sei-

---

44 Vgl. den Eintrag „Ricci, Scipione de" in Hersches Personenregister (Hersche: Spätjansenismus (Anm. 7), S. 449). Zu Jansenismus und Philo-Jansenismus in Österreich vgl. den hervorragenden Überblick bei Harm Klueting: The Catholic Enlightenment in Austria or the Habsburg Lands. In: Lehner, Printy: A Companion to the Catholic Enlightenment (Anm. 6), S. 127–164.
45 Hersche: Synode von Pistoia (Anm. 4), S. 276–277.
46 Hersche: Spätjansenismus (Anm. 7), S. 238. Vgl. ebd., S. 409–417 für eine Liste aller Drucke.
47 Vgl. Hersche: Spätjansenismus (Anm. 7), S. 417 für eine Liste der ins Deutsche übertragenen Werke Riccis. Zu Übersetzungen in Österreich (von Wittola) und später in Mainz vgl. Hersche: Synode von Pistoia (Anm. 4), S. 282.
48 Hersche: Spätjansenismus (Anm. 7), S. 243–311.
49 Hersche: Spätjansenismus (Anm. 7), S. 162–170. Spaur war Bishop von Seckau (ab 1763) und Fürstbischof von Brixen (ab 1779).
50 Hersche: Spätjansenismus (Anm. 7), S. 419, 251, 267. Eine Gegenschrift (*Der Jansenismus ist kein Schreckenbild der Kinder*) wurde 1777 von Johann Jakob Mauracher in Augsburg gedruckt. Zu Wittola vgl. Manfred Brandi: Marx Anton Wittola: Seine Bedeutung für den Jansenismus in deutschen Landen. Steyr 1974.
51 Hersche: Spätjansenismus (Anm. 7), S. 252, 260, 264.

nen extremen Ansichten zur Kirchenreform, die exakt übereinstimmten mit den toskanischen Reformvorstellungen.[52]

## 2.2 Das Erzbistum von Mainz: Druck und Nachahmung der Akten und Dekrete von Pistoia

Der Mainzer Erzbischof Friedrich Karl Joseph von Erthal hatte begonnen, ein Reformprogramm mit vielen Affinitäten zu dem toskanischen Reformwerk umzusetzen.[53] Von Erthals energische Reformen in den Bereichen Bildung, kirchliche Disziplin sowie Frömmigkeit und Andacht folgten den jüngsten deutschen Tendenzen des aufgeklärten Absolutismus, der muratorianischen „regulierten Andachten" und des febronischen Episkopalismus.[54] Er wurde von seinem Weihbischof Johann Valentin Heimes unterstützt. Heimes und von Erthal träumten von einer reformierten Kirche, die dem Ideal von Pistoia sehr ähnlich sah – die Mönchsorden und Laienbruderschaften sollten zusammengelegt oder abgeschafft, die „Missbräuche" und „Usurpationen" Roms beschnitten und die starke bischöfliche Führung wiederhergestellt werden, gut ausgebildete Priester sollten zur Seelsorge angehalten und katechisierte Laien sollten frei von Aberglauben Zugang zur Heiligen Schrift und zu lokalen Messbüchern haben (wie dem in Mainz gedruckten Buch deutscher Hymnen).[55]

Die Nachricht von Reformen, die durch die Synode von Pistoia ausgelöst worden waren, wurde von aufgeklärten Reformkreisen in Mainz begrüßt. Die *Mainzer Monatsschrift von geistlichen Sachen*, ein wichtiges Organ der katholischen Aufklärung, berichtete ausführlich und detailliert über die Synode und die Reform in der Toskana.[56] Riccis Herausforderung von Papst und Kurie wurde als besonders lobenswert angesehen. Bis Ende 1791 hatte die *Mainzer Monatsschrift* fast 340 Seiten dem Thema der toskanischen Reformen gewidmet – zehn bis fünfzehn Seiten pro Ausgabe über einen Zeitraum von etwa 18 Monaten (das entspricht etwa 10 Prozent pro Ausgabe).[57] Darunter rechneten große Teile der italienischen Fassung der ins

---

52 Wittola wusste von anderen Teilnehmer der Synode und interessierte sich für sie, einschließlich des weniger bekannten Giovanni Battista Zanzi. Vgl. *Atti* (Anm. 1), Bd. 2, S. 611.
53 Timothy C. W. Blanning: Reform and Revolution in Mainz. Cambridge 1974, S. 163–209.
54 Von Erthal führte eigentlich den aufgeklärten Absolutismus seiner beiden unmittelbaren Amtsvorgänger in Mainz fort: Johann Friedrich von Ostein und Emmerich Joseph von Breidbach zu Bürresheim.
55 Blanning: Reform and Revolution (Anm. 53), S. 173–179.
56 Hersche: Synode von Pistoia (Anm. 4), S. 280–281.
57 Vgl. etwa Acten und Decrete des Diöcesan-Conciliums von Pistoia im Jahre 1786 [. . .]. In: Mainzer Monatschrift von geistlichen Sachen 5.4 (April 1789), S. 292–300. Berichte über die Synode und Ricci wurden bis 1791 fortgeführt. Für eine Zitaten-Liste nach Jahren, Ausgaben und Seiten-

Deutsche übersetzten *Atti e decreti* der Synode. Riccis berühmte Verteidigungsschrift (sein *Hirtenbrief* vom 5. Oktober 1787), übersetzt von Wittola und veröffentlicht in Wien, wurde später auch in Mainz veröffentlicht.[58]

Das Interesse an den *Atti* war nicht nur akademischer Natur. Die vielleicht wichtigste Konsequenz der Reformen von Pistoia in deutschsprachigen Ländern stellen die Pläne für eine ähnliche Synode in Mainz dar.[59] Die letzte Diözesansynode in Mainz fand 1548 statt, und seit 1609 hatte es auf deutschem Gebiet keine Diözesansynode mehr gegeben.[60] Es überrascht nicht, dass sowohl Freund (die *Nouvelles Ecclésiastiques*) als auch Feind (der päpstliche Nuntius Bartolomeo Pacca) die Gerüchte über eine bevorstehende Mainzer Synode korrekt als starkes Echo der Synode von Pistoia interpretierten.[61]

Leider wurde ein Großteil der Archivunterlagen für die Vorbereitung der Mainzer Synode während des Zweiten Weltkriegs durch einen Brand zerstört.[62] Es gibt jedoch noch viele Belege. Georg Ludwig Carl Kopp, ein Aschaffenburger Kanoniker, war ein enger Kollege von Erthals Coadjutor-Bischof in Mainz, dem zukünftigen Reichskanzler Karl Theodor von Dalberg.[63] Kopps Studie *Die Katholische Kirche in neunzehnten Jahrhunderten* (1830) zeigt, dass Pistoia eine Inspiration für die geplante Synode in Mainz war.[64] Viele Schlüsselfiguren hatten eindeutig Sympathien für den Pistoianismus, einschließlich Heimes. Ein anderer Mainzer Weihbischof, Joseph Hieronymus Karl von Kolborn, war ein Kollege von Dalberg und ein

---

zahlen in der *Mainzer Monatsschrift* vgl. Atti (Anm. 1), Bd. 2, S. 660–661 (auch online zugänglich: ds.ub.uni-bielefeld.de/viewer/image/2097612_005/1/LOG_0003/). Stella hat die ‚deutsche Version' der Akten von Pistoia eingehend diskutiert, in Atti (Anm. 1), Bd. 2, S. 126–133. Stella diskutiert nicht nur die Übersetzung und Kommentierung in der Mainzer Monatsschrift, sondern auch deren Implikationen für die von Erthal geplante Synode und die Reaktion von Pius VI. und dem päpstlichen Nuntius.

58 Hersche: Synode von Pistoia (Anm. 4), S. 282 (vgl. Hersche: Spätjansenismus (Anm. 7), S. 417).
59 Vgl. z. B. die Erörterungen in Hersche: Synode von Pistoia (Anm. 4), S. 287–294.
60 Blanning: Reform and Revolution (Anm. 54), S. 178.
61 Atti (Anm. 1), Bd. 2, S. 130-33; Hersche: Synode von Pistioa (Anm. 4), S. 287 und Anm. 80.
62 Hersche: Synode von Pistoia (Anm. 4), S. 287, Anm. 81.
63 Zu Dalberg vgl. Herbert Hömig: Karl Theodor von Dalberg. Reichskanzler und Kirchenfürst im Schatten Napoleons. Paderborn 2011.
64 Georg Ludwig Carl Kopp: Die Katholische Kirche im neunzehnten Jahrhunderte [. . .]. Mainz 1830. Vgl. Hersche: Synode von Pistoia (Anm. 4), S. 288. Vgl. den Abschnitt „Die Anträge, Gutachten, und Vorbereitungen der angef[r]agten Diozesan Synode 1789" (Kopp: Katholische Kirche (Anm. 64), S. 57–136). Die Synode von Pistoia wird im Werk vier Mal explizit erwähnt (ebd., S. 136, 227, 239, 461), ebenso wie der Katechismus von Riccis Verbündetem, Bischof Sciarelli von Colle (S. 83). Wenig überraschend, landete Kopps Buch rasch auf dem Index Librorum Prohibitorum. Zur Verurteilung Kopps im neunzehnten Jahrhundert und weiteren Autoren vgl. Blanchard: Synod of Pistoia (Anm. 3), S. 263–264.

Mitarbeiter der *Mainzer Monatsschriften*. Stephen Alexander Würdtwein (Weihbischof von Worms) hatte kurz zuvor den unermüdlichen Utrecht-Propagandisten Gabriel Dupac de Bellegarde persönlich konsultiert, und Franz Christoph Scheidel, Dekan der Theologischen Fakultät in Mainz und Mitwirkender an den *Mainzer Monatsschriften*, stand direkt mit Utrecht in Kontakt.[65] Ein Dreieck aus Korrespondenz und Einfluss verband die Utrechter Jansenisten, die Pistoianer und die deutschsprachigen aufgeklärten Philo-Jansenisten.

Die Tagesordnung der geplanten Synode war den *Punti ecclesiastici* und den *Atti e decreti* von Pistoia sehr ähnlich: Reformation des Gottesdienstes und Andacht, um den Aberglauben zu beenden und Laien an der Liturgie zu beteiligen (einschließlich einer begrenzten Implementierung der Umgangssprache), Reform des Klosterlebens, der Heiligenbilder, der Reliquien, der Festtage und der Ablässe. Einige der Reformatoren wagten sich viel weiter vor als die Synodalteilnehmer von Pistoia: Es gab Aufrufe, das geistliche Zölibat zu überdenken und den Laien den Kelch im Interesse der Wiedervereinigung mit den Protestanten zurückzugeben.[66] Die Synode von Pistoia hatte nach einer Linie, die Tamburini in Pavia und den Josephinisten folgte, Erklärungen abgegeben, die die religiöse Toleranz unterstützten.[67] In Mainz wollten einige nach dem persönlichen Vorbild des Kurfürsten die formelle, rechtliche Duldung des Protestantismus vorantreiben.[68]

Offensichtlich tangierte eine solche Agenda Rom ernsthaft, das „a repetition of the Pistoia incident" befürchtete.[69] Pius VI. sandte dem Kurfürsten einen Brief, in dem er drohte, die Mainzer Synode untersuchen zu lassen und zu verurteilen, falls sie versuchen sollte, widerrechtliche Änderungen vorzunehmen. Doch die Synode sollte 1792 zusammentreten, ein besonders schwieriges Jahr für den Papst angesichts der Französischen Revolution und der geplanten Zivilverfassung des Klerus. Obwohl Pius VI. ungehalten ob der Synode von Pistoia war, hatte er noch keine Verurteilung veröffentlicht und sollte dies erst 1794 tun. Von Erthal, „vielleicht ermutigt" durch die Schockstarre des Papstes, trieb die Vorbereitungen voran.[70] Der Tod Kaiser Leopolds II. (Peter Leopold von Habsburg-Toskana) und die anschließenden Krönungszeremonien für Franz II. nötigten zu einer Verschie-

---

65 Hersche: Synode von Pistoia (Anm. 4), S. 289–290.
66 Vgl. Kopp: Katholische Kirche (Anm. 64), S. 60–63. Vgl. auch Blanning: Reform and Revolution (Anm. 53), S. 178–179; Hersche: Synode von Pistoia (Anm. 4), S. 290–294.
67 Vgl. Blanchard: Synod of Pistoia (Anm. 3), S. 155–160.
68 Dazu und zur Tolerierung der Protestanten und Juden in Mainz unter von Erthal vgl. Blanning: Reform and Revolution (Anm. 53), S. 179–185.
69 Blanning: Reform and Revolution (Anm. 53), S. 179. See also Hersche: Synode von Pistoia (Anm. 4), S. 292.
70 Blanning: Reform and Revolution (Anm. 53), S. 179.

bung der Mainzer Synode. Wie bei so vielen anderen Reformversuchen dieser Zeit war es die einfallende französische Armee (und nicht das Papsttum), die die Synodenreform in Mainz endgültig zunichtemachte.[71]

## 2.3 Die protestantische und katholische Rezeption des Pistoianismus in anderen deutschsprachigen Ländern

Es ist nicht verwunderlich, dass der Pistoianismus im Hochstift von Würzburg eine bedeutende Rezeption erfuhr, wirkte doch der jüngere Bruder des Kurfürsten von Mainz hier als Fürstbischof: Franz Ludwig von Erthal. Die Brüder von Erthal waren bei ihrem Besuch der *Tafelrunde* von Ignaz Müller in Wien mit jansenistischen Ideen konfrontiert worden. Müller, ein sehr bedeutender österreichischer Philo-Jansenist, wurde 1767 Maria Theresias Beichtvater.[72]

Der jüngere von Erthal hatte ein Gebiet geerbt, das für seine anti-kuriale Stimmung und seine Sympathie für den Jansenismus bekannt war. Die *Würzburger Gelehrte Anzeigen* erörterten 1790 die Akten von Pistoia und äußerten sich allgemein positiv. Während die praktischen Reformen der Synode gelobt wurden, wiesen die *Anzeigen* – nicht ungerechtfertigt – darauf hin, dass die Pistoianer riskierten, ihre überzeugenden Reformen durch extremen Augustinismus und Primitivismus zu verschleiern. Eine solche Perspektive hat sich seitdem etabliert, da die *Anzeigen* sich an die „aufgeklärtere[n] Leser" richten.[73] Eine andere Würzburger Zeitschrift, das *Magazin für Prediger*, lobte ebenfalls die Synode und diskutierte die Bischofskonvokation in Florenz. Der Schwerpunkt lag jedoch auf den Dekreten der Synode, die als „praktisch" beurteilt wurden.[74]

Zeitschriften in anderen katholischen Gebieten kommentierten die Ereignisse in der Toskana. In Salzburg veröffentlichte die *Oberdeutsche Allgemeine Litteraturzeitung* positive Artikel zur Veröffentlichung der Synodalakten (1789) und zur Veröffentlichung der lateinischen Gesetze und Dekrete in Laibach im Jahr 1792.[75]

---

71 Blanning: Reform and Revolution (Anm. 53), S. 179.
72 Zur Rolle Müllers für die Verbreitung jansenistischer Ideen vgl. das Personenregister in Hersche: Spätjansenismus (Anm. 7), S. 448.
73 Würzburger Gelehrte Anzeigen 73 (1790), S. 717–724. Vgl. auch Hersche: Synode von Pistoia (Anm. 4), S. 282–283.
74 Magazin für Prediger 1790, S. 68–81, hier S. 70. Diese Zeitschrift stützte ihre Diskussion teilweise auf Auszüge aus den *Atti e decreti* der Synode, die in der *Mainzer Monatsschrift* veröffentlicht wurden.
75 Oberdeutsche Allgemeine Litteraturzeitung (1789), S. 977–984; (1792), S. 987. Vgl. auch Synode von Pistoia (Anm. 4), S. 283. Zu den Laibacher lateinischen Drucken der Akten von Pistoia vgl. *Atti* (Anm. 1), Bd. 2, S. 661.

Die *Freiburger Beiträge* lobten 1788 Peter Leopolds *Punti ecclesiastici*.[76] In Coburg wurde das Werk von Riccis toskanischem Verbündeten, Bischof Niccolò Sciarelli von Colle, in der *Auserlesene Litteratur des katholischen Deutschland* gelobt.[77] Es gab auch mehrere Drucke der florentiner Bischofskonvokation von 1787, unter anderem an Orten mit philo-jansenistischen Kreisen wie Passau.[78]

Die Rezeption des Pistoianismus war natürlich nicht nur positiv. Überraschenderweise lehnte der jüngere Bruder von Peter Leopold, der reformfreudige und philo-jansenistische Kölner Kurfürst Maximilian Franz (Fürstbischof 1784–1801), eine Buchwidmung von Tamburini ab und versagte Ricci nach seinem Sturz die Unterstützung.[79] Natürlich waren viele andere deutsche Katholiken, insbesondere Ex-Jesuiten und jene, die dem Papst treu ergeben waren, von der Tagesordnung der Mainzer Synode entsetzt. Eine Mainzer Publikation mit ganz anderer Überzeugung als die *Monatsschrift* äußerte diese Bedenken: das *Religionsjournal*, herausgegeben von Hermann Goldhagen (ein Ex-Jesuit).[80]

Während diskutiert wird, wie gut die Spätjansenisten in Italien und Deutschland die wirklichen theologischen Probleme der Reformation verstanden haben, wurde ihr Interesse an einer künftigen Wiedervereinigung mit den Protestanten im späten achtzehnten Jahrhundert zu einem wichtigen Thema.[81] So ist es nicht verwunderlich, dass die deutschen Protestanten die Synode positiv aufgenommen haben. Laut der Hamburger *Politischen Journal* war Ricci ein wahrer Christ, der von einem abergläubischen Mob angegriffen wurde.[82] Protestanten in Weimar druckten Riccis berühmten *Hirtenbrief* von 1783 über die Reform von Missbräuchen in den *Acta Historico-Ecclesiastica nostri temporis*.[83] Diese Zeitschrift, die eigentlich eine Quellensammlung war, berichtete auch über die Bischofskonvokation in Florenz und über die Aufstände gegen Ricci in Prato und veröffentlichte Riccis Selbstvertei-

---

76 Freiburger Beiträge 1 (1788), S. 366–370.
77 Auserlesene Litteratur des katholischen Deutschland 1 (1788/89), S. 188 f.
78 Vgl. Hersche: Synode von Pistoia (Anm. 4), S. 282–283.
79 Hersche: Synode von Pistoia (Anm. 4), S. 276.
80 Hersche: Synode von Pistoia (Anm. 4), S. 285. Zum ‚ultramontanen internationalen' Netzwerk, in dem Ex-Jesuiten eine prominente Rolle spielten, vgl. Van Kley: Reform Catholicism (Anm. 6), S. 243–286.
81 Blanning: Reform and Revolution (Anm. 54), S. 228 schreibt beispielsweise, etwas übertrieben aus meiner Sicht, dass die ökumenischen Hoffnungen der Deutschen bezüglich des Emser Kongresses ‚auf einem völligen Missverständnis der Reformation beruhten.'
82 Hersche: Synode von Pistoia (Anm. 4), 286. Das Politische Journal hatte die *Punti ecclesiastici* bereits im Mai 1786 publiziert.
83 Acta Historico-Ecclesiastica nostri temporis 9 (1784), S. 851–868. Vgl. Hersche: Synode von Pistoia (Anm. 4), S. 286.

digung vom 5. Oktober 1787. Ihr Druck basierte auf einer verbesserten Version von Wittola frühere Übersetzung.[84]

Der interessanteste protestantische Kommentar zu den toskanischen Reformen stammt vom großen Kirchenhistoriker Gottlieb Jakob Planck. In seiner *Neuesten Religionsgeschichte* (gedruckt in Lemgo) lobte Plank die Synode als eines der wichtigsten zeitgenössischen Ereignisse in der katholischen Kirche.[85] Plank war von den Reformern in der Toskana so begeistert, dass er einer Diskussion über die Synode und die Bischofskonvokation 90 Seiten widmete.[86]

## 2.4 Die Emser Punktuation: Ein Echo von Pistoia?

Der Emser Kongress im August 1786 war eine gemeinsame Aktion der vier deutschen Fürstbischöfe und ihrer Helfer, von denen drei bereits in diesem Aufsatz erwähnt wurden.[87] Ems ist am bekanntesten für seine bischöfliche *Punctuatio*, die dem Febronianismus entsprach und einer deutschen bischöflichen Tradition folgte, die in der Mainzer *Acceptatio* (1439) und den Koblenzer *Gravamina* (1769) zum Ausdruck kam. Der Emser Kongress wurde inspiriert von der Errichtung einer zweiten Nuntiatur in deutschen Ländern (in München), die als Übermaß an päpstlicher Autorität und als Versuch angesehen wurde, die Freiheiten der deutschen Kirche einzuschränken. Es überrascht nicht, dass diese *Punctuatio* von Papst Pius VI. scharf gerügt wurde.[88]

Während die Ähnlichkeit zwischen der Synode von Pistoia und dem Kongress von Ems wiederholt betont wurde, kommt Adam Wandruszka in seinem Artikel über Ems und Pistoia zu dem Schluss, dass es keinen direkten Einfluss zwischen beiden gab.[89] Abgesehen von bloßen Ähnlichkeiten hatten die beiden kirchlichen

---

**84** Acta Historico-Ecclesiastica nostri temporis 12 (1787), S. 1126–1128. Vgl. Hersche: Synode von Pistoia (Anm. 4), S. 286.
**85** Hersche: Synode von Pistoia (Anm. 4), S. 286. Die *Neueste Religionsgeschichte* erschien in drei Bänden (1787, 1790, 1793). Zitat: Bd. 1, S. 263.
**86** Neueste Religionsgeschichte (Anm. 95), Bd. 2, S. 227–316.
**87** Neben dem bereits erwähnten Kurfürsten von Mainz, dem Kurfürsten von Köln und dem Fürstbischof von Salzburg muss der Kurfürst Clemens Wenzel von Trier genannt werden. Zu Ems vgl. Wandruszka: Ems und Pistoia (Anm. 42); Blanning: Reform and Revolution (Anm. 53), S. 220–228; Josef Steinruck: Bemühungen um die Reform der Reichskirche auf dem Emser Kongreß (1786). In: Reformatio ecclesiae. FS Erwin Iserloh. Hg. von Remigius Bäumer. Paderborn 1980, S. 863–882.
**88** Responsio Ad Metropolitanos Moguntinum, Trevirensem, Coloniensem, et Salisburgensem super Nunciaturis Apostolicis. Rom 1789.
**89** Wandruszka: Ems und Pistoia (Anm. 42).

Versammlungen, die in Abstand von nur einem Monat aufeinander folgten, zwei entscheidende Berührungspunkte. Erstens ließen sich beide von einigen der jüngsten Quellen erastinianischer und aufgeklärter Reformen inspirieren: von Febronius, dem Josephinismus und der jüngsten Veröffentlichung von Peter Leopolds *Punti ecclesiastici*.[90] Der zweite Grund, warum wir von einer Verbindung – wenn nicht gar von einem direkten Einfluss – sprechen können, ist die Anwesenheit der philo-jansenistischen Weihbischöfen Stephan Alexander Würdtwein und Johann Valentin Heimes in Ems.

Offensichtlich teilten die Pistoianer den Episkopalismus der Emser Punktation. Von größerem Interesse ist jedoch die Affinität zwischen den *Atti e decreti* der Synode und einem zweiten Dokument, das in Ems verfasst wurde, der weitaus weniger bekannten *Disziplinarpunktation*, die einen Plan zur Reform von Gottesdienst, Andacht und Disziplin mit starker Affinität zum Pistoianismus enthielt. Insbesondere Würdtwein und Heimes waren am meisten an dieser umfassenden Reform des kirchlichen Lebens interessiert. In unserer Diskussion über die vorgeschlagene Synode in Mainz haben wir gesehen, wie radikal ihre Ideen waren und wie nahe diese Pläne dem Geist von Pistoia waren. Aus komplexen politischen und kirchlichen Gründen wurden die Emser Resolutionen nie wirklich umgesetzt. Während Pius VI. den Kongress verurteilte, waren die verschiedenen konkurrierenden Interessen innerhalb des Reiches selbst und die enorme Veränderung des politischen und kirchlichen Lebens, die die alte Reichskirche durch den Einmarsch französischer Armeen erfuhr, entscheidender für das Scheitern der Agenda bei Ems.

## Zusammenfassung

Ich habe argumentiert, dass es einen klaren, konsistenten und signifikanten gegenseitigen Einfluss zwischen Jansenisten und Philo-Jansenisten in der Toskana und gleichgesinnten Netzwerken im deutschsprachigen Raum gab. Weit davon entfernt, nur ein Ableger des in der Toskana entstandenen frankophonen Jansenismus zu sein, war das Phänomen des Pistoianismus den italienischen und anderen europäischen Quellen – darunter auch vielen aus dem deutschsprachigen Raum – zutiefst verpflichtet. Zu diesen deutschen Einflüssen zählen der Habsburger Großherzog, die populären Bücher von Febronius und Eybel sowie deutsche Hirtenbriefe. Der Austausch von Büchern und Ideen durch Scipione de' Ricci mit deutschen Prälaten wie Colloredo führte zur Veröffentlichung und Verbreitung

---

90 Wandruszka: Ems und Pistoia (Anm. 42). Vgl. auch Hersche: Synode von Pistoia (Anm. 4), S. 278–279.

verschiedener wichtiger deutscher Werke in italienischer Übersetzung, die unter toskanischen Priestern weiter verbreitet wurden. Ebenso interessierten sich viele deutschsprachige Protagonisten sehr für die Reformer in der Toskana. Einflussreiche Bischöfe wie Colloredo, Herberstein und Spaur ließen sich vom Pistoia-Netzwerk inspirieren. Sowohl in katholischen als auch in protestantischen deutschen Staaten wurde die Synode von einigen begrüßt und gelobt und von anderen heftig kritisiert. Die kirchlichen Führer in Mainz gingen so weit, ihre eigene Diözesansynode detailliert vorzubereiten, die viele Reformen gefordert hätte, die Pistoia ähnlich waren. Während die Emser Punktation überlieferte deutsche Missstände gegen das Papsttum widerspiegelte, waren die Fürstbischöfe und ihre Helfer zumindest der Ansicht, dass ihr Fall durch das, was gleichzeitig in der Toskana geschah, gestützt wurde, und einige Emser Protagonisten wünschten Reformen, die denen der Synode von Pistoia sehr ähnlich waren.

In jüngster Zeit haben einige Historiker die Reformen von Pistoia als eine Form des aufgeklärten Katholizismus bewertet. Meiner Ansicht nach plädierten Ricci und Peter Leopold tatsächlich für eine Art religiöse Aufklärung, eine Verschmelzung des späten Jansenismus mit dem aufgeklärten Absolutismus der habsburgischen Lande. Ihre Vision zielte auf konkrete kirchliche und theologische Inhalte, hatte aber auch umfassende gesellschaftliche Auswirkungen. Sie versuchten, den katholischen Glauben und die katholische Praxis mit neueren Einsichten in Übereinstimmung zu bringen, appellierten an die historische Wissenschaft, um etablierte liturgische und frömmigkeitliche Praktiken zu reformieren, lehnten den „Aberglauben" ab, schafften die Inquisition und die Todesstrafe ab und befürworteten ein gewisses Maß an religiöse Toleranz.

Natürlich kollidierte der Pistoianismus wie alle Formen des dogmatischen Christentums mit der antiklerikalen – manchmal explizit antichristlichen – Aufklärung, die im revolutionären Frankreich wurzelte. Aber auch der aufgeklärte Katholizismus, wie er in der Toskana, in Salzburg und in Mainz Gestalt annahm, wurde von vielen Laien vehement abgelehnt, die in ihrer ablehnenden Haltung von Ex-Jesuiten und vielen Ordensleuten unterstützt und ermutigt wurden. Viele gewöhnliche Katholiken waren erbost über Bischöfe und Fürsten und konnten nicht verstehen, warum Änderungen an den von ihnen geschätzten Andachten und Traditionen vorgenommen wurden. Eine weitere Parallele zwischen den Reformen von Pistoia und Mainz war die extreme Abneigung, die viele Laien zeigten und die manchmal zu umfassenden Protesten und gewalttätigen Unruhen führte.[91] In Italien gescheitert, konnte der Philo-Jansenismus in einigen Teilen des

---

**91** Hersche: Colleredo (Anm. 33), S. 251–254. Zu den Unruhen und Missständen in der Toskana vgl. Blanchard: Synod of Pistoia (Anm. 3), S. 207–214.

deutschsprachigen Raums (wie dem Rheinland) bis um 1830 bestehen.[92] Die Ereignisse von 1789 versetzten dem Versuch einer synodalen Kirchenreform ironischer Weise den Todesstoß und ebneten dem Ultramontanismus den Weg zu einem nahezu vollständigen Triumph.

A. d. Engl. v. Christoph Schmitt-Maaß

---

**92** Franz Xaver Bischof: L'opposition à l'infaillibilité pontificale dans le monde germanique de Febronius aux années 1830. In: Le pontife et l'erreur. Anti-infallibilisme Catholique et romanité ecclésiale aux temps posttridentins (XVIIe-XX[e] siècles). Hg. von Sylvio de Franceschi. Lyon 2010, S. 105–121.

# Autor*innenverzeichnis

**Corinne Bayerl**, Frankoromanistin und Komparatistin, ist Senior Instructor am Comparative Literature Department der University of Oregon, Eugene. Zuletzt erschienen: Theaterfeindschaft ohne Grenzen. Interkonfessioneller Wissenstransfer in Theaterdebatten des späten 17. Jahrhunderts. In: Konfessionspolitik und Medien in Europa 1500–1700. Konflikte, Konkurrenzen, Theorien. Hg. von Kai Merten und Claus-Michael Ort. Berlin, Boston 2021 (Diskursivierung von Wissen in der Frühen Neuzeit 4), S. 130–148; Moral Philosophy and Pedagogy in the Work of Pierre Nicole. Diss. phil. University of Chicago 2014.

**Shaun Blanchard**, Kirchenhistoriker (katholische Theologie), Senior Research Fellow, National Institute for Newman Studies. Zuletzt erschienen: (mit Stephen Bullivant): Vatican II: A Very Short Introduction. Oxford 2023; The Synod of Pistoia and Vatican II: Jansenism and the Struggle for Catholic Reform. New York 2020 (Oxford Studies in Historical Theology); Catholic Enlightenment: A Global Anthology. Hg. (mit Ulrich L. Lehner). Washington (DC) 2021 (Early Modern Sources).

**Mona Garloff**, Historikerin (Neuere Geschichte), ist Universitätsassistentin (Postdoc) am Institut für Geschichtswissenschaften und Europäische Ethnologie der Universität Innsbruck. Habilitationsprojekt zum Fernbuchhandel in Wien und Prag zwischen 1680 und 1750. Zuletzt erschienen: Bücher für Leibniz – Wissenszirkulation, gelehrte Netzwerke und die Organisation des Buchmarktes im Alten Reich um 1700. In: Wissenskulturen in der Leibniz-Zeit. Konzepte – Praktiken – Vermittlung. Hg. von Friedrich Beiderbeck, Claire Gantet. Berlin, Boston 2021, S. 223–252; Zacharias Conrad von Uffenbach und der Buchhandel. In: Zacharias Conrad von Uffenbach in seiner Zeit – Wissen und Gelehrtenkultur um 1700. Hg. von Markus Friedrich, Monika Müller. Berlin, Boston 2020, S. 335–360.

**Juliette Guilbaud**, Historikerin (Frühe Neuzeit), Chargée de recherche am Centre national de la recherche scientifique. Zahlreiche Arbeiten zur deutsch-französischen Rezeption des Jansenismus. Zuletzt erschienen: Die Rezeption der ‚Constitutio Unigenitus' (1713) im Alten Reich: eine unterschätzte Diskussion? In: Central European Pasts: Old and New in the Intellectual Culture of Habsburg Europe, 1700–1750. Hg. von Ines Peper, Thomas Wallnig. Berlin 2022, S. 141–169; Jansénisme et droit dans le Saint-Empire: la question de l'Unigenitus dans la principauté-évêché de Liège. In: Chroniques de Port-Royal 72 (2022), S. 149–163.

**Volker Kapp**, Romanist, 1992–2005 Lehrstuhl für romanische Philologie an der Universität Kiel. Zahlreiche Publikationen zur französischen und italienischen Literatur des sechzehnten bis zwanzigsten Jahrhunderts. Zuletzt erschienen: „L'ami – un autre soi-même". Un lieu commun critiqué dans „Le Traité de l'Amitié" de Louis de Sacy, la réplique fénelonienne et la doctrine de Madame de Lambert. In: ThéoRèmes 12 (2018), http://journals.openedition.org/theoremes/1737 [24.10.2022]; Claude Fleury: Les mœurs des Israélites. Hg. von Volker Kapp. Paris 2018 (Sources classiques 136).

**Harm Klueting**, Historiker (Neuere Geschichte) und Theologe (Mittlere und Neuere Kirchengeschichte), ist Professor der Neueren Geschichte am Historischen Institut der Universität zu Köln und Ancien Professeur invité permanent et Privat-docent de théologie en histoire de l'église an der Université de Fribourg. Seit den 1980er Jahren zahlreiche grundlegende Publikationen zum Jansenismus und zur katholischen Aufklärung, zuletzt: Über die Vereinbarkeit von Aufklärung und Katholizismus. Standortbestimmung zur katholischen Aufklärung im 18. Jahrhundert. In: ‚Katholische Aufklärung'?

Möglichkeiten, Grenzen und Kritik eines Konzepts der Aufklärungsforschung. Hg. von Christoph Schmitt-Maaß, Gideon Stiening, Friedrich Vollhardt. Hamburg 2021 (Aufklärung 33), S. 117–143; Die gelehrten Jansenistinnen von Port-Royal. In: Fromme Frauen als gelehrte Frauen. Bildung, Wissenschaft und Kunst im weiblichen Religiosentum des Mittelalters und der Neuzeit. Hg. von Edeltraud Klueting. Köln 2010, S. 253–272.

**Mathis Leibetseder**, Historiker (Neuere Geschichte), Referent am Geheimen Staatsarchiv Preußischer Kulturbesitz. Zuletzt erschienen: Joachim II. von Brandenburg. Kurfürst zwischen Renaissance und Reformation. Berlin 2022; Separieren – homogenisieren – egalisieren. Aspekte der Konfessionspolitik König Friedrich Wilhelms I. In: Mehr als nur Soldatenkönig. Neue Schlaglichter auf Lebenswelt und Regierungswerk Friedrich Wilhelms I. Hg. von Frank Göse, Jürgen Kloosterhuis. Berlin 2020 (Veröffentlichungen aus den Archiven Preußischer Kulturbesitz. Forschungen 18), S. 167–187.

**Christoph Schmitt-Maaß**, Literaturwissenschaftler (Neuere deutsche Literatur), ist Fellow und German Tutor am Lincoln College der Universität Oxford und leitet ein Forschungsprojekt zur deutschsprachigen Jansenismus-Rezeption am Lehrstuhl für deutsche Philologie der Ludwig Maximilians-Universität München. Zuletzt erschienen: ‚Katholische Aufklärung'? Möglichkeiten, Grenzen und Kritik eines Konzepts der Aufklärungsforschung. Hg. von Christoph Schmitt-Maaß, Gideon Stiening, Friedrich Vollhardt. Hamburg 2021 (Aufklärung 33); Bücher-Netzwerke. Ein Vorschlag zur Erforschung des Jansenismus und seiner Rezeption. In: Francia 47 (2020), S. 229–239.

**Silvia Schmitt-Maaß**, Kunsthistorikerin (Frühe Neuzeit, Porträtmalerei und Bildhauerkunst sowie Kunst nach 1945), ist wissenschaftliche Mitarbeiterin am Lindenau-Museum Altenburg und Stiftung Gerhard Altenbourg. Zuletzt erschienen: Porträts in Serie. Reihung und Vervielfältigung als Mittel von Argumentation in Geschichte, Kunst und Literatur. Hg. von Stefanie Freyer, Klaus Niehr, S. Schmitt-Maaß. Wolfenbüttel 2022; Unbequemer Gelehrter, eingehegtes Genie? Eine Büste für Gottfried Wilhelm Leibniz im Augusteum der Universität Leipzig. In: Der Arkadenhof der Universität Wien und die Tradition der Gelehrtenmemoria in Europa. Hg. von Ingeborg Schemper-Sparholz. Wien 2017 (Wiener Jahrbuch für Kunstgeschichte 63/64), S. 287–301.

# Abbildungsnachweise

## Beitrag Mona Garloff

Abb. 1   Nicolas Letourneux: Das Christliche Jahr [...]. [A. d. Frz. v. Übers.: Maria Eleonora Cajetana Aloysia Gräfin von Sporck]. Bd. 3. Würzburg: Rüdiger 1716, Titelblatt. © Universitäts- und Landesbibliothek Darmstadt, W 5527 Bd. 3 —— **115**

Abb. 2   Portrait Sporcks mit Widmung Peter Conrad Monaths, Kupferstich Michael Heinrich Rentz und Joseph de Montalegre [1722]. In: William Beveridge: Sonderbare Gedanken von der Christlichen Religion [...]. Nürnberg: [Monath] 1722 © Herzog August Bibliothek Wolfenbüttel, Portr. I 12843 —— **119**

## Beitrag Silvia Schmitt-Maaß

Abb. 1   Jacob Gole nach Philippe de Champaigne: Mater Dolorosa, um 1700 (?), Kupferstich. Herzog Anton-Ulrich-Museum Braunschweig, Inv.-Nr. JGole AB 3.13S. © Herzog Anton-Ulrich-Museum Braunschweig —— **163**

Abb. 2   Élisabeth-Sophie Chéron (verehel. Le Hay), Étienne Desrochers (Stecher): Pierre Nicole, 1700, Kupferstich. Porträtdatenbank der Herzog August-Bibliothek Wolfenbüttel, Inv.-Nr. I 9562. © Herzog August-Bibliothek Wolfenbüttel —— **165**

Abb. 3   Frederik de Wit: Cornelius Jansenius, um 1700, Kupferstich, Radierung. Porträtdatenbank der Herzog August-Bibliothek Wolfenbüttel, Inv.-Nr. I 6623.1. © Herzog August-Bibliothek Wolfenbüttel —— **166**

Abb. 4   Frontispiz und Titelblatt aus: Heures Nouvelles, Ou Exercise Spirituel: Tirées de l'Ecriture Sainte, contenant plusieurs Prières remplis d'onction, avec des Réflexions tres édifiantes. Dédiées A Sa Sacrée Majesté L'Imperatrice Regnante Ouvrage Superbe, enrichi de figues en taille douce. Wien 1735. Herzog August-Bibliothek Wolfenbüttel, Sign. Wt 4° 50 © Herzog August-Bibliothek Wolfenbüttel —— **169**

Abb. 5   Frontispiz und Titelblatt aus: Jacques Joseph Duguet: Explication Du Mystere De La Passion De Notre-Seigneur Jesus-Christ, Suivant la Concorde. Paris 1728. Bibliothek der Franckeschen Stiftungen, Halle, Sign.: 149 H 9 © Franckesche Stiftungen, Halle —— **170**

Abb. 6   Philippe de Champaigne: Christus am Kreuz, um 1650, Öl auf Leinwand, 2,28 x 1,58 m, Musée du Louvre, Paris, Inv.-Nr. 1126. © bpk | RMN – Grand Palais | Stéphane Maréchalle —— **174**

Abb. 7   Georg Petel: [Leonora Christinas] Kruzifix, ca. 1630, Elfenbein und Ebenholz, Korpus: 68 x 15,5 cm, Holzkreuz und -fuß: 83,5 x 30 cm, The Museum of National History at Frederiksborg Castle, Schloss Frederiksborg, Hillerød, Inv.-Nr. B 3959. © The Museum of National History at Frederiksborg Castle, Photo: Ole Haupt —— **176**

Abb. 8   Ludovico Carracci: Porträt einer Witwe, ca. 1589/90, 99,7 x 77,5 cm, The Dayton Art Institute, Museum purchase with funds provided by Dr. and Mrs. E.R. Arn and the Junior League of Dayton, Ohio, Inc. 1958.15. © Dayton Art Institute / Museum purchase with funds provided by Dr and Mrs E.R. Arn / Bridgeman Images —— **178**

**Abb. 9** Philippe de Champaigne (oder Jean-Baptiste de Champaigne?): Doppelbildnis der Schwestern Arnauld, Mère Agnès und Mère Angélique, undatiert, Öl auf Leinwand, 80,1 x 102 cm, Magny-les-Hameaux, Musée national de Port-Royal des Champs © Musée national de Port-Royal des Champs – RMN —— **179**

**Abb. 10** Tafel/Kupferstich, S. 324 aus: Heures Nouvelles, Ou Exercise Spirituel: Tirées de l'Ecriture Sainte, contenant plusieurs Prières remplis d'onction, avec des Réflexions tres édifiantes. Dédiées A Sa Sacrée Majesté L'Imperatrice Regnante Ouvrage Superbe, enrichi de figues en taille douce. Wien 1735. Herzog August-Bibliothek Wolfenbüttel, Sign. Wt 4° 50 © Herzog August-Bibliothek Wolfenbüttel —— **182**

# Index

Der Namensindex beinhaltet ausschließlich Namen historischer Personen, deren Geburt seit Beginn der Neuzeit bis 1800 datiert. Zur Entlastung des Haupttextes wurden die Lebensdaten – soweit ermittelbar – in den Index aufgenommen, sofern sie nicht besondere Relevanz für das Rezeptionszeugnis beanspruchen können. Die Namensnennung in den Anmerkungen wurde mit aufgenommen, jedoch nicht eigens gekennzeichnet. Frauen sind i. d. R. unter dem Namen ihres Gatten verzeichnet.

Achilles, Andreas (1656–1721) 72
D'Alembert, Jean le Rond (1717–1783) 41, 49, 51, 57–59
Alexander VII., Papst (1599–1667) 12, 14, 15
Alexander VIII., Papst (1610–1691) 15
Amort, Eusebius (1692–1775) 27
d'Ans, Ernest Ruth (1653–1728) 114
Anton, Paul (1661–1727) 64, 71
Apin, Siegmund Jakob (1693–1732) 162
Arnauld, Agnès (1593–1672) 159, 177–179
Arnauld, Angélique (1591–1661) 1, 159, 177, 179
Arnauld, Antoine (1612–1694) 1, 7, 12, 15, 24, 39, 43, 44, 46, 48, 58, 63, 71, 93, 159, 204
Arndt, Johann (1555–1621) 61, 74, 75
Arnold, Gottfried (1665–1714) 7, 30, 50, 62, 65–67, 89

Babenstuber, Ludwig (1660–1726) 27
Bachstrohm, Johann Friedrich (1686–1742) 124
Baudeau de Somaize, Antoine (*um 1630) 98
Barcos, Martin de (1600–1678) 165
Basnage de Beauval, Jacques (1653–1723) 48
Bayle, Pierre (1647–1706) 7, 42–51, 53, 55, 59, 60
Beaumont, Christophe de (1703–1781) 76
Beauval, Samuel de († 1755/1757) 74
Beer, Johann (1655–1700) 86, 91
Benedikt XIV., Papst (1675–1758) 56
Beveridge, William (1637–1708) 118
Bielke, Johann (1643–1706) 87
Blarer, Melchior (1729–1796) 27, 37
Boerhaave, Herman (1668–1738) 152
Bonnaire, Louis de (1680–1752) 189
Bossuet, Jacques Bénigne (1627–1704) 29, 161, 189
Bougeant, Guillaume Hyacinthe (1690–1743) 8, 92, 93–100
Bourbon, Charles de, Comte de Charolais (1700–1760) 145

Bourbon, Louis de, Comte de Clermont (1709–1771) 145
Bourignon, Antoinette (1616–1680) 65–67
Braunschweig-Lüneburg-Wolfenbüttel, August d. J. von (1579–1666) 164
Braunschweig-Wolfenbüttel, Anton Ulrich d. Ä. von (1633–1714) 159, 160–164, 183
Braunschweig-Wolfenbüttel, Elisabeth Christine von → Habsburg-Österreich, Elisabeth Christine von
Braunschweig-Wolfenbüttel, Ludwig Rudolf von (1671–1735) 159, 160, 162, 181, 183
Breckling, Friedrich (1629–1711) 67, 69
Brehm, Christian Heinrich (1662–1740) 161
Breidbach zu Bürresheim, Emmerich Joseph von (1763–1774) 215
Briffaut, Etienne (aktiv zwischen 1730 und 1758) 168, 169
Buddeus, Johann Franz (1667–1729) 7, 41, 52, 53, 60, 62, 71

Calixt, Georg (1586–1656) 161
Calvin, Jean (1509–1564) 14, 16, 18, 19, 20, 28, 54, 55, 66, 95, 169
Canstein, Carl Hildebrand von (1667–1719) 71, 72
Carracci, Ludovico (1555–1619) 177, 178, 180
Carriera, Rosalba (1657–1757) 160
Castell-Remlingen, Ludwig Friedrich von (1707–1772) 145–147, 150
Caussin, Nicolas (1583–1651) 113
Cerveau, René (1700–1780) 42, 76–78
Champaigne, Jean-Baptiste (1631–1681) 163, 179
Champaigne, Philipp de (1602–1674) 8, 157–185
Chantal, Jeanne de (1572–1641) 98
Chapt de Rastignac, Louis Jacques de (1684–1750) 189, 214
Clemens IX., Papst (1600–1669) 14, 20, 51
Clemens X., Papst (1590–1676) 13–15

Clemens XI., Papst (1649–1721) 13, 20, 56, 58, 62, 76, 104, 209
Clemens XIV., Papst (1705–1774) 46
Codde, Petrus (1648–1710) 69–71
Collier, Jeremy (1650–1726) 61
Colloredo, Hieronymus von (1732–1812) 211–213, 221, 222
Colonia, Dominique de (1660–1741) 56
Corneille, Pierre (1606–1684) 42, 83, 89

D'Urfey, Thomas (1653–1723) 91
Dänemark, Christian VI. von, König (1699–1746) 133
Dalberg, Karl Theodor Anton Maria von (1744–1817) 77, 216
Desaint, Nicolas (1731–1771) 127
Desmarets, Samuel (1599–1673) 64
Diderot, Dénis (1713–1783) 7, 41, 49, 51
Dilfeld, Georg Conrad (ca. 1630–1684) 64
Dobrohlav, Vojtěch Jiří († 1733) 122, 123
Donnersmark zu Pölzig, Erdmann Heinrich Henckel von (1681–1752) 133
Drouet, Etienne-François (1715–1779) 44, 46, 57
Dubourg, Moïse (1598–1662) 57
Duguet, Jacques Joseph (1649–1733) 70, 79, 169, 170, 173
Dupac de Bellegarde, Gabriel (1717–1789) 188, 190, 191, 217
Dyck, Anthonis van (1599–1641) 172–175, 183

Enders, Alexander von (1735–1789) 192
Erthal, Franz Ludwig von (1730–1795) 78, 218
Erthal, Karl Joseph von (1719–1802) 215, 218
Espen, Zeger Bernhard van (1646–1728) 211
Estienne, Robert d. Ä. (1499/1503–1559) 169
Eybel, Joseph Valentin van (1741–1805) 210, 221

Fast, Patricius (1742–1791) 199f.
Fecht, Johannes (1636–1716) 101
Feydeau, Mathieu (1616–1694) 70
Firmian, Leopold Ernst von (1708–1783) 27, 37
Fleury, Claude (1640–1723) 189
Flieger, Columban (1754–1815) 78
Fontenelle, Bernard Le Bovier de (1657–1757) 100

Francke, August Hermann (1663–1727) 7, 62, 64, 68–73, 85, 86, 88, 90, 100, 133
Frankreich, Heinrich IV., König (1553–1610) 135
Frankreich, Ludwig XIII. von, König (1601–1643) 135
Frankreich, Ludwig XIV. von, König, von (1638–1715) 1, 12, 13, 16, 17, 20, 21, 22, 52, 58, 68, 92, 131, 135, 157 163, 166
Frankreich, Marie-Antoinette von, Königin (geb. von Habsburg-Lothringen, 1755–1793) 192
Frick, Johann (1670–1739) 71

Gasser, Johann Michael (1700–1754) 72, 76
Gengell, Gregor (1657–1727) 27
Georgi, Theophil (1674–1762) 124
Gerberon, Gabriel (1628–1711) 48–51
Geusau, Anton von (1695–1749) 130, 134, 140, 146–150, 153–155
Gichtel, Johann Georg (1638–1710) 67
Girin, Jean (†1692) 43
Göbhardt, Tobias (1734–1794) 76–78
Goldhagen, Hermann (1718–1794) 219
Gottsched, Johann Christoph (1700–1766) 59–60, 78, 79, 93
Gottsched, Luise Adelgunde Victorie (1713–1762) 8, 81, 92, 94–101
Goujet, Claude-Pierre (1697–1767) 44–46, 57, 76
Grossa, Karl Josef von († 1732) 188
Gründler, Johann Ernst (1677–1720) 68
Grupello, Gabriel (1644–1730) 180–181
Günther, Johann Christian (1695–1723) 120
Guyon, Jeanne-Marie Bouvier de La Motte- (1648–1717) 84, 98

Haan, Ignatius (1680–1761) 117
Habsburg, Joseph I. von, Kaiser (1678–1711) 37
Habsburg, Karl VI. von, Kaiser (1685–1740) 107, 159, 180
Habsburg-Lothringen, Franz II. von, Kaiser (1768–1835) 217
Habsburg-Lothringen, Joseph II. von, Kaiser (1741–1790) 9, 35, 188, 193, 207, 209–211, 214
Habsburg-Lothringen, Maria Theresia von, Kaiserin (1717–1780) 35, 53, 124, 160, 188, 206, 207, 218

Habsburg-Lothringen, Peter Leopold von
   (1747–1792) 9, 205–209, 212, 217, 219,
   221, 222
Habsburg-Österreich, Eleonora Magdalena von
   (geb. von Pfalz-Neuburg, 1655–1720)
   123, 160
Habsburg-Österreich, Elisabeth Christine von
   (1691–1750) 8, 157–183
Habsburg-Österreich, Wilhelmine Amalie von
   (geb. von Braunschweig-Lüneburg,
   1673–1742) 116
Hallweil, Ferdinand Graf (1705–1773) 37
Hancke, Gottfried Benjamin (um 1695–um
   1750) 120
Hauranne, Jean Duvergier de (1581–1643) 24,
   50, 159, 165
Hédelin d'Aubignac, François (1604–1676) 83
Hehel, Peter (1679–1728) 124
Heidegger, Johann Heinrich (1633–1698) 50, 65
Heimes, Johann Valentin (1741–1806) 215, 221
Heineccius, Johann Michael (1674–1722) 62
Henrici, Christian Friedrich (1700–1764) 120
Herberstein, Johann Karl von (1719–1787)
   211, 222
Hertel, Johann Georg (18. Jahrhundert)
   145–147, 150
Hessen-Rheinfels, Ernst von (1623–1693) 63
Heyde, Johann Daniel (1714–1785) 78–79
Hoburg, Christian (1607–1675) 67
Hontheim, Johann Nikolaus von (1701–1790) 210,
   211, 221
Hörling, Johann David († 1819) 195

Innozenz X., Papst (1574–1655) 12, 14
Innozenz XII., Papst (1615–1700) 15, 114
Iselin, Jacob Christoph (1681–1737) 50

Jansenius, Cornelius d. Ä. (1510–1576) 44
Jansenius, Cornelius d. J. (1585–1638) 1, 12,
   14–16, 19, 21, 30, 39, 42, 44, 47, 48, 49,
   50–54, 57, 59, 61, 64–66, 71–73, 166,
   167, 172
Jaucourt, Louis de (1704–1779) 57, 58
Joncoux, Françoise-Marguerite de
   (1668–1715) 39
Jurieu, Pierre (1637–1713) 43, 64

Klüpfel, Engelbert (1733–1811) 27
Kolborn, Joseph Hieronymus Karl von
   (1744–1816) 216
Koniáš, Antonín (1691–1760) 104, 122
Kopp, Georg Ludwig Carl (1774–1834) 216, 217
Krauss, Johann Ulrich (1655–1719) 126
Krisper, Crecentius (1679–1749) 27
Kurzböck, Joseph Lorenz von (1736–1792) 195

La Mothe-Fénelon, François de Salignac de
   (1651–1715) 16, 84
La Rochefoucauld, François de (1613–1680) 1
Labaun, Georg → Jiří Laboun
Labbé, Philippe (1607–1667) 64
Laboun, Jiří († 1710) 121
Lafitau, Pierre-François (1685–1764) 56
Lange, Lobegott (1798–1852) 56
Le Clerc, Jean (1657–1736) 44, 59, 60
Le Clerc, Laurent-Josse (1677–1736) 43, 45
Le Paige, Louis-Adrien (1712–1802) 48
Le Tellier, Michel (1643–1719) 58
Le Tourneux, Nicolas (1640–1686) 8, 105, 113,
   114, 117, 123, 125–127
Leibniz, Gottfried Wilhelm (1646–1716) 60,
   63, 64
Lemaistre de Sacy, Louis-Isaac (1613–1684) 23,
   66, 69, 70, 71, 79, 113, 122, 165
Leopold I., Kaiser (1640–1705) 107, 160
Leopold, Christoph (1679–1748) 27
Lewenberg, Weichard (1677–1738) 27
Leydecker, Melchior (1642–1721) 47–51, 59
Luca, Ignaz de (1746–1799) 187, 189, 195
Lüders, Justus (ca. 1656–1708) 72
Ludwig, Beda (1750–1796) 78
Luther, Martin (1483–1546) 20, 63, 66, 85, 86,
   151, 182
Lynar, Rochus Friedrich zu (1708–1781) 8,
   129–156
Lynar, Sophie Marie Helene zu (geb. Reuß-
   Köstritz, 1712–1781) 134

Malvin de Montazet, Antoine de
   (1713–1788) 189, 214
Mansfeld, Johann Ernst (1739–1796) 199
Mauracher, Johann Jakob (18. Jahrhundert) 214
Mazarin, Jules (1602–1661) 21, 22, 164

Menières, Jean-Baptiste François Durey de (1705–1785) 48
Merz, Alois (1727–1792) 190
Mésenguy, François-Philippe (1677–1763) 188, 189
Migazzi, Christoph Anton Graf (1714–1803) 37
Miller von Muehlensdorf, Johann Georg (1720–1789) 11
Miller [auch: Müller], Ignaz (1713–1782) 27, 218
Molière (1622–1673) 86, 93, 97, 98, 101
Monath, Peter Conrad (um 1683–1747) 117–121, 125
Montalegre, Joseph de (1672–1718) 118, 119
Moréri, Louis (1643–1680) 43, 44–52, 57, 59
Muratori, Lodovico Antonio (1672–1750) 37, 54, 55, 204, 212

Nicole, Pierre (1625–1695) 1, 8, 23, 25, 64, 72, 76, 77, 82–90, 164, 165
Nitschke, Heinrich Joseph (1708–1778) 78
Noailles, Louis-Antoine de (1651–1729) 16, 30, 62, 68, 74, 75, 122, 131, 139

Oetinger, Johann Christoph (1702–1782) 30, 76
Oldenb(o)urg, Henry (1618–1677) 62
Orléans, Élisabeth Charlotte d' (geb. [‚Liselotte'] von der Pfalz, 1652–1722) 74
Orléans, Philippe d' (1674–1723) 74
Osiander, Johann Adam (1622–1697) 64
Ostein, Johann Friedrich von (1743–1763) 215
Österreich, Maximilian Franz von (1756–1801) 219

Pacca, Bartolomeo (1756–1844) 216
Palmieri, Vincenzo (1757–1820) 203
Pannilini, Giuseppe (1742–1823) 211
Pâris, François de (1690–1727) 8, 22, 130–131
Pascal, Blaise (1623–1663) 1, 20, 27–30, 39, 64, 72, 82, 87, 93, 101, 122, 164
Pascal, Jacqueline (1625–1661) 39
Petel, Georg (1601–1635) 173, 175–181, 183
Petersen, Johann Wilhelm (1649–1727) 148
Petersen, Johanna Eleonora (geb. von Merlau, 1644–1724) 67

Pfalz, Johann Wilhelm von der (1658–1716) 160, 180
Pfalz-Neuburg, Eleonore Magdalene Therese von der → Habsburg-Österreich, Eleonore Magdalene Therese von der
Pictet, Bénédict (1655–1724) 123–126
Pin, Louis-Ellies Du (1657–1719) 45, 52, 114
Pius VI., Papst (1717–1799) 207, 210, 216, 217, 220, 221
Pius VII., Papst (1742–1823) 207
Pivati, Gianfrancesco (1689–1764) 54–56
Planck, Gottlieb Jakob (1751–1833) 220
Poiret, Pierre (1646–1719) 65, 84, 107, 123
Pole, Reginald (1500–1558) 113
Prynne, William (1600–1669) 82

Quesnel, Pasquier (1634–1719) 1, 13, 28, 30, 39, 44, 46, 48, 57, 58, 61, 62, 69, 70, 71, 74, 81, 93, 123, 149, 204

Racine, Jean (1639–1699) 1
Redel, Carl Adolph (*1659) 111
Regnier, Mathurin (1573–1613) 97
Reiser, Anton (1628–1686) 82
Reitz, Johann Heinrich (1665–1720) 30, 148
Rentz, Michael Heinrich (1698–1758) 118, 119, 121, 125
Reuß-Köstritz, Heinrich VI. von (1707–1783) 130, 132, 133
Reuß-Köstritz, Heinrich XXIV. von (1681–1748) 133, 148
Ricci, Scipione de' (1741–1810) 203–216, 219, 221, 222
Richer, Edmond (1559–1611) 48, 49
Riederer, Johann Friedrich (1678–1734) 73
Rivière, Barthélémy (17. Jahrhundert) 43
Rojas Manrique, Antonio de (um 1458–1527) 111
Rojas y Spinola, Christoph de (1626–1695) 63
Roth-Scholtz, Friedrich (1687–1736) 109–112, 114, 124, 125
Rubens, Peter Paul (1577–1640) 157, 158, 172–176, 178, 183
Rüdiger, Johann Friedrich (1686–1743) 108–114, 120, 125
Rummel, Franz Ferdinand von (1644–1716) 37

Sachsen, Clemens Wenzel von (1739–1812) 220
Sainte Marie, Honoré de (1651–1729) 46
Saint-Glas, Pierre de (†1699) 46
Salm, Karl Theodor Otto von (1645–1710) 37
Scheidel, Franz Christoph (1748–1830) 217
Schilg, Johann Baptist († 1743) 117
Schmidt, Johann Andreas (1652–1726)
    69, 70
Schmidt, Michael Ignaz (1736–1794) 78
Schmolck, Benjamin (1672–1737) 110, 120
Schönberg, Martha Margarethe von
    (1664–1703) 72
Schröer, Georg Friedrich (1663–1739) 62
Schütz, Johann Jacob (1640–1690) 67
Schwarz, Ildephons (1752–1794) 78
Schweden, Christine von (1626–1689)
    175, 176
Sciarelli, Niccolò (1731–1801) 211, 216, 219
Seba, Albertus (1665–1736) 151
Seybold, David Christoph (1747–1804) 61
Singlin, Antoine (1607–1664) 165
Soanen, Jean (1647–1740) 149
Sonnleithner, Joseph (1766–1835) 195
Spaur, Joseph Philipp von (1718–1791) 27, 192,
    212, 214, 222
Spener, Philipp Jacob (1635–1705) 7, 61–65, 67,
    100, 110
Sporck, Anna Katharina von (1689–1754)
    106, 107
Sporck, Franz Anton von (1662–1738) 37,
    103–127
Sporck, Franziska Apollonia von (geb. von
    Swéerts und Reist, 1667–1726) 106
Sporck, Maria Eleonora von (1687–1717) 106,
    107, 123, 124
Spreng, Jakob (1680–1745) 27
Sprenger, Placidus (1735–1806) 78
Stadion, Friedrich Lothar Joseph Franz von
    (1761–1811) 77
Steinmetz, Johann Adam (1689–1762) 71
Stock, Ambrosius Simon von (1710–1772) 27
Stöckel, Gottfried (1679–1737) 120
Swéerts-Reist, Franz Karl Rudolf von
    (1688–1757) 107
Swieten, Gerard van (1700–1772) 27
Sylvius, Franciscus (1581–1649) 73

Tacca, Pietro (1577–1640) 135
Tamburini, Pietro (1737–1827) 203, 209, 212, 214,
    217, 219
Terme, Jean-Baptiste de (1741–1787) 192
Thomas von Kempis (um 1380–1471) 111
Thun und Hohenstein, Joseph Maria von
    (1713–1763) 37
Tosini, Pietro (um 1660–um 1730) 56
Trattner, Johann Thomas von (1717–1798)
    127, 196
Trautson, Johann Joseph Graf (1707–1757) 37
Treuvé, Simon Michel (1651–1730) 189
Tüttleb, Johann Christoph (1675–1724) 148

Valla, Lorenzo (1407–1457) 59
Vecchi, Fabio de' (1745–1820) 203
Veith, Martin († 1755?) 124–126
Vintimille du Luc, Charles Gaspard Guillaume de
    (1655–1746) 141
Vockerodt, Gottfried (1665–1727) 8, 86–91
Voetius, Gisbert (1589–1676) 64, 82
Vogt, Mauritius (1669–1730) 11
Voltaire (1694–1778) 41, 58, 59, 189

Walbaum, Anton Heinrich (1696–1753) 68
Wernsdorf, Gottlieb (1668–1729) 101
Wickhart, Wolfgang († 1726) 124
Widenfeldt (Weidenfeld), Johann (1617–1661) 15
Widenfeldt, Adam (1618?–1678) 15
Wittola, Mark (Marcus, Marx, Max) Anton
    (1736–1797) 27, 37, 164, 186–192, 194, 196,
    199, 200, 214, 215, 216, 220
Wolf, Johann Christoph (1683–1739) 136
Würdtwein, Stephen Alexander (1719–1796)
    217, 221
Wurz, Ignaz (1731–1784) 190

Zedler, Johann Heinrich (1706–1751) 49–51, 57
Zieger, Johann (1646–1711) 108, 109, 111, 112
Zinzendorf, Christian Ernst von (*/†1724) 75
Zinzendorf, Christian Renatus von
    (1727–1752) 75
Zinzendorf, Friedrich Christian von
    (1697–1756) 73
Zinzendorf, Nikolaus Ludwig von (1700–1760) 7,
    30, 62, 68, 73–75, 145

www.ingramcontent.com/pod-product-compliance
Lightning Source LLC
Chambersburg PA
CBHW050523170426
43201CB00013B/2058